Sprachbox

In den **Sprachboxen** findest du Wörter, Satzanfänge oder Beispielsätze. Du kannst sie als **Formulierungshilfen** nutzen, wenn du die Aufgaben bearbeitest oder eigene Texte schreibst.

Arbeitsblatt
WES-127515-002

Zu manchen Aufgaben gibt es **Arbeitsblätter mit Vorlagen**, die du ausdrucken kannst. Sie sind mit einem **Webcode** gekennzeichnet.
Rufe im **Internet** die Adresse www.westermann.de/webcodes auf, um einen Webcode zu nutzen. Gib dann die Buchstaben und Ziffern mit den Bindestrichen in das Suchfeld ein. Alle **Webcodes** in diesem Buch beginnen mit: WES-127515-

Audio
WES-127515-004
Video
WES-127515-006

Zu einigen Themen und Aufgaben gibt es **Hörbeispiele** oder **Erklärvideos**, die du dir anhören oder anschauen kannst.
Du findest sie, wenn du den jeweiligen **Webcode** auf der Seite www.westermann.de/webcodes eingibst.

Bei Aufgaben mit diesem Symbol geht um **Medienbildung**. Hier lernst du, insbesondere digitale Medien kompetent zu nutzen und über deinen Umgang mit Medien nachzudenken.

Mehr zum Thema:
Die Form von Gedichten
AH: S. 12

Diese Hinweise am Seitenrand zeigen dir, wo du im **Arbeitsheft** (= AH) noch weiter üben und an einem Thema arbeiten kannst.

Unter der Überschrift **Alles klar?** findest du am Ende einer Lerneinheit Aufgaben und Übungen zur Lernerfolgskontrolle. Auf diese Weise kannst du das Wichtigste noch einmal wiederholen und selbst überprüfen, was du gelernt hast.

Bei den Aufgaben zur Rechtschreibung findest du solche Symbole. Sie zeigen an, welche **Rechtschreibstrategien** du nutzen kannst, um Fehler zu vermeiden und deine Texte zu überarbeiten (z. B. „Wörter in Silben sprechen" oder „Wörter verlängern").

Noch ein wichtiger Hinweis zum Schluss: Wenn du das Buch nur ausgeliehen hast, darfst du nicht hineinschreiben. Besorge dir deshalb eine Schreibfolie, die du auf die Seiten legen kannst, und schneide sie so zurecht, dass sie in das Buch passt. Dann kannst du mit einem wasserlöslichen Folienstift auf die Folie schreiben und sie das ganze Jahr über benutzen.

Viel Spaß beim Lernen, Lesen, Arbeiten und Üben wünscht dir
dein P.A.U.L. D.-Team

westermann

P.A.U.L. D.

DIFFERENZIERENDE AUSGABE

5

Herausgegeben von:
Frank Radke

Erarbeitet von:
Annika Bartsch
Anne Gasch-Sigge
Tanja Heinemann
Elisabeth Roth-Rings
Sebastian Schulz
Kim Seifert
Eric Stohr
Lisa Anna Zindler
Martin Zurwehme

Mit farbigen Balken sind im Inhaltsverzeichnis
Basis- und Erweiterungsmodule gekennzeichnet.

Mit **dunklem Farbton** sind Kapitel ausgewiesen, die geeignet sind, die für die Jahrgangsstufe zentralen Inhalte, Methoden, Themen und **Kompetenzen grundlegend** zu vermitteln.

Die Angebote der weiteren Kapitel und Teilkapitel bieten die Möglichkeit zur **Erweiterung und Vertiefung** der behandelten Unterrichtsthemen und geförderten Kompetenzen. Diese Module sind mit **blassem Farbton** gekennzeichnet.

Mit Beiträgen von: Michaela Anthony, Michael Fuchs, Luzia Schünemann, Katharine Pappas, Katja Wiertz

westermann GRUPPE

Druck A[1] / Jahr 2020
Alle Drucke der Serie A sind im Unterricht parallel verwendbar.

Redaktion: Laura Henrici, Gerrit Leerhoff
Illustrationen: Matthias Berghahn, Reinhild Kassing, Andrea Naumann, Anke Schäfer, Yaroslaw Schwarzstein
Umschlaggestaltung: LIO Design GmbH, Braunschweig
Layout: LIO Design GmbH, Braunschweig
Druck und Bindung: Westermann Druck GmbH, Braunschweig

ISBN 978-3-14-127515-5

Dieses Symbol im Buch zeigt Kapitel oder Teilkapitel an, in denen Medienkompetenzen besonders gefördert werden.

Inhalt

Wir und unsere Schule – die neue Klasse und Schule kennenlernen

Vor einigen Tagen war dein erster Schultag an der neuen Schule. Vieles ist sicher neu für dich und auch anders, als du es aus deiner alten Schule kennst. In diesem Kapitel erhältst du Anregungen, wie du deine neue Schule und deine Klasse kennenlernen kannst.

Dabei lernst du, wie du …

- dich anderen vorstellen und etwas über deine Mitschülerinnen und Mitschüler erfahren kannst (z. B. mithilfe von Steckbriefen),
- dich im Gebäude zurechtfindest (z. B. indem du eine Schulerkundung durchführst oder den Plan mit den Flucht- und Rettungswegen untersuchst),
- deine Eindrücke und Erfahrungen an der neuen Schule in einem persönlichen Brief beschreibst,
- mit deinen Mitschülerinnen und Mitschülern Gesprächsregeln vereinbarst und deinen Standpunkt zu einem Thema in einer Diskussion vertrittst.

Wir wünschen dir
zum Schulanfang viel
Spaß beim Rechnen,
Lesen, Schreiben.

Genieß deinen ersten Schultag
voller Freude.
Sei fröhlich und mach dir keine
Sorgen, denn nun beginnt eine
schöne Zeit. Gemeinsam mit
deinen neuen Klassenkameraden
lernst du viel Neues.

Begegne deinen Mitschülern,
wie du es dir von ihnen wünschst!
Alles Gute zum Schulanfang!

Man kann einen Menschen nichts
lehren, man kann ihm nur helfen,
es in sich selbst zu entdecken.
(Galileo Galilei)

Sei still wie ein Mäuschen,
pass auf wie ein Luchs,
sei fleißig wie ein Bienchen,
dann wirst du schlau wie ein Fuchs.

Im Klassenraum der 5a haben die Eltern den Schülerinnen und Schülern Wünsche und Gedanken zum Start an ihrer neuen Schule aufgehängt.

1 Schaut euch die Wünsche und Gedanken der Eltern an. Erklärt, was sie ausdrücken.

2 Welche Erwartungen und Gedanken habt ihr, wenn ihr an eure neue Schule denkt?

3 Seit einigen Tagen seid ihr Schülerinnen und Schüler eurer neuen Schule. Erzählt von euren ersten Eindrücken. Wie erging es euch am ersten Tag?

4 Aus der Weihnachtszeit und von Geburtstagen kennt ihr sicher Wunschzettel. Schreibt nun einen „Schul-Wunschzettel“ und notiert darauf eure Wünsche für die neue Schulzeit.

- Hängt die Wunschzettel in der Klasse auf, sodass sie von allen gelesen werden können.
- Ihr könnt dazu z. B. eine Pinnwand einrichten.
- Ihr könnt auch eure Eltern und Lehrerinnen oder Lehrer bitten, einen Wunschzettel zu schreiben.

Das sind wir! – Sich kennenlernen

Paula, Jannick und ...? – Den eigenen Namen gestalten

1 Einige eurer Mitschülerinnen und Mitschüler kennt ihr sicher schon aus der Grundschule. Aber bestimmt kennt ihr noch nicht alle Namen in der Klasse.

- Schafft ihr es, euch so in einer Schlange aufzustellen, dass eure Vornamen alphabetisch geordnet sind?

2 Bildet eine Schlange, in der ihr euch nach euren Nachnamen alphabetisch geordnet aufstellt. An welcher Stelle müsste eure Lehrerin oder euer Lehrer stehen?

Am Anfang ist es schwer, sich die vielen neuen Namen in der Klasse zu merken. Die Klasse 5a hat deshalb besondere Namensplakate erstellt. Mithilfe dieser Plakate können die Schülerinnen und Schüler die neuen Namen der anderen schnell lernen und erfahren auch einiges übereinander.

3 Sieh dir die Plakate an. Beschreibe, wie Paula und Jannick vorgegangen sind.

4 In der Sprachbox auf S. 13 findet ihr Adjektive, die Eigenschaften von Personen beschreiben.

- Sucht die Adjektive heraus, die ihr gut erklären könnt. Findet dazu Beispiele aus eurem Alltag, die zeigen, was die Wörter bedeuten.
- Bestimmt die Adjektive, bei denen es euch noch schwerfällt zu erklären, was sie bedeuten. Klärt die Bedeutung dieser Wörter z. B. mithilfe von Wörterbüchern oder dem Internet. Findet auch zu diesen Adjektiven wieder Beispiele aus eurem Alltag.

5 Wähle aus den Adjektiven in der Sprachbox diejenigen aus, die besonders gut auf dich zutreffen. Erkläre den anderen, warum du diese Adjektive ausgewählt hast. Du solltest mindestens zwei Adjektive auswählen.

Adjektive zur Beschreibung von Eigenschaften

träge • kreativ • musikalisch • begabt • nachdenklich • albern • empfindlich • fleißig • friedfertig • freundlich • höflich • kontaktfreudig • mutig fröhlich • ausdauernd • hilfsbereit • geduldig • spontan • offen • aufmerksam • begeistert • clever • diszipliniert • direkt • humorvoll • ehrgeizig • zielstrebig • beweglich • athletisch • dickköpfig • schnell• ideenreich • talentiert • neugierig • kommunikativ • kooperativ • sportlich • witzig • großzügig • flexibel • schüchtern • temperamentvoll • mitfühlend

Sprachbox

6 Wähle aus

Erstelle dein eigenes Namensplakat. Du kannst dabei auch mit der Sprachbox arbeiten.

a) Schreibe deinen Namen auf ein Blatt. Gestalte die Form des Blattes in Form eines schultypischen Gegenstandes, z. B. als Buch, Heft, Stift, Lineal. Füge drei Adjektive hinzu, die dich am besten beschreiben.

b) Schreibe deinen Namen in die Mitte eines Blattes.

- Zeichne um deinen Namen Gegenstände, die für dich und deine Eigenschaften typisch sind.
- Füge zu den Zeichnungen passende Adjektive hinzu.

c) Schreibe die Buchstaben deines Namens untereinander. Finde zu jedem Buchstaben ein Adjektiv, das zu dir passt.

7 Durchstarten

Spielt das „Dies oder das“-Spiel, um euch noch besser kennenzulernen. So führt ihr das Spiel durch:

- Überlegt euch Fragen in folgender Form: Welches Fach magst du lieber: Deutsch (grün) oder Mathematik (rot)? Welches ist das bessere Haustier: ein Hund (grün) oder eine Katze (rot)? Schreibt diese Fragen auf Karten.
- Einigt euch darauf, zu welcher Ecke des Klassenraums diejenigen gehen sollen, die die grüne Antwort gewählt haben, und zu welcher Ecke diejenigen, die die rote Antwort gewählt haben.
- Der Spielleiter liest die Fragen laut vor. Jeder Schüler geht dann zu der Ecke des Klassenraumes mit seiner Antwort – je nachdem, ob er die grüne oder die rote Antwort gewählt hat.
- Der Spielleiter ruft nach jeder Frage einige Schülerinnen und Schüler auf. Sie erklären dann den anderen, warum sie sich so entschieden haben.

Das bin ich ... – sich mithilfe von Steckbriefen vorstellen

Angelina und Zana haben einen Steckbrief gestaltet, um sich ihrer neuen Klasse vorzustellen.

1 Seht euch die Steckbriefe an. Worüber informieren die beiden Steckbriefe jeweils und was erfährt man über Angelina und Zana?

2 Beschreibt, wie Angelina und Zana bei ihren Steckbriefen vorgegangen sind. Klärt auch folgende Punkte:

- Was gehört in einen Steckbrief? Fasst zusammen, welche Informationen ein Steckbrief enthalten sollte.
- Sammelt noch weitere Ideen, wie man einen Steckbrief gestalten kann. Kennt ihr z. B. noch andere Formen von Steckbriefen, mit denen man sich vorstellen kann, aus der Grundschule?

3 Bereitet in Dreier- oder Vierer-Gruppen die Gestaltung eines eigenen Steckbriefs vor:

- Schreibt die Informationen auf, die ihr den anderen über euch geben wollt (z. B. auf kleine Zettel oder Karteikarten).
- Stellt euch diese Informationen gegenseitig vor. Gebt euch gegenseitig Hinweise, was ihr noch verbessern oder ergänzen solltet.

4 Wähle aus

Lies zunächst die Methodenbox unten. Entscheide dich dann für eine der folgenden Möglichkeit, einen Steckbrief zu gestalten.

a) Gehe so vor wie Viktor. Fülle dazu die großgeschriebenen Buchstaben deines Vornamens mit Bildern. Die Bilder können z. B. deine Interessen oder Hobbys darstellen.

b) Gestalte deinen Steckbrief nach dem Vorbild von Angelinas oder Zanas Steckbrief.

c) Überlege dir eine ganz andere Form des Steckbriefs, mit dem du dich vorstellen möchtest, und gestalte ihn.

Einen Steckbrief gestalten

So gehst du vor

Ein Steckbrief liefert in **knapper**, aber trotzdem **interessanter Form** die **wichtigsten Informationen über eine Person**. Bei der Gestaltung eines Steckbriefs musst du auf Folgendes achten:

1. Dein Steckbrief sollte alle **allgemeinen Angaben** über dich enthalten (Name, Geburtsdatum, Adresse usw.).
2. Interessant ist dein Steckbrief dann für andere, wenn du darüber hinaus weitere **Informationen über deine Person** gibst. Du kannst in deinem Steckbrief z. B. deine **besonderen Fähigkeiten, Interessen, Erfahrungen** oder **Hobbys** darstellen.
3. Wähle **knappe Formulierungen**, damit sich die anderen schnell ein Bild von dir machen können.
4. Ordne die Informationen auf dem Steckbrief **übersichtlich** und in einer **sinnvollen Reihenfolge** an.
5. Besonders gut wirkt dein Steckbrief, wenn du auch mit unterschiedlichen Schriftarten, -größen und -farben sowie mit Zeichnungen oder auch mit Fotos arbeitest.

Wer? Was? Wann? Wo? – Die neue Schule erkunden

Wo ist der Musikraum? – Sich in der neuen Schule zurechtfinden

1 Eure Schule ist für alle neu. Erzählt, was in der neuen Schule anders ist als in eurer Grundschule und was ähnlich ist.

2 Überprüft, wie gut ihr euch in der neuen Schule auskennt. Beantwortet dazu folgende Fragen:

1. Welche Bezeichnung hat euer Klassenraum?
2. Wo ist das Sekretariat?
3. Wo ist das Lehrerzimmer?
4. Welche anderen Unterrichtsräume kennt ihr noch?
5. Welche anderen Räume, Orte und Plätze (Pausenhalle, Kiosk, Getränkeautomat ...) sind an eurer neuen Schule außerdem wichtig?

Versucht, weitere Fragen zu finden, und beantwortet sie.

In den Fluren oder Räumen einer Schule findet ihr Pläne wie den folgenden: :

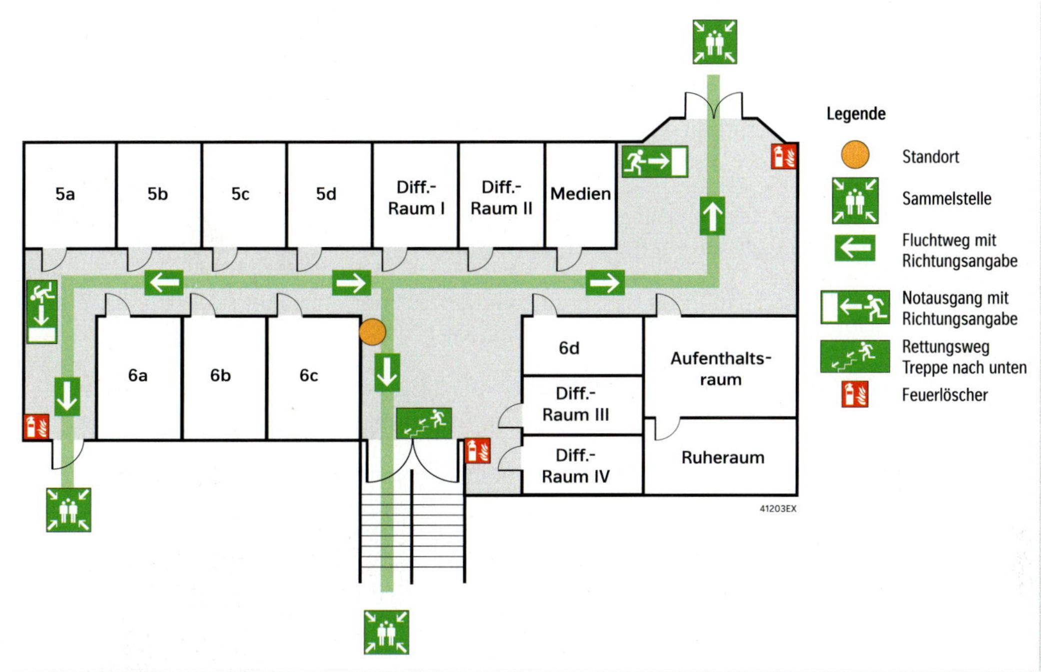

3 Beschreibt, worüber der Plan informiert. Sammelt möglichst viele Informationen, die ihr dem Plan entnehmen könnt.

- Seht euch dazu auch die Abbildungen unter der Überschrift „Legende“ an. Erklärt die Bedeutung dieser Abbildungen im Zusammenhang mit dem Plan.
- Versucht, die Bedeutung des Begriffs „Legende“ zu erklären.

4 Die Schülerinnen und Schüler der 5d üben in den ersten Wochen, welche Flucht- und Rettungswege sie bei einem Alarm nutzen sollen. Schaut euch den Plan an und beantwortet die folgenden Fragen:

1. Welchen Notausgang muss die Klasse 5d benutzen?
2. Wie kommt die 5c am schnellsten aus dem Gebäude?
3. Wo stellt sich die Klasse 5a auf, nachdem sie das Gebäude verlassen hat?
4. Ihr könnt dabei die Formulierungen aus der Sprachbox verwenden.

Wege beschreiben

Du gehst ... entlang. / Man geht ... entlang. • Dort/Dann überquerst du ... / überquert man ... • Du biegst / Man biegt ... rechts ab / links ab. • Du nutzt die Treppe und gehst ... / Man nutzt die Treppe und geht ... • Gehe weiter in Richtung ... / Man geht weiter in Richtung ..., dann ... • an der nächsten Ecke/Tür • im Flur • in der ... Etage • am Ende des Ganges • geradeaus • rechts • links • vorbei an • entlang • hin zu

Sprachbox

5 Durchstarten

a) Schaut euch den Flucht- und Rettungsplan, der in eurer Klasse oder Schule aushängt, gemeinsam an. Geht den für eure Klasse vorgesehenen Weg einmal gemeinsam mit eurer Lehrerin oder eurem Lehrer.

- Eine Schülerin oder ein Schüler kann dabei die Klasse zum Notausgang und zum Treffpunkt führen.
- Besprecht mit eurer Lehrerin oder eurem Lehrer die Fragen, die ihr dazu habt, wie ihr euch im Notfall oder bei einem Alarm verhalten solltet.

b) Eure Schule hat nicht nur Klassenzimmer, sondern noch ganz viele andere Räume.

- Listet möglichst viele Räume auf, die es in eurer Schule außer den Klassenräumen noch gibt (z. B. Sporthalle, Toiletten).

c) Erkundet eure Schule, indem ihr die wichtigen Räume von eurem Klassenraum aus aufsucht. Sprecht euch mit eurer Lehrerin oder eurem Lehrer ab.

- Macht euch zu zweit oder in kleinen Gruppen auf die Suche nach den Räumen. Sprecht vorher in der Klasse ab, wer wohin geht.
- Notiert euch die Raumnummer des gesuchten Raumes, wenn ihr ihn gefunden habt. Beschreibt euren Mitschülern, wie ihr zu eurem Raum gelangt seid.

d) Bestimmt wollt ihr noch mehr über eure neue Schule erfahren. Sammelt zunächst alle Fragen, die euch interessieren, wie z. B.:

1. Wie viele Schülerinnen und Schüler sind an der Schule?
2. Wie viele Lehrerinnen und Lehrer unterrichten an der Schule?
3. Aus welchen Ländern kommen die Schülerinnen und Schüler und Lehrerinnen und Lehrer?
4. Weshalb heißt unsere Schule, wie sie heißt?
5. ...

- Ergänzt die Liste im Kasten mit weiteren Fragen. Wenn ihr Schwierigkeiten habt, noch weitere Fragen zu finden, könnt ihr die **Hilfekarte** auf S. 310 benutzen.

S. 310

- Beantwortet nun die Fragen. Informationen dazu könnt ihr z. B. auf der Homepage der Schule finden, über das Sekretariat oder von älteren Schülerinnen und Schülern sowie euren Lehrkräften bekommen.
- Präsentiert den anderen die Ergebnisse eurer Schulerkundung.

Wie komme ich nach Hause? – Einen Busfahrplan lesen

Anna geht seit den Sommerferien in die 5. Klasse und fährt mit dem Bus zur Schule. An der Haltestelle Hauptstraße, von der sie startet, hängt dieser Fahrplan aus:

① 303	Marktplatz–Moser Weg ②							
	Montag–Freitag					Samstag		Sonntag
	6–9 Uhr		10–18 Uhr		19–21 Uhr	8–20 Uhr		10–18 Uhr
Marktplatz	00 Ⓢ	20	05	23	20	00 Ⓕ	23	20
Rathaus	03 Ⓢ	23	08	26	23	03 Ⓕ	26	23
Hauptstraße	08 Ⓢ	28	13	31	28	08 Ⓕ	31	28
Ostpark	13 Ⓢ	33	18	36	33	13 Ⓕ	36	33
Bahnhof (Ost)	16 Ⓢ	36	21	39	36	16 Ⓕ	39	36
③ Alte Mühle	20 Ⓢ	40	25	43	40	20 Ⓕ	43	40 ④
Droste-Hülshoff-Schule	25 Ⓢ	45	30	48	45	25 Ⓕ	48	45
Lindenweg	28 Ⓢ	48	33	51	48	28 Ⓕ	51	48
Grüner Weg	31 Ⓢ	51	36	54	51	31 Ⓕ	54	51
Michaelisklinik	33 Ⓢ	53	38	56	53	33 Ⓕ	56	53
Moser Weg	35 Ⓢ	55	40	58	55	35 Ⓕ	58	55

⑤ Ⓢ = nur an Schultagen Ⓕ = nur in den Ferien

41204EX

1 Beschreibt den Fahrplan. Folgt dazu den Zahlen 1 bis 5 und erklärt, welche Informationen und Angaben ihr bei den einzelnen Zahlen dem Fahrplan entnehmen könnt. Eine **Hilfekarte** findet ihr auf S. 310.

S. 310

2 Anna geht ca. 7 Minuten bis zur Haltestelle Hauptstraße zu Fuß. Von dort fährt sie mit dem Bus. Beantworte mithilfe des Fahrplans nun folgende Fragen:

- Wann muss Anna an der Haltestelle Hauptstraße losfahren, um pünktlich an der neuen Schule zu sein? Die Schule beginnt um 8:00 Uhr.
- An welcher Haltestelle muss Anna aussteigen?
- Wie lange dauert die Fahrt bis zur Schule?
- Am Mittwoch macht Anna einen Ausflug. Sie muss erst um 9:30 Uhr an der Schule sein. Welchen Bus kann sie nehmen?
- Dienstag besucht Anna einen Sportkurs in der Sporthalle ihrer Schule. Der Kurs beginnt um 17:00 Uhr. Mit welchem Bus kann sie hinfahren?
- Freitag hat Anna nach der 6. Stunde um 13:15 Uhr Schulschluss. An diesem Tag fährt sie zum Mittagessen zu ihrer Oma, die in der Nähe der Haltestelle Moser Weg wohnt. Welchen Bus kann sie nehmen und wie lange fährt sie?

3 **Durchstarten**

a) Die Icons rechts kannst du in Bussen finden. Kläre ihre Bedeutung.

b) Stelle zu dem Fahrplan oben fünf eigene Fragen wie in Aufgabe 2. Lass die Fragen von einer Mitschülerin oder einem Mitschüler beantworten.

c) Informiere dich darüber, welche Busse von deiner Schule abfahren. Kläre, mit welchem Bus man wohin fahren kann.

Mir gefällt es gut ... –
Briefe untersuchen und schreiben

Anrede, Briefkopf, Brieftext ... –
den Aufbau eines Briefes untersuchen

Bonn, den 1.9.2021

Hallo Alex,

du bist ja jetzt auch auf einer neuen Schule. Ich bin jetzt schon seit zwei Wochen in der 5. Klasse. Meine neue Schule gefällt mir gut und ich weiß auch schon total viel über sie.

...

Mach's gut
dein Max

Bonn, den 1.9.2021

Sehr geehrte Frau Dalkmann,

erinnern Sie sich noch an mich? Ich denke noch sehr gern an Sie und an die Grundschule, aber auch an der neuen Schule fühle ich mich schon richtig wohl.
Heute möchte ich Ihnen gerne schreiben, was ich schon über die neue Schule weiß.

...

Herzliche Grüße
Ihre Franziska

1 Seht euch die beiden Briefauszüge an und vergleicht sie:

- Welche Teile kommen in beiden Briefen vor?
- Worin unterscheiden sich die beiden Briefe? Achtet dabei vor allem auf die Sprache.
- An welchen Formulierungen kann man erkennen, dass der erste Brief an eine Freundin oder einen Freund und der zweite an eine Lehrerin gerichtet ist?

Lisa hat sich gut an der neuen Schule eingelebt. Vor Kurzem hat sie ihre Grundschullehrerin getroffen und davon berichtet. Ihre Grundschullehrerin hat vorgeschlagen, dass Lisa und ihre Mitschülerinnen und Mitschüler einen Brief an die Viertklässler in der Grundschule schreiben. Darin sollen sie den Grundschülern von der neuen Schule berichten und ihnen in Bezug auf den bevorstehenden Schulwechsel Mut machen.

Lisa hat folgenden Brief geschrieben:

A

Karlsruhe, den 2.9.2021

Liebe Schülerinnen und Schüler der Klasse 4 a, **B**

nach der ersten Schulwoche auf der Anne-Frank-Schule sitze ich gerade gemütlich an meinem Schreibtisch und habe mir überlegt, euch einen Brief darüber zu schreiben, was ich an der neuen Schule gut und nicht so gut finde.
Natürlich ist vor allem die Größe der Schule eine riesige Umstellung für mich. In den Fluren der Fachräume habe ich mich die ersten Tage öfter mal verirrt. Außerdem muss ich mich daran gewöhnen, dass viele Große hier das Sagen haben. Auf dem Schulhof und auf den Treppen werden wir manchmal ordentlich hin und her geschubst. Das finde ich auch ganz schön anstrengend und nervig. Super ist aber die Cafeteria, in der wir uns während der Regenpausen aufhalten dürfen und uns auch etwas zu essen oder zu trinken kaufen können. Die Auswahl an Leckereien könnt ihr euch nicht vorstellen!
Toll sind auch die vielen neuen Fächer und die neuen Lehrer. Besonders mag ich Biologie, da wir dort im Moment über unsere Haustiere sprechen. Nächste Woche darf ich Fotos meiner Katze Molly mit in den Unterricht bringen. Darauf freue ich mich schon.
Ihr könnt euch auf den nächsten Sommer freuen, wenn ihr dann zu den „Neuen" gehört. **C**
Ich hätte nicht gedacht, dass ich mich auf der neuen Schule so schnell einleben könnte.

D

Viele Grüße **E**

Lisa **F**

2 Lies den Brief und kläre, was Lisa über ihre neue Schule berichtet.

- Wie fühlt sich Lisa an der neuen Schule und wie beschreibt sie die ersten Tage dort?
- Sucht Textstellen heraus, die zeigen, wie Lisa versucht, den Viertklässlern die Angst vor dem Schulwechsel zu nehmen und ihnen Mut zu machen.

3 Ein Brief besteht aus verschiedenen Bausteinen. Lies die Erklärungen und ordne die fett gedruckten Fachbegriffe den Teilen von Lisas Brief zu.

1 Ein Brief besteht immer aus einer **Anrede**, die zeigt, an wen der Brief geschrieben ist.

2 Meistens endet ein Brief mit einem **Schlusssatz** wie z. B. „Ich würde mich freuen, von dir zu hören" oder „Ich glaube, auch bei dir wird alles gut klappen".

3 Der **Briefkopf** enthält Informationen über den Ort und das Datum und befindet sich meist oben rechts.

4 Nach dem Schlusssatz findet man eine **Grußformel**.

5 Der Hauptteil des Briefes, in dem der Schreiber seine Erlebnisse, Erfahrungen, Gefühle und Gedanken darstellt, heißt **Brieftext**. Er kommt gleich nach der Anrede.

6 Die Unterschrift steht am Ende des Briefes.

4 Meint ihr, dass Lisa mit ihrem Brief ihr Ziel erreicht hat, den Grundschülern Mut zu machen? Begründet eure Meinung.

5 Wähle aus

Lisa hätte auch die Möglichkeit gehabt, der Lehrerin für die Grundschüler eine Handynachricht zu schicken. Setze dich mit diesen beiden Formen der Mitteilung auseinander.

a) I Stelle dir vor, ein Mitschüler fragt Lisa, warum sie den Grundschülern einen persönlichen Brief und keine Handynachricht geschickt hat. Schreibe Lisas Antwort auf.

b) II Welche Vor- und Nachteile haben eurer Meinung nach die beiden Formen der Mitteilung. Stellt diese zusammen, indem ihr die Tabelle ergänzt:

Brief		Handynachricht	
Vorteile	Nachteile	Vorteile	Nachteile

c) III Findet möglichst viele Anlässe, bei denen eurer Meinung nach der persönliche Brief auch heute noch angemessener ist als die Handynachricht. Begründet dies jeweils.

6 Durchstarten

a) I Schreibe Lisa einen Brief, in dem du ihr mitteilst, ob es ihr deiner Meinung nach gelungen ist, den Grundschülern Mut zu machen. Achte darauf, dass dein Brief ordentlich gestaltet ist und alle Bausteine eines Briefes enthält. Lies dazu die Methodenbox auf S. 25.

b) II Schreibe einen möglichen Antwortbrief eines Grundschülers. Achte darauf, dass dein Brief so übersichtlich und ordentlich wie Lisas Brief gestaltet ist und alle Bausteine eines Briefes besitzt.

c) III Lisas Brief ist umgangssprachlich geschrieben (z. B. „Super ist …“, „Toll ist …“). Formuliere Lisas Brief so um, dass er sich anhört wie ein Brief an eine Lehrerin und nicht wie ein Brief an eine Freundin oder andere Schüler.

Wie geht es dir? – Einen Brief schreiben

Schreibt nun auch einen Brief an die Viertklässler eurer ehemaligen Grundschule. Plant euren Brief, indem ihr euch zunächst Gedanken macht, was ihr in dem Brief schreiben möchtet.

1 Bereitet euren Brief an die Viertklässler eurer ehemaligen Grundschule so vor:

- Notiert euch eure Erfahrungen, die ihr in den ersten Tagen an der Schule gemacht habt.
- Übernehmt dazu die folgende Tabelle in euer Heft und füllt sie mit eigenen Stichworten aus.

	☺	☹
Mitschüler	neue Freunde unterschiedlicher Herkunft	
Lehrer		
neue Fächer		
Gebäude		viele Flure, schwierige Orientierung
Klassenraum		
Schulhof		wenig Tischtennisplatten
Fachräume		

2 Sucht Formulierungen aus Lisas Brief auf S. 21 heraus, die ihr in eurem Brief verwenden könnt. Notiert euch diese Formulierungen.

3 Schreibt mithilfe eurer Notizen von Aufgabe 1 und 2 einen ersten Entwurf eines Briefes an die Viertklässler eurer ehemaligen Grundschule.

Achtet darauf, dass euer Brief alle Bausteine eines Briefs enthält. Hilfen dazu findet ihr in der Methodenbox auf S. 25.

Ihr könnt für euren Brief auch die Formulierungen aus der Sprachbox auf der Seite 24 verwenden.

Sprachbox

Einen persönlichen Brief schreiben

Anrede:

Lieber / Liebe ..., / Liebe Viertklässler,

Brieftext:

Ich gehe seit ... in die 5. Klasse an der ...-Schule.
Ich habe viele neue Fächer, zum Beispiel ...
Meine Klassenlehrerin/mein Klassenlehrer heißt ...
In meiner Klasse sind ...
Am liebsten mag ich ...
In den Pausen spiele ich ...
Ich hatte Angst vor ..., das war aber unnötig.
In der Mittagspause esse ich ...
Besonders toll an der neuen Schule ist ...

Schlusssatz:

Freu dich auf eine neue Schule! Auch dir wird es hier gefallen.
Genieß die Ferien und freu dich auf deine neue Schule!

Grußformel:

Tschüss und bis bald
Viele Grüße

4 Wähle aus

Bevor ihr euren Brief nun ganz sauber und ordentlich aufschreibt, solltet ihr ihn mit euren Mitschülern gemeinsam besprechen.
Wählt eine der folgenden Möglichkeiten, wie ihr dabei vorgehen wollt:

a) Lest euch eure Briefe in kleinen Gruppen gegenseitig vor.
Gebt demjenigen, der vorliest, eine Rückmeldung zu seinem Brief.

- Jede Zuhörerin und jeder Zuhörer muss dabei auf zwei Dinge hinweisen, die an dem vorgelesenen Brief gelungen sind, und darf nur einen Verbesserungsvorschlag machen.
- Wer seinen Brief vorgestellt hat, notiert sich die Verbesserungsvorschläge der anderen. Anschließend versucht er oder sie mithilfe der Vorschläge, den eigenen Brief zu verbessern.

b) Führt eine Schreibkonferenz durch. Arbeitet dazu in kleinen Gruppen.
Lest euch der Reihe nach eure Briefe vor.

- Wenn jemand vorliest, hören die anderen zu. Sie achten dabei darauf, was schon gelungen ist und an welchen Stellen etwas ergänzt, verbessert, anders formuliert oder gestrichen werden sollte.
- Nachdem ein Brief vorgelesen worden ist, werden die Beobachtungen der Zuhörerinnen und Zuhörer gesammelt. Wichtig ist, dass ihr dabei auch herausstellt, was gut gelungen ist.
- Nachdem alle Briefe vorgelesen und besprochen worden sind, überarbeiten alle ihre eigenen Briefe mithilfe der gesammelten Vorschläge.

c) Arbeitet in kleinen Gruppen. Wählt aus eurer Gruppe einen oder mehrere Briefe aus, die besonders gut gelungen sind. Besprecht genau, warum ihr diese Briefe ausgewählt habt und was an ihnen gelungen ist.

- Verbessert auf der Grundlage eurer Besprechung der vorgestellten Beispiele eure eigenen Briefe. Macht euch dazu während der Besprechung der anderen Briefe entsprechende Notizen in eurem Entwurf.

5 Durchstarten

Übe das Schreiben eines Briefes. Arbeite dabei mit der Methodenbox unten.

a) Was gefällt dir besonders gut an deiner Schule? Was möchtest du besonders loben? Lege dir dazu eine Liste an. Schreibe einen Brief an einen Mitschüler oder einen Freund, in dem du ihm davon erzählst, was dir an deiner neuen Schule am besten gefällt.

b) Was kann an deiner Schule noch verbessert werden? Was fehlt dir? Lege dir dazu eine Liste an. Schreibe einem Mitschüler einen Brief, in dem du eine oder zwei deiner Ideen vorstellst und begründest.

c) Schreibe einen Brief an das SV-Team deiner Schule. Berichte darin über die positiven Dinge an der Schule, die du loben möchtest, und lege dar, was man noch verbessern sollte.

TIPP: Ihr könnt wieder zunächst einen Entwurf eurer Briefe verfassen und diesen gemeinsam besprechen. Geht dabei so vor wie in Aufgabe 4.

Die Bausteine eines Briefes beachten

So gehst du vor

- Lass an allen Seiten des Blattes einen **Rand** von 2–3 cm.
- Oben rechts notierst du den **Briefkopf** mit Angaben über den Ort und das Datum (z. B.: Heilbronn, 23.8.2016).
- Achte bei der **Anrede** darauf, wie gut du den Empfänger kennst.
  - Freundschaftliche Anreden sind z. B.: Hallo Uli, ... *oder* Lieber Max, ... Die **Anrede „du"** schreibst du dann **klein**.
  - Höfliche Anreden sind z. B.: Liebe Frau Mai *oder* Sehr geehrter Herr Huf. Die **Anrede „Sie"** wird dann **groß**geschrieben.

Nach einem **Komma in der Anrede** wird der **Brieftext klein weitergeschrieben**, nach einem **Ausrufezeichen** dagegen **groß**.

- Nach der Anrede folgt der **Brieftext**. Hier erzählst du von deinen Erlebnissen, Erfahrungen, Gedanken und Gefühlen.
- Den Brieftext schließt du mit einem **Schlusssatz** ab, z. B.: Ich würde mich freuen, bald mal wieder von dir zu hören.
- Am Ende des Briefes stehen mit einem kleinen Abstand immer ein **Gruß** und die **Unterschrift**.

Alles klar? – Üben und überprüfen

1 Ordne mithilfe der Buchstaben und Zahlen die Bausteine eines Briefes den passenden Erklärungen zu. Schreibe die Lösung in dein Heft.

Bausteine	Erklärung
1 Der Schlusssatz	**A** erfolgt nach der Grußformel zum Schluss des Briefes.
2 Die Anrede	**B** besteht aus dem Namen des Schreibers.
3 Die Grußformel	**C** zeigt, an wen der Brief geschrieben ist.
4 Die Unterschrift	**D** gibt den Ort und das Datum an
5 Der Brieftext	**E** steht etwas abgesetzt unter dem Brieftext.
6 Der Briefkopf	**F** ist der Hauptteil des Briefes.

Viktor hat einen Brief an eine Freundin geschrieben:

Paderborn, heute
Guten Tag ______, die Sommerferien waren ______.
Ich konnte ganz viel unternehmen.
Ich war ganz oft im Freibad. Dort gibt es eine ______.
Ich hatte jeden Tag so viel Spaß mit meinen Freunden. Ich wäre am liebsten gar nicht nach Hause gegangen. Wenn ich nicht im Freibad war, bin ich mit dem Fahrrad zu ______ gefahren. ______ wohnt nicht weit weg. Dort gibt es immer leckeren Kuchen und sie freut sich, wenn ich komme. Für mich hätten die Ferien auch länger dauern können. ☺ Trotzdem finde ich es auch schön, meine Freunde in der Schule wiederzusehen.

2 Lies den Brief von Viktor und besprich dann mit einem Lernpartner folgende Punkte:

- Viktor hat beim Schreiben Wörter ausgelassen. Wie könnte man die Lücken sinnvoll ergänzen?
- Welche Bausteine eines Briefes hat Viktor noch nicht beachtet? Klärt dies mithilfe der Lernbox auf S. 25.
- Was sollte Viktor an seinem Brief auch in Bezug auf die Sprache und den Inhalt noch verbessern? Sammelt entsprechende Vorschläge.

3 Übernimm Viktors Brief in dein Heft. Überarbeite ihn so, dass er alle Bausteine und das Aussehen eines persönlichen Briefes hat.

- Schreibe ihn dazu ordentlich und sauber in dein Heft. Achte auch auf den Rand. Füge an den richtigen Stellen Absätze und Leerzeilen ein.
- Ergänze die fehlenden Bausteine eines Briefes. Versuche, den Brief auch inhaltlich und sprachlich zu verbessern.

4 Du hast in der Schule viele Fächer. Stelle dir vor, du möchtest einer Freundin oder einem Freund über deine Vorlieben in Bezug auf die Schulfächer einen Brief schreiben. In dem Brief soll es darum gehen, welches dein Lieblingsfach ist und welches Fach du am wenigsten von den Fächern in der Schule magst.

- Bereite deinen Brief vor, indem du folgende Übersicht in dein Heft übernimmst und ergänzt.
- Achte darauf, dass du bei den Begründungen mit Stichworten arbeitest.

Das ist mein Lieblingsfach:	**Begründung (Was mir daran gefällt? Warum ich das Fach so mag? ...)**
• ...	• ...
Dieses Fach mag ich am wenigsten von den Fächern in der Schule:	**Begründung (Was mir daran nicht gefällt? Warum ich das Fach nicht so mag?)**
• ...	• ...

5 Schreibe den Brief an eine Freundin oder einen Freund.

- Beachte dabei das, was du zu den Bausteinen eines Briefes gelernt hast. Arbeite dabei mit der Lernbox auf S. 25.
- Schreibe ihn sauber und ordentlich in dein Heft. Gestalte ihn durch Ränder, Absätze und Leerzeilen übersichtlich.

Mehr zum Thema:
Einen Brief schreiben
AH: S. 5–7

Streit um eine Klassenaktion – miteinander sprechen

„So kommen wir nicht weiter!" – Gesprächsregeln entwickeln

Janany und Daniel aus der Klasse 9d haben die Aufgabe übernommen, sich als Paten um die Klasse 5a zu kümmern. Am Ende des Projekttages zum Thema „Lernen – aber wie?!" besuchen sie ihre Patenklasse, um mit ihr eine gemeinsame Klassenaktion zu planen.

Janany: Schön, dass wir euch wieder einmal besuchen dürfen.

Daniel: Nachdem ihr an eurem Projekttag so einiges über erfolgreiches Lernen erfahren habt, möchten wir als besonderen Abschluss des Tages nun mit euch planen, welche gemeinsame Klassenaktion wir demnächst machen können.

Rayhana: Wir beschließen einfach, dass die Schule ausfällt. Das ist doch wohl eine gute Idee.

Jonas: Du kannst aber auch nie ernst sein. Lasst uns doch mal richtig darüber sprechen!

Marie: Genau. Ich fände es toll, wenn wir uns nachmittags mal zum Plätzchenbacken in der Schule treffen würden. Da können dann alle mitmachen und lecker ...

Matthias: ... Ach, typisch Mädchen! Das ist doch langweilig. Ich schlage einen Filme-Nachmittag vor. Das finden sowieso alle viel besser. Außerdem solltest gerade du keine Plätzchen essen, Maria.

Maria: Wie meinst du das denn?

Matthias: Witz, nur ein Witz.

Carolin: Super Idee, das mit den Filmen, das machen wir.

Aslihan: Mein großer Bruder gibt uns bestimmt seinen Zugang zu einem Streamingdienst. Der hat gleich mehrere Abos.

Jana: Filme haben wir auch als DVDs ganz viele zu Hause. Ich finde „Ronja Räubertochter" immer noch richtig gut ...

Thomas: Ach, hör schon auf! Das habe ich schon tausendmal gesehen.

Tim: So ein Quatsch!

Janany: Ich glaube, so kommen wir nicht weiter.

Audio
WES-127515-001

1 Lest das Gespräch mit verteilten Rollen oder hört es euch an.

2 Beschreibt, worum es in dem Klassengespräch geht.

- Was schlagen Rayhana, Marie und Matthias als Klassenaktionen in dem Klassengespräch vor?
- Wie reagieren die andern auf die Vorschläge?

3 An welchen Stellen läuft das Gespräch gut und an welchen verläuft es schlecht? Erklärt, warum ihr dies so einschätzt.

4 Janany sagt am Ende: „Ich glaube, so kommen wir nicht weiter.“

- Welches Problem ist in dem Klassengespräch entstanden?
- Wie könnten die Schülerinnen und Schüler dies lösen?

5 Entwickelt nun Regeln, damit euch eure Gespräche in der Klasse besser gelingen.

- Sammelt dazu zunächst alles, was dazu beiträgt, dass ein Gespräch misslingt. Legt hierfür eine Tabelle nach dem folgenden Muster an und füllt zunächst nur die linke Spalte aus.

So misslingt ein Gespräch	
• laut dazwischenrufen •	

- Entwickelt nun Regeln, an die ihr euch in einem Gespräch halten solltet, damit es gelingt. Tragt diese in die rechte Spalte der Tabelle ein.

So misslingt ein Gespräch	So gelingt ein Gespräch
• laut dazwischenrufen •	• den anderen ausreden lassen •

6 Vergleicht eure Ergebnisse. Einigt euch auf die wichtigsten Gesprächsregeln. Erstellt anschließend ein Lernplakat, das ihr in der Klasse aufhängt.

- Unterschreibt anschließend alle auf dem Plakat, dass ihr mit diesen Regeln einverstanden seid und ihr sie beachten wollt.

7 **Durchstarten**

a) ▌ Schreibt eure Regeln einzeln auf Karteikarten. Wählt jede Woche eine Regel aus und achtet besonders auf ihre Einhaltung.

b) ▌▌ Erprobt eure Regeln in einem Klassengespräch. Wählt dazu ein Thema aus (z. B. welche Sitzordnung ihr ausprobieren wollt oder wie ihr euren Klassenraum verschönern könnt).

c) ▌▌▌ Sammelt Formulierungen, die euch helfen, in einem Gespräch auf eure Vorredner einzugehen. Zum Beispiel:
Ich finde deine Idee gut, möchte aber noch Folgendes ergänzen: … / Cem hat gesagt, … Dazu möchte ich sagen, …

- Gestaltet damit ein Lernplakat für eure Klasse.

„Ich bin der Meinung, dass …“ – den eigenen Standpunkt begründen

Die Klasse 5a diskutiert über eine gemeinsame Klassenaktion. Marie schlägt vor, dass sich alle zum Plätzchenbacken in der Schule treffen. Matthias schlägt einen Film-Nachmittag vor.

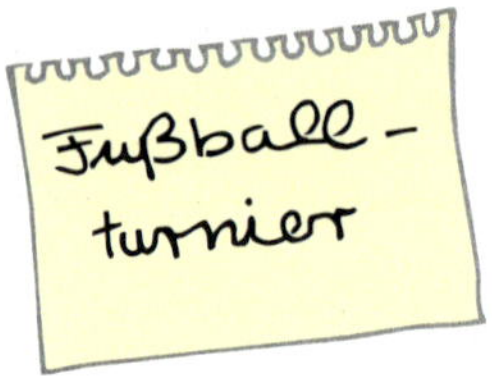

1 Was haltet ihr von den beiden Vorschlägen? Tauscht euch darüber aus.

2 Was spricht für den jeweiligen Vorschlag? Sammelt Argumente (= Gründe) für den Vorschlag von Maria oder Matthias.

3 Übertragt die folgende Tabelle in euer Heft. Findet für beide Vorschläge möglichst viele Argumente, mit denen Maria und Matthias ihre Vorschläge begründen können.

Argumente für Marias Vorschlag: Plätzchenbacken	Argumente für Matthias' Vorschlag: DVD-Nachmittag
•	•
•	•

4 **Wähle aus**

Die Klasse von Maria und Matthias hat sich darauf geeinigt, erst einmal alle Vorschläge für die gemeinsame Klassenaktion zu sammeln. Alle Schülerinnen und Schüler sollen ihren eigenen Vorschlag aufschreiben und ihre Meinung begründen.

Schreibe einen solchen Text. Lies dazu zunächst die Sprachbox auf der nächsten Seite und bearbeite dann einen der folgenden Arbeitsaufträge. Nutze dabei Formulierungen aus der Sprachbox.

a) I Schreibe den Text für Maria oder Matthias. Stelle zunächst deinen Vorschlag dar. Begründe deinen Vorschlag dann mit mindestens einem Argument aus der Tabelle, die du in Aufgabe 3 angelegt hast.

b) II Janick findet, die Klasse sollte einen Spielenachmittag als gemeinsame Aktion durchführen. Paula möchte gerne, dass die Klasse ein Fußball-tunier veranstaltet. Schreibe einen Text für Janick oder Paula, in dem sie ihren Vorschlag vorstellen und begründen.

c) III Schreibe einen Text zu einem eigenen Vorschlag. Sammle zunächst überzeugende Argumente, mit dem du ihn begründen kannst, bevor du deinen Text schreibst.

Die eigene Meinung äußern und begründen

Sprachbox

Einleitung: Nennung der eigenen Meinung

Als Klassenaktion an einem Nachmittag möchte ich vorschlagen, dass ...
Ich finde es schön, wenn wir ...
Meiner Meinung nach könnten wir ...
Ich finde, als Klassenaktion wäre es besonders gut, wenn wir ...
Ich bin der Ansicht, dass ...

Hauptteil: Begründung der eigenen Meinung

Wir sollten dies machen, weil ... / da ... / ...
Für meinen Vorschlag spricht vor allem Folgendes: ...
Außerdem spricht für meinen Vorschlag noch, dass ...
Ein weiteres Argument für diese Klassenaktion ist, ...

Schlussteil: Zusammenfassung / Schlusssatz zur Abrundung

Zusammenfassend gesagt, würde ich es gut finden, wenn ...
Es wäre daher sehr schön, wenn ...
Ich hoffe, dass ...

5 Durchstarten

Wählt eine der Fragen aus dem Kasten aus und sammelt Argumente, die dafür oder dagegen sprechen.

- Legt euch dazu eine Tabelle wie in Aufgabe 1 an.
- Entscheidet euch dann, welche Meinung ihr zu der Frage vertretet.
- Legt eure Meinung schriftlich dar und begründet sie. Geht dabei wieder so vor wie in Aufgabe 4 und arbeitet mit der Sprachbox auf dieser Seite.

1. Sollten alle Schülerinnen und Schüler die Pause auf dem Schulhof verbringen?
2. Sollte euer Klassenzimmer durch Blumen verschönert werden?
3. Sollte es jeden Tag Sportunterricht geben?
4. Sollte in eurem Klassenraum ein Aquarium mit Fischen aufgestellt werden?
5. Sollte es längere und mehr Pausen geben?
6. Sollte es eine Ausleihe für Spielgeräte geben?
7. Sollte die Klasse gemeinsam in der Mensa essen?
8. Sollte es regelmäßige Klassennachmittage mit gemeinsamen Aktionen geben?
9. Sollte es eine Weihnachtsfeier mit den Eltern geben?
10. Sollte es vor den Sommerferien ein Abschlussfest geben?

Komm mit in eine andere Welt! – Sich mit Märchen auseinandersetzen

Das lernst du in diesem Kapitel

„Es war einmal ... ." Diesen Satz hast du bestimmt schon einmal gehört. Viele Märchen beginnen so und Märchen sind für dich nicht neu. In diesem Kapitel setzt du dich mit verschiedenen Märchen auseinander (z. B. auch aus anderen Ländern).

Dabei lernst du, ...

- wie du dir einen Überblick über eine Märchenhandlung verschaffst,
- wie du Märchen wirkungsvoll vortragen kannst,
- wie du Merkmale von Märchen und typische Eigenschaften von Märchenfiguren erkennst,
- wie du zu Märchen schreiben kannst (z. B. indem du Interviews mit Märchenfiguren durchführst).

Am Ende des Kapitels findest du außerdem Vorschläge für kleine Märchenprojekte (z. B. ein Klassenmärchenbuch gestalten).

1 Auf dieser Doppelseite sind verschiedene Märchenfiguren abgebildet. Welche kennt ihr und was wisst ihr über sie? Erzählt von den Märchen, in denen die Figuren vorkommen.

2 Ordnet die Gegenstände auf dem Bild den passenden Märchenfiguren zu. Übertragt dazu die Übersicht in euer Heft und vervollständigt sie. Erklärt anschließend, welche Rolle die Gegenstände in den jeweiligen Märchen spielen.

Märchenfigur	Gegenstand
1. Der gestiefelte Kater	G: Stiefel
2. Schneewittchen	F:

3 Durchstarten

a) Zeichne ein Bild von deinem Lieblingsmärchen und stelle den anderen vor, was dein Bild zeigt. Du kannst auch eine Bilderfolge zeichnen.

b) Erzähle von deinem Lieblingsmärchen oder einem Märchen, das dir bekannt ist. Berichte deinen Mitschülern, worum es in dem Märchen geht und welche Märchengestalten darin vorkommen.

c) Legt gemeinsam eine Märchen-Klassenbibliothek an. Bringt dazu Märchenbücher, Märchenbilder, CDs, DVDs etc. mit. Ihr könnt euch diese gegenseitig ausleihen. Dies müssten dann einige von euch organisieren.

d) Höre dir einige Märchen an. Wenn du in eine Suchmaschine *Märchen anhören* oder ähnliche Suchwörter eingibst, findest du viele Märchen zum Anhören. Erzähle den anderen von den Märchen, die du dir angehört hast.

„Es war einmal ..." – Märchen erschließen und vortragen

Brüder Grimm
Sterntaler

Es war einmal ein kleines Mädchen, dem waren Vater und Mutter gestorben. Es war so arm, dass es kein Kämmerchen[1] mehr hatte, darin zu wohnen, und kein Bettchen mehr, darin zu schlafen, und gar nichts mehr als die Kleider auf dem Leib und ein Stückchen Brot in der Hand, das ihm ein mitleidiger Mensch geschenkt hatte. Das Mädchen war aber gut und fromm. Und weil es so von aller Welt verlassen war, ging es im Vertrauen auf den lieben Gott hinaus in die Welt.

Da begegnete das Mädchen einem armen Mann, der sprach: „Ach, gib mir etwas zu essen, ich bin so hungrig." Es reichte ihm das ganze Stückchen Brot und sagte: „Gott segne dir's!", und ging weiter.

Da kam ein Kind, das jammerte und sprach: „Es friert mich so an meinem Kopfe, schenk mir etwas, womit ich ihn bedecken kann." Da tat das Mädchen seine Mütze ab und gab sie dem Kind.

Und als es noch eine Weile gegangen war, kam wieder ein Kind und hatte kein Leibchen[2] an und fror; da gab es ihm seins.
Danach bat ein anderes Kind um ein Röckchen, da gab das Mädchen auch sein Röckchen weg.

Endlich gelangte es in einen Wald, und es war schon dunkel geworden, da kam noch ein Kind und bat um ein Hemdlein und das fromme Mädchen dachte: „Es ist dunkle Nacht, da sieht dich niemand, du kannst wohl dein Hemd weggeben", und zog das Hemd aus und gab es auch noch weg.

Und wie es so stand und gar nichts mehr hatte, fielen auf einmal die Sterne vom Himmel und waren lauter harte, blanke Taler[3]; und ob es gleich sein Hemdlein weggegeben hatte, so hatte es ein neues an und das war vom allerfeinsten Leinen[4]. Da sammelte es die Taler hinein und war reich für sein Lebtag.

1 Bei der Geschichte von dem Mädchen handelt es sich um ein Märchen. Was ist daran besonders märchenhaft?

---

[1] Kämmerchen = ein sehr kleines Zimmer
[2] Leibchen = Hemd
[3] Taler = Geldmünze/Geldstück
[4] Leinen = besonders guter Stoff

2 Wähle aus

Verschaffe dir einen Überblick über die Märchenhandlung.

a) Was passiert in dem Märchen „Sterntaler"? Setze die folgenden Aussagen richtig zusammen. Schreibe sie dann in dein Heft.

1) Am Anfang des Märchens ist	a) friert, weil es kein Leibchen hat.
2) Das Mädchen hat keine	b) das Mädchen arm.
3) Deshalb geht es	c) denen es hilft.
4) Unterwegs trifft es viele arme Menschen,	d) in die Welt hinaus.
5) Ein Mann bekommt	e) weil es am Kopf friert.
6) Das erste Kind jammert,	f) wird das Mädchen mit Talern belohnt und ist reich.
7) Das zweite Kind	g) Eltern und kein Zuhause mehr.
8) Das dritte Kind	h) sein Hemd.
9) Das Mädchen gibt dem vierten Kind	i) das letzte Stück Brot des Mädchens.
10) Am Ende des Märchens	j) bittet um ein Röckchen.

Unter dem **Webcode** WES-127515-002 findest du ein Arbeitsblatt, auf dem du die Satzteile miteinander verbinden kannst. Du kannst sie auch ausschneiden und passend zusammenkleben.

Arbeitsblatt WES-127515-002

b) Der Weg des Mädchens hat verschiedene Stationen. Es trifft z. B. im Verlauf des Märchens auf viele Menschen. Gliedere das Märchen in einzelne Sinnabschnitte. Übernimm dazu die Tabelle in dein Heft und vervollständige sie.

Abschnitt/Zeilen	Überschrift	Inhalt
Zeilen 1–8	Ausgangsituation des Mädchens	• Mädchen hat keine Eltern • Mädchen ist arm
Zeilen 9–12		
Zeilen 13–		

Wenn du noch weitere Hilfen brauchst, findest du eine **Hilfekarte** auf S. 310.

S. 310

Unter dem **Webcode** WES-127515-003 findest du die Tabelle als Arbeitsblatt. Hier kannst du deine Ergebnisse übersichtlich eintragen.

Arbeitsblatt WES-127515-003

c) Fasse den Inhalt des Märchens in deinen Worten zusammen. Beantworte dazu die folgenden Fragen:

- Was erfährt der Leser über das Mädchen zu Beginn des Märchens?
- Wem begegnet das Mädchen im Verlauf des Märchens und wie hilft es diesen Menschen?
- Was passiert am Schluss des Märchens und aus welchen Gründen geschieht dies deiner Meinung nach?

Arbeite dabei mit der Sprachbox und formuliere im Präsens.

Sprachbox

Den Inhalt eines Märchens wiedergeben

In dem Märchen geht es um ... • Am Anfang des Märchens .../Zu Beginn des Märchens ... • Das Mädchen begegnet ... • Zuerst ... • Danach/Anschließend/Daraufhin trifft das Mädchen ... • Kurze Zeit später ... • Obwohl das Mädchen nichts mehr besitzt, ... • Am Ende des Märchens .../Zum Schluss des Märchens ...

Die Schülerinnen und Schüler der Klasse 5b planen eine besondere Märchenstunde. Dazu möchten sie ihre Eltern einladen und ihnen Märchen vortragen. Methap, Celine, Nicole und Sina haben sich dazu das Märchen „Sterntaler" ausgesucht.

3 Sammelt Tipps für die Gruppe von Methap und den anderen, was sie bei einem Vortrag des Märchens beachten müssen und wie sie vorgehen können.

Mehtaps Gruppe hat beschlossen, abschnittsweise vorzugehen. Dazu haben die Schülerinnen das Märchen in vier Abschnitte aufgeteilt und jedes Gruppenmitglied soll den Vortrag seines Abschnitts einüben.

Das ist der erste Abschnitt des Märchens, den Sina für ihren Vortrag vorbereitet hat:

Es war einmal ein kleines Mädchen, / dem waren Vater und Mutter gestorben. // Es war so arm, dass es kein Kämmerchen mehr hatte, darin zu wohnen, / und kein Bettchen mehr, darin zu schlafen, / und gar nichts mehr als die Kleider auf dem Leib und ein Stückchen Brot in der Hand, / das ihm ein mitleidiger Mensch geschenkt hatte. // Das Mädchen war aber gut und fromm. / Und weil es so von aller Welt verlassen war, / ging es im Vertrauen auf den lieben Gott hinaus in die Welt.

4 Seht euch Sinas Bearbeitung des Textabschnitts an. Beschreibt, wie sie dabei vorgegangen ist:

- Erklärt die Bedeutung der einzelnen Markierungen.
- Erläutert an einzelnen Stellen, warum Sina diese Stellen wohl so markiert hat.
- Ihr könnt euch Sinas Vortrag ihres Abschnitts auch anhören. Nutzt dafür den **Webcode** WES-127515-004.

Audio
WES-127515-004

5 Bereitet nun einen Vortrag des Märchens „Sterntaler" vor. Arbeitet dabei in kleinen Gruppen und lest auch die Methodenbox. Geht so vor:

- Teilt das Märchen so auf, dass jeder einen Abschnitt vorträgt.
- Lest euren Abschnitt mehrmals, möglichst laut, durch.
- Bereitet euren Vortrag so vor wie Sina. Markiert Pausen mit Schrägstrichen und unterstreicht Wörter, die ihr besonders betonen möchtet.
- Übt gemeinsam einen wirkungsvollen Vortrag des Märchens ein. Jeder trägt seinen Abschnitt des Märchens vor, die anderen hören zu und geben Tipps.

Achtet z. B. darauf, an welchen Stellen der Sprecher noch leiser/lauter, langsamer/schneller, deutlicher oder betonter sprechen müsste.

Unter dem **Webcode** WES-127515-005 findet ihr ein Arbeitsblatt mit dem Märchentext, mit dem ihr euren Vortrag vorbereiten könnt.

Arbeitsblatt
WES-127515-005

Ein Märchen vortragen

So gehst du vor

Du kannst ein Märchen für einen Vortrag allein vorbereiten oder aber mit anderen zusammenarbeiten. Wenn ihr es zu mehreren vorbereitet, dann übernimmt jeder den Vortrag eines Abschnittes.

Gehe so vor:

- Teile das Märchen in **Abschnitte** ein und lies jeden Abschnitt genau.
- Bereite den Text nun vor, indem du **Markierungen** vornimmst, die dir das Vortragen erleichtern. Du kannst folgende Zeichen verwenden:
  / kurze Pause // lange Pause fromm betonte Wörter
  fromm stark betonte Wörter
- Lies **jeden Abschnitt** nun **mehrfach laut** vor. Probiere verschiedene Sprechweisen (z. B. laut – leise, schnell – langsam ...) aus. Versuche dabei, die wörtliche **Rede der Figuren** so zu sprechen, dass es zu **ihren Gefühlen** und den **Situationen**, in denen sie sich befinden, passt.
- Trage dein Märchen zunächst z. B. einem Mitschüler vor. Besprecht, was du noch verbessern kannst. Unter dem **Webcode** WES-127515-006 kannst du dir auch ein Video mit einem Märchenvortrag ansehen.

Video
WES-127515-006

6 Durchstarten

a) Stelle die Handlung des Märchens in einer Bilderfolge dar. Erzähle das Märchen dann mithilfe deiner Bilderfolgen nach.

b) Wählt ein anderes Märchen aus und bereitet in kleinen Gruppen einen wirkungsvollen Vortrag des Märchens vor. Passende Märchen findet ihr, indem ihr z. B. in Bibliotheken oder im Internet recherchiert.

Märchen unter der Lupe – Merkmale von Märchen kennen und nachweisen

1 Seht euch die Zeichnungen an. Welche Märchen erkennt ihr?
Eine **Hilfekarte** findet ihr auf S. 311.

S. 311

2 Märchen haben ganz bestimmte Merkmale. Erklärt, woran ihr erkennen könnt, dass es sich bei den Zeichnungen um Bilder zu Märchen handelt.

3 **Wähle aus**

Sammle Merkmale, die für Märchen typisch sind. Übernimm den Ideenstern in dein Heft und wähle einen der folgenden Arbeitsaufträge.

a) I Sieh dir die Bilder zu den Märchen auf S. 38 an. Welche typischen Märchenmerkmale sind dort dargestellt? Ergänze damit den Ideenstern.

b) II Ergänze den Ideenstern mit Merkmalen von Märchen, die du auf den Zeichnungen auf S. 38 siehst. Vervollständige ihn dann mit weiteren Merkmalen, die du aus anderen Märchen kennst.

c) III Vervollständige den Ideenstern mit weiteren Märchenmerkmalen. Ergänze dann die Lernbox zu den Merkmalen von Märchen. Stelle die Ergebnisse zur Lernbox in der Klasse vor.

Wenn du weitere Hilfen benötigst oder deine Lösungen überprüfen willst, findest du eine **Hilfekarte** auf S. 311.

S. 311

Merkmale von Märchen

Die wichtigsten Merkmale von Märchen sind folgende:

- Am Anfang eines Märchens befinden sich die Figuren oft ________ ________.
- Märchenfiguren besitzen oft gegensätzliche Eigenschaften wie ________ und ________.
- Vielfach kommen in Märchen besondere Wesen, z. B. ________ und ________, vor.
- Eine besondere Rolle spielen Zahlen (z. B. ________) sowie häufig wiederkehrende Zauberformeln und besondere Sprüche (z. B. ________).
- Das Gute siegt über das ________.
- Der Märchenheld erhält am Ende eine ________.
- Viele Märchen haben einen formelhaften ________ („Es war einmal ...") und ein formelhaftes ________ („Sie lebten glücklich bis ...").

Das musst du lernen und wissen

Mehr zum Thema:
Eine Märchen erschließen
AH: S. 8–11

Dies ist ein Märchen, weil ... – Märchenmerkmale nachweisen

Audio
WES-127515-007

Brüder Grimm
Die Wassernixe

A

B

C

D

1 Ein Brüderchen und ein Schwesterchen spielten einmal an einem Brunnen, und wie sie so spielten, *plumpsten* sie beide hinein. Da war unten eine *Wassernixe*, die sprach: „Jetzt hab ich euch, jetzt sollt ihr für mich *brav* arbeiten“, und führte sie mit sich fort. Dem Mädchen gab sie *verwirrten, garstigen Flachs* zu *spinnen* und es musste Wasser in einem *löchrigen* Fass schleppen. Der Junge aber sollte einen Baum mit einer *stumpfen* Axt hauen, und sie bekamen nichts zu essen als *steinharte* Klöße.

2 Da wurden zuletzt die Kinder so ungeduldig, dass sie warteten, bis eines Sonntags die Nixe in der Kirche war; da entflohen sie. Und als die Kirche vorbei war, sah die Nixe, dass die Kinder *ausgeflogen* waren, und setzte ihnen *mit großen Sprüngen* nach. Die Geschwister erblickten sie aber von Weitem und das Mädchen warf eine Bürste hinter sich. Das gab einen großen Bürstenberg mit tausend und tausend Stacheln, über den die Nixe mit großer Mühe klettern musste; endlich aber kam sie doch hinüber.

3 Wie das die Kinder sahen, warf der Knabe einen Kamm hinter sich. Das gab einen großen Kammberg mit tausendmal tausend *Zinken*; aber die Nixe *wusste sich* daran festzuhalten und kam zuletzt doch drüber.

4 Da warf das Mädchen einen Spiegel hinter sich, welcher einen Spiegelberg machte. Der Spiegelberg war so glatt, dass die Wassernixe nicht darüber konnte. Da dachte sie: „Ich will schnell nach Haus gehen und meine Axt holen und den Spiegelberg *entzweihauen.*“
Bis sie aber wiederkam und das Glas aufgehauen hatte, waren die Kinder längst weit entflohen und die Wassernixe musste sich wieder in ihren Brunnen *trollen.*

1 Lest das Märchen oder hört es euch an. Seht euch die Bilder zu dem Märchen an. Welches Bild gehört zu welchem Abschnitt? Begründet eure Zuordnung.

2 Klärt die Bedeutung der ***kursiv*** gedruckten Wörter und Ausdrücke.

- Versucht, ihre Bedeutung zunächst aus dem Zusammenhang zu erschließen. Schlagt dann in einem Wörterbuch nach oder recherchiert im Internet, wenn ihr nicht weiterkommt.

Ihr könnt mit dem Arbeitsblatt unter dem **Webcode** WES-127515-008 arbeiten, um eure Ergebnisse übersichtlich festzuhalten.

Eine **Hilfekarte** findet ihr auf S. 311.

Arbeitsblatt
WES-127515-008

S. 311

3 Wähle aus

Kläre, welche typischen Märchenmerkmale das Märchen von der Wassernixe besitzt.

a) I Suche die Märchenmerkmale in der linken Spalte der Tabelle aus dem Märchentext heraus. Falls du Hilfen bei der Formulierung der Stichwörter in der rechten Spalte brauchst, findest du eine **Hilfekarte** auf S. 312.

S. 312

Märchenmerkmale	Beispiele
1. Notsituation	
2. gegensätzliche Figuren	
3. zauberhafte Gegenstände	
4. Zahlen	
5. gutes Ende	

b) II Suche die Märchenmerkmale in der linken Spalte der Tabelle aus dem Märchentext heraus. Notiere sie in Stichworten in der rechten Spalte der Tabelle. Untersuche dann die Märchenfiguren genauer. Welche typischen Eigenschaften und Merkmale von Märchenfiguren haben sie? Belege dies mit entsprechenden Textstellen.

c) III Weise an dem Märchen von der Wassernixe die typischen Merkmale von Märchen nach. Gib dabei entsprechende Textstellen an.
Sammle anschließend typische Merkmale, die Märchen darüber hinaus noch haben können, die aber in dem Märchen von der Wassernixe nicht vorkommen.

4 Durchstarten

a) I Übt zu zweit einen wirkungsvollen Vortrag des Märchens von der Wassernixe ein. Arbeitet dabei mit den Hinweisen in der Methodenbox auf S. 37.

b) III Was könnten der Junge oder das Mädchen nach ihrer erfolgreichen Flucht denken und fühlen? Verfasse einen inneren Monolog für eine der beiden Märchenfiguren. Lies dazu auch die Methodenbox auf S. 80.

c) II In Märchen kommen häufig altertümliche Ausdrücke (= heute nicht mehr oft gebrauchte Wörter und Formulierungen) vor. Suche solche aus dem Märchen von der Wassernixe heraus. Versuche auch, ihre Bedeutung zu erklären.

d) II Arbeitet in Gruppen. Erzählt das Märchen von der Wassernixe mithilfe der Bilder auf S. 40 nach. Wechselt dabei reihum den Erzähler.

- Versucht, auch die typische Sprache eines Märchens zu verwenden.
- Denkt daran, dass ihr das Präteritum (Vergangenheit) benutzt.

„Märchen aus aller Welt" – Märchen aus anderen Ländern kennenlernen

Niame, der Hexenmeister – aus der Sicht von Märchenfiguren schreiben

Audio
WES-127515-009

Afrikanisches Märchen

Das goldene und das silberne Kind

Niame, der mächtigste Hexenmeister, lebte in einem Bauernhof, der auf einem sanften Wolkenteppich lag. An einem schönen Tag entschied er sich, zu heiraten.

Er befahl den vier schönstens Frauen des Dorfes, zu ihm zu kommen, und fragte jede von ihnen: „Was würdest du für mich tun, wenn ich dich zur Frau nähme?"
Die erste, die Acoco hieß, sagte: „Ich würde den Fußboden kehren und auf das Haus aufpassen."
Die zweite sagte: „Ich würde für dich jeden Tag etwas ganz Besonderes kochen."
Die dritte sagte: „Ich würde dir Berge von Baumwolle spinnen und täglich frisches Wasser vom Brunnen holen."
Die vierte sagte: „Ich würde dir einen goldenen Sohn geben."
Natürlich wählte Niame die letzte Frau und befahl, mit den Vorbereitungen zur Hochzeit zu beginnen.

Acoco war überhaupt nicht mit dieser Entscheidung einverstanden: Sie war neidisch und eifersüchtig. Trotzdem versteckte sie ihre kleinlichen Gefühle und wurde Dienerin der Braut.

Das Ehepaar lebte glücklich und der goldene Sohn hatte schon eine Wiege, die auf ihn wartete, als Niame eines Tages zu einem seiner Besitztümer reisen musste. Und als Niame noch unterwegs war, brachte die Königin Zwillinge auf die Welt: ein goldenes und ein silbernes Kind.

Während die Königin schlief, nahm Acoco die Zwillinge, schloss sie in einem Strohkörbchen ein und flüchtete mit ihnen zum Wald. Dort versteckte sie den Korb in dem Loch eines Baumstammes. In die Wiege legte sie statt der Kinder zwei Frösche.

Als Niame zurückkam, rannte Acoco zu ihm und sagte: „Beeilen Sie sich. Schauen Sie ihre Kinder an!" Niame beeilte sich, aber als er in der Wiege solch hässliche Tiere sah, war er sehr enttäuscht. Er befahl, die Frösche zu beseitigen, und schickte die Königin ins Exil auf eine Hütte am Ende seines Königreiches.

Zum Glück wurden die Kinder von einem Jäger gerettet, der das Körbchen im

Loch des Baumstammes fand. Der Jäger öffnete das Körbchen und bewunderte die zauberhaften Kinder. Er war sehr arm, trotzdem nahm er die Kinder mit nach Hause und zog sie auf, ohne jemandem zu sagen, wo er die Kinder gefunden hatte.
Die Zwillinge wuchsen und waren gesund und stark. Sie hatten einen guten Charakter und waren sehr geschickt. Wenn der Jäger Geld brauchte, nahm er goldenes und silbernes Pulver, das ständig von den Kindern herabfiel. Dann ging er in die Stadt und kaufte dort alles, was er brauchte. Langsam wurde er reich und zog in einen größeren Bauernhof.

Eines Tages erfuhr er zufällig, dass die Kinder Söhne des Königs waren. Trotz großer Traurigkeit entschied er sich, die Kinder zu ihrem Vater zu bringen. Als er zum Hof des Königs kam, rief er ihn und sagte: „Schauen Sie mal, welche Übungen dieses silberne Kind machen kann!“ Niame bewunderte die Geschicklichkeit des Jungen. Während das Kind turnte, sang das goldene Kind mit seiner wunderschönen Stimme und erzählte seine eigene Geschichte: das Versprechen seiner Mutter, die böse Acoco und der gute Jäger, der sie als seine eigenen Kinder annahm. Niame war erstaunt und erschüttert. Er umarmte die Kinder, befahl, seine Frau aus dem Exil zurückzuholen, und wies die Dienerinnen an, sich die Haare zu kämmen und ihr Festtagsgewand anzuziehen. Danach suchte er Acoco, verwandelte sie in ein Huhn und stieß es zur Erde. Zum Schluss lobte er den Jäger und gab ihm Geschenke.

Bis heute baden sich die Söhne Niames in dem großen Fluss, der als Wasserfall zur Erde fließt. Und so gelangt auch ein bisschen von ihrem goldenen und silbernen Pulver zu uns, und wer das Glück hat, es zu finden, wird reich werden.*

* verändert

1 Verschafft euch zu zweit zunächst einen Überblick über die Handlung des Märchens. Geht dazu so vor:

- Erzählt euch gegenseitig den Inhalt der neun Textabschnitte.
- Wechselt nach jedem Abschnitt die Rolle des Erzählers. Der andere hört genau zu und gibt dem Erzähler Rückmeldung, ob er etwas vergessen hat oder was noch genauer erzählt werden müsste.
- Findet für jeden Textabschnitt eine zusammenfassende Überschrift.

Wenn ihr Hilfen benötigt, um passende Überschriften für die Textabschnitte zu finden, könnt ihr die **Hilfekarte** auf S. 312 verwenden.

S. 312

2 Nachdem ihr das Märchen gelesen und nacherzählt habt, könnt ihr sicher folgende Fragen beantworten:

a) Welche Angebote machen die vier Frauen dem Hexenmeister Niame?
b) Wie reagiert der Hexenmeister Niame auf die Angebote?

c) Was macht Acoco nach der Geburt der Zwillinge mit den Kindern?
d) Wie reagiert der Hexenmeister Niame, als er die Frösche sieht?
e) Was passiert mit den Zwillingen?
f) Wie helfen die Zwillinge dem Jäger?
g) Was macht der Jäger, nachdem er erfährt, dass die Zwillinge die Söhne von Niame sind?
h) Wie reagiert Niame, als er seine Kinder wiederbekommt?
i) Wie endet das Märchen?

3 Erklärt, woran ihr bei diesem Text erkennen könnt, dass es sich um ein Märchen handelt. Weist dazu nach, welche typischen Merkmale eines Märchens der Text besitzt. Hilfen findet ihr dazu in der Lernbox auf S. 39 und auf der **Hilfekarte** zu S. 39, Aufgabe 3 auf S. 311.

S. 311

4 In dem Märchen *Das goldene und das silberne Kind* kommen verschiedene Märchenfiguren vor. Überlegt, wie die einzelnen Märchenfiguren die Geschehnisse wahrnehmen.

- Erstellt eine Liste mit den Figuren, die in dem Märchen vorkommen.
- Besprecht, wie sich die einzelnen Märchenfiguren in den verschiedenen Situationen der Märchenhandlung fühlen und was sie denken könnten.

5 **Wähle aus**

Erzähle aus der Sicht der Märchenfiguren.

a) I Versetze dich in die Lage von Niame am Abend der Rückkehr seiner Söhne. Schreibe seine Gedanken und Gefühle in einem Tagebucheintrag auf. So kannst du beginnen:

Liebes Tagebuch,
heute ist mir etwas Wunderbares passiert: Meine beiden Söhne ...
Sie sind ...
Ich wusste gar nicht ....
Jetzt bin ich ...

b) II Was könnte in einem der beiden Söhne vorgehen, nachdem er wieder zu seinem Vater Niame zurückgekehrt ist?
Schreibe die Gedanken und Gefühle eines der beiden Brüder in Form eines Tagebucheintrags auf. Lass ihn darin auf die Zeit vor seiner Rückkehr zurückblicken und mache deutlich, was nun in ihm vorgeht.

c) III Versetze dich in die Lage der Mutter der Zwillinge. Sie ist von Niame verstoßen worden. Jetzt sind ihre Söhne wieder da und auch sie konnte an den Hof zurückkehren. Schreibe einen inneren Monolog oder einen Tagebucheintrag aus der Sicht der Mutter. Hinweise zum Verfassen eines inneren Monologs findest du auch in der Lernbox auf Seite 80.

Das Töpfchen – ein Märchen zu Ende schreiben

Märchen aus der Türkei

Das Töpfchen

A Es war einmal, und es war auch nicht. In früheren Zeiten war einmal eine arme Frau mit einer Tochter. Die Mutter spann vom Abend bis zum Morgen Garn, das Mädchen aber verkaufte es auf dem *Basar*, und so verdienten sie ihren *Lebensunterhalt*.
Eines Tages hatte die Mutter wieder Garn gesponnen, es dem Mädchen gegeben, und das Mädchen hatte das Garn auf dem Basar verkauft. Für dieses Geld kaufte sie statt des Brotes einen kleinen Topf, der zum Kauf angeboten wurde. An dem Topf hatte sie großen Gefallen, gab das Geld hin und erhielt ihn.

B Als sie nach Hause kam, war kein Brot zum Essen da; denn in der Hand hatte sie nur den Topf. Die Mutter *schalt* das Mädchen *tüchtig* und warf den Topf auf die Straße. An jenem Tag legten sie sich hungrig schlafen.

C Eine Hebamme kehrte von einer *Wöchnerin* zurück und sah auf der Straße einen schönen Topf liegen, nahm ihn, ging nach Hause, wusch und reinigte ihn, machte eine *Weinblattroulade*, setzte den Topf auf den Herd und kochte Essen.
Gerade als sie den Deckel hob und sich ans Essen setzen wollte, wurde an die Tür geklopft, und jemand rief die Hebamme schnell zu einer Geburt. Die Hebamme sagte: „Ich esse, wenn ich zurückkomme", ließ das Essen stehen und ging.
Der Topf stand – holterdiepolter – auf und ging *schnurstracks* zum Haus des Mädchens. Er klopfte an die Tür, das Mädchen lief zur Tür und fragte: „Wer ist da?"
Der Topf antwortete: „Das Töpfchen."
Das Mädchen fragte: „Was ist darin?"
Er sagte: „Eine kleine Weinblattroulade."
Das Mädchen holte die Weinblattroulade heraus und warf den Topf auf die Straße. Die Mutter und die Tochter setzten sich hin und ließen sich die Weinblattroulade gut schmecken.

D Die Frau des *Padischahs*, die *Sultanin*, ging ins Bad, da sah sie auf der Straße einen schönen Topf. „Nimm diesen Topf!", sagte sie zu ihrer *Zofe*. Die Zofe nahm den Topf und sie gingen ins Bad. Im Bad legte die Sultanin, als sie sich auszog, ihre Diamanten und Perlen hinein. Sie gab ihrer Zofe den Topf und stieg ins Bad.
Als die Zofe den Topf im Arm hielt, wurde sie *vom Schlaf übermannt*, und der Topf ging schnurstracks zum Haus des Mädchens und klopfte an die Tür.
Das Mädchen fragte: „Wer ist da?"
Der Topf antwortete: „Das Töpfchen."

Das Mädchen sagte: „Was ist darin?“
Er sagte: „Etwas Schönes.“
Das Mädchen nahm die Diamanten und die Perlen, zog sich an und schmückte sich und warf den Topf wieder auf die Straße.*

* verändert

1 Klärt die Bedeutung der *kursiv* gedruckten Wörter im Text. Versucht zunächst, ihre Bedeutung aus dem Zusammenhang zu erschließen.

Wenn euch das nicht gelingt, könnt ihr die Bedeutung mithilfe des Internets klären. Gebt dazu jeweils die Wörter mit dem Zusatz „Bedeutung“ in eine Suchmaschine ein.

S. 312

Ihr könnt auch die **Hilfekarte** auf S. 312 benutzen.

2 **Wähle aus**

Verschafft euch zu zweit einen Überblick über die Märchenhandlung.

a) I Einigt euch zunächst auf eine passende Überschrift für die vier Abschnitte A, B, C und D. Gebt anschließend den Inhalt des jeweiligen Sinnabschnitts in euren Worten wieder. Eine **Hilfekarte** findet ihr auf S. 313.

S. 313

b) II Schreibt zu jedem Sinnabschnitt des Textes (A, B, C und D) drei Fragen zum Inhalt des Märchens auf.

- Tauscht die Fragen mit eurer Lernpartnerin / eurem Lernpartner aus und beantwortet sie.
- Kontrolliert anschließend, ob eure Antworten richtig sind, und korrigiert sie, wenn nötig.

Wenn euch keine Fragen einfallen, könnt ihr auch die Fragen auf der **Hilfekarte** von S. 313 zu zweit beantworten.

S. 313

c) III Erzählt das Märchen nach. Arbeitet zu zweit. Eine Person erzählt, die andere kontrolliert, ob etwas ergänzt oder korrigiert werden muss. Wechselt nach jedem Abschnitt die Rollen.

3 Woran könnt ihr erkennen, dass es sich um ein Märchen aus der Türkei handelt? Sucht Textstellen heraus, die dies zeigen.

4 Das Märchen ist noch nicht zu Ende. Der Topf kehrt noch einmal zu dem Mädchen zurück. Schreibt die Fortsetzung mit der letzten Rückkehr des Töpfchens und dem Schluss des Märchens. Geht dabei so vor:

- Sammelt zunächst Ideen, wie das Märchen weitergehen und enden könnte. Wer könnte das Töpfchen finden? Was könnte das Mädchen dieses Mal noch bekommen?

- Sammelt Formulierungen, die ihr für euren letzten Textabschnitt nutzen könnt. Seht dazu in den anderen Textabschnitten nach, welche Formulierungen dort immer wieder vorkommen. Diese könnt ihr auch für euren Textabschnitt verwenden.
- Schreibt dann die Fortsetzung mit der letzten Rückkehr des Töpfchens und dem Schluss des Märchens. So könnt ihr beginnen:

  Am Abend / nächsten Tag / nächsten Morgen ging ... die Straße entlang / ...
  Er/sie ...
  Dann/als ...

- Denkt auch an eine Schlussformel für euer Ende des Märchens.

  Auf der **Hilfekarte** auf Seite 313 findet ihr den Originalschluss des Märchens. Ihr könnt ihn mit eurem eigenen Schluss vergleichen.

  Wenn es euch sehr schwerfällt, einen eigenen Schluss zu schreiben, könnt ihr auch diesen Originalschluss in euer Heft übernehmen.

S. 313

5 Durchstarten

a) Sicherlich kommen einige Schülerinnen und Schüler aus eurer Klasse oder deren Familien aus anderen Ländern. Kennt ihr Märchen, die in den jeweiligen Ländern bekannt und beliebt sind? Berichtet darüber.

b) Besorgt euch Märchen aus anderen Ländern. Ihr könnt dazu in der Bibliothek oder im Internet recherchieren. Stellt die Märchen in der Klasse vor, z. B. indem ihr sie vortragt, nacherzählt oder mithilfe von Zeichnungen oder Bilderfolgen darstellt.

c) Wählt ein Märchen aus einem anderen Land aus. Stellt es kurz vor. Geht dabei auch darauf ein, welche typischen Märchenmerkmale es besitzt und welche nicht.

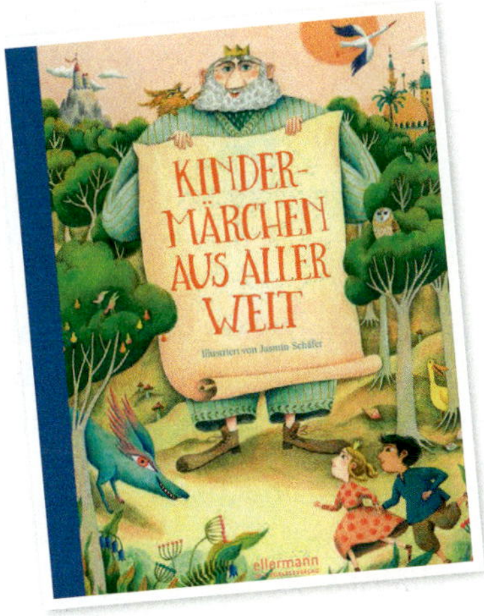

Ein Wolf packt aus – mit Märchenfiguren Interviews führen

Der Wolf und die sieben Geißlein

1 Sicher kennen die meisten von euch das Märchen vom Wolf und den sieben Geißlein. Seht euch die Bilder an und erzählt es mithilfe der Bilder nach. So könnt ihr dabei vorgehen:

- Arbeitet zu viert. Klärt zunächst, was die einzelnen Bilder darstellen. Teilt dann die Bilder unter euch auf. Jeder erzählt den Teil des Märchens, den seine beiden Bilder zeigen.

Unter dem **Webcode** WES-127515-010 könnt ihr euch das Märchen auch zunächst anhören, bevor ihr es mithilfe der Bilder nacherzählt.

Audio
WES-127515-010

Elke Kahlert
Jetzt rede ich. Endlich die Wahrheit über die sieben Geißlein

Reporter: Herr Wolf, wir freuen uns, dass Sie sich bereit erklärt haben zu reden. Die Geschichte hat ja damals viel Staub aufgewirbelt. Nun endlich sollen unsere Leser die volle Wahrheit über Sie und die sieben Geißlein erfahren. Also, Herr Wolf, wie war es wirklich?
Wolf: An der dummen Geschichte ist ja eigentlich überhaupt nichts dran. [...]

2 Was fragt der Reporter den Wolf? Welche Antwort wird der Wolf ihm wohl geben?

- Erklärt, welche Absichten des Wolfes deutlich werden.

3 Wie könnte das Interview weitergehen?

- Sammelt zunächst Fragen des Reporters und denkt euch mögliche Antworten des Wolfes aus.
- Schreibt das Interview in eure Hefte oder führt es zu zweit durch.

Falls ihr Schwierigkeiten habt, passende Fragen zu finden, könnt ihr die **Hilfekarte** auf S. 314 benutzen.

S. 314

4 **Wähle aus**

Verfasse weitere Interviews mit anderen Märchenfiguren. Überlege dir dazu entsprechende Fragen, die ein Reporter stellen könnte. Entwickle dann mögliche Antworten der Märchenfigur.

a) I Entwickle ein Interview mit der Mutter der sieben Geißlein oder mit dem Geißlein, das sich in der Standuhr vor dem Wolf versteckt.
Für die Mutter der Geißlein findest du auf S. 314 eine **Hilfekarte** mit Fragen, die du benutzen kannst.

S. 314

b) II Gestalte ein Interview mit einer Figur aus einem der Märchen, die du in diesem Kapitel kennengelernt hast.

c) III Suche dir ein bekanntes Märchen aus und führe ein Interview mit zwei der Figuren aus dem Märchen. Lass die beiden Figuren die Fragen des Reporters jeweils aus ihrer Sicht beantworten.

Ihr könnt eure Interviews präsentieren, indem ihr sie mit verteilten Rollen vorlest oder vorspielt.

Alles klar? – Üben und überprüfen

Brüder Grimm
Der süße Brei

Es war einmal ein armes, frommes Mädchen, das lebte mit seiner Mutter allein, und sie hatten nichts mehr zu essen. Da floh das Kind wegen der ganzen Not zu Hause hinaus in den Wald.
Dort begegnete ihm eine alte Frau. Die wusste um die Sorgen des Mädchens und schenkte ihm einen Kochtopf. Zu dem Topf sollte das Mädchen sagen: „Töpfchen, koche“. Dann kochte der Topf guten, süßen Hirsebrei, und wenn es sagte: „Töpfchen, steh“, so hörte der Topf wieder auf zu kochen. Das Mädchen brachte den Topf nach Hause zu seiner Mutter. Von nun an waren ihre Armut und ihr Hunger vorbei und sie aßen süßen Brei, sooft sie wollten.

Eines Tages war das Mädchen ausgegangen, da sprach die Mutter: „Töpfchen, koche“. Der Topf kochte süßen Brei und die Mutter aß sich satt. Dann wollte sie, dass das Töpfchen wieder aufhören sollte zu kochen. Aber sie hatte den Spruch vergessen. Also kochte der Topf fort, und der Brei stieg über den Rand des Topfes und er kochte immer weiter.
Die Küche und das ganze Haus waren voller Brei, dann das zweite Haus und dann die ganze Straße. Es war, als wollte der Topf die ganze Welt satt machen. Und alle waren in größter Not und Verzweiflung, und kein Mensch wusste sich da zu helfen.
Endlich, wie nur noch ein einziges Haus übrig war, da kam das Kind nach Hause und sprach nur: „Töpfchen, steh“. Da hörte der Topf auf zu kochen, und wer wieder in die Stadt wollte, der musste sich durch den süßen Brei hindurchessen.

1 Lest das Märchen. Arbeitet dann zu zweit so weiter:

- Beschreibt, welche Teile der Märchenhandlung die Abbildung zeigt.
- Welche Teile der Märchenhandlung werden in der Abbildung nicht dargestellt? Beantwortet diese Frage.

2 Prüfe, wie gut du das Märchen verstanden hast. Beantworte dazu die folgenden Fragen. Suche Textstellen heraus, die dir dabei helfen.

a) Was erfährst du gleich zu Beginn des Märchens über das Mädchen?
b) Was bekommt das Mädchen im Wald von der alten Frau?
c) Was ist das Besondere an dem Töpfchen?
d) Wie ergeht es dem Mädchen und seiner Mutter mit dem Töpfchen?
e) Was passiert, als die Mutter allein zu Hause ist?
f) Wie endet das Märchen?

3 Übe einen wirkungsvollen Vortrag des Märchens ein. Gehe dabei so vor, wie es in der Methodenbox auf S. 37 beschrieben wird.

4 Welche typischen Märchenmerkmale besitzt das Märchen „Der süße Brei"? Welche Merkmale kommen in ihm nicht vor?
Beantworte zu den einzelnen Märchenmerkmalen in der Übersicht die Frage, ob das Märchen sie besitzt oder nicht.

1	Notsituation am Anfang	4	Sieg des Guten über das Böse
2	Gegensätzliche Eigenschaften der Märchenfiguren	5	Belohnung des Märchenhelden
3	Vorkommen von besonderen Wesen und Gegenständen	6	Formelhafter Anfang und formelhaftes Ende

5 Gestalte mit dem Mädchen, der Mutter oder der alten Frau aus dem Märchen „Der süße Brei" ein Interview.

- Überlege dir zunächst, welche Fragen du der jeweiligen Märchenfigur stellen möchtest, und lass sie dann darauf antworten.
- Ihr könnt die Interviews auch zu zweit als Dialog oder kleine Spielszene einüben.

6 Märchen haben oft eine besondere Sprache. In dem Wortspeicher findest du typische Märchenwörter.

- Klärt zu zweit oder zu dritt die Bedeutung der einzelnen Wörter und Ausdrücke.
- Recherchiert im Internet oder schlagt in einem Wörterbuch nach, wenn ihr allein nicht weiterkommt oder unsicher seid.

> Kämmerchen • Taler • Lebensunterhalt • Leib • Hemdlein • Basar • jammerte • Leinen • tüchtig • segnen • Besitztümer • schnurstracks • fromm • Garn • sich schmücken

7 Schreibe einer Freundin oder einem Freund einen Brief, in dem du ihr oder ihm erklärst, welches dein Lieblingsmärchen ist.

- Erzähle, worum es in deinem Märchen geht und warum es dein Lieblingsmärchen ist.

Das könnt ihr noch machen – Ideen rund um Märchen

Eine Märchenlesung veranstalten

Ihr könnt eure Klasse in ein „Märchencafé" verwandeln. Stellt euch und euren Gästen Märchen vor. Vielleicht könnt ihr eure Nachbarklasse oder eure Eltern einladen.

Folgende Tipps helfen euch bei der Planung und Durchführung einer solchen Märchenlesung:

- Sucht euch Märchen aus, die ihr vortragen oder nacherzählen möchtet. Achtet darauf, dass eure Märchen nicht zu lang sind.
- Besonders interessant ist es für eure Besucher, wenn ihr Märchen aus anderen Ländern oder unbekannte Märchen findet, die eure Zuhörer noch nicht kennen.
- Bereitet die Märchenvorträge so vor, wie ihr es geübt habt. Was ihr dabei beachten müsst, könnt ihr in der Methodenbox auf S. 37 nachlesen.
- Ihr könnt die Märchen auch abschnittsweise aufteilen oder mit verteilten Rollen vorlesen. Natürlich könnt ihr auch Märchen vorspielen. Ein Erzähler kann das Märchen vorlesen und die anderen stellen das Geschehen auf der Bühne dar.
- Vielleicht habt ihr ja Lust, euren Klassenraum dazu passend zu gestalten. Ihr könnt z. B. Illustrationen eures Lieblingsmärchens anfertigen und aushängen, euren Raum mit „Märchen-Gegenständen" dekorieren oder verschiedene Märchenbücher ausstellen.

Ein Klassenmärchenbuch gestalten

Märchenbücher haben oft viele Bilder und Zeichnungen. Ihr könnt euch ein eigenes Klassenmärchenbuch gestalten. So könnt ihr vorgehen:

- Jeder sucht sich ein Märchen aus, das ihm besonders gut gefällt. Natürlich könnt ihr auch ein eigenes Märchen schreiben.
- Schreibt das Märchen sauber und ordentlich ab oder gebt es mithilfe einer Textverarbeitungsprogramms an einem Computer ein. Hinweise dazuffindet ihr auf S. 145 und in der Methodenbox auf S. 71.
- Fertigt ein Bild zu eurem Märchen an.
- Sammelt alle Märchen und Zeichnungen in einem Ordner.

Märchenvideos filmen

Im Internet findet ihr viele Videos, in denen mithilfe von Spielfiguren oder gebastelten Figuren Märchen erzählt werden. Solche Märchenvideos könnt ihr auch selbst herstellen.

- Sucht euch ein Märchen aus, das ihr verfilmen möchtet. Zeichnet Bilder dazu oder überlegt euch, wie ihr die einzelnen Handlungsschritte des Märchens mithilfe von Spielfiguren darstellen könnt.
- Übt das Erzählen oder Vorlesen der jeweiligen Teile des Märchens zu den einzelnen Bildern oder Szenen, die ihr filmen wollt. Ihr könnt auch kleine Texte schreiben.
- Filmt dann euer Märchenvideo. Nehmt die Bilder oder die Szenen mit euren Spielfiguren auf und sprecht dazu laut und deutlich den jeweiligen Märchentext ein.

Achtet unbedingt darauf, dass ihr keine Personen filmt und eure Videos nicht im Internet veröffentlicht. Weitere Hinweise zum Erstellen eurer Märchenvideos findet ihr in der Methodenbox auf S. 187.

Märchenkunstwerke gestalten

Ihr könnt zu Märchen mithilfe von Bildern, Pappen, Farben und anderen Dingen kleine Kunstwerke gestalten.

Seht euch die Abbildung an und gestaltet ähnliche Kunstwerke zu einzelnen Märchen. Ihr könnt auch ganz andere Ideen umsetzen. Hier sind eurer Fantasie keine Grenzen gesetzt.

Mit Worten spielen, mit Sprache malen – Gedichte vortragen, erschließen und schreiben

Das lernst du in diesem Kapitel

Sicher kennst du schon zahlreiche Gedichte. Gedichte sind besondere Texte, denn sie spielen mit der Sprache und lassen oft eindrucksvolle Bilder in unseren Köpfen entstehen. In diesem Kapitel lernst du einige solche Texte kennen, die mit Worten spielen und mit Sprache malen. Dabei lernst du ...

- Gedichte wirkungsvoll vorzutragen sowie den Vortrag eines Gedichtes vorzubereiten und einzuüben,
- die Form von Gedichten (z. B. die Anordnung der Reime) zu untersuchen und zu beschreiben sowie
- sprachliche Bilder zu erschließen und zu verstehen.

In der Schreibwerkstatt am Ende erhältst du Tipps, wie du die Gedichte, die du kennengelernt oder selbst geschrieben hast, mit Textverarbeitungsprogrammen am Computer oder Tablet ansprechend gestalten kannst.

1 Die Bilder auf dieser Seite passen zu den Texten rechts. Ordnet die Bilder 1–4 den Gedichtauszügen A–D zu. Begründet eure Zuordnungen.

A In der ersten Zeile steht nicht viel drin,
die zweite Zeile gibt wenig Sinn,
die dritte ist irgendwie drangeleimt,
und die vierte steht nur da, damit es sich reimt.

B Vom Himmel fällt der Regen
und macht die Erde nass,
die Steine auf den Wegen,
die Blumen und das Gras.

C In einem leeren Haselstrauch,
da sitzen drei Spatzen, Bauch an Bauch.
Der Erich rechts und links der Franz
und mittendrin der freche Hans.

D Acht Regenwürmer stecken
Die Köpfe aus der Erde.
Da sagt stolz der Erste:
Wir sind schon eine Herde.
Darauf meinte schlau der Letzte
Ich glaube, wir sind neun.

2 Welche Überschrift gehört zu welchem Text? Ordnet die Überschriften den Gedichtauszügen zu und begründet eure Zuordnung.

a) Acht Regenwürmer

b) Drei Spatzen

c) Unnützes Gedicht

d) Das Wasser

3 Erklärt, woran man erkennt, dass die Texte A–D Teile von Gedichten sind.

4 Das Kapitel heißt „Mit Worten spielen, mit Sprache malen“.

- Erklärt, wie ihr diese Überschrift versteht.
- Zeigt an Beispielen aus den vier Gedichtauszügen, wie hier mit Worten gespielt und gemalt wird.

„erstens brüll ich, wann ich will!" – Gedichte wirkungsvoll vortragen

Wutsprüche – mit der Stimmlautstärke spielen

Gerald Jatzek (* 1956)

Wutsprüche

Krokodil und Krokodil,
erstens brüll ich, wann ich will!
Krokodil und Krokodiller,
zweitens brüll ich immer schriller!
Krokodiller, Riesenzahn,
drittens fange ich erst an!
Riesenzahn und Krokodil,
nachher bin ich
wieder still.

1 Dieses Gedicht sieht etwas anders aus als die Gedichte auf der Einstiegsseite (S. 55). Was fällt euch auf?

2 Besprecht, wie ihr das Gedicht wirkungsvoll vortragen könntet. Beantwortet dazu folgende Fragen:

- Wie solltet ihr die Lautstärke und Betonung während des Gedichtvortrages verändern?
- Welche Hinweise für den Vortrag liefert das Gedicht selbst? Achtet auf die Größe der Wörter und Gedichtzeilen.

3 Lest das Gedicht in der Klasse vor. Welcher Vortrag gefällt euch besonders gut? Begründet eure Einschätzung.

4 Der Titel des Gedichts lautet „Wutsprüche". Erkläre, was das Gedicht mit Wut zu tun hat.

Frühlinter! – Pausen und Betonungen wirkungsvoll einsetzen

James Krüss (1926–1997)
Frühlinter

Im April aufzusagen

Wer im April
spazieren will, was tut er? Was beginnt er?
Er jubelt: Frühl... Dann schweigt er still
und murmelt matt:
Frühlinter!

Sein Schuh im Matsch
macht quitsch und quatsch,
halb Frühling ist's, halb Winter.
Ein bisschen plitsch, ein bisschen platsch,
von jedem was:
Frühlinter.

Wohin das zielt?
Was das bezweckt?
Es kommt kein Mensch dahinter.
Wenn ein Kind sich mit Lust bedreckt,
dann frag nicht, was dahintersteckt.
Es ist April:
Frühlinter!

1 Klärt den Inhalt des Gedichts. Geht dabei so vor:

- Erklärt, welche Situation in Zeile 1 bis 11 beschrieben wird. Von wem ist die Rede, wo befindet sich die Person und wie verhält sie sich?
- Erklärt auch, warum die Person zunächst „jubelt" (Z. 3) und dann „schweigt" (Z. 3).
- Beschreibt, was ihr über das Wetter erfahrt.

2 Beantwortet dann folgende Fragen zur Überschrift des Gedichts:

- Was bedeutet das Wort „Frühlinter" in dem Gedicht?
- Weshalb ist das Gedicht „im April aufzusagen"?

3 Führt ein kleines Vortragsexperiment durch.

- Lest die erste Strophe laut vor. Sprecht dabei mechanisch wie ein Roboter: *„Wer – im – April – spazieren – will – was – tut – …“*
- Beschreibt, wie dieser Vortrag auf die Zuhörenden wirkt.
- Sammelt auf der Grundlage dieses Vortragsexperiments Tipps, was man bei einem guten Vortrag beachten sollte.

Mert hat für einen Gedichtvortrag die erste Strophe abgeschrieben und vorbereitet.

Frühlinter

Im April aufzusagen //

Wer im April
spazieren will, /
Was tut er? // Was beginnt er? //
Er jubelt: / Frühl… // Dann schweigt er still /
Und jubelt matt: /
Frühlinter! //

4 Sieh dir Merts Markierungen im Text an. Was könnten die verschiedenen Zeichen und Unterstreichungen bedeuten?

Audio
WES-127515-011

Unter dem **Webcode** WES-127515-011 kannst du dir den ersten Teil von Merts Gedichtvortrag auch anhören und seinen Vortrag mit dem markierten Text vergleichen.

5 Bereite selbst einen Vortrag des Gedichts „Frühlinter“ vor. Gehe dabei so vor wie Mert und arbeite mit der Methodenbox auf Seite 59.

Arbeitsblatt
WES-127515-012

Unter dem **Webcode** WES-127515-012 findest du ein Arbeitsblatt mit dem Gedicht, mit dem du deinen Gedichtvortrag vorbereiten kannst.

Audio
WES-127515-013

6 Unter dem **Webcode** WES-127515-013 kannst du dir den gesamten Gedichtvortrag von Mert anhören und ihn mit deinem eigenen Vortrag vergleichen.

- Achte darauf, was gleich und was anders ist.
- Gibt es etwas, was dir an Merts Vortrag besser oder schlechter gefällt?

So gehst du vor

Gedichte vortragen

Viele Gedichte wirken erst richtig, wenn sie vorgetragen werden. Außerdem hilft dir das Sprechen des Gedichts, den Inhalt besser zu verstehen. Gehe so vor, um einen wirkungsvollen Gedichtvortrag vorzubereiten:

1. Genau lesen:
Lies das Gedicht mehrfach durch, sodass du den Text gut kennst.

2. Text markieren:
Bereite den Text mit Markierungen und Unterstreichungen für den Vortrag vor. Du kannst folgende Zeichen verwenden:

___	Hervorhebung eines Wortes	(besonders betonen)
/	kurze Sprechpause	(zähle lautlos 3, 4, 5)
//	lange Sprechpause	(zähle lautlos 21, 22, 23)
◢	lauter werden	(Stimme heben)
◣	leiser werden	(Stimme senken)

3. Allein üben:
Lies das Gedicht mehrmals laut. Beachte dabei deine Markierungen und Unterstreichungen. Probiere verschiedene Vortragsweisen aus (z. B. langsam/schnell, laut/leise, schwach/stark betont, kurze/lange Pause). Versuche, die Stimmung des Gedichts wiederzugeben. Erprobe dazu, welche Stellen du z. B. besonders fröhlich, wütend oder traurig vortragen möchtest.
Du kannst deinen Vortrag auch mit einem Smartphone aufnehmen und ihn dir anhören. Prüfe beim Anhören deiner Aufnahme, was du noch verändern und verbessern kannst.

4. Körpersprache einsetzen:
Du kannst den Inhalt des Gedichts auch mit Mimik (= Gesichtsausdruck) und Gestik (= Körpersprache) verdeutlichen. Übe auch dies zunächst allein.

5. Vor Publikum üben:
Trage das Gedicht dann jemandem vor (z. B. einer Freundin, deinen Eltern, einem Mitschüler ….). Lass dir Rückmeldung geben, was an deinem Vortrag schon gut gelungen ist und was du noch verbessern kannst.

Tipp: Besonders gut wirkt dein Gedichtvortrag, wenn du das Gedicht auswendig vortragen kannst.

Alles klar? – Üben und überprüfen

1 Sicher habt ihr schon einmal ein Gewitter erlebt. Beschreibt den typischen Verlauf eines Gewitters.

2 Lies das Gedicht von Erwin Moser. Achte darauf, wie darin das Gewitter und sein Verlauf beschrieben werden.

Erwin Moser (1954–2017)

Gewitter

Der Himmel ist blau
Der Himmel wird grau
Wind fegt herbei
Vogelgeschrei
Wolken fast schwarz
Lauf, weiße Katz!

Blitz durch die Stille
Donnergebrülle
Zwei Tropfen im Staub
Dann Prasseln auf Laub
Regenwand
Verschwommenes Land

Blitze tollen
Donner rollen
Es plitschert und platscht
Es trommelt und klatscht
Es rauscht und klopft
Es braust und tropft

Eine Stunde lang
Herrlich bang
Dann Donner schon fern
Kaum noch zu hör'n
Regen ganz fein
Luft frisch und rein
Himmel noch grau
Himmel bald blau!

3 Die Bilder (A – D) sind durcheinandergeraten. Arbeitet zu zweit und ordnet die Bilder den einzelnen Strophen zu. Begründet eure Zuordnungen.

4 Bereite einen wirkungsvollen Vortrag des Gedichts vor und übe ihn ein.

- Überlege dir dazu, wie du den Verlauf des Gewitters in deinem Gedichtvortrag am besten darstellen kannst.
- Arbeite mit der Methodenbox auf Seite 59, um deinen Gedichtvortrag vorzubereiten und einzuüben.

Arbeitsblatt
WES-127515-014

Unter dem **Webcode** WES-127515-014 findest du das Gedicht auf einem Arbeitsblatt, mit dem du den Text für den Vortrag vorbereiten kannst.

5 Präsentiert eure Vorträge in einer kleinen Gruppe. Gebt euch gegenseitig Rückmeldung, an welchen Stellen es euch besonders gut gelungen ist, das Gewitter und seinen Verlauf darzustellen.

Audio
WES-127515-015

Besonders gelungene Voträge könnt ihr anschließend auch der gesamten Klasse vorstellen. Ihr könnt eure Vorträge auch mit der Aufnahme vergleichen.

Verse, Strophen, Reime … – die Form von Gedichten bestimmen

Schreit und *weit* – Reime erkennen

1 Familie Erdmännchen sucht eine Wohnung. Lest ihre Suchanzeige.

Robert Gernhardt (1937–2006)
Seit Wochen suchen wir ein Haus

Seit Wochen suchen wir ein Haus, wir müssen aus dem alten raus. Das neue sollte nicht zu klein und etwa so beschaffen sein: acht Zimmer zum Hausen, acht Küchen zum Schmausen, acht Wannen zum Duschen, acht Flure zum Huschen, acht Öfen zum Wärmen, acht Treppen zum Lärmen, acht Fenster zum Gucken, acht Ecken zum Spucken, acht Türen zum Schlagen, acht Wände zum Nagen –; rundherum ein Riesenpark, Preisvorstellung: Eine Mark[1]. Wer hilft uns aus der Wohnungsnot? Wir warten auf Ihr Angebot!
Familie Erdmännchen

2 Erklärt, warum es sich bei diesem Text um ein Gedicht handelt.

3 Der Text endet mit der Unterschrift „Familie Erdmännchen".
Erläutert, wie das Gedicht ohne diese Unterschrift wirken würde.

4 Das Gedicht besteht in der Originalfassung aus einer Strophe.
Darin reimen sich immer zwei aufeinanderfolgende Verse:

Seit Wochen suchen wir ein Haus,
wir müssen aus dem alten raus.

Findet auch die anderen Verse, die sich reimen. Dafür könnt ihr euch das Gedicht auch anhören. Ihr solltet noch acht weitere Verspaare finden.

Audio
WES-127515-016

5 Übertrage das Gedicht in dein Heft. Schreibe die Verse einzeln untereinander und lasse immer nach zwei Versen eine Zeile frei.
Unterstreiche dann die Reimwörter.

6 Die Anordnung der Reime in diesem Gedicht heißt „Paarreim". Warum nennt man diese Reimanordnung wohl so?

7 Beschreibt die Form des Gedichts in einem kurzen Text. Nutzt dabei die Sprachbox.

Die Form von Gedichten beschreiben

Das Gedicht mit dem Titel ___ von ___ besteht aus ___ Strophen mit jeweils ___ Versen. Die Reime sind durchgehend ___

Sprachbox

[1] Mark = Währung, die in Deutschland vor dem Euro benutzt wurde

8 Durchstarten

a) Übt zu zweit oder in kleinen Gruppen einen wirkungsvollen Vortrag des Gedichts „Seit Wochen suchen wir ein Haus“ auf S. 61 ein. Arbeitet dabei mit der Methodenbox auf S. 59.

b) In dem Kasten findest du das Gedicht „Der Reiher“ von Heinrich Hoffmann von Fallersleben. Es besteht aus vier Strophen.

Wenn spazieren geht der Reiher, Denkt er über manches nach:
Ob sich’s besser fischt am Weiher Oder besser noch am Bach.
Endlich hat er sich entschlossen, Geht zum Weiher hin und
fischt, Und da weilt er unverdrossen, Bis er einen Fisch erwischt.
Warten, das versteht er prächtig, Langeweile kennt er nicht; Was
er tut, er tut’s bedächtig, Und Geduld ist seine Pflicht. –
Willst du irgendwas erringen, Lern vom Reiher mancherlei,
Und Geduld vor allen Dingen Bestens dir empfohlen sei.

- Schreibe das Gedicht in Versen und Strophen aufgeteilt in dein Heft.
- Unterstreiche die Reimwörter und bestimme die Reimanordnung. Lies dazu bei Bedarf in der Lernbox unten auf dieser Seite nach.
- Beschreibe die Form des Gedichts schriftlich. Arbeite dabei mit der Sprachbox auf S. 61.
- Du kannst deinen Hefteintrag damit abschließen, dass du erklärst, was du von dem Reiher lernen kannst und warum.

Das musst du lernen und wissen

Die Form von Gedichten bestimmen

- Gedichte bestehen aus einzelnen Zeilen, die man **Verse** nennt. Wenn mehrere Verse zu einem Abschnitt zusammengefasst sind, nennt man das **Strophe**.
- Oft enthalten Gedichte **Reime**. Zwei Wörter reimen sich, wenn sie gleich klingen, z. B.: Katze – Tatze, Fenster – Gespenster.
- Die Reihenfolge der Reime beschreibt man mit kleinen Buchstaben. Die häufigsten Reime (Reimanordnungen) sind:

Paarreim

... Wolken a
... gemolken a
... schmeckt b
... steckt b

Kreuzreim

... Wolken a
... schmeckt b
... gemolken a
... steckt b

umarmender Reim

... schmeckt a
... Wolken b
... gemolken b
... steckt a

Mehr zum Thema:
Die Form von Gedichten
AH: S. 12

Paarreim, Kreuzreim, umarmender Reim – Reimanordnungen bestimmen

1 In den Gedichten auf dieser Seite fehlen einige Reimwörter.

- Ergänzt in den drei Gedichten die Wörter aus den Kästen.
- Bestimmt dann jeweils die Reimanordnung in den Gedichten. Arbeitet dabei mit der Lernbox auf S. 62.

Ihr könnt dafür das Arbeitsblatt unter dem **Webcode** WES-127515-017 nutzen.

Arbeitsblatt
WES-127515-017

Joachim Ringelnatz (1883–1934)
Reklame

Ich wollte von gar nichts ______.
Da habe ich eine Reklame ______,
Die hat mich in die Augen ______
Und ins Gedächtnis gebissen.

wissen • gezwickt • erblickt

an • gewesen • Rest • Finkennest

Heinz Erhardt (1909–1979)
Das ______

Ich fand einmal ein Finkennest
und in demselben lag der ______
von einem Kriminalroman.
Nun sieh mal ______:
Der Fink konnt lesen!
Kein Wunder, es ist ein Buchfink ______.

James Krüss (1926–1997)
Wenn die Möpse Schnäpse trinken

Wenn die Möpse Schnäpse ______,
Wenn vorm Spiegel Igel stehn,
Wenn vor Föhren Bären winken,
Wenn die Ochsen boxen ______,
Wenn im Schlafe Schafe blöken,
Wenn im Tal ein Wal erscheint,
Wenn in Wecken Schnecken stecken,
Wenn die Meise leise ______,
Wenn Giraffen Affen ______,
Wenn ein Mäuslein Läuslein wiegt,
Wenn an Stangen Schlangen hangen,
Wenn der Bieber Fieber ______,
Dann entsteht zwar ein Gedicht,
aber sinnvoll ist es ______!

gehn • trinken • weint • kriegt • nicht • fangen

2 Wählt ein Gedicht aus und beschreibt seine Form. Arbeitet dabei mit der Lernbox auf S. 62 und mit der Sprachbox auf S. 61.

3 Durchstarten

a) Wähle eines der Gedichte aus und übe einen wirkungsvollen Vortrag ein. Hilfen dafür findest du auf S. 58 und 59. Besonders gut wird dein Vortrag, wenn du das Gedicht auswendig vortragen kannst.

b) Verfasst eigene lustige Gedichte mit verschiedenen Reimanordnungen. Tauscht eure Gedichte aus und bestimmt die Form eurer Gedichte.

„Der Frühling ist ein Maler“ – sprachliche Bilder deuten

„Was der doch malen kann!“ – Personifikationen erkennen

August Heinrich Hoffmann von Fallersleben (1798–1874)
Maler Frühling

Der Frühling ist ein Maler,
er malet alles an,
die Berge mit den Wäldern,
die Täler mit den Feldern:
Was der doch malen kann!

Auch meine lieben Blumen
schmückt er mit Farbenpracht:
Wie sie so herrlich strahlen!
So schön kann keiner malen,
so schön, wie er es macht.

O könnt’ ich doch so malen,
ich malt’ ihm einen Strauß
und spräch’ in frohem Mute
für alles Lieb’ und Gute
so meinen Dank ihm aus!

1

2

3

Lyrisches Ich

Man unterscheidet den Sprecher eines Gedichts (= Vers 11:„ich“) von dem Autor (= Heinrich Hoffmann von Fallersleben).

Den Sprecher des Gedichts (also den, der im Gedicht „ich“ sagt) bezeichnet man als **lyrisches Ich**.

1 Bildet kleine Gruppen und lest euch das Gedicht gegenseitig vor. Ordnet dann die drei Abbildungen (1–3) den Strophen zu. Begründet eure Zuordnungen.

2 Gebt den Inhalt des Gedichts mit eigenen Worten wieder.
Geht dabei so vor:

- Beschreibt, was der Sprecher des Gedichts (= lyrisches Ich) in der ersten Strophe über die Tätigkeit des Frühlings sagt.
- Erklärt, was der Sprecher des Gedichts (= lyrisches Ich) in der zweiten Strophe noch über die Tätigkeit des Frühlings sagt. Beschreibt dabei auch, welche Gefühle das lyrische Ich zeigt.
- Erläutert, was das lyrische Ich in der dritten Strophe gerne können möchte. Was würde das lyrische Ich tun, wenn es diese Fähigkeit hätte?

3 Das Gedicht beginnt so: „Der Frühling ist ein Maler, er malet alles an“ (V. 1–2). Susanna aus der 5b findet das Gedicht komisch. Sie sagt: „Der Frühling kann doch gar nicht malen.“

Welchen Fehler macht Susanna? Erklärt ihr, wie die beiden Verse über den Frühling zu verstehen sind.

4 Lest die Lernbox unten. Erklärt dann anhand einzelner Textstellen, wie der Frühling in dem Gedicht mit einer Personifikation beschrieben wird.

5 **Durchstarten**

a) Auch im Alltag verwenden wir häufig Personifikationen. Erkläre mit eigenen Worten, was die folgenden Personifikationen bedeuten.

- Die Sonne lacht mir ins Gesicht.
- Im Frühling erwacht die Natur.
- Unser Kühlschrank frisst sehr viel Strom.
- Draußen tobt und wütet der Regen.

Auf Seite 314 findest du eine **Hilfekarte**, falls dir dies noch schwer fällt.

S. 314

b) Erkläre schriftlich, mit welchen sprachlichen Bildern der Frühling in dem Gedicht „Maler Frühling" dargestellt wird. Du kannst dafür die folgenden Formulierungen verwenden und ergänzen.

In dem Gedicht ___ von ___ werden sprachliche Bilder verwendet.

Der Frühling wird als ___ bezeichnet. Es wird beschrieben, dass ___ als ___ Folgendes macht: Er …

Damit drückt der Autor aus, dass …

Bei diesen sprachlichen Bildern handelt es sich um ___.

Sprachliche Bilder

Oft „malen" Dichter mit Worten. Manche Formulierungen lassen in deinem Kopf Bilder entstehen. Diese Formulierungen nennt man **sprachliche Bilder**, weil in ihnen mit Sprache „gemalt" wird. Dazu gehören:

- **Personifikationen** (z. B.: Der Herbst steht auf der Leiter): Bei Personifikationen bekommen Gegenstände menschliche Eigenschaften. Dadurch wird ein Gedicht lebendig und anschaulich, manchmal auch witzig.
- **Vergleiche** (z. B.: Augen wie Feuer): Bei einem Vergleich wird mithilfe von Vergleichswörtern (z. B. *wie* oder *so*) etwas (z. B. das Aussehen, Verhalten oder die Eigenschaften von jemandem) bildlich beschrieben.

Das musst du lernen und wissen

Mehr zum Thema:
Sprachliche Bilder
AH: S. 13

„... wie eine Katze“ – Vergleiche erkennen und deuten

Audio
WES-127515-018

Christine Busta (1915–1987)

Die Frühlingssonne

Unhörbar wie eine Katze
kommt sie über die Dächer,
springt in die Gassen hinunter,
läuft durch Wiesen und Wald.

Oh, sie ist hungrig! Aus jedem
verborgenen Winkel schleckt sie
mit ihrer goldenen Zunge den Schnee.

Er schwindet dahin wie Milch
in einer Katzenschüssel.
Bald ist die Erde wieder blank.

Die Zwiebelchen unter dem Gras
spüren die Wärme ihrer Pfoten
und beginnen neugierig zu sprießen.

Eins nach dem andern blüht auf:
Schneeglöckchen, Krokus und Tulpe,
weiß, gelb, lila und rot.
Die zufriedene Katze strahlt.

1 Lies das Gedicht aufmerksam oder höre es dir an. Gib dann mit eigenen Worten wieder, was es beschreibt. Was passiert im Frühling?

2 Ein besonderes sprachliches Bild ist der Vergleich. Er wird oft mit „wie“ eingeleitet. Finde dieses Vergleichswort in dem Gedicht „Die Frühlingssonne“.

- Womit werden die Frühlingssonne und der Schnee in diesem Gedicht verglichen?

3 Deute die sprachlichen Bilder in dem Gedicht. Übertrage dafür die Tabelle auf S. 67 in dein Heft und vervollständige sie.

S. 314

Wenn du Hilfe brauchst, kannst du die **Hilfekarte** auf Seite 314 nutzen.

Strophe	Sprachliches Bild im Gedicht	Erklärung
Strophe 1	Die Katze läuft über Dächer, durch Gassen und durch Wiesen und Wälder.	Die Sonne scheint auf die Dächer, Gassen, Wiesen und Wälder.
Strophe 2	Die Katze ist hungrig und schleckt Schnee.	Die Sonne ... und der Schnee ...
Strophe 3	Er (*der Schnee*) schwindet dahin wie Milch in einer Katzenschüssel.	...
Strophe 4	Die Blumenzwiebeln unter dem Gras spüren die Wärme ihrer Pfoten.	...
Strophe 5	Die zufriedene Katze strahlt.	...

4 Wähle aus

a) I In der Tabelle sind die Vergleiche und ihre Bedeutungen durcheinandergeraten. Ordne sie einander richtig zu.

Vergleich	Bedeutung
1. Sie sieht aus wie ein begossener Pudel.	A Sie ist eine besonders kluge Frau.
2. Sie arbeitet wie ein Pferd.	B Sie hat keine Angst und ist besonders tapfere Frau.
3. Sie ist schlau wie ein Fuchs.	C Sie ist sichtlich enttäuscht und betroffen.
4. Sie ist mutig wie eine Löwin.	D Sie schuftet hart und ausdauernd.

b) II Erkläre die sprachlichen Bilder in dem Gedicht „Der Nebel“ von Wolfgang Bächler. Formuliere dabei Sätze wie bei Aufgabe 5 b) auf Seite 65.

Wolfgang Bächler (1925–2007)
Der Nebel

Der Nebel ist unersättlich.
Er frisst alle Bäume, die Häuser,
die parkenden Autos,
die Sterne und den Mond. [...]

c) III Schreibe ein eigenes Gedicht über den Frühling oder eine andere Jahreszeit.

- Verwende dabei Vergleiche und Personifikationen.
- Trage den anderen dein Gedicht vor und lass sie die sprachlichen Bilder finden.

Alles klar? – Üben und überprüfen

Die Form von Gedichten bestimmen

Joachim Ringelnatz (1883–1934)
Bumerang

War einmal ein <u>Bumerang</u>; war ein weniges zu lang. Bumerang flog ein Stück, aber kam nicht mehr zurück. Publikum – noch stundenlang – wartete auf Bumerang.

1 Der Text ist ein Gedicht. Das erste Reimwort ist unterstrichen. Lies den Text laut und finde die anderen Reimwörter.

Bumerang
Wurfsportgerät, das bei richtig ausgeführtem Wurf zum Werfer zurückkehrt.

2 Schreibe den Text nun in Form eines Gedichtes auf. Es besteht aus einer Strophe.

3 Übernimm den folgenden Text in dein Heft und vervollständige ihn.

Die Form von Gedichten

- Ein Gedicht besteht aus einzelnen ___.
- Wenn mehrere Verse zu einem Abschnitt zusammengefasst sind, nennt man diesen Abschnitt ___.
- Oft enthalten Gedichte ___. Das sind Wörter, die gleich klingen.

4 Die drei Abbildungen stellen die häufigsten Reimordnungen dar. Gib an, welche Abbildung welche Reimordnung zeigt.

A

B

C

5 Bestimme die Reimanordnung in dem Gedicht „Bumerang“. Beschreibe dann mithilfe der Sprachbox auf S. 61 die Form des Gedichts schriftlich.

6 Lies das Gedicht auf der nächsten Seite („Wäsche im Wind“). Beschreibe seine Form schriftlich. Formuliere so wie in der Sprachbox auf S. 61.

Sprachliche Bilder erkennen und deuten

Gustav Falke (1853–1916)
Wäsche im Wind

Tollt der Wind über Feld und Wiese,
hat seinen Spaß er überall,
aber am liebsten neckt er die Liese
mit einem tückischen Überfall.

Will sie ihr Zeug auf die Leine bringen,
zerrt er: Liese, dies Hemd ist mein!
Um jedes Laken muss Liese ringen,
jedes Stück will erobert sein.

Gibt es der Sausewind endlich verloren,
schlägt er noch im Übermut
ihr das nasse Zeug um die Ohren:
Da, liebe Liese, häng's auf und sei gut.

Worterklärungen:
Vers 1: *tollen* = wild umherjagen und -laufen
V. 3: *necken* = ein bisschen ärgern
V. 4: *Zeug* = Sachen (hier: Wäsche)
V. 5: *Leine* = Wäscheleine, auf die man die Wäsche zum Trocknen im Freien aufhängt
V. 7: *Laken* = großes Tuch/Bettunterlage

1 Beschreibt zunächst das Bild. Lest dann das Gedicht und gebt an, welche Inhalte des Gedichtes auf der Abbildung dargestellt sind.

2 Arbeitet zu zweit und erklärt, wovon das Gedicht handelt.
Wechselt nach jeder Strophe die Rolle des Erklärenden und Zuhörers.
Vergleicht auch die Abbildung mit dem Gedicht.

3 „Tollt der Wind über Feld und Wiese, / Hat seinen Spaß er überall" (V. 1–2) ist ein sprachliches Bild.

- Bestimme, um welches sprachliche Bild es sich handelt.
- Erkläre, was es deiner Meinung nach bedeutet.

4 Suche noch zwei weitere sprachliche Bilder für den Wind aus dem Gedicht heraus. Bestimme, um was für ein sprachliches Bild es sich handelt und was es bedeutet.

5 Wähle eines der beiden Gedichte („Bumerang" oder „Wäsche im Wind") aus und übe einen wirkungsvollen Vortrag ein.
Arbeite dabei mit der Methodenbox auf S. 59.

Schreibwerkstatt – Gedichte am Computer eingeben und gestalten

Schriftgröße, Fettdruck, Schriftart ... – ein Gedicht am Computer eingeben

Die Schülerinnen und Schüler der Klasse 5b wollen gemeinsam ein Klassengedichtebuch erstellen. Dazu gibt jede Schülerin und jeder Schüler ein Gedicht am Computer ein und gestaltet es dann mithilfe des Textverarbeitungsprogramms. Jana hat sich für das folgende Gedicht entschieden.

Christine Busta (1915–1987)
Der Sommer

Er trägt einen Bienenkorb als Hut,
blau weht sein Mantel aus Himmelsseide,
die roten Früchte im gelben Getreide
kennen ihn gut.
Sein Bart ist voller Grillen. Die seltsamsten Mären
summt er der Sonne vor, weil sie's mag,
und sie kocht ihm dafür jeden Tag
Honig und Beeren.

V. 1 *Er* = Der Sommer

V. 5 *Mären* = Geschichten

1 Lest das Gedicht oder tragt es vor. Beschreibt dann, wie der Sommer dargestellt wird und was in dem Gedicht über ihn gesagt wird.

2 Jana sagt: „Das Gedicht gefällt mir gut. Der Sommer wird hier personifiziert.“ Erklärt, was Jana mit dieser Aussage meint.

3 Auf der nächsten Seite findet ihr einen Screenshot. Darauf seht ihr, wie Jana den ersten Teil des Gedichtes mithilfe eines Textverarbeitungsprogrammes eingegeben hat.

- Auf dem Screenshot sind wichtige Funktionen des Textverarbeitungsprogramms mit Pfeilen beschriftet. Ordnet den Zahlen 1–6 die passenden Begriffe aus dem Wortspeicher zu.

Schriftart • Schriftgröße • Textfarbe • Textmarker • Textformatierung (Fettdruck, Kursivdruck, Unterstreichungen) • Schriftausrichtung (linksbündig, rechtsbündig, zentriert, Blocksatz)

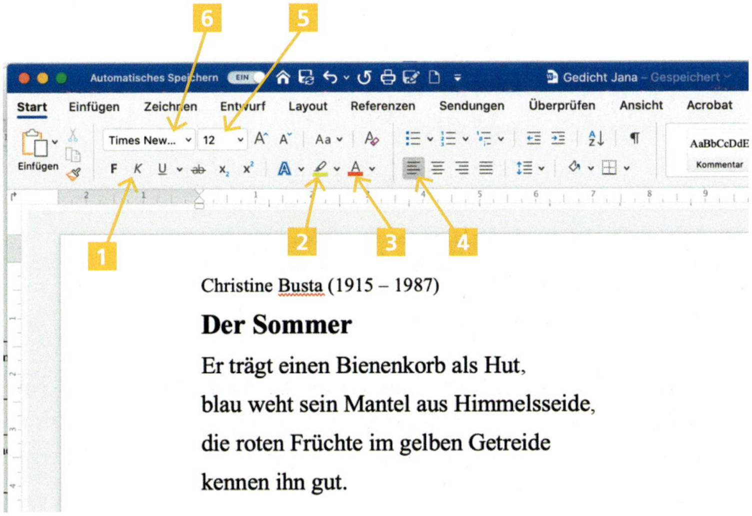

4 Arbeitet zu dritt mit dem Screenshot oben.

- Erklärt euch gegenseitig die Funktionen und die Fachbegriffe aus dem Wortspeicher von Aufgabe 3.
- Beschreibt, wie Jana bei der Eingabe des Textes vorgegangen ist.

5 **Durchstarten**

Gebt das Gedicht „Der Sommer" von Christine Busta oder ein anderes Gedicht an einem Computer ein. Beachtet dabei die Hinweise in der Methodenbox.

Einen Text am Computer eingeben

- Bevor du einen Text am Computer eingeben kannst, musst du in einem Textverarbeitungsprogramm ein neues **Dokument öffnen** (*Datei* → *Neu* → *Leeres Dokument*).
- Gib der Datei einen **Namen** (z. B. *Gedicht_Jana*) und **speichere sie** an dem gewünschten Ort (z. B. *Datei* → *Speichern unter* → *Ordner: Gedichte 5b*).
- Benutze auf der **Tastatur** die Taste *Shift*, um großzuschreiben, die Taste *Enter*, um einen Absatz zu machen, die *Leertaste* für Leerzeichen und die Taste *Entfernen*, um etwas zu löschen (z. B. ein Wort oder einen Buchstaben).

Shift
Enter
Leertaste
Entfernen

Anschließend kannst du deinen **Text** mit folgenden Funktionen **anpassen**:

- Schriftart und -größe Times New... 12 sowie Schriftfarbe A.
- **Fettdruck**, *Kursivdruck*, <u>Unterstreichungen</u> F K U
- linksbündig, rechtsbündig, zentriert, Blocksatz.

Formen, Symbole, Piktogramme … – ein Gedicht am Computer gestalten

Nachdem Jana das Gedicht am Computer eingegeben hat, hat sie es gestaltet.

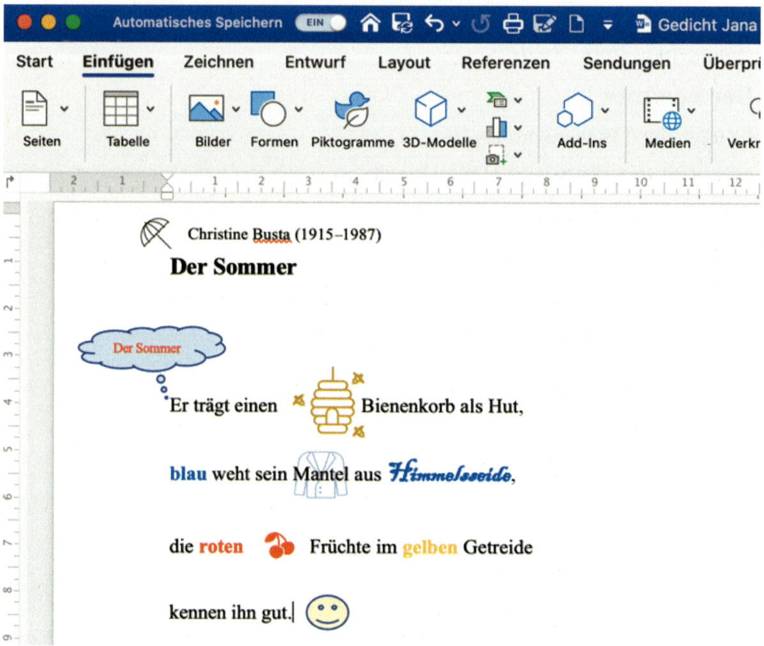

1 Beschreibt, was Jana an dem Gedicht verändert hat und welche Ideen sie zu dem Gedicht gehabt hat.

- Versucht auch zu erklären, wie Jana im Einzelnen vorgegangen ist, um das Gedicht so zu gestalten.

Die folgenden zwei Screenshots zeigen, wie Jana vorgegangen ist, um ihr Gedicht mit der Denkblase und den Bildern zu gestalten:

2 Beschreibt, wie Jana beim Einfügen der Denkblase und des Bienenkorbs vorgegangen ist.

Wenn ihr dabei Hilfe benötigt, könnt ihr die **Hilfekarte** auf S. 315 benutzen.

S. 315

3 Versucht mithilfe des zweiten Screenshots zu erklären, wie Jana wohl bei der weiteren Gestaltung des Gedichtes vorgegangen ist.

4 **Durchstarten**

a) I Gib das Gedicht „Der Sommer“ mithilfe eines Textverarbeitungsprogrammes ein und gestalte es. Du kannst Janas Ideen für den Anfang des Gedichtes übernehmen.

b) II Suche dir aus diesem Kapitel ein anderes Gedicht aus und gib es am Computer ein. Gestalte es dann so, dass man den Inhalt „sehen“ kann.

c) III Recherchiere im Internet nach einem Gedicht, das dir gefällt. Gestalte das Gedicht dann mithilfe eines Textverarbeitungsprogramms.

Wie du dabei vorgehen kannst, erfährst du in den Methodenboxen auf dieser Seite und auf der Seite 71.

Einen Text am Computer mithilfe von Grafiken gestalten

So gehst du vor

Du hast viele Möglichkeiten, um einen Text am Computer zu gestalten. Du kannst mit dem Textverarbeitungsprogramm z. B. Grafiken, Symbole und Bilder nutzen. Probiere die verschiedenen Möglichkeiten einmal aus:

- Jedes Textverarbeitungprogramm enthält einfache **Formen** wie **Gedankenblasen**, **Pfeile** und **Rechtecke**, die du in deinen Text einfügen kannst. Klicke dafür mit der Maus z. B. auf „Einfügen“ → „Formen“ und wähle eine passende Form aus.
- Viele Programme bieten darüber hinaus **Piktogramme** und **Bilder** zur Auswahl an. Unter „Einfügen“ → „Piktogramme“ öffnet sich ein Fenster mit Bildern. Du kannst in diesem Fenster scrollen oder in einem Suchfeld einen Begriff (z. B. *Bienenkorb*) eingeben, um passende Bilder zu finden.
- Mit der rechten Maustaste kannst du unter der Überschrift „Zeilenumbruch“ wählen, wie die Bilder, Grafiken oder Formen in deinem Dokument erscheinen sollen (z. B. passend im Text, vor oder hinter dem Text).
- Die Farbe der Grafiken kannst ändern, wenn du über die rechte Maustaste „Grafik formatieren“ → „Füllung/Linie ändern“ auswählst.

Ungleiche Freunde – Jugendbücher zum Thema Freundschaft lesen

Das lernst du in diesem Kapitel

In diesem Kapitel lernst du Jugendbücher kennen, in denen es um das Thema Freundschaft geht. Die Figuren in den Büchern finden liebenswerte, oft etwas ungleiche oder merkwürdige Freunde. Zusammen erleben sie spannende Abenteuer und bestehen gemeinsam alle Herausforderungen.

Außerdem lernst du in diesem Kapitel, wie du ...

- den Inhalt von Auszügen aus Jugendbüchern erschließt und wiedergibst,
- einen Jugendbuchauszug wirkungsvoll vorliest und einen solchen Lesevortrag vorbereitest und einübst,
- die Besonderheiten von Figuren sowie ihre Beziehungen zu anderen Figuren beschreibst,
- aus der Sicht (Perspektive) einer Figur schreiben kannst, indem du dich in ihre Situation versetzt und einen inneren Monolog verfasst.

Du erhältst Tipps, welche Jugendbücher du zu dem Thema Freundschaft lesen und in der Klasse vorstellen kannst. Am Ende des Kapitels lernst du Methoden kennen, um ein Buch wirkungsvoll zu präsentieren (z. B. mithilfe einer Lesekiste oder eines Lapbooks).

1 Welche der abgebildeten Bücher findest du interessant?
Begründe deine Meinung. Beziehe dich dabei auf die Cover.

2 Vielleicht kennst du eines der abgebildeten Jugendbücher? Erzähle davon.
Um welche Freundschaften geht es in dem Buch und was erleben die Freunde?

3 Kennst du noch andere Jugendbücher, in denen Freundschaft eine Rolle spielt? Erzähle davon.

Martin Muser: Kannawoniwasein! – Ein Jugendbuch kennenlernen

Worum könnte es gehen? – Leseerwartungen entwickeln

1 Seht euch den Buchumschlag des Jugendbuches „Konnawoniwasein! Manchmal muss man einfach verduften“ an.

- Wie versteht ihr den Titel des Buches?
- Was erfahrt ihr durch den Titel, den Umschlag und den Text über das Buch?

2 Stellt euch vor, ihr stöbert in einer Bücherei oder in einer Buchhandlung und sucht nach einer Lektüre.

Würde dieser Buchumschlag euch neugierig machen und euer Interesse wecken? Begründet, warum oder warum eher nicht.

„Ein seltsamer Typ ...“ – den Anfang eines Jugendbuches erschließen und aus der Sicht von Figuren schreiben

Finn (Kannawoniwasein, 1. Kapitel)

Finn schaut auf den leeren Platz neben sich und ist ein bisschen aufgeregt. Es ist das erste Mal, dass er ganz alleine mit dem Zug fährt. Er hat Mama und Papa schon tausendmal erklärt, dass er das kann. Aber Mama hat immer gesagt: Erst, wenn er zehn ist. Und bis dahin sind es eigentlich noch drei Wochen und zwei Tage. Aber das hier war ein absoluter Notfall: Papa musste ganz schnell ganz viele Bärlauch-Tofu-Buletten machen. Für ein Wellness-Hotel, wo die Gäste ganz viel Geld dafür bezahlen, dass sie nur so gesunde Sachen zu essen kriegen. Und weil das so ein wichtiger Auftrag war, hatte Papa keine Zeit, den ganzen Weg mit nach Berlin zu fahren wie sonst.

Papa hat Mama angerufen und sie haben gleich wieder rumgestritten und Papa hat ins Telefon geschrien: „Warum soll ich ihn immer bringen? Du könntest ihn ja auch mal abholen!“ Und dann war es schon fast zu spät und sie mussten ganz schnell zum Bahnhof in Neustrelitz rasen.

Der Regionalexpress mit den Doppelstockwagen stand schon da. Papa ist kurz mit eingestiegen. Oben war noch fast alles frei und Finn hat sich gleich in die erste Vierergruppe gesetzt. Papa hat ihn umarmt und Keine-Angst-das-klappt schon-alles gesagt. Dann ist er ganz schnell wieder ausgestiegen. Gerade noch rechtzeitig, bevor die Türen zugegangen sind und der Zug losgefahren ist.

Finn hatte auch gar keine Angst. Ihm war höchstens ein bisschen mulmig im Bauch, weil alles so schnell gehen musste und er gar nicht richtig Tschüss sagen konnte. Draußen auf dem Bahnsteig ist Papa dann noch ein Stück neben dem anfahrenden Zug hergelaufen und hat gewinkt, bis Finn ihn nicht mehr sehen konnte.

1 Beschreibt die Situation, in der Finn sich befindet. Wie ginge es euch in dieser Situation?

2 „Finn schaut auf den leeren Platz neben sich und ist ein bisschen aufgeregt.“ (Z. 1) Erklärt, warum Finn aufgeregt ist.

3 Was erfahrt ihr am Anfang des Jugendbuches noch über Finn? Sucht Textstellen, in denen ihr etwas über Finns Aussehen, sein Alter und seine Familien- und Lebenssituation erfahrt.

Eine **Hilfekarte** findet ihr auf S. 315.

S. 315

4 Tauscht eure Ideen dazu aus, wie die Geschichte weitergehen könnte. Was erwartet ihr? Was könnte als Nächstes passieren?

Hackmack (Kannawoniwasein, 1. Kapitel)

Die Bremsen quietschen. Der Zug hält in Fürstenberg. [...] Ein paar Leute steigen aus, ein paar ein. Durchs Fenster sieht Finn einen Mann mit einer Bierdose in der Hand. Er hat es besonders eilig und drängelt sich in den Wagen, bevor die anderen ausgestiegen sind. [...] Der Mann mit der Bierdose kommt die Treppe hochgepoltert. An seinem Handgelenk schlackert raschelnd eine große graue Plastiktüte. Finn denkt, dass der Mann vielleicht einer von diesen Müllsammlern ist, die manchmal durch die Züge gehen. Aber statt Müll zu sammeln, lässt der Mann seine Tüte auf den Sitz gegenüber von Finn fallen und setzt sich selbst daneben. „Na, Kleener, allet schick?“
Er zieht den Reißverschluss seiner Trainingsjacke auf und prostet Finn über den Tisch zu:
„Hoch die Tassen.“
Finn kann seinen Bier-Atem riechen und schaut schnell wieder aus dem Fenster. Er hasst es, wenn Leute ihn ‚Kleener‘ – nennen. Erstens ist er gar nicht klein, sondern der Drittgrößte in der Klasse und zweitens soll er ja auch nicht einfach ‚Hey, Alter‘ zu einem Erwachsenen sagen. Obwohl: So richtig erwachsen sieht der Mann gar nicht aus. Er hängt breitbeinig auf dem Sitz und trägt ein verwaschenes T-Shirt mit dem Aufdruck Hackmack. Soll das ein Name sein?

Verstohlen schaut Finn den Mann weiter an. Er hat so eine komische Frisur, wo die Haare oben lang und an den Seiten ganz kurz sind. Und in den Ohren dicke schwarze Ringe.
Der Mann bemerkt Finns Blick und grinst ihn an. „Fährste hier ganz alleene?“
Finn nickt knapp und versucht, nicht dauernd auf die Ohrläppchen zu starren. Die Löcher in den Ringen sind so groß, dass man durchgucken kann. Die Haut drum herum spannt wie ein Flitzegummi. Das tut bestimmt total weh.
Aber Hackmack scheint sich pudelwohl zu fühlen. Er nimmt einen großen Schluck aus der Dose, bläst die Backen auf und rülpst laut.

„Maulfurz“, sagt er und verzieht das Gesicht. „Sorry, aber der musste raus.“
Er lacht und das Lachen klingt selbst wie ein langer Rülpser.
Finn zieht vorsichtshalber seinen Rucksack näher an sich heran. Mama und Papa haben es immer wieder gesagt. Bestimmt hunderttausend Mal: Wenn ihm jemand komisch vorkommt oder so, soll er anrufen. Finn hat nur genervt genickt: Jaha, das weiß er doch seit hunderttausend Jahren. Immer machen sich die Erwachsenen Sorgen, dass irgendwas passieren könnte.
Aber jetzt guckt er zur Sicherheit doch noch mal in seinem Rucksack nach. Alles da. Sein Handy, das Portemonnaie mit der Fahrkarte und die Box mit Papas Spezialstullen. [...]
Finn legt das Handy zurück in den Rucksack und zieht den Reißverschluss mit dem Krokodilanhänger zu. Eine Weile guckt er auf die Zickzackfäden der Oberleitungen draußen. Dann hört er ein metallisches Knacken. Auf der anderen Seite des Tisches drückt Hackmack an der Bierdose herum. Er reckt die Arme und gähnt.

„Ganz schön öde hier, was?“

Finn nickt wieder nur stumm. Hackmack lässt nicht locker.

„Willste ’ne Runde zocken?“

Er zieht ein Kartenspiel aus seiner Jacke und lässt die Karten knatternd durch die Luft fliegen. Von einer Hand in die andere.

„Gut, was?“, sagt er und grinst Finn an […] „Da staunste, was?“

5 Tauscht euch darüber aus, welchen Eindruck ihr von Hackmack habt.
Was würdet ihr an Finns Stelle fühlen und denken?

6 Beschreibt die Figur Hackmack genauer. Beantwortet dazu folgende Fragen:

- Was erfahrt ihr über das Aussehen von Hackmack?
- Wie wirkt er auf Finn?
- Welche Verhaltensweisen, Einstellungen und Eigenschaften fallen an ihm besonders auf?

Belegt eure Antworten mit passenden Textstellen.

7 Was könnte Finn über Hackmack denken?

- Zeichnet zwei Gedankenblasen in euer Heft und vervollständigt sie mit möglichen Gedanken von Finn.
  Ihr könnt auch weitere Gedankenblasen hinzufügen.

- Stellt euch eure Ideen gegenseitig vor und erklärt, warum ihr glaubt, dass Finn in dieser Situation so denken und fühlen könnte.

8 Verfasse mithilfe der Methodenbox auf S. 80 einen inneren Monolog für Finn.

Schreibe Finns Gedanken und Gefühle in der Ich-Form und im Präsens auf.
So kannst du beginnen:

Finn sieht Hackmack an und denkt: „Was für ein Typ! Ich …“

9 Wähle aus

Wie könnte die Geschichte von Finn und Hackmack weitergehen?

a) I Stelle in einer Bilderfolge dar, was passieren könnte.

b) II Schreibe in zehn Sätzen auf, wie es wohl weitergehen wird.

c) III Stelle dir vor, es ist eine Woche vergangen und Finn denkt an den Tag zurück, an dem er Hackmack in dem Zugabteil getroffen hat. Verfasse einen inneren Monolog für Finn in dieser Situation. Lass ihn daran denken, was er erlebt hat, nachdem Hackmack ihm den Kartentrick gezeigt hat.

10 Durchstarten

a) II Übt einen Lesevortrag des Jugendbuchauszugs auf S. 78 – 79 ein. Ihr könnt euren Vortrag in kleinen Gruppen einüben (z. B. indem jeder einen Abschnitt übernimmt oder ihr den Text mit verteilten Rollen sprecht).

In der Methodenbox auf S. 91 findet ihr Tipps, wie ihr dabei vorgehen könnt.

b) III Zu dem Jugendbuch von Martin Muser gibt es auch ein Hörspiel.

- Sucht das Hörspiel im Internet, indem ihr in eine Suchmaschine die Suchbegriffe *Kannowoniwasein Hörspiel* eingebt.
- Versucht, unter einer der angebotenen Adressen eine Hörprobe des Hörspiels zu finden. Diese könnt ihr euch dann anhören.
- Erklärt anhand der **Hörprobe, wie der Text aus einem Jugendbuch verändert wird, wenn man daraus ein Hörspiel macht.**

Vielleicht habt ihr Lust, das erste Kapitel selbst als Hörspiel zu gestalten?

So gehst du vor

Einen inneren Monolog verfassen

Du kannst dir einen Erzähltext (z. B. ein Jugendbuch) erschließen, indem du dich in die Figuren hineinversetzt. Gib die möglichen Gedanken, Gefühle und Wahrnehmungen einer Figur dann in einem **inneren Monolog** wieder.

Um einen inneren Monolog zu verfassen, kannst du so vorgehen:

- Versuche, in die Figur „hineinzuschlüpfen“ und dir **die Situation** und das erzählte Geschehen **aus der Sicht der Figur** vorzustellen.
- Überlege dir, was die Figur in dieser Situation denken und fühlen könnte. Schreibe ihre **Gedanken und Gefühle** dann in der **Ich-Form** auf.
- Beginne mit einem Redebegleitsatz und formuliere dann die Gedanken der Figur in **wörtlicher Rede** (z. B.: Finn dachte: „Was für ein Typ! Ich ...“)
- Für die wörtliche Rede musst du als **Zeitform das Präsens** verwenden (z. B. „Mir wird das Ganze langsam unheimlich. Ich glaube ...“).

„Ich heiße übrigens Jola“ – eine Figur beschreiben

Hackmack lenkt Finn mit einem Kartentrick ab, als der Zug in den nächsten Bahnhof einfährt. Eilig steigt Hackmack aus und Finn sieht ihm noch nach, als der Zug wieder anfährt. Kurz danach kontrolliert der Schaffner die Fahrkarten – und da stellt Finn fest, dass Hackmack ihm seinen Rucksack gestohlen hat. In dem Rucksack befanden sich Finns Fahrkarte, sein Geld und sein Handy. Dem Schaffner gelingt es nicht, Finns Mutter oder seinen Vater zu erreichen. Deshalb wird Finn von dem Schaffner festgehalten und beim nächsten Halt in Oranienburg zwei Polizisten übergeben. Der Polizist und die Polizistin, die Finn als „den Runden“ und „die Lange“ bezeichnet, wollen ihn mit dem Auto auf die Wache bringen. Während der Polizist fährt, frühstückt die Polizistin auf dem Beifahrersitz.

1 Erklärt mit eigenen Worten, in welche Schwierigkeiten Hackmack Finn gebracht hat. Hattet ihr damit gerechnet? Vergleicht mit euren Erwartungen von Aufgabe 9 auf Seite 80.

Der Beginn einer Freundschaft (Kannawoniwasein, 3. Kapitel)

Die Polizistin öffnet den Becher und trinkt. […] Das Polizeiauto fährt auf eine Kreuzung zu. Die Ampel vor ihnen springt auf Gelb. […] Kurz bevor sie die Kreuzung erreichen, springt die Ampel auf Rot. Der Runde stampft mit dem Fuß auf die Bremse. Finn stemmt die Hände gegen den Vordersitz, um nicht nach vorne geschleudert zu werden. Die Lange balanciert ihre Buttermilch durch die Luft und ruft: „Ohooooaaaah!“ Das Polizeiauto kommt knapp vor der Ampel zum Stehen.

Die Polizistin wirft einen vorwurfsvollen Blick zu ihrem Kollegen. „Fast hätt ick alles verschütt–“ Bevor sie den Satz beenden kann, quietscht es laut hinter ihnen und tut einen mächtigen –

RUMMMS!

Finn schreit vor Schreck auf …

… und das Polizeiauto macht einen Hüpfer, wie ein Frosch, der ins Wasser platscht. Dann ist alles ganz still.

Die Polizisten sitzen einfach nur da. Die Lange hält immer noch den Becher in der Hand. Aber der ist jetzt leer. […]

Schließlich erwachen die Polizisten aus ihrer Erstarrung. „Kannawoniwasein!“, piepst der Runde und schaut in den Rückspiegel.

Die Polizistin holt tief Luft, fingert ein Taschentuch aus der Jacke und tupft sich damit das Gesicht ab. Erst danach dreht sie sich um. Finn folgt ihrem Blick durchs Heckfenster: Hinter ihnen steht ein Transporter. Die Motorhaube ist verbeult und darunter strömt weißer Dampf hervor. Durch die Schwaden sind im Führerhaus zwei Gesichter mit weit aufgerissenen Augen zu erkennen. „Na, prima“, sagt die Lange säuerlich und stellt den leeren Becher weg.

Der Runde stößt schnaubend die Fahrertür auf. Er wälzt sich ächzend aus dem Wagen.

Die Polizistin ist ebenfalls ausgestiegen und wischt draußen mit dem Taschentuch an ihrer Uniform herum. Der Runde steht neben dem Transporter. Die beiden Gesichter darin schauen immer noch ganz starr. Finn erkennt jetzt, dass das eine einem Mann gehört, das andere einem Mädchen mit wuscheligen Haaren. Als seine und ihre Blicke sich treffen, zieht sie eine Grimasse und streckt die Zunge heraus. Finn schaut schnell weg. Aber dann schaut er doch wieder hin, weil er wissen will, was weiter passiert.

Mit einer kurbelnden Handbewegung gibt der Polizist dem Mann am Steuer zu verstehen, dass er die Scheibe runterlassen soll.

Die Lange tritt jetzt neben den Runden und beide reden mit dem Fahrer. Finn versteht Worte wie „Sicherheitsabstand“, „Schuldeingeständnis“ und „Fahruntauglichkeit“. Dann hört er ein leises Klacken. Es kommt von der Beifahrertür des Transporters, die sich nun langsam öffnet. Das Mädchen steigt aus und schlendert nach vorne zu dem Polizeiauto, ohne dass die Erwachsenen sie beachten. Als sie auf Finns Höhe stehen bleibt, dreht Finn schnell den Kopf weg und tut so, als hätte er sie nicht gesehen. Das Mädchen lässt sich davon nicht beirren. Sie schiebt die Hände in die Hosentaschen und mustert Finn interessiert durch das offene Seitenfenster.

„Kaugummi?“

Sie zieht ein Päckchen aus der Tasche und schiebt sich zwei Kaugummis auf einmal in den Mund.

„Nee, danke.“ Finn schüttelt den Kopf. Er weiß nicht, was er von dem Mädchen halten soll: Erst streckt sie ihm die Zunge raus und jetzt tut sie auf einmal ganz nett. Verstohlen mustert er sie in ihrem verfilzten Strickpulli. Sie macht eine Kaugummiblase und lässt sie platzen.

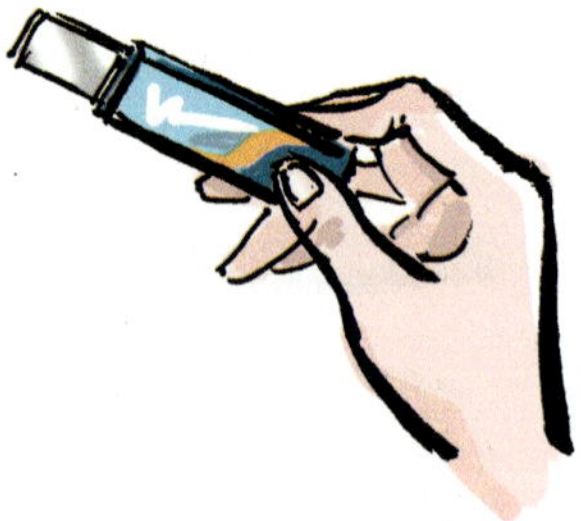

„Bist du ’n Krimineller?“

„Nee.“

„Warum sitzt du dann im Polizeiauto?“ Finn winkt ab. „Verstehst du eh nicht.“

„Wohl“, sagt das Mädchen. „Sie haben dich beim Klauen erwischt.“

Finn schüttelt wieder den Kopf: „Nee. Ohne Fahrkarte. Ich war im Zug.“

„Aha.“ Das Mädchen nickt wissend und lässt die nächste Blase platzen. „Also Schwarzfahrer.“

Finn rollt innerlich die Augen. Das Mädchen kapiert wirklich gar nix.

„Nee“, sagt er wieder.

„Was denn dann?“, fragt sie. Finn erklärt es ihr:

„Einer hat mir meinen Rucksack geklaut. Im Zug. Da war auch meine Fahrkarte drin. Und mein Geld. Und mein neues Handy.“

Das Mädchen hört einen Moment auf zu kauen. „Krass.“ Finn nickt. „Ich soll mit auf die Wache. Aber eigentlich wartet meine Mutter am Hauptbahnhof auf mich. In Berlin.“ – „Ich weiß, wo der Hauptbahnhof ist“, sagt das Mädchen. Sie fängt wieder an zu kauen und wippt dazu auf den Fußspitzen. „Tja“, sagt sie dann achselzuckend. „Wenn sie dich erst mal haben, lassen die dich so schnell nicht wieder raus.“ Finn schaut das Mädchen skeptisch an.

„Woher willst du das denn wissen?“

„Is so. Das sagen alle, die schon mal Ärger mit den Bullen hatten. Der große Bruder von Timo aus meiner Klasse zum Beispiel. Den haben sie zwei Tage inne Gummizelle gesteckt. Deswegen ...“

Statt den Satz zu vollenden, lässt das Mädchen die nächste Kaugummiblase platzen.

„Deswegen was ...?“, fragt Finn.
„Deswegen würd ich mir das ganz genau überlegen. Also, ob ich mit denen auf die Wache geh ...“
Finn schaut verunsichert zu den Polizisten und dann wieder zu dem Mädchen. Die Vorstellung, in eine Gummizelle gesperrt zu werden, gefällt ihm gar nicht. „Was würdest du denn machen?“, fragt er das Mädchen. „Hmmm“, sagt sie und wippt wieder auf den Zehenspitzen. „Verduften.“
„Du meinst: abhauen?“
Das Mädchen nickt. „Ich würd auch mitkommen.“
„Aber ...“, sagt Finn zögernd und überlegt, ob das Mädchen vielleicht ein bisschen verrückt ist. Doch sie scheint es wirklich ernst zu meinen.
„Besser als Gummizelle“, sagt sie grinsend. „Außerdem isses ja nicht mehr weit. Und ich muss auch dringend mal wieder in die Tzitti.“
Sie sagt tatsächlich „Tzitti“ statt City und macht dabei ein Gesicht, als wär das der coolste Plan der Welt.
Finn zögert. „Aber wenn die das merken, dann ...“
„Dann: Gummizelle. Also mach lieber schnell, solang die da noch rumquatschen.“
Finn schaut wieder zu den Polizisten, die dem Fahrer gerade ein Formular zum Unterschreiben hinhalten. In seinem Kopf wirbeln die Gedanken. Er muss so schnell wie möglich nach Hause. Und eigentlich müssten ihm die Polizisten dabei helfen. Aber der Schaffner hat ihm auch nicht geholfen. Im Gegenteil: Bisher haben die Erwachsenen den Schlamassel nur immer größer gemacht. Und auf keinen Fall will Finn in eine Gummizelle! Das würden auch Mama und Papa verstehen. [...]
Und dann geht alles ganz schnell. Finn öffnet leise die Tür, fädelt sich aus dem Polizeiauto und schleicht geduckt hinter dem Mädchen her, das sich schlendernd entfernt. Sie haben bereits mehrere Meter zwischen sich und die Unfallstelle gebracht, als plötzlich die Stimme des Runden hinter ihnen schrillt: „Heh, ihr zwei? Wo wollt ihr hin?“

Wie auf Kommando nehmen Finn und das Mädchen die Beine unter den Arm und spurten los. Finn rennt, was das Zeug hält. Das Mädchen ist richtig schnell. Ihre Schuhe klatschen auf den Asphalt, ihre Haare fliegen.
„Stehen bleiben!“, ertönt nun auch die Stimme der Polizistin.
Das Mädchen sprintet weiter voran. Sie laufen an einer Häuserzeile entlang. Finns Lungen pfeifen. Das Mädchen schlägt einen Haken und biegt in eine Einfahrt. Finn folgt ihr in einen dunklen Hinterhof. Er ist von einer Mauer umschlossen. Zu hoch, um darüber zu klettern. Finn schaut das Mädchen außer Atem an: Na, toll! Was jetzt?!
Hinter ihnen hören sie die schnellen Schritte der Polizisten.
Das Mädchen deutet auf einen großen Müllcontainer und schiebt den Deckel auf: „Da rein!“
Finn verzieht das Gesicht: „In den Müll?!“ – „Hast du ‚ne bessere Idee?!“
Das Mädchen klettert in den Container. Finn folgt ihr notgedrungen. Schnell schließt sie den Deckel über ihnen. „Puh“, sagt Finn und hält sich die Nase zu. „Pssst!“, zischt das Mädchen und schaut durch den schmalen Spalt unter dem Deckel.

Finn sieht, wie die Polizisten in den Hof kommen.

„Wenn se hier sind, ham wa se“, piepst der Runde ganz außer Atem. Er und die Lange gehen überall herum und suchen alles ab.

Bitte, bitte, denkt Finn, nicht in den Müll schauen! Just in dem Moment deutet die Lange auf den Container. „Vielleicht da drin?“

Die Polizisten kommen auf den Container zu. Finn und das Mädchen werfen sich einen bangen Blick zu: Was jetzt?!

Sie haben nur eine Wahl: Sie müssen tauchen. In den Müll.

Zwischen Plastiktüten, alte Kaffeefilter, vergammelte Salatblätter, einen vertrockneten Farbeimer, leere Zahnpastatuben, matschige Tomaten, zerbrochene Eierschalen, ein Paar ausgelatschte Turnschuhe ... Mitten rein. So tief sie können. Finn, der schnell noch einen aufgeplatzten Müllbeutel über sich zu ziehen versucht, spürt, wie seine Hand in etwas Weiches greift. Da schwingt schon der Deckel über ihnen auf und das Gesicht des Runden schiebt sich in die Öffnung.

Finn hält die Luft an, rührt sich nicht.

„Boah, stinkt dit!“, piepst der Runde und knallt den Deckel schnell wieder zu. „Nee, da is nüscht.“

„Schöne Scheiße“, sagt die Lange und ihre Stimme entfernt sich. [...]

Finn und das Mädchen warten noch ein paar Minuten.

Erst als gar nichts mehr zu hören ist und sie ganz sicher sind, dass die Polizisten weg sind, tauchen sie aus dem Müll auf und klettern wieder aus dem Container. Das Mädchen zieht eine dunkelbraune Bananenschale aus ihren Wuschelhaaren. Finn erkennt nun auch, was das Weiche war, in das er gegriffen hat. Bäh! An seinem Arm baumelt eine alte Babywindel, deren Klettverschluss sich an seiner Jacke verhakt hat. Hektisch versucht Finn sie abzuschütteln, aber die Windel hält fest. Das Mädchen macht sie ab und wirft sie lachend zurück in den Container:

„Elastico Fantastico! Die sind wir los.“

Womit sie natürlich die Polizisten meint. Sie wischt ihre Hand an der Hose ab und streckt sie Finn hin.

„Ich heiße übrigens Jola.“

Finn nimmt Jolas Hand und schüttelt sie.

„Und ich Finn.“

Audio
WES-127515-019

2 Höre dir das dritte Kapitel („Der Beginn einer Freundschaft“, S. 81 – 84) an oder lies den Text gründlich. Überlege dir dafür eine neue Überschrift. Erkläre den anderen, warum du diese Überschrift gewählt hast.

S. 315

Auf der **Hilfekarte** auf S. 315 findest du Vorschläge für Überschriften.

3 Überprüft, wie gut ihr die Auszüge aus dem Buch verstanden habt.

- Entscheidet, welche der folgenden Aussagen richtig und welche falsch sind. Sucht jeweils passende Textstellen heraus, die das belegen. Korrigiert die falschen Aussagen.

  a) Ein Transporter fährt dem Polizeiauto in die Seite.

b) In dem Laster sitzen Jola und zwei weitere Personen.
c) Jola verlässt unbemerkt den Transporter und spricht Finn an.
d) Jola vermutet, dass Finn wegen eines Diebstahls oder Schwarzfahrens festgenommen wurde.
e) Finn überredet Jola, mit ihm zu fliehen, da er Angst hat, dass die Polizei ihn in eine Gummizelle sperrt.
f) Finn und Jola können den Polizisten entkommen, indem sie sich in einem Müllcontainer verstecken.
g) Finn befreit Jola von Müllresten, nachdem sie wieder aus dem Müllcontainer geklettert sind.
h) Am Ende reichen sich die beiden die Hände.

4 Welchen Eindruck habt ihr von Jola? Erklärt, was euch an ihr besonders auffällt.

5 Klärt die Bedeutung der Adjektive in der Sprachbox. Bestimmt dann, welche Eigenschaften auf Jola zutreffen und welche nicht. Begründet eure Entscheidungen mit entsprechenden Textstellen.

Adjektive zur Beschreibung von Charaktereigenschaften

offen • schlagfertig • witzig • bedächtig • mutig • taff • bescheiden • verrückt • abenteuerlustig • kontaktscheu • frech • respektlos • ordentlich • vorlaut • quirlig • spontan • vorsichtig • stark • zurückhaltend • unselbstständig • feige • klug • verwöhnt • neugierig

Sprachbox

Jannis hat das Buch „Kannawoniwasein“ für eine Buchvorstellung ausgewählt. Er findet Jola besonders interessant und sympathisch. Deshalb möchte er diese Figur den anderen näher vorstellen. Dafür hat er sich folgende Übersicht angelegt:

Jola

Aussehen/Erscheinungsbild:
- … (Z. 20 f.)

Lebensumstände und Lebenssituation (z. B. Alter, Herkunft, Familie):
- ist circa … Jahre alt (Z. …)

Eigenschaften und Einstellungen sowie typisches Verhalten:
- kontaktfreudig/offen
- spontan
- …

Beziehungen zu anderen (z. B. Freundschaften, Konflikte):
- überredet Finn zur Flucht
- flieht mit ihm
- …
- kein Respekt gegenüber Erwachsenen (z. B. der Polizei)
- …

6 Beschreibt, wie Jannis bei der Vorbereitung seiner Figurenbeschreibung vorgegangen ist.

7 Übernehmt Jannis' Übersicht und vervollständigt sie.

8 Wähle aus

Beschreibe Jola, indem du einen der folgenden Schreibaufträge bearbeitest.

a) Stelle dir vor, einige Zeit nach seinen Abenteuern mit Hackmack und Jola erzählt Finn einem Freund, wie er Jola kennengelernt hat.

Schreibe auf, was Finn seinem Freund erzählen könnte. Beginne z. B. so:

„Nachdem mich der Schaffner der Polizei übergeben hat, habe ich Jola kennengelernt. Ein total verrücktes Mädchen …"

b) Die 5a hat das dritte Kapitel des Buches „Kannawoniwasein" gelesen. Mattes soll einem Mitschüler, der an diesem Tag krank war, darüber informieren, was die Klasse zu Jola besprochen hat.

- Schreibe eine E-Mail von Mattes an den erkrankten Mitschüler. Erkläre ihm darin, wer Jola ist und welche Bedeutung sie in der Geschichte hat.
- Versuche ihm auch zu erklären, was für ein Typ Jola ist. Verwende dabei mindestens drei Adjektive aus der Sprachbox von S. 85.

c) Schreibe eine Figurenbeschreibung von Jola.

- Beschreibe zunächst die äußeren Merkmale Jolas (Aussehen, Alter, Lebensumstände) und die Situation, in der Finn sie kennenlernt.
- Gehe dann auf typische Verhaltensweisen und Eigenschaften Jolas sowie auf ihre Beziehung zu Finn ein. Arbeite dabei mit den Adjektiven aus der Sprachbox auf S. 85.
- Formuliere möglichst sachlich und genau. Verwende das Präsens. Benutze Formulierungen wie in der Sprachbox unten.

Sprachbox

Eine Figur beschreiben

Jola ist ungefähr … Jahre alt.
Sie lernt Finn in folgender Situation kennen: …
Der Leser erfährt über ihr Aussehen, …
Jola wirkt sehr … und … Dies kann man daran erkennen, dass …
Die wichtigsten Eigenschaften Jolas sind … Dies zeigt sich, als …
Jola zeichnet sich besonders durch … aus.
In der Beziehung von Finn und Jola fällt besonders auf, dass …
Wichtig ist in der Beziehung Jolas zu Finn auch …
Ich mag Jola, weil … / Ich mag Jola nicht, weil …
Außerdem denke ich über Jola, dass …

Alles klar? – Üben und überprüfen

Einen inneren Monolog schreiben

1 Vervollständige den Lückentext. Du kannst dazu die Hinweise in der Methodenbox auf S. 80 benutzen.

Bei einem inneren Monolog versucht man in eine Figur „__________ __________“ und __________ aus ihrer __________ zu erleben. Man verfasst einen inneren Monolog, indem man die __________ __________ einer Figur in der __________ aufschreibt. Dabei beginnt man mit einem __________ und formuliert dann die __________ der Figur in __________. Für die wörtliche Rede verwendet man als Zeitform __________.

2 Verfasse einen inneren Monolog Finns in der Situation, als die Polizisten verschwunden sind und er mit Jola vor dem Müllcontainer steht (vgl. S. 84, Z. 150–155). Lass Finn daran denken, was er bislang mit Jola erlebt hat und was er über seine jetzige Situation denkt.

Lies dazu eventuell noch einmal den Jugendbuchauszug auf S. 81–84 und den Einführungstext auf S. 81 oben.

Eine Figur beschreiben

3 Wähle unter den folgenden beiden Schreibaufträgen einen aus:

a) Die folgende Beschreibung von Jola enthält einige Fehler.

- Finde die Fehler heraus.
- Überarbeite und vervollständige dann die Figurenbeschreibung.

> Jola ist neben Finn die Hauptfigur in dem Jugendbuch „Das kann doch nicht wahr sein“ von Erich Kästner. Finn lernt Jola während einer Zugfahrt nach Berlin kennen.
>
> Jola ist ein sehr schüchternes Mädchen. Das wird besonders deutlich, als Finn sie anspricht.
>
> Als die beiden fliehen, verlässt sich Jola dann ganz auf Finn, da sie sehr unselbstständig ist. Jola ist auch sehr ängstlich, als die Polizisten sie und Finn verfolgen.
>
> Finn findet Jola sofort sehr sympathisch und vertraut ihr von Anfang an.

b) Verfasse eine schriftliche Beschreibung von Hackmack.

- Lege dir dafür zunächst eine Übersicht für Hackmack an, wie du sie zu Jola auf S. 85 findest.
- Stelle Hackmack dann in einem Text vor. Benutze dabei die Sprachbox auf S. 86 und die folgenden Satzanfänge:

Hackmack ist eine Figur aus dem Jugendbuch … Finn lernt … in folgender Situation kennen … Hackmack …

Andreas Steinhöfel: Rico, Oskar und die Tieferschatten – Jugendbuchauszüge erschließen

Andreas Steinhöfel (geb. 1962)

„Ich heiße Rico“ – einen Erzähltext vortragen und seinen Inhalt erschließen

In dem Jugendbuch „Rico, Oskar und die Tieferschatten“ des Autors Andreas Steinhöfel ist Rico eine der Hauptfiguren. Rico ist ein Junge, der allein mit seiner Mutter in Berlin lebt. Er bezeichnet sich selbst als „tiefbegabt“. Das Jugendbuch wird aus Ricos Sicht in der Ich-Form erzählt. Der folgende Auszug handelt davon, wie Rico Oskar, die andere Hauptfigur des Jugendbuches, kennenlernt.

Audio
WES-127515-020

Die Fundnudel

Ich ging langsam über den Gehsteig, den Blick auf die grauen Pflastersteine am Boden gerichtet, ich sah ein zerknülltes Duplo-Papierchen. Ich sah ein paar Scherben, die vor den großen Altglascontainern lagen, und eine ausgetretene alte Zigarettenkippe. Dann sah ich zwei kleine Füße mit hellen Strümpfen in offenen Sandalen.

Ich hob den Kopf. Der Junge, der da vor mir stand, reichte mir gerade so bis an die Brust. Das heißt, sein dunkelblauer Sturzhelm reichte mir bis an die Brust. Es war ein Sturzhelm, wie ihn Motorradfahrer tragen. Ich hatte gar nicht gewusst, dass es die auch für Kinder gibt. Es sah völlig beknackt aus, das Durchguckding vom Helm war hochgeklappt. […]

„Was machst du da?“, sagte der Junge. Seine Zähne waren riesig. Sie sahen so aus, als könnte er damit ganze Stücke aus großen Tieren rausreißen, einem Pferd oder einer Giraffe oder dergleichen.

„Ich suche was.“

„Wenn du mir sagst, was, kann ich dir helfen.“

„Eine Nudel.“

Er guckte sich ein bisschen auf dem Gehsteig um. Als er den Kopf senkte, brach sich spiegelnd und blendend Sonnenlicht auf seinem Helm. An seinem kurzärmligen Hemd, bemerkte ich, war ein winziges knallrotes Flugzeug befestigt wie eine Brosche. Eine Flügelspitze war abgebrochen. Zuletzt guckte der kleine Junge kurz zwischen die Büsche vor dem Zaun vom Spielplatz, eine Idee, auf die ich noch gar nicht gekommen war.

„Was für eine Nudel ist es denn?“, sagte er.

„Auf jeden Fall eine Fundnudel. Eine Rigatoni, aber nur vielleicht. Genau kann man das erst sagen, wenn man sie gefunden hat, sonst wäre es keine Fundnudel, ist doch wohl logisch, oder?“

„Hm …“ Er legte den Kopf leicht schräg. Der Mund mit den großen Zähnen drin klappte wieder auf.

„Kann es sein, dass du ein bisschen doof bist?"
Also echt!
„Ich bin ein tiefbegabtes Kind."
„Tatsache?" Jetzt sah er wirklich interessiert aus. „Ich bin hochbegabt."
Nun war ich auch interessiert. Obwohl der Junge viel kleiner war als ich, kam er mir plötzlich viel größer vor. [...]
„Ich muss jetzt weiter", sagte ich endlich zu dem Jungen. „Bevor es dunkel wird. Sonst verlaufe ich mich womöglich."
„Wo wohnst du denn?"
„Da vorn, das gelbe Haus. Die 93. Rechts." [...]
Der Junge schaute an meinem ausgestreckten Arm entlang. Als er die 93 sah, rutschte seine Stirn erst rauf, als wäre ihm gerade eine tolle Erleuchtung gekommen oder so was, und dann wieder runter, als würde er gründlich über etwas nachdenken.
Zuletzt wurde seine Stirn wieder ganz glatt und er grinste. „Du bist wirklich doof, oder? Wenn man etwas direkt vor Augen hat und nur geradeaus gehen muss, kann man sich unmöglich verlaufen."
Immerhin stimmte die Straßenseite. Trotzdem wurde ich langsam sauer. „Ach ja? Ich kann das. Und wenn du wirklich so schlau wärst, wie du behauptest, wüsstest du, dass es Leute gibt, die das können. [...] Ich hab mir nicht ausgesucht, dass aus meinem Gehirn manchmal was rausfällt! Ich bin nicht freiwillig dumm oder weil ich nicht lerne! [...] Aber du bist ja wohl eins von den Superhirnen, die alles wissen und dauernd mit irgendwas angeben müssen, weil sich nämlich sonst keiner für sie interessiert [...]."
Es ist total peinlich, aber wenn ich mich heftig über etwas aufrege, zum Beispiel Ungerechtigkeit, fange ich an zu heulen. Ich kann überhaupt nichts dagegen machen. Der Junge kriegte ganz erschreckte Augen unter seinem Sturzhelm.
„Jetzt wein doch nicht! Ich hab das gar nicht so –" [...]
Jetzt sagte der Junge gar nichts mehr. Er guckte runter auf seine Sandalen. Dann guckte er wieder hoch. Seine Lippen waren ganz dünn geworden.
Er streckte seine Hand aus. Sie war so klein, dass sie doppelt in meine passte.
„Ich heiße Oskar", sagte er. „Und ich möchte mich aufrichtig bei dir entschuldigen. Ich hätte mich nicht über dich lustig machen dürfen. Das war arrogant."
Ich hatte keine Ahnung, was er mit dem letzten Wort meinte, aber die Entschuldigung hatte ich verstanden. [...]
Man muss nett sein, wenn jemand sich entschuldigt. Wenn einer nur so tut als ob, kann man ruhig weiter sauer sein, aber Oskar meinte es aufrichtig. Hatte er ja gesagt.
„Ich heiße Rico", sagte ich und schüttelte seine Hand. „Mein Vater war nämlich Italiener."
„Ist er tot?"
„Logisch. Sonst hätte ich ja nicht *war* gesagt." [...]
„Tut mir leid. Wie ist er denn gestorben?"
Ich gab keine Antwort. Ich habe noch nie jemandem davon erzählt, wie Papa gestorben ist. [...]

Oskar druckste ein bisschen herum, als er merkte, dass da nichts mehr kam: Irgendwann nickte er endlich und sagte: „Ich muss jetzt nach Hause."
„Ich auch." [...]
Ich ging und nahm mir vor, mich kein einziges Mal umzudrehen. Der sollte bloß nicht denken, dass ich ihn toll fand mit seinem Sturzhelm und den Monsterzähnen. Dann drehte ich mich doch um und sah ihn in die andere Richtung verschwinden. Von Weitem sah er aus wie ein sehr kleines Kind mit einem sehr großen blauen Kopf.

1 Erschließt euch den Jugendbuchauszug, indem ihr einen Lesevortrag einübt.

- Bereitet euch vor, indem ihr zunächst klärt, welcher Junge welche Textteile spricht. Was sagt Rico, was sagt Oskar?
- Geht dann so vor, wie es in der Methodenbox auf S. 91 beschrieben wird.

2 Wenn ihr den Textauszug wirkungsvoll vorlesen könnt, kennt ihr seinen Inhalt sicher gut. Überprüft euer Textverständnis.

- Stellt dazu zehn Fragen zu dem Jugendbuchauszug und tauscht eure Fragen aus.
- Beantwortet die Fragen eurer Mitschüler. Lest noch einmal im Text nach, wenn ihr unsicher seid. Kontrolliert dann eure Lösungen.

S. 315

Falls ihr keine passende Frage findet, nutzt die **Hilfekarte** auf S. 315.

3 Rico sagt: „Ich bin ein tiefbegabtes Kind." (Z. 31) Oskar behauptet von sich: „Ich bin hochbegabt." (Z. 32) Erklärt mit eigenen Worten, was die beiden Jungen jeweils meinen.

- Lest dazu auch die Erklärung, die Rico an anderer Stelle gibt:

Ich sollte an dieser Stelle wohl erklären, dass ich Rico heiße und ein tiefbegabtes Kind bin. Das bedeutet, ich kann zwar sehr viel denken, aber das dauert meistens etwas länger als bei anderen Leuten. [...] Außerdem kann ich mich nicht immer gut konzentrieren, wenn ich etwas erzähle. Meistens verliere ich dann den roten Faden [...]. In meinem Kopf geht es manchmal so durcheinander wie in einer Bingotrommel.

4 Oskar entschuldigt sich bei Rico für sein arrogantes Verhalten (vgl. Z. 60–63). Klärt mithilfe des Internets oder eines Wörterbuchs die Bedeutung des Wortes „arrogant".

- Erläutert, warum Oskar sein Verhalten so bezeichnet und warum er sich bei Rico dafür entschuldigt.

5 Denkt ihr, dass Rico und Oskar Freunde werden? Tragt zusammen, was dafür und was dagegen spricht.

6 Wähle aus

Erzähle, wie Oskar die erste Begegnung mit Rico erlebt hat.

a) Schreibe in Gedankenblasen mindestens sechs Gedanken Ricos über Oskar auf.

b) Verfasse zu der Situation, in der sich Oskar bei Rico entschuldigt (Z. 60–63), einen inneren Monolog aus Ricos Sicht. Verdeutliche, was Rico in diesem Moment über Oskar denken könnte und was er wohl fühlt.

Gehe dabei so vor, wie es in der Methodenbox auf S. 80 beschrieben wird.

c) In den Ferien führt Rico ein „Ferientagebuch". Verfasse einen Tagebucheintrag Ricos über das Treffen mit Oskar. Berichte, was Rico erlebt hat. Mache dabei deutlich, was Rico über Oskar denkt und was er von ihm hält. So kannst du beginnen:

Hallo Ferientagebuch,
heute ist etwas Besonderes passiert. Ich habe Oskar kennengelernt. Das kam so: … Oskar ist … Ich finde, …

Einen Erzähltext vortragen

So gehst du vor

Das **Vorlesen eines Erzähltextes** kannst du so **vorbereiten**:

- **Kläre** zunächst den **Inhalt des Textes**, den du vorlesen möchtest. Beantworte dazu z. B. folgende Fragen: Wo und wann spielt die Handlung? Welche Figuren kommen vor? Was erleben sie?
- Mache dir als Nächstes klar, **wer** in dem Text **was erzählt oder sagt**. Suche auch die wörtliche Rede der Figuren heraus. Notiere dir am Rand des Textes, **wie** du die **wörtliche Rede sprechen** möchtest, um die **Gefühle der Figuren auszudrücken** (z. B. aufgeregt, ärgerlich, ängstlich, froh).
- Lege fest, wo du Pausen machen und lauter oder leiser sprechen willst (z. B. um die Spannung zu erhöhen). Markiere diese Stellen:
  / Kurze Pause   // längerer Pause   ◢ laut   ◣ leise

Übe das Vortragen des Textes mehrfach. Achte dabei auf folgende Punkte:

- Sprich besonders deutlich und vor allem nicht zu schnell.
- Passe dein Lesetempo, die Lautstärke und die Sprechweise an das erzählte Geschehen, an die Situation und an die Gefühle der Figuren an. Achte dabei auf deine Stichworte und Markierungen.
- Trage den Text einem Lernpartner vor. Lass dir Rückmeldung geben, was dir beim Vortragen schon gut gelingt und was du noch verbessern kannst.

Tipp: Ihr könnt den Vortrag auch in kleinen Gruppen einüben. Dann übernimmt jeder einen Abschnitt des Textes oder ihr lest mit verteilten Rollen. Jeder übernimmt dann die wörtliche Rede einer Figur und einer den Text des Erzählers.

Das Treffen bei Rico – Figuren und ihre Beziehung beschreiben

Oskar kommt zu Besuch

Mama war ziemlich platt, dass jemand mich besuchen kam. Sie beschwert sich immer darüber, dass ich keine Freunde habe. Jetzt hatte ich einen. Er war zwar sehr klein und bestimmt auch sehr jung, aber das spielte für Mama offenbar keine so große Rolle. Sie fand Oskars blauen Motorradhelm viel interessanter. „Seit wann trägt man solche Dinger beim Radfahren?“, sagte sie. [...]
Oskar guckte sie an, als wäre sie nicht ganz richtig im Oberstübchen. Immerhin klappte er jetzt endlich das Visier hoch. Seinen Mund konnte man trotzdem nicht richtig sehen; nur die obere Reihe seiner großen weißen Zähne. „Es ist gefährlich ohne Helm“, erklärte er, als wäre Mama das Kind und er der Erwachsene. „Es passieren ständig irgendwelche Unfälle.“ [...]
Mir fiel ein Unterschied zwischen uns auf: Ich habe fast dauernd gute Laune, weiß aber nicht so viel. Oskar wusste jede Menge merkwürdiger Dinge, aber seine Laune war dafür im Keller. Bestimmt ist das so, wenn man sehr schlau ist – es fallen einem zu allen schönen Sachen auch gleich noch ein paar schreckliche ein. [...]
„Und du?“ Er [Oskar] musterte mich. „Hast du vor gar nichts Angst?“
„Doch. Ich hab Angst, ich könnte mich mal in der Stadt verirren“, gab ich zu. „Ich find mich nicht zurecht, weißt du. Mit dem vielen links und rechts und dergleichen.“
„Ist das schon mal passiert?“
„Ne, ich war ja noch nie allein unterwegs.“ [...]
„Und sonst, außer Verirren?“
Vorsichtshalber schüttelte ich den Kopf. Es gab da zwar etwas, vor dem ich mich noch mehr fürchtete als vor dem Verirren, und ich hatte auch schon darüber nachgedacht, dass ich Oskar darin einweihen musste, sobald wir echte Freunde wurden. Schließlich vertrauen Freunde einander. Nur war ich mir nicht sicher, ob er wirklich schon mein echter Freund war. Ich musste das überprüfen. „Kommst du morgen wieder?“, fragte ich ihn.
Ich spürte, wie mein Kopf rot wurde vor Aufregung. Das war ein ziemlich schlauer Test, fand ich. Echte Freunde haben immer füreinander Zeit. Sie wollen möglichst viele schöne Dinge miteinander erleben. Wenn Oskar jetzt nein sagte ...
Er guckte mich zögerlich an, wie etwas, das im Regal im Supermarkt vor ihm lag und von dem er nicht sicher war, ob er es wirklich kaufen wollte. Er kratzte sich am Arm. Er zupfte an seinem Ansteckflieger. Er knabberte mit seinen großen Zähnen auf der Unterlippe herum.
„Eigentlich“, sagte er dann, „habe ich morgen schon was vor. Das kann den ganzen Tag dauern. [...] Das kann ich aber auch später erledigen, schätze ich“, sagte er schnell.
Erleichtert streckte ich einen Arm aus. „Sind wir jetzt echte Freunde?“
Er drückte seine kleine Hand in meine. Sie war ganz warm. Er lächelte. „Sind wir das nicht schon die ganze Zeit?“

1 Passen Oskar und Rico als Freunde gut zusammen? Tauscht euch über eure Eindrücke aus.

2 Rico macht sich viele Gedanken darüber, ob er und Oskar wohl Freunde sind. Beantwortet folgende Fragen. Belegt eure Antworten mit entsprechenden Textstellen und haltet sie in Stichpunkten fest:

- Was macht für Rico Freundschaft aus?
- Wie möchte Rico Oskars Freundschaft testen?
- Sind Rico und Oskar nach diesem Besuch nun Freunde?

3 Sucht aus den beiden Textauszügen auf S. 88–90 und S. 92 heraus, was ihr über Rico und Oskar erfahrt. Übernehmt die folgende Tabelle und ergänzt sie:

	Rico	Oskar
äußere Merkmale (z. B. Aussehen, Familie oder Lebensumstände)	• lebt mit seiner Mutter allein • sein Vater ...	• trägt ständig einen blauen Helm
typische Eigenschaften (z. B. Ängste, Wünsche) und Verhaltensweisen	• „tiefbegabt“	•

Auf S. 316 findet ihr eine **Hilfekarte** mit Hinweisen, was jeweils für Rico und Oskar typisch ist.

S. 316

4 **Wähle aus**

Beschreibe die beiden Jungen und ihre Beziehung. Wähle dazu einen der folgenden Schreibaufträge:

a) Schreibe einen inneren Monolog aus Ricos Sicht. Darin macht er sich Gedanken zu der Frage, ob er und Oskar Freunde sind. Hinweise, wie du dabei vorgehen kannst, findest du in der Methodenbox auf S. **80**.

b) Verfasse einen Eintrag in Ricos Ferientagebuch, in dem Rico über Oskars Besuch bei ihm berichtet. Lass Rico auch darüber nachdenken, welche Gemeinsamkeiten und Unterschiede die beiden haben und ob sie Freunde sind.

So kannst du beginnen:

Rico schreibt in sein Ferientagebuch: Heute war Oskar zu Besuch ...
Ich wollte unbedingt wissen, ob Oskar ein richtiger Freund ist ...
Wir haben eine Menge Gemeinsamkeiten ... Es gibt aber auch einige Unterschiede, z. B. ... Das macht aber nichts, weil ...

c) III Beschreibe und vergleiche Rico und Oskar mithilfe deiner Übersicht von Aufgabe 3 auf S. 93.

- Stelle dir vor, du hast Rico und Oskar kennengelernt. Beschreibe einer Freundin oder einem Freund die beiden Figuren. Erkläre ihr oder ihm dabei, was an Rico und was an Oskar typisch ist.
- Beschreibe, wie sich die Beziehung der beiden entwickelt hat. Erläutere auch, ob sie deiner Meinung nach auf Dauer Freunde sein können.

5 Durchstarten

a) II Rico und Oskar erleben noch viele aufregende Dinge, z. B. verschwindet Oskar eines Tages spurlos.

Wenn ihr wissen wollt, wie es mit der Freundschaft der beiden weitergeht, sollten einige von euch das Buch „Rico, Oskar und die Tieferschatten" vollständig lesen und es der Klasse vorstellen.

b) III Andreas Steinhöfel hat weitere Bücher über die Abenteuer von Rico und Oskar geschrieben.

Auch diese Bücher wie z. B. „Rico, Oskar und das Herzgebreche", „Rico, Oskar und der Diebstahlstein" oder „Rico, Oskar und das Vomhimmelhoch" könnt ihr lesen und den anderen vorstellen.

Hinweise und Hilfen, wie ihr eine Buchvorstellung vorbereiten und durchführen könnt, findet ihr auf den Seiten 100 bis 101.

Alles klar? – Üben und überprüfen

Einen Erzähltext vortragen

1 Übt einen Lesevortrag des Jugendbuchauszugs „Oskar kommt zu Besuch“ (S. 92) ein. Geht dabei so vor:

- Klärt zunächst, wo und wann die Handlung spielt, welche Figuren vorkommen und was geschieht.
- Entscheidet dann, ob ihr den Lesevortrag allein oder in kleinen Gruppen einüben wollt. Wenn ihr in Gruppen arbeitet, überlegt euch, ob ihr den Text in Abschnitte unterteilen oder ihn mit verteilten Rollen vorlesen wollt.
- Bereitet das Vorlesen dann so vor, wie es in der Methodenbox auf S. 91 beschrieben wird.

Figuren und ihre Beziehung beschreiben

2 Ihr habt euch in diesem Kapitel mit Rico und Oskar beschäftigt. Ordnet die folgenden Merkmale jeweils einem der beiden zu. Begründet eure Zuordnung mit entsprechenden Textstellen.

Rico/Oskar:

1. geht auf Menschen zu.
2. findet sich nicht leicht zurecht.
3. ist übertrieben vorsichtig.
4. weiß viele merkwürdige Dinge.
5. ist sehr direkt in dem, was er sagt.
6. hat Angst, sich zu verlaufen.
7. trägt einen Sturzhelm.
8. spricht nicht gerne über seinen Vater.
9. hat meist schlechte Laune.
10. weint schnell, wenn er sich aufregt.
11. drückt sich sehr gut aus.

In dem Jugendbuch schreibt Rico in sein Ferientagebuch:

Erstmal muss man feststellen, dass es zur Hälfte ein sehr erfolgreicher Tag war. Oskar ist jetzt mein Freund, auch wenn er einen an der Waffel hat …

3 Vervollständigt Ricos Ferienbucheintrag. Erklärt dabei aus der Sicht Ricos, …

- warum er über Oskar sagt, dieser habe einen an der Waffel, und
- warum er froh ist, dass sie Freunde geworden sind.

Ihr könnt auch erzählen, wie die beiden Freunde geworden sind.

Mehr zum Thema:
Figuren beschreiben
AH: S. 14–17

Rico und Oskar im Film – eine Verfilmung kennenlernen

1 Arbeitet folgendermaßen mit dem Filmplakat links.

- Beschreibt das Plakat. Welche Erwartungen an den Film weckt es?
- Beschreibt, was ihr aufgrund eurer Kenntnis des Buches auf dem Filmplakat wiedererkennt.

Die Szenenbilder stammen aus der Verfilmung des Buches „Rico, Oskar und die Tieferschatten“:

2 Untersucht die Szenenbilder (A–E). Geht dabei so vor:

- Beschreibt, was auf den einzelnen Bildern zu sehen ist und welche Situation sie zeigen.
- Achtet auf den Bildausschnitt. Was ist jeweils von den Figuren zu sehen?
- Bestimmt, welche Kameraeinstellung jeweils gewählt wurde. Benutzt dazu die Fachbegriffe aus der Methodenbox auf S. 97.
- Erklärt, warum die Regisseurin wohl die jeweilige Kameraeinstellung gewählt hat.

3 Durchstarten

a) III Seht euch die Szenen „Rico trifft Oskar“ (16:00–18:00) und „Rico und Oskar werden Freunde“ (29:50–31:20) an. Vergleicht die beiden Szenen aus der Verfilmung mit den Textauszügen, die ihr aus dem Buch kennt.

- Achtet darauf, was in der Verfilmung aus der Buchvorlage übernommen wurde.
- Notiert auch, welche Veränderungen gegenüber dem Buch vorgenommen wurden.

b) III Recherchiert im Internet über Verfilmungen von Jugendbüchern für eure Jahrgangsstufe. Arbeitet dabei zu folgenden Fragen:

- Welche Verfilmungen von Jugendbüchern könnt ihr finden?
- Wovon handeln die Verfilmungen?
- Welche Filme findet ihr besonders interessant? Warum?

Die Kameraeinstellung untersuchen

So gehst du vor

Wie die Bilder im Film wirken, hängt unter anderem davon ab, welchen Ausschnitt die Kamera jeweils zeigt. Um diesen Ausschnitt genau zu beschreiben, unterscheidet man verschiedene Kameraeinstellungen:

- **Weit:** Diese Einstellung gibt einen Überblick über den Schauplatz, z. B. eine Landschaft. Einzelne Personen sind nur klein zu sehen.
- **Totale:** Hier werden die Personen in der näheren Umgebung gezeigt. Die einzelnen Personen sind von Kopf bis Fuß zu sehen.
- **Nah:** Die einzelne Person ist dreiviertel bis halb zu sehen. Mimik und Gestik sind gut zu erkennen. Der Zuschauer sieht nur noch Teile der Umgebung.
- **Groß:** Der Blick des Zuschauers wird auf ein groß im Bild erscheinendes Objekt (z. B. ein Gesicht oder eine Waffe) gerichtet.
- **Detail:** Diese Einstellung zeigt nur ein Detail, das groß im Bild erscheint (z. B. ein Lächeln oder die Augen einer Person).

Jetzt seid ihr dran! – Ein Jugendbuch lesen und vorstellen

Die Klasse 5a möchte ein Projekt zum Thema „Freundschaft in Jugendbüchern“ durchführen. Jede Schülerin und jeder Schüler liest dafür ein Jugendbuch, das etwas mit dem Thema Freundschaft zu tun hat. Dann stellen sich die Schülerinnen und Schüler die Bücher in der Klasse gegenseitig vor.

Unser Projekt: „Freundschaft in Jugendbüchern – ein Buch lesen und vorstellen“

- Wie finde ich ein passendes Buch?
- Wie gehe ich beim Lesen des Buches vor?
- Wie kann ich mein Buch den anderen präsentieren?

1 Arbeitet in kleinen Gruppen und sammelt Ideen zu den Fragen in dem Kasten. Stellt euch eure Ergebnisse anschließend vor.

2 Vergleicht eure Ideen mit den Hinweisen und Tipps zum Lesen und Vorstellen eines Buches auf den folgenden Seiten.

- Vervollständigt eure Ideensammlung.
- Lest dazu die Tipps ganz genau.

Ein passendes Buch finden:

Ein passendes Buch zum Thema Freundschaft kannst du finden, indem du ...

- dir die Cover und Lesetipps in diesem Kapitel ansiehst und ein Buch auswählst, das dich besonders interessiert. Du kannst dich über die einzelnen Bücher oder über andere Bücher der Autoren im Internet informieren. Recherchiere z. B. die Klappentexte, kurze Inhaltsangaben und Lesermeinungen. Dazu kannst du den Titel des Buches oder den Namen des Autors in eine Suchmaschine eingeben und dann z. B. die Internetseite einer Onlinebuchhandlung besuchen.
- deine Lehrer, Freunde, Geschwister, Eltern oder Bekannte fragst, welche Bücher zum Thema Freundschaft sie kennen, die dich interessieren könnten. Lass dir von ihnen kurz erklären, worum es in den Büchern geht und warum sie denken, dass sie dich interessieren könnten.

- eine Buchhandlung oder eine Bücherei besuchst. Dort findest du meistens eine Zusammenstellung von Büchern für dein Alter. Du kannst dir die Bücher, die dich aufgrund des Covers und des Klappentextes interessieren, näher ansehen. Außerdem kannst du die Buchhändler oder die Mitarbeiter der Bücherei nach Büchern fragen, die du lesen und vorstellen könntest. Sie helfen dir bestimmt gerne bei deiner Auswahl und Entscheidung.

Wenn du den **Webcode** WES-127515-021 aufrufst, findest du eine Übersicht aktueller Jugendbücher. Zu diesen könnt ihr zunächst recherchieren und euch dann gegenseitig informieren, worum es darin geht. So habt ihr schon einmal eine größere Auswahl von Büchern, unter denen ihr auswählen könnt.

Arbeitsblatt
WES-127515-021

Das Lesen eines Buches planen und durchführen

Bei deiner Präsentation und Vorstellung deines Buches solltest du den anderen einen Einblick geben, was in dem Buch erzählt wird, wer die Hauptfiguren sind und was sie erleben. Dazu musst du dir selbst einen Überblick über die Handlung des Jugendbuches verschaffen. Beim Lesen des Buches gehst du am besten so vor:

- Plane täglich eine bestimmte Zeit ein, in der du einen Teil des Buches liest. Konzentriere dich dabei ganz auf das Lesen. Schalte das Smartphone und den Computer aus, damit du nicht aus dem Lesefluss gerissen wirst.
- Achte beim Lesen auf folgende Fragen: Wo und wann spielt die Handlung? Welche Figuren kommen vor? Was erleben sie? Mache beim Lesen immer wieder eine Pause und beantworte diese Fragen.
- Notiere dir Überschriften (z. B. zu jedem Kapitel oder Textabschnitt) und halte so die wichtigsten Ereignisse der Handlung, die Erlebnisse der Hauptfigur und die Entwicklungen der Figurenbeziehungen fest.
  Notiere dir eventuell darüber hinaus ein paar Stichworte zum erzählten Geschehen. Achte aber darauf, dass du nicht zu viel aufschreibst. Du musst nicht jede Einzelheit, sondern nur das Wichtigste festhalten.
- Halte eventuell schon beim Lesen stichpunktartig Ideen für deine Buchvorstellung fest (z. B. Gegenstände, die in dem Buch eine Rolle spielen, für die Gestaltung einer Lesekiste).
- Notiere deine Stichworte und Lesefortschritte in einer solchen Übersicht.

Meine Lesezeit (Datum/Uhrzeit)	**Textabschnitt** (Kapitel, Seitenzahl)	**Überschrift für das Kapitel/ den Textabschnitt**	**Stichworte zum erzählten Geschehen/erste Ideen für die Präsentation**

Ein Buch präsentieren und vorstellen

Die Präsentation und Vorstellung der Bücher kann ganz unterschiedlich erfolgen. Ihr könnt z. B. überlegen, ob jeder Schüler sein Buch in Form eines fünf- bis achtminütigen Vortrags vorstellt und dabei eine Textstelle aus dem Buch vorliest. In der Methodenbox auf S. 91 findet ihr Hinweise und Tipps, wie ihr das Vorlesen der Textstellen vorbereiten könnt.

Eine andere Möglichkeit ist, dass ihr mit einer gemeinsamen Präsentation die von euch gelesenen Bücher vorstellt. Dazu sollte jeder einen interessanten Beitrag zu seinem Buch erarbeiten. Ihr könnt dazu z. B. eine **Lesekiste** oder ein **Lapbook** zusammenstellen oder euer Buch in einem **Video** oder **Podcast** vorstellen.

Eine Lesekiste zu einem Buch zusammenstellen

In einer Lesekiste stellst du Gegenstände aus, die in dem Buch eine Rolle spielen. Gehe so vor, um eine Lesekiste zu erstellen:

- Überlege, welche Gegenstände in dem Buch eine Rolle spielen, und besorge dir entsprechende Gegenstände (z. B. einen Spielzeugrucksack). Du kannst die Gegenstände natürlich auch selbst zeichnen oder basteln. Deiner Fantasie sind hier keine Grenzen gesetzt.
- Besorge dir einen Schuhkarton. Dieser Karton sollte möglichst weiß sein. Farbige Kartnons kannst du mit Papier bekleben, um sie beschriften zu können. Gestalte die Außenseiten des Schuhkartons so, dass die anderen neugierig auf das Buch werden.
- In die Innenseite des Deckels klebst du einen Steckbrief zu deinem Buch. Darin gibst du allgemeine Informationen wie *Titel*, *Autor*, *Verlag* und *Seitenzahl* an. Außerdem informierst du knapp darüber, wo und wann die Handlung spielt, wer die Hauptfiguren sind und was sie erleben. Eine Vorlage für einen Steckbrief findest du unter dem **Webcode** WES-127515-022.
- Du solltest in deiner Lesekiste auch deutlich machen, was dir an dem Buch gefallen hat und warum du es gewählt hast. Du kannst dafür z. B. einen Brief an deine Mitschüler schreiben und ihn in einem Umschlag in die Lesekiste legen.
- In den Schuhkarton legst du außerdem die Gegenstände zu deinem Buch. Du kannst an den einzelnen Gegenständen noch kleine Zettel (z. B. Karteikarten) befestigen und darauf Erklärungen zu den Gegenständen geben.

Arbeitsblatt
WES-127515-022

Ein Lapbook zu einem Buch gestalten

Ein Lapbook ist ein gefaltetes Plakat, das sich wie eine Mappe aufklappen lässt. Auf den Außen- und Innenseiten des Lapbooks kannst du dein Buch präsentieren, indem du sie beschriftest, Zeichnungen anfertigst oder Materialien wie Abbildungen, Informationszettel, Klappkarten und kleine Faltbücher anbringst.

- Du benötigst für ein Lapbook ein DIN-A3-Blatt. Am besten nimmst du Tonpapier, weil das stabiler ist als normales Papier. Falte dann die beiden Außenseiten auf die Mitte des DIN-A3-Blattes. So erhältst du zwei Seiten, die du auf- und zuklappen kannst.

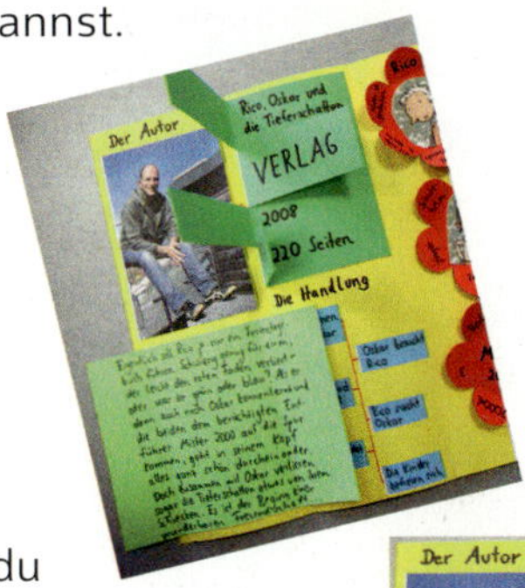

- Die Innen- und Außenseite der beiden Klappen und die Seite in der Mitte kannst du verwenden, um dein Buch zu präsentieren, z. B. mit deinen Lieblingssätzen aus dem Buch, Steckbriefen zu den Figuren, Skizzen zu den Figurenbeziehungen, Inhaltsüberblicken, Klappentexten, Zeitleisten und allen weiteren Ideen, die du dazu hast.

- Wenn du mehr Seiten benötigst, kannst du auch zwei oder drei Lapbooks aneinanderkleben. Eine andere Möglichkeit ist, dass du über und unter der mittleren Seite noch Zusatzklappen anbringst.

Ein Buch in einem Video oder Podcast vorstellen

Ihr könnt euer Buch auch präsentieren, indem ihr es in einem Video oder in einem Audiobeitrag vorstellt.

- Bereitet dazu einen Text vor, den ihr sprechen möchtet. Informiert darin über den Titel und den Autor des Buches und erklärt, worum es in dem Buch geht. Versucht dabei, eure Zuhörer neugierig zu machen. Verratet auch, was euch an dem Buch gefällt oder nicht gefällt.

- Besonders interessant wirkt euer Beitrag, wenn ihr ihn als Dialog gestaltet. Ihr sprecht den Text dann zu zweit als ein Gespräch von zwei Lesern über das Buch.

- Übt den Vortrag eures Beitrags. Achtet dabei darauf, dass ihr besonders deutlich sprecht. Nehmt euren Beitrag dann z. B. mit einem Tablet oder mit einem Smartphone auf.

- Wenn ihr eure Buchpräsentation filmen möchtet, müsst ihr euch noch überlegen, was im Bild zu sehen sein soll. Ihr könnt z. B. das Cover, den Klappentext, einzelne Textstellen, Abbildungen aus dem Buch oder Dinge und Orte filmen, die in dem Buch eine Rolle spielen. Dafür könnt ihr auch eigene Zeichnungen und Materialien anfertigen.

- Filmt eure Materialien, während ihr den Text zu eurem Buch einsprecht und aufnehmt. Auf keinen Fall dürft ihr euch selbst oder andere Personen filmen. Weitere Hinweise und Hilfen zur Erstellung von Erklärvideos findet ihr in der Methodenbox auf S. 187.

Medien früher und heute – über Medien nachdenken

Das lernst du in diesem Kapitel

In der Schule und in deiner Freizeit nutzt du das Internet und andere Medien. In diesem Kapitel beschäftigst du dich mit dem Thema „Medien früher und heute“. Dabei ...

- informierst du dich darüber, wie die Mediennutzung und die Kommunikation der Menschen aussah, als es noch kein Internet gab,
- lernst du, wie du zu einem Thema im Internet recherchierst, und bekommst Tipps, welche Suchmaschinen du nutzen kannst,
- entnimmst du einem Sachtext Informationen und stellst sie anderen vor.

1 Beschreibt die Fotos. Welche Medien werden hier wofür genutzt?

2 Ergänzt die Zusammenstellung von Medien auf den Fotos. Welche Medien kennt ihr noch und wofür nutzt ihr sie?

Wenn ihr noch weiter über eure eigene Mediennutzung nachdenken wollt, findet ihr dazu ein Arbeitsblatt unter dem **Webcode** WES-127515-023.

Arbeitsblatt
WES-127515-023

Das Smartphone

3 Seht euch die Abbildung an. Was verdeutlicht sie?

4 Findet weitere Geräte oder Medien, die heute oft durch das Smartphone ersetzt werden. Übernehmt dazu die folgende Übersicht in euer Heft und ergänzt sie.

Statt dieser Geräte und Medien nutzen viele Menschen heute das Smartphone:	• TV/Fernsehen • Radio • ___

5 Welche Vorteile und welche Nachteile hat es aus eurer Sicht, dass man das Smartphone für so viele verschiedene Funktionen verwenden kann?

Mehr zum Thema:
Über Medien nachdenken
AH: S. 18–21

Ohne Internet und Smartphone – über den Medienwandel nachdenken

Die Klasse 5a führt eine Projektwoche zu dem Thema „Medien früher und heute“ durch. Die Schülerinnen und Schüler überlegen zunächst, wie die Mediennutzung aussah, bevor es das Smartphone und das Internet gab.

1 Fasst zusammen, was die Schülerinnen und Schüler über die Mediennutzung vor der Einführung des Internets sagen.

2 Sammelt weitere solche Aussagen: Tragt zusammen, was ihr über die Mediennutzung der Menschen (z. B. eurer Großeltern) vor der Einführung des Internets und des Smartphones wisst.

3 Vergleicht die folgenden Situationen bei der Mediennutzung früher und heute.

- Beschreibt genau, wie man bei den Aktivitäten jeweils vorgeht und welche Geräte, Gegenstände oder weitere Personen beteiligt sind.

Mediennutzung früher	Mediennutzung heute
einen Brief schreiben und verschicken	eine E-Mail schreiben und verschicken
mit dem Festnetztelefon telefonieren	mit dem Handy telefonieren oder chatten
für ein Referat in der Bibliothek recherchieren	für ein Referat im Internet recherchieren
ein Fotoalbum mit eingeklebten Bildern ansehen	Fotos auf dem Smartphone oder Tablet ansehen
einen Einkaufsbummel in der Stadt machen	online shoppen

- Stellt nun die Vorteile, aber auch die Nachteile zusammen, die aus eurer Sicht die Mediennutzung heute im Vergleich mit der Mediennutzung früher (z. B. in der Jugendzeit eurer Großeltern) hat.

4 Wähle aus

Setze dich mit den Vor- und Nachteilen der Mediennutzung ohne Smartphone und Internet auseinander.

a) I Notiere, auf welches Medium du auf keinen Fall verzichten möchtest. Erkläre, warum dir dieses Medium so wichtig ist.

b) II Stelle dir vor, für eine Woche gäbe es kein Internet und keine Smartphones mehr. Beschreibe einen Tag aus einer solchen Woche einmal ganz genau. Was würde sich an deinem Alltag ändern und welche Vor- und welche Nachteile hätte das für dich?

c) III Ein Schüler sagt: „Ohne Handy, das klingt langweilig, kann aber bestimmt auch gut sein.“ Erkläre, was er damit meint. Nimm dann selbst Stellung zur Aussage des Schülers. Stimmst du ihm zu?

5 Durchstarten

a) I Wie könnte wohl das Smartphone der Zukunft aussehen? Recherchiere dazu im Internet und stelle besonders interessante Ergebnisse der Klasse vor.

b) II Schreibe einen Brief an einen Schüler oder eine Schülerin in der Vergangenheit, bevor es das Smartphone gab. Erkläre ihm oder ihr, was ein Smartphone ist und wie es den Alltag verändert hat.

c) III Bei einer Straßenumfrage sagt eine Passantin:

„Früher waren Kinder noch draußen, früher haben sie noch gelesen. Heute hängen sie ja nur noch rum, schauen Videos im Internet oder chatten, statt miteinander zu sprechen.“

- Erkläre, wie die Passantin über die Kinder heutzutage denkt und welche Wirkung das Internet ihrer Meinung nach auf die Kinder hat.
- Schreibe ihr einen Brief, in dem du die Kinder gegen ihre Vorwürfe verteidigst und ihr begründet darlegst, warum ihre Behauptung so nicht stimmt.

d) III Mit den neuen Medien wie dem Internet und dem Smartphone sind auch viele neue Wörter in der deutschen Sprache aufgetaucht (z. B. der Link, E-Mail, downloaden, scrollen).

- Sammle Wörter, die mit Medien zu tun haben und die eure Großeltern vermutlich noch nicht kannten, als sie jung waren.
- Erstellt eine Liste mit Fachbegriffen zu Medien. Schreibt die Wörter mit ihrer Bedeutung auf. Ihr könnt dazu auch im Internet recherchieren.

Wie finde ich Informationen zu einem Thema? – Im Internet recherchieren

Die Klasse 5a hat sich für ihre Projektwoche darauf geeinigt, dass jeder einen kleinen Vortrag vorbereitet. Zina und Niklas wollen darüber berichten, welche Medien es früher gab und wie sie genutzt wurden. Dazu haben sie im Internet recherchiert. Dies ist das erste Ergebnis ihrer Suche:

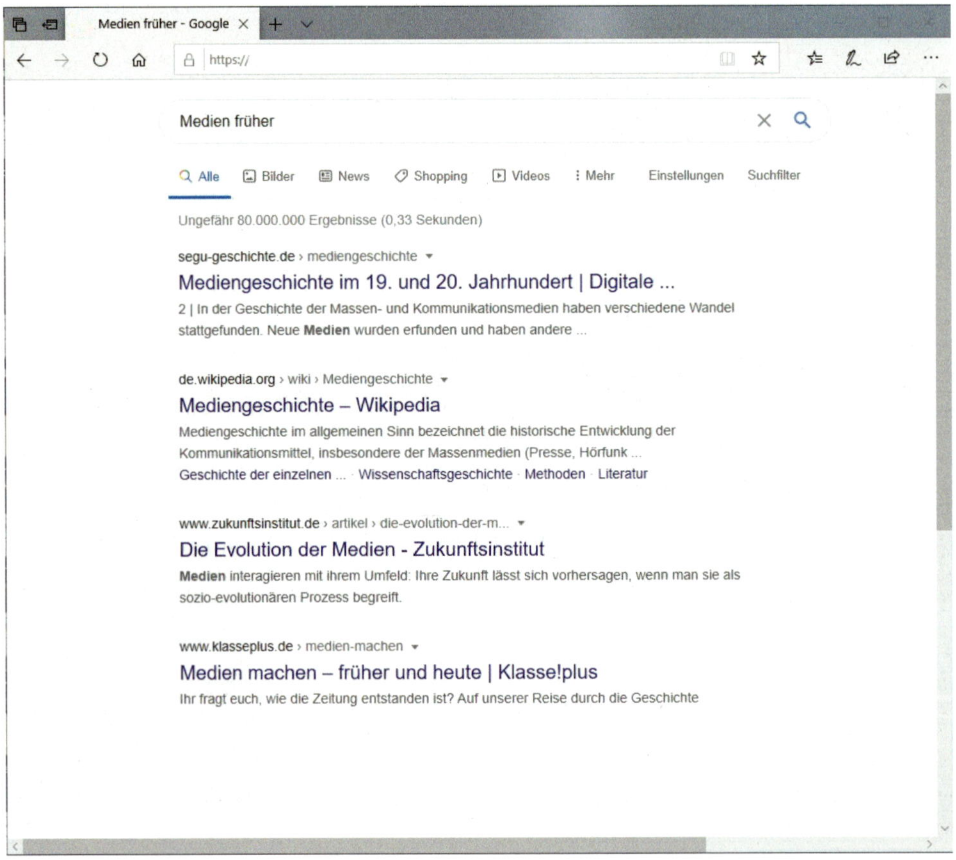

1 Beschreibt, wie Zina und Niklas vorgegangen sind.

2 Seht euch die Zahl der Ergebnisse und die Liste der vorgeschlagenen Internetseiten an. Erklärt, welche Schwierigkeiten Zina und Niklas bei der weiteren Arbeit haben könnten.

3 Berichtet darüber, welche Schwierigkeiten beim Recherchieren im Internet ihr kennt. Wie kann man diesen Schwierigkeiten begegnen?

Zina kennt eine Suchmaschine für Schülerinnen und Schüler ihres Alters. Diese hat sie als Nächstes mit Niklas aufgerufen:

Folgende Ergebnisse haben Zina und Niklas bei dieser Suchmaschine erhalten:

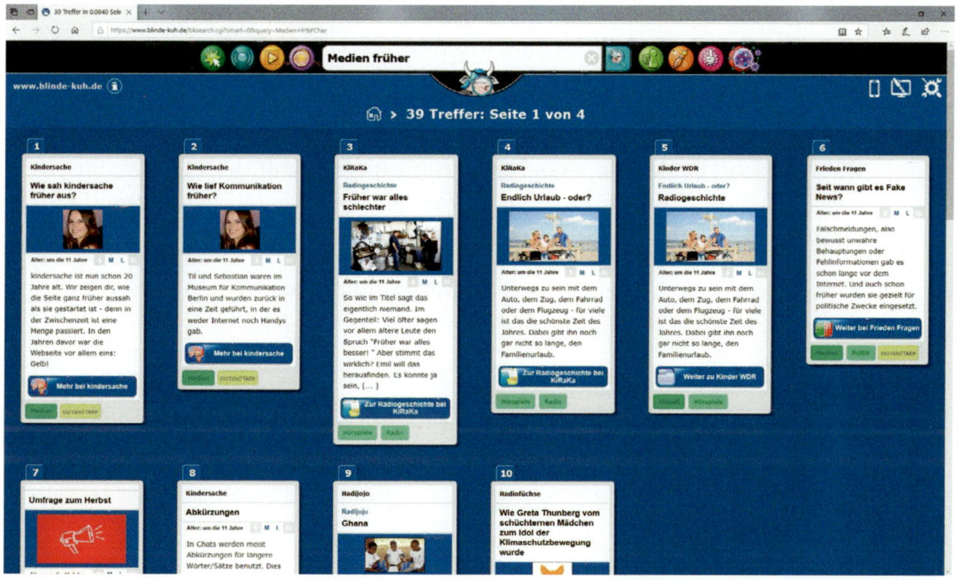

4 Seht euch das Suchergebnis an. Welche Angebote sind wohl für Zina und Niklas besonders interessant? Begründet eure Meinung.

5 Vergleicht das Suchergebnis von Zina und Niklas aus Aufgabe 4 mit dem ersten Suchergebnis der beiden auf S. **106**. Welche Vorteile bietet die Suchmaschine für Jugendliche in eurem Alter?

6 Durchstarten

a) Erkundet den Aufbau und das Angebot von Suchmaschinen für Kinder. Stellt besonders interessante Angebote in der Klasse vor.
Besucht dazu die folgenden Internetseiten:

- www.fragfinn.de
- www.blinde-kuh.de

Überlegt euch Fragen, mit deren Hilfe ihr die Suchmaschinen vergleichen könnt. Hinweise dazu findet ihr auf einer **Hilfekarte** auf S. 316 .

S. 316

b) Recherchiert im Internet zum Thema „Medien früher". Entscheidet euch für einen Teilaspekt des Themas, z. B. telefonieren, fernsehen, spielen, Musik hören. Stellt den anderen dann vor, was ihr herausgefunden habt.

c) Erkan und Layla interessieren sich für die Zukunft der Medien. Sie möchten einen Vortrag darüber halten, wie sich die Medien vermutlich weiterentwickeln werden und was Experten dazu sagen.

- Überlegt euch passende Suchbegriffe und recherchiert zu diesem Thema mithilfe der Suchmaschinen von Aufgabe a).
- Entscheidet euch für zwei Angebote, die Erkan und Layla für ihren Vortrag nutzen könnten. Präsentiert besonders interessante Ergebnisse in der Klasse.

So gehst du vor

Suchmaschinen nutzen

- Suchmaschinen erleichtern dir die Suche nach Informationen zu einem Thema. Wenn man ein Stichwort eingibt, sucht die „Maschine" im Internet automatisch nach Seiten zu diesem Stichwort.
- Für **Kinder und Jugendliche** gibt es spezielle **Suchmaschinen** wie **www.blinde-kuh.de** oder **www.fragfinn.de**. Du kannst aber auch eine Suchmaschine für Erwachsene ausprobieren.
- Um eine Suchmaschine sinnvoll zu nutzen, ist es oft notwendig, die Suche genauer einzugrenzen. Dafür kannst du mehrere **Stichwörter** eingeben, zum Beispiel: – *Kommunikation früher ohne Internet*
  – *Spielen früher heute Internet*
  – *Medien Entwicklung Zukunft*

Wie lief Kommunikation früher? – Materialien auswerten und andere informieren

Zina und Niklas sind bei den Recherchen zu ihrem Thema „Medien und Mediennutzung früher" im Internet auf den folgenden Beitrag gestoßen. Sie lesen zusammen den Anfang des Textes:

Medien: Wie lief Kommunikation früher?

Wir kennen es doch alle: Morgens geht der erste Blick auf das Handy. Wie wird das Wetter heute? Hat mir jemand geschrieben? Wann kommt meine Bahn? Wenn du dich mit deinen Freunden verabreden willst, schickst du eine Kurznachricht oder rufst einfach an. Durch technische Erfindungen, die unseren Alltag begleiten, ist fast jeder mit jedem vernetzt. Du kannst das Leben deiner Freunde, aber auch das völlig Fremder, in den sozialen Medien verfolgen. Eine Zeit ohne Internet können wir uns kaum noch vorstellen. Doch wie lief das eigentlich damals bei euren Großeltern und Urgroßeltern, als es noch kein Internet und vor allem keine Handys gab?*

* verändert

1 Fasst zusammen, worum es in dem Textabschnitt geht.

2 Zina und Niklas wollen bei der Vorbereitung ihres Vortrages mit dem Text weiterarbeiten. Begründet, warum dies sinnvoll ist.

Diese Bilder sind in dem Beitrag auf der Internetseite zu sehen:

3 Arbeitet so mit den Fotos aus dem Beitrag auf der Internetseite:

- Beschreibt die Gegenstände und Geräte. Was zeigen sie jeweils, wie die Kommunikation früher ohne Internet ablief?
- Bringt die Fotos in eine zeitliche Reihenfolge und gebt an, in welcher Zeit die Medien vermutlich genutzt wurden.

Ihr könnt eure Lösung mit der **Hilfekarte** auf S. 316 überprüfen. S. 316

Der Text auf der Internetseite, die Zina und Niklas ausgewählt haben, beschreibt die Entwicklung der Medien in fünf Abschnitten (A–E):

A ______________________________

Um sich gegenseitig Nachrichten zu überbringen, wurden früher viele Briefe geschrieben. Diese wurden mit der Post an den Empfänger geschickt. Die Post wurde allerdings nicht wie heute mit extrem schnellen Zügen oder sogar mit Flugzeugen transportiert, sondern mit Dampfschiffen oder Eisenbahnen.

Vor etwa 150 Jahren, bevor es die ersten Dampfloks gab, wurde die Post auch mit Pferden und Kutschen transportiert. Dementsprechend lange dauerte es, bis die Briefe ankamen. Die Menschen mussten meist wochenlang auf Antwort warten. […]

Wenn es aber doch einmal schnell gehen musste, gab es bis ins 20. Jahrhundert sogenannte Telegramme. Diese mussten sich auf so wenig Zeichen wie möglich beschränken, sodass es oft nur sehr kurze und abgehackte Sätze waren. Die Nachrichten mussten einem Postbeamten diktiert werden und wurden dann mittels elektrischer Signale an andere Postämter in der Nähe des Empfängers geschickt. Von dort aus überbrachte dann ein Bote die Nachricht.

B ______________________________

1923 fand eine bahnbrechende Erfindung ihren Weg nach Deutschland: das Radio. Doch im Gegensatz zu heute war das Gerät nicht für alle selbstverständlich. In der Zeit nach dem ersten Weltkrieg musste jedes Radio genehmigt werden und man musste Rundfunkgebühren bezahlen. Unter der Herrschaft von Adolf Hitler wurde der Rundfunk sogar dazu missbraucht, nationalistische und rassistische Gedanken zu verbreiten. In den 1970er-Jahren entwickelte sich das Radio jedoch langsam zu dem, was wir heute kennen. Musik, Nachrichten und Hörspiele waren für alle zu empfangen und die Familien versammelten sich rund um das Radio, um dem Programm zu lauschen. Denn es gab ja noch keinen Fernseher …

C ______________________________

Um 1950 begann das Fernsehen, das Radio langsam als beliebtestes Medium abzulösen. Aber auch das Fernsehen, damals noch in Schwarz-Weiß, war anfangs nicht für jeden zugänglich. Viele hatten nicht das Geld, um sich ein so teures Gerät anzuschaffen. Viele Läden hatten in ihren Schaufenstern Fernseher aufgestellt. Deshalb standen oft viele Menschen vor den Scheiben und schauten sich so die Nachrichten an. Die Familien, die einen Fernseher besaßen, konnten nur wenige Sender schauen. Man konnte sie an einer Hand abzählen. […]

Auch baulich hat sich viel verändert. Während die Bildschirme damals noch sehr klein waren, sind wir heute an riesige Fernseher gewöhnt. Allerdings waren früher hinten an den Geräten noch große Kästen, um die ganze Technik unterzubringen. Diese Modelle hießen Röhrengeräte. Sie wurden bis Anfang 2000 verkauft. Erst ab 2005 wurden sie zunehmend durch die Flachbildfernseher verdrängt.

D ______________________________

Noch bis 1970 hatten viele deutsche Familien kein eigenes Telefon. Für viele war das ein unbezahlbarer Luxusgegenstand. Deshalb hatten die Leute, die ein Telefon besaßen, oft das Problem, dass sie mit den meisten ihrer Bekannten gar nicht telefonieren konnten.

Was du sicher nicht mehr kennst, sind die Wählscheiben. Man musste den Finger in das Loch der gewünschten Zahl stecken. Dann drehte man die Scheibe bis zu einer markierten Stelle und ließ wieder los. Das musste man Ziffer für Ziffer wiederholen, bis die ganze Nummer gewählt war. Ganz schön umständlich. Zum Glück waren die Festnetznummern damals viel kürzer als unsere heutigen Handynummern. Damals gab es noch keine Handys und die Telefone konnte man natürlich nicht mit nach draußen nehmen – unter anderem deshalb, weil sie an einer kurzen Schnur hingen und man sie nicht einmal beim Telefonieren durch die Wohnung tragen konnte.

Wenn man aber doch einmal unterwegs telefonieren musste, benutzte man Telefonzellen. Sie prägten ab 1920 das Straßenbild. Heute sieht man kaum noch welche in den deutschen Städten, da heute fast jeder ein Handy besitzt.

E ______________________________

Spätestens mit dem weltweiten Durchbruch des Internets seit 1990 hat sich die menschliche Kommunikation grundlegend verändert. Die ersten Computer waren noch sehr schwer und kastenförmig. Im Laufe der Zeit wichen sie flacheren Geräten. Für viele Menschen war es zunächst eine große Umstellung, die neuen technischen Geräte überall im Alltag zu benutzen. Mittlerweile sind sie nicht mehr wegzudenken. Kinder wachsen mit den digitalen Medien auf und alte Kommunikationswege, wie das Briefschreiben oder das Radio, werden immer mehr von Handynachrichten oder Musik-Streamingportalen ersetzt.*

* verändert

4 Ordnet jedem Textabschnitt die passende Abbildung von Seite 109 zu. Findet dann eine passende Überschrift für jeden Abschnitt.

Übernehmt dazu die folgende Tabelle in euer Heft und ergänzt sie:

Textabschnitt	**Abbildung**	**Überschrift**
A	5	

Wenn ihr Hilfe braucht, nutzt die **Hilfekarte** auf S. 317.

S. 317

5 Entnehmt den Textabschnitten A–E auf den Seiten **110–111** die wichtigsten Informationen. Stellt sie einander in einem Gruppenpuzzle vor.
Geht dabei folgendermaßen vor:

- Verteilt die Textabschnitte A–E so in der Klasse, dass für jeden Textabschnitt gleich viele Schülerinnen und Schüler zuständig sind. Lest euren Abschnitt dann sehr genau.
- Sucht euch einen Partner, der den gleichen Abschnitt gelesen hat wie ihr. Klärt zu zweit, worüber der Textabschnitt informiert. Besprecht, welches Medium vorgestellt wird und was ihr über die Kommunikation früher erfahrt. Macht euch zu Experten für euren Abschnitt. Klärt den Inhalt so genau, dass ihr andere darüber informieren könnt.
- Findet euch in Fünfergruppen zusammen. Jedes der Gruppenmitglieder sollte einen anderen Textabschnitt vorbereitet haben. Stellt euch gegenseitig eure Texte vor.

Arbeitsblatt
WES-127515-024

Unter dem **Webcode** WES-127515-024 findet ihr die Textabschnitte übersichtlich abgedruckt, damit ihr sie bearbeiten und Stichwörter am Rand notieren könnt. Ihr findet dort auch ein Arbeitsblatt, auf dem ihr als Zuhörer das Wichtigste in Stichworten notieren könnt, was die anderen euch vorstellen.

6 Durchstarten

a) I Entwickelt eine Liste mit acht Fragen, auf die der Text auf S. 110–111 eine Antwort gibt.

- Tauscht eure Fragen aus und beantwortet sie.
- Überprüft anschließend gemeinsam eure Lösungen.

b) II Schreibe die drei interessantesten Dinge auf, die du mithilfe des Sachtextes über die Mediennutzung und Kommunikation erfahren hast. Erkläre, weshalb du gerade diese Informationen interessant findest.

c) II Erstellt einen Zeitstrahl, auf dem ihr die Entwicklung der Medien darstellt. Nutzt dafür den Text auf S. 110–111 und die Abbildungen auf S. 109.

d) III Entwickelt einen Vortrag, den Zina und Niklas zu ihrem Thema „Medien und Mediennutzung früher“ halten könnten. Achtet darauf, dass euer Vortrag nicht länger als fünf Minuten dauert.

e) III Wählt ein Medium aus, über das der Text auf S. 110–111 informiert (z. B. Briefe, Radio). Recherchiert weiter zu diesem Medium und zu seiner Geschichte im Internet. Stellt besonders interessante Ergebnisse den anderen in der Klasse vor.

Alles klar? – Üben und überprüfen

1 Das Smartphone kann verschiedene Medien ersetzen. Notiere mindestens vier. Vielleicht fallen dir auch noch mehr ein? Schreibe auch diese auf.

2 In diesem Kapitel hast du etwas über Medien früher und heute gelernt. Entscheide, ob die folgenden Aussagen richtig oder falsch sind. Du kannst dein Ergebnis überprüfen, indem du aus den Buchstaben das Lösungswort bildest.

Aussage	richtig	falsch
a) Die ersten Dampfloks gab es vor 1500 Jahren.	B	M
b) Früher wurde die Post immer zu Fuß von Boten überbracht.	R	E
c) Das Internet ist seit 1990 weltweit verfügbar.	D	I
d) Am Anfang gab es nur Schwarz-Weiß-Fernsehen.	I	L
e) Der Fernseher wurde lange vor dem Radio erfunden.	N	E
f) Das Telefon war früher ein Luxusgegenstand.	N	F

3 Welche Medien und Kommunikationsmittel wurden früher häufig genutzt und werden heute deutlich seltener oder kaum noch verwendet?

- Gib zunächst alle an, die du kennst.
- Erkläre dann bei zwei Beispielen, wodurch sie ersetzt wurden und aus welchen Gründen das vermutlich geschah.

4 Schreibe die Namen der Kindersuchmaschinen, die du kennst, in dein Heft.

5 Nenne mindestens zwei Vorteile von Kindersuchmaschinen. Notiere sie in deinem Heft.

6 Jetzt bist du dran. Recherchiere im Internet eigenständig zu folgender Frage: *Wie wurden Filme früher vertont?*

- Du kannst dabei mit folgenden Suchwörtern arbeiten: *Stummfilm*, *Tonfilm*, *Lichttonverfahren*. Benutze eine Suchmaschine für Kinder.
- Schreibe dann einer Freundin oder einem Freund einen Brief. Erkläre ihr oder ihm darin, was du herausgefunden hast.

Der Weltraum, unendliche Weiten … – Sachtexte erschließen

Das lernst du in diesem Kapitel

Wenn du dich für ein Thema, z. B. für Dinosaurier oder den Weltraum, interessierst und dich darüber informieren möchtest, findest du im Internet und in Büchern viele Sachtexte zu solchen Themen. In diesem Kapitel geht es darum, wie du mit solchen Sachtexten umgehen kannst. Du lernst, …

- wie du vor dem genauen Lesen einen Sachtext überfliegst und dir so einen ersten Eindruck verschaffst, worum es in dem Text geht,
- wie du mit Wörtern und Textstellen, die du beim ersten Lesen nicht verstehst, umgehen kannst,
- wie du einen Text mithilfe von Überschriften für Textabschnitte, Markierungen, Unterstreichungen und Stichworten am Rand erschließt,
- mit welchen Methoden du die Informationen eines Sachtextes zusammenfassen kannst (z. B. indem du eine Mindmap zu dem Text anlegst).

1 In diesem Kapitel erschließt ihr verschiedene Sachtexte zum Thema „Weltraum“. Sammelt, was ihr schon über den Weltraum wisst und welche Fragen ihr zu diesem Thema habt.

2 Sicher habt ihr schon Erfahrungen mit Sachtexten gemacht. Berichtet davon. Geht dabei auf die folgenden Punkte ein:

- Zu welchen Themen und Anlässen habt ihr in letzter Zeit Sachtexte gelesen?
- Welche Sachtexte fandet ihr besonders interessant?
- Was sind die besonderen Merkmale von Sachtexten?
- Wie geht ihr vor, wenn ihr den Inhalt eines Sachtextes verstehen und dem Text Informationen entnehmen möchtet?

Vor, während und nach dem Lesen ... – mit Sachtexten umgehen lernen

Vor dem Lesen ... – den Text überfliegen, Leseerwartungen entwickeln

1 Verschafft euch einen ersten Überblick über den Sachtext auf der nächsten Seite. Geht dazu so vor:

- Seht euch die Überschrift und die Abbildungen an. Was zeigen sie euch darüber, worum es in dem Sachtext geht und welche Informationen er enthält?
- Überfliegt den Text, lest ihn aber noch nicht genau. Seht euch z. B. den Anfang und das Ende des Sachtextes an und einige Sätze in der Mitte.
- Was habt ihr dadurch über die Informationen des Textes herausfinden können?

2 Notiert eure Eindrücke und Vermutungen, die ihr über den Sachtext mithilfe des überfliegenden Lesens gewonnen habt.

- Ihr könnt dazu die Satzanfänge in der Sprachbox verwenden.

Sprachbox

Leseerwartungen und -eindrücke festhalten
- In dem Sachtext geht es vermutlich um ...
- Der Sachtext informiert wahrscheinlich über ...
- Es könnte auch sein, dass man Informationen über ... erhält.
- Ich denke, dass man mithilfe des Sachtextes auch erfahren kann, ...

3 Lest jetzt den Sachtext einmal vollständig durch.

- Inwieweit entspricht der Inhalt des Sachtextes euren Erwartungen und Eindrücken?
- Tauscht euch darüber mit einer Lernpartnerin oder mit einem Lernpartner aus.

4 Erläutert, warum es sinnvoll ist, vor dem genauen Lesen einen Sachtext zunächst überfliegend zu lesen und dann die eigenen Lesewartungen und -eindrücke festzuhalten.

Der Weltraum und unser Sonnensystem

(A) Schon lange, bevor es möglich war, mit großen Fernrohren oder durch Raumfahrt den Weltraum zu erforschen, beschäftigten sich die Menschen mit der Frage, was sich außerhalb der Erde befindet. Bereits vor Tausenden von Jahren wurden Sterne zu Sternbildern zusammengefasst, die Stellung der Planeten aufgezeichnet und der regelmäßige Lauf von Sonne und Mond beobachtet. Die Menschen erklärten sich zunächst die Bewegung und Entstehung der Himmelskörper durch die Götter.

(B) Die ersten Naturforscher im antiken Griechenland gingen dann davon aus, dass die Erde den Mittelpunkt des Universums bildete und die Sonne, der Mond und die anderen Planeten die Erde umkreisten. Im 16. Jahrhundert setzte schließlich Nikolaus Kopernikus statt der Erde die Sonne in den Mittelpunkt des Universums. Diese Vorstellung des Universums mit der Sonne in der Mitte war schon ein großer Fortschritt.

(C) Heute weiß man aber, dass auch die Sonne, die wir jeden Tag sehen, nicht der Mittelpunkt des Weltalls ist, sondern nur eine Sonne unter ganz vielen Sonnen im Universum. […] Die Heimat unserer Sonne ist die Milchstraße, eine Galaxie. Das ist eine Ansammlung einer riesigen Zahl von Sonnen, die wiederum von Planeten wie der Erde oder dem Mars umkreist werden. Forscher geben die Zahl der Galaxien im Weltraum, die man bisher feststellen konnte, mit ungefähr unvorstellbaren 100 Milliarden an. […]

(D) Die Milchstraße, zu der unser Sonnensystem gehört, hat einen Durchmesser von 120 000 Lichtjahren. Das heißt, man bräuchte 120 Jahre, um sie zu durchqueren, wenn man so schnell wie das Licht reisen könnte. […]

(E) Unsere Sonne ist, verglichen mit anderen Sonnen, von durchschnittlicher Größe. Nach heutiger Zählung umkreisen sie acht Planeten (Merkur, Venus, Erde, Mars, Jupiter, Saturn, Uranus und Neptun). Um viele dieser Planeten kreisen kleinere Himmelskörper – die Monde.

(F) Übrigens gibt es eine einfache Eselsbrücke, um sich die Planeten unseres Sonnensystems besser einprägen zu können. Dazu lernt man den folgenden Satz auswendig: Mein Vater erklärt mir jeden Samstag unseren Nachthimmel. Die Anfangsbuchstaben der Wörter stehen dabei für die Planeten, wenn man sie von der Sonne ausgehend aufzählt.

Mein	= Merkur	**j**eden	= Jupiter
Vater	= Venus	**S**amstag	= Saturn
erklärt	= Erde	**u**nseren	= Uranus
mir	= Mars	**N**achthimmel	= Neptun

Die Sonne mit den acht Planeten, die sie umkreisen.

Genau Lesen ... – die Bedeutung von Wörtern klären, in Sinnabschnitte gliedern, Überschriften finden und markieren

1 Jana versteht einzelne Wörter des Sachtextes noch nicht so gut. Wie könnte sie vorgehen, um die unbekannten Wörter zu klären? Gebt ihr Tipps.

Jana hat im ersten Abschnitt die folgenden Wörter und Textstellen unterstrichen, deren Bedeutung ihr nicht klar sind:

- Fernrohren (Z. 1)
- außerhalb (Z. 3)
- Sternbilder (Z. 5)
- Lauf von Sonne und Mond (Z. 6)
- Himmelskörper (Z. 8)

2 Klärt die Bedeutung der Wörter und Formulierungen, die Jana herausgesucht hat.

- Versucht zunächst, die Bedeutung allein mithilfe von anderen Stellen des Sachtextes zu klären.
- Seht eventuell auch im Internet oder einem Wörterbuch nach.
- Besprecht die unbekannten Wörter und Formulierungen dann mit einem Lernpartner und erklärt gemeinsam ihre Bedeutung.

3 Lest den Text auf S. 117 nun ganz genau. Haltet die Wörter und Formulierungen fest, die ihr selbst noch nicht gut versteht. Klärt ihre Bedeutung. Geht dabei wie bei der Klärung von Janas Wörtern in Aufgabe 2 vor.

4 Auf der nächsten Seite seht ihr, wie Jana den ersten Abschnitt des Sachtextes bearbeitet hat. Beschreibt, wie sie vorgegangen ist.

Der Weltraum und unser Sonnensystem

Schon lange, bevor es möglich war, mit großen Fernrohren oder durch Raumfahrt den Weltraum zu erforschen, beschäftigten sich die Menschen mit der Frage, was sich außerhalb der Erde befindet. Bereits vor Tausenden von Jahren wurden Sterne zu Sternbildern zusammengefasst, die Stellung der Planeten aufgezeichnet und der regelmäßige Lauf von Sonne und Mond beobachtet. Die Menschen erklärten sich zunächst die Bewegung und Entstehung der Himmelskörper durch die Götter.

Die ersten Naturforscher im antiken Griechenland ...

Anfänge der Erforschung des Weltraumes (Z. 1–5)

- *Menschen vor Tausenden von Jahren = Was ist außerhalb der Erde?*
- *ohne Fernrohr u. Raumfahrt: Sternbilder, Planetenstellungen, Mond- und Sonnenlauf erforscht*
- *Erklärung der Bewegung u. Entstehung der Himmelskörper durch die Götter*

....

5 Findet auch für die anderen Textabschnitte des Sachtextes von S. 117 passende Überschriften. Arbeitet dabei zu zweit oder zu dritt.

Auf der **Hilfekarte** auf S. 317 findet ihr auch Vorschläge für Überschriften, mit denen ihr arbeiten könnt.

S. 317

Unter dem **Webcode** WES-127515-025 findet ihr ein Arbeitsblatt mit dem Sachtext. Das Arbeitsblatt könnt ihr für die Aufgaben 5–7 benutzen.

Arbeitsblatt
WES-127515-025

6 Bearbeitet den Sachtext zu zweit mit Markierungen und Unterstreichungen.

- Geht dabei so vor wie Jana. Einigt euch darauf, was ihr markieren und unterstreichen wollt.

7 Notiert euch am Rand des Textes unter den Überschriften für die Textabschnitte jeweils die wichtigsten Informationen in Stichworten.

- Geht dabei so vor wie Jana im Beispiel oben.

Nach dem Lesen … – das eigene Textverständnis zusammenfassen und überprüfen

Jana hat sich folgendes Schaubild angelegt, um die Informationen des Sachtextes zusammenzufassen. Ein solches Schaubild heißt Mindmap.

1 Beschreibt, wie Jana vorgegangen ist, um die Informationen des Textes übersichtlich darzustellen. Klärt dazu folgende Fragen:

- Welche Informationen stehen in dem Kreis in der Mitte, welche in den anderen Kreisen und welche werden nur aufgelistet?
- Warum sind die Linien unterschiedlich dick?
- Wofür hat Jana verschiedene Farben genutzt?
- Was bedeuten die verschiedenen Schriften und Schriftgrößen?

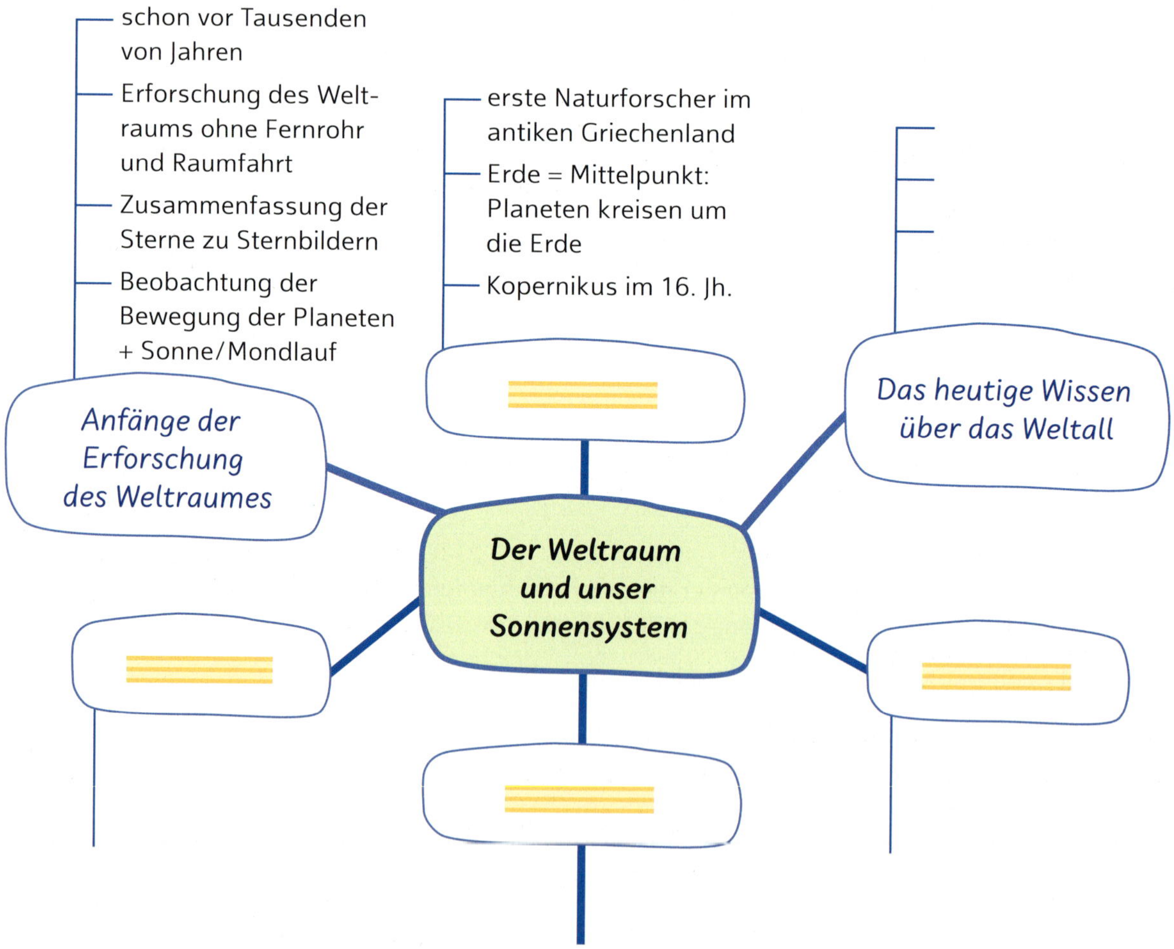

2 Erklärt, warum man einen Sachtext z. B. in Form einer Mindmap zusammenfassen sollte. Wobei hilft dir eine derartige Zusammenfassung?

3 Wähle aus

Wählt eine der folgenden Methoden, um euer Textverständnis zusammenzufassen oder zu überprüfen:

a) Stellt zehn Fragen, die man mithilfe des Sachtextes beantworten kann. Tauscht die Fragen aus und beantwortet sie.

- Wenn euch das noch schwerfällt, findet ihr auf S. 317 eine **Hilfekarte** mit zehn Fragen zum Text, die ihr beantworten könnt.

S. 317

b) Erstellt eine Liste mit zehn Aussagen zu dem Sachtext, die entweder wahr oder falsch sind. Übernehmt dazu die folgende Tabelle in euer Heft und ergänzt acht weitere wahre oder falsche Aussagen. Tauscht eure Tabellen dann aus und bearbeitet die Aufgabe.

Kreuze an, ob die folgenden Aussagen zutreffen oder nicht.	wahr	falsch
a) Die Sonne umkreist kleinere Gestirne.		
b) Es gibt acht größere Planeten im Sonnensystem.		

c) Übernehmt Janas Mindmap und vervollständigt sie. Geht so vor, wie es in der Methodenbox auf dieser Seite beschrieben wird.

Unter dem **Webcode** WES-127515-026 findet ihr ein Arbeitsblatt mit der Mindmap, die Jana begonnen hat.

Arbeitsblatt
WES-127515-026

Eine Mindmap erstellen

- Schreibe in die **Mitte** des Blattes das **Thema** in einen **Kreis** (z. B. *Der Weltraum und unser Sonnensystem*).
- Zeichne von der Mitte **dicke Äste** und notiere in **Kästen** die jeweiligen **Themen** (z. B. *Die Größe der Milchstraße*), über die **in den einzelnen Textabschnitten** informiert wird. Oft kannst du dazu wichtige Begriffe aus den Textabschnitten oder Wörter aus deinen Überschriften für die Sinnabschnitte benutzen.
- Schreibe die **Informationen** zu den jeweiligen Einzelthemen ohne Kästen an **dünne Äste** (z. B. *Durchmesser von 120 000 Lichtjahren)*.
- Erstelle zuerst mit Bleistift einen Entwurf deiner Mindmap, den du leicht korrigieren und verbessern kannst. Fertige dann auf dieser Grundlage deine Mindmap z. B. mit Farbstiften an.

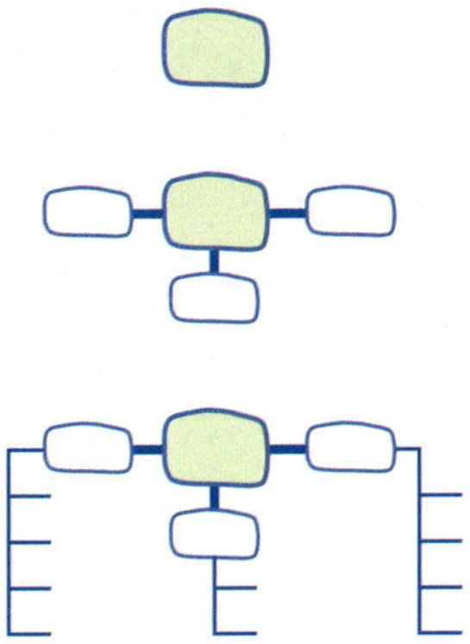

Jetzt seid ihr dran! – Einen Sachtext selbstständig erschließen

1 Der Text trägt die Überschrift „Die erste Mondlandung“. Tragt zusammen, was ihr darüber wisst.

2 Überfliegt den Sachtext. Beachtet dabei die Hinweise in der Methodenbox auf S. 124 unter der Überschrift „Vor dem Lesen“ .

- Tauscht euch anschließend über eure Eindrücke und Erwartungen aus. Benutzt dazu die Formulierungen in der Sprachbox auf S. 116.

Die erste Mondlandung: Ein großer Schritt für die Menschheit

1

2

3

Am 21. Juli 1969 betraten die Menschen zum ersten Mal den Mond. [...] Die Mondrakete, mit der sie zum Mond flogen, startete von Cape Canaveral, wo sich der Weltraumbahnhof der amerikanischen Raumfahrtbehörde NASA befindet. Über 400 000 Menschen arbeiteten damals bei der NASA daran, dass ein bemanntes Raumschiff zum Mond fliegen konnte.

Am 16. Juli 1969 war es dann soweit: Saturn V, die größte Rakete, die jemals gebaut wurde, wurde gezündet. An ihrer Spitze: die Raumkapsel Apollo 11. An Bord von Apollo 11 waren die Astronauten Neil Armstrong, Edwin Aldrin und Michael Collins. Ihr Ziel: der Mond – in über 380 000 Kilometer Entfernung. Die Triebwerke der Rakete schienen in einer Feuerwolke zu explodieren, als sie abhob. Der Lärm war gigantisch. [...]

Vier Tage dauerte die Reise zum Mond und ungeheure Mengen an Treibstoff wurden dabei verschlungen. Allein beim Start hatte die Rakete über 700 000 Liter Treibstoff pro Sekunde verbrannt. Die Saturn V flog zum Schwungholen einmal um die Erde, dann feuerte sie das Raumschiff Apollo 11 in Richtung Mond.

Als sich die Apollo 11 der Mondoberfläche auf 112 Kilometer genähert hatte, stiegen Neil Armstrong und Edwin Aldrin in die Mondfähre „Eagle“ um. Auf Deutsch bedeutet das „Adler“. Ihr Kollege Michael Collins blieb in der Raumkapsel zurück und kreiste um den Mond. Die „Eagle“ wurde abgekoppelt und setzte zum Landeanflug an. Dabei verfehlte sie ihr Ziel. Die Eagle flog direkt auf einen steinigen Krater zu. Der hätte die Mondfähre beschädigen und so den Rückflug gefährden können. In der Kommandozentrale auf der Erde herrschte höchste Konzentration. Dann stieg Neil Armstrong auf Handsteuerung um – und kurz darauf meldete er über Funk: „Der Adler ist gelandet.“ Sanft hatte er auf dem Mond aufgesetzt. Sechs Stunden später stiegen Armstrong und Aldrin die Leiter der Mondfähre hinab. Kurz vor dem Ausstieg sagte Armstrong den berühmten Satz: „Es ist ein

kleiner Schritt für einen Menschen, ein Riesensprung für die Menschheit." [...] Auf der ganzen Welt verfolgten Hunderte Millionen Menschen die Mondlandung im Fernsehen und im Radio. Der Eroberung des Weltalls schien nun nichts mehr im Weg zu stehen. Auf dem Mond sammelten Armstrong und Aldrin Mondgestein. Sie stellten Messgeräte auf und hissten die amerikanische Flagge. Dann stiegen die Astronauten wieder in die Mondfähre und der Rückflug begann.
[...]
Insgesamt haben seitdem zwölf Menschen den Mond betreten – zum letzten Mal am 11. Dezember 1972. Sechs Mal waren die Amerikaner innerhalb von nur drei Jahren mit ihren Apollo-Raumschiffen zum Mond geflogen, doch dann war plötzlich Schluss.
Ein Grund dafür, dass seit fast 50 Jahren kein Mensch mehr zum Mond geflogen ist, sind die riesigen Kosten der bemannten Raumfahrt. Das Apollo-Programm hat auf die heutigen Verhältnisse umgerechnet die unvorstellbare Summe von 120 Milliarden Dollar gekostet. Das sind knapp 136 Milliarden Euro.*

* verändert

3 Lies den Text nun genau. Achte auf Stellen und Wörter, deren Bedeutung dir noch unklar sind.

- Versuche, die Bedeutung dieser Stellen und Wörter zu klären. Suche dazu zunächst im Text nach einer Erklärung. Frage erst danach einen Mitschüler oder sieh in einem Wörterbuch oder im Internet nach.

4 Gliedert den Text in Sinnabschnitte und findet für jeden Textabschnitt eine passende Überschrift. Auf S. 318 findet ihr dazu eine **Hilfekarte**.

S. 318

5 Bearbeitet den Text weiter mit Markierungen, Unterstreichungen und Notizen.

- Geht dabei so vor, wie es in der Methodenbox auf S. 124 beschrieben wird.

Unter dem **Webcode** WES-127515-027 findet ihr für eure Textarbeit zu den Aufgaben 4 und 5 ein Arbeitsblatt mit dem Text des Sachtextes.

Arbeitsblatt
WES-127515-027

6 **Wähle aus**

Bearbeite einen der folgenden Arbeitsaufträge, um die Informationen des Sachtextes zusammenzufassen oder dein Textverständnis zu überprüfen:

a) I Stellt zehn Fragen, die man mithilfe des Sachtextes beantworten kann. Tauscht die Fragen aus und beantwortet sie.

b) II Erstellt eine Liste mit zehn wahren und falschen Aussagen zu dem Sachtext. Tauscht eure Auflistungen aus und kreuzt an, ob die Aussagen wahr oder falsch sind.

c) III Erstellt eine Mindmap mit den Informationen des Sachtextes. Geht so vor, wie es in der Methodenbox auf S. 121 beschrieben wird.

So gehst du vor

Sachtexte erschließen

Gehe so vor, um einem Sachtext Informationen zu entnehmen:

Vor dem Lesen:

- Aktiviere dein **Vorwissen**: Überlege zunächst, was du bereits über das Thema des Textes weißt. Das hilft dir, die Informationen des Textes leichter zu verstehen und einzuordnen.
- **Überfliege** den Text zunächst. Achte besonders auf Überschriften, Abbildungen oder Hervorhebungen im Text (z. B. fett gedruckte Textstellen). Formuliere anschließend deine **Leseeindrücke und -erwartungen**.

Genau Lesen:

- Lies dir den Text ein erstes Mal genau durch, ohne etwas zu markieren oder anzustreichen. Achte auf **Wörter und Textstellen, deren Bedeutung du noch nicht richtig verstehst**. Versuche, diese Wörter und Textstellen zunächst zu klären, indem du in dem Text nach einer Erklärung dafür suchst. Wenn dir dies nicht weiterhilft, kannst du evtl. in einem Wörterbuch oder im Internet nachsehen oder einen anderen (z. B. einen Lernpartner) fragen.
- Gliedere nun den Text in **Sinnabschnitte**. Gib jedem Textabschnitt eine passende **Überschrift**. Oft kannst du besonders wichtige Wörter aus den einzelnen Abschnitten dafür benutzen.
- Hebe das Wichtigste durch farbige **Markierungen** oder **Unterstreichungen** hervor. Überlege bei jedem Wort, ob du es wirklich farbig markieren oder unterstreichen musst!
- Notiere die Überschriften und die wichtigsten Informationen der einzelnen Textabschnitte in **Stichworten am Rand** des Textes.

Nach dem Lesen:

- Fasse die Informationen des Sachtextes z. B. in Form einer Mindmap zusammen, um sie dir besser einprägen oder sie präsentieren zu können.
- Du kannst dein Textverständnis auch überprüfen und zusammenfassen, indem du Fragen zu dem Text stellst oder richtige und falsche Aussagen zu dem Text zusammenstellst.

Mehr zum Thema:
Sachtexte erschließen
AH: S. 22–29

Video
WES-127515-028

Unter dem **Webcode** WES-127515-028 kannst du dir auch ein Erklärvideo über das Erschließen von Sachtexten ansehen.

7 Durchstarten

a) Beschreibe mithilfe der Informationen aus dem Sachtext, was auf den Abbildungen zu dem Sachtext auf S. 122 und S. 123 dargestellt ist.

Abbildung 1: Das Foto zeigt die vier Astronauten …

b) Viele Schülerinnen und Schüler lesen einen unbekannten Sachtext sofort ganz genau, Wort für Wort.

- Erkläre, warum es besser ist, zunächst vor dem genauen Lesen einen Sachtext überfliegend zu lesen und die ersten Eindrücke zu formulieren.

b) Halte mithilfe des Sachtextes von Seite 122–123 einen kleinen Vortrag zum Thema „Die erste Mondlandung".

- Präsentiere diesen Vortrag einem Lernpartner.

c) Recherchiert mithilfe von Suchmaschinen wie www.blinde-kuh.de oder www.wasistwas.de nach weiteren Sachtexten zum Thema Weltraum.

- Erschließt sie so, wie es in der Methodenbox auf Seite 124 beschrieben wird. Stellt den anderen besonders interessante Ergebnisse vor.

d) Die folgende Bearbeitung eines Textausschnitts stammt von einer Schülerin. Besprecht, was sie besser machen sollte. Arbeitet zu zweit und beschreibt, wie ihr den Sachtext bearbeiten würdet.

Weltraumschrott

Um die Erde ziehen beinahe 2000 Satelliten ihre Bahnen. Dort sind sie für uns von großem Nutzen. Sie erleichtern die Kommunikation, die Weltraumforschung und die Beobachtung der Vorgänge auf der Erde.
Wenn ein Satellit allerdings ausfällt oder defekt und damit unbrauchbar wird, bleibt er oft in seiner Umlaufbahn – als herumfliegendes Objekt, auch „Weltraumschrott" genannt. Diese Situation wird immer mehr zum ernst zu nehmenden Problem. Mittlerweile umkreisen mehr als 3000 defekte Satelliten die Erde!
Und in den kommenden Jahren sollen Tausende neuer Satelliten ins All gebracht werden. Auch sie werden irgendwann zu Weltraumschrott. Selbst wenn man von heute auf morgen aufhörte, Satelliten zu starten, würde die Menge des Mülls dort oben weiter anwachsen. Der Grund: Zusammenpralle und Kollisionen zwischen Objekten im Weltraum haben natürlich wieder neue Trümmerteile zur Folge!

Viele Satelliten

Alles klar? – Üben und überprüfen

1 Bringe die folgenden Tipps zum Lesen und Erschließen von Sachtexten in die richtige Reihenfolge:

A) Gliedere den Sachtext in Abschnitte und finde passende Überschriften für die Textabschnitte.

B) Kläre die Bedeutung von Wörtern und Textstellen, die du noch nicht richtig verstehst.

C) Hebe das Wichtigste durch farbige Markierungen und Unterstreichungen hervor.

D) Überfliege den Sachtext.

E) Fasse die Informationen des Sachtextes zusammen.

F) Formuliere deine Leseeindrücke und -erwartungen.

G) Notiere dir die Überschriften zu den Textabschnitten und Stichworte zu den wichtigsten Informationen am Textrand.

2 Überfliege den folgenden Sachtext und die Abbildungen auf S. 127. Formuliere deine ersten Eindrücke und Leseerwartungen mithilfe der Sprachbox auf S. 116.

Außerirdisches Leben

1 In Filmen sind sie längst unter uns oder zumindest regelmäßig zu Besuch: Außerirdische. Doch im echten Leben gibt es bislang keinerlei Beweise dafür, dass außerhalb der Erde Leben existiert. Das liegt auch daran, dass es extrem schwierig ist, solche Beweise aufzutreiben. Das Weltall ist einfach riesengroß. Die Entfernungen zu anderen Planeten, Sternen oder Galaxien sind gigantisch. Forscher können also nicht einfach losfliegen und nachschauen, ob irgendwo Leben existiert.

2 Deshalb versuchen sie beispielsweise mit Teleskopen in die Tiefen des Universums zu spähen. Allein in unserer Galaxie, der Milchstraße, gibt es allerdings Milliarden Planeten. Selbst mit den größten und stärksten Teleskopen lässt sich nur ein kleiner Teil dieser Planeten erforschen.

3 Die Erde ist bisher der einzige Planet, von dem wir sicher wissen, dass sich dort Leben entwickelt hat. Wissenschaftler konzentrieren sich daher bei ihrer Suche nach außerirdischem Leben auf Himmelskörper, die der Erde ähnlich sind. Das sind beispielsweise Planeten, auf denen es eine gewisse Menge an flüssigem Wasser gibt. Wasser ist eine wichtige Voraussetzung für Leben, wie wir es von der Erde kennen.

4 In unserem Sonnensystem gibt es nur wenige Kandidaten, die dafür infrage kommen. Große Hoffnungen setzen die Wissenschaftler in den Mars. Auf besonders genauen Fotos erkennt man Rillen auf seiner Oberfläche. Die zeigen, dass dort einmal Wasser geflossen sein muss. Ob es aber auch Leben gab oder sogar noch gibt, das wollen die Forscher jetzt […] herausfinden.

5 Dafür schicken sie zuerst eine Raumsonde ins All. Sie soll dauerhaft um den Mars kreisen und seine Gashülle genauer untersuchen. Die Wissenschaftler hoffen darauf, spezielle Gase zu finden, die Hinweise auf Leben geben. Später soll außerdem ein Roboterfahrzeug auf dem Mars abgesetzt werden. Mithilfe eines Bohrers soll es unter der Oberfläche nach Leben suchen – das hat es noch nie gegeben.

6 Die Wissenschaftler schließen allerdings aus, dass sie auf dem Mars hochentwickelte Lebewesen finden werden. Dazu sind die Bedingungen auf dem Mars viel zu hart. Unter anderem herrscht eine starke lebensfeindliche Strahlung. Die Forscher glauben, dass nur extrem kleine und anspruchslose Organismen diese Bedingungen aushalten – beispielsweise Bakterien, wie sie auch vor Urzeiten vor dem Menschen auf der Erde existiert haben. [...] Auf grüne Marsmännchen können wir also nicht hoffen. Die gibt es eben doch nur im Film!

3 Zu welchen Textabschnitten gehören die Abbildungen. Ordne sie zu.

Aufnahme des «Hubble»-Teleskops

Abschnitt ___

Unzählige andere Planeten und Sonnen im Weltraum

Abschnitt ___

Nur Fantasie: grüne Männchen

Abschnitt ___

Rillen auf der Oberfläche des Mars

Abschnitt ___

4 Ibo hat in den ersten drei Textabschnitten die Wörter und Stellen unterschlängelt, deren Bedeutung ihm noch unklar sind. Kläre diese mit einer Lernpartnerin oder einem Lernpartner zusammen.

5 Suche in dem Text die Wörter heraus, deren Bedeutungen dir selbst noch unklar sind. Versuche zunächst, ihre Bedeutungen mithilfe des Textes zu klären. Sieh erst danach in einem Wörterbuch oder im Internet nach oder frage eine Lernpartnerin / einen Lernpartner.

6 Bearbeite den Sachtext so weiter, wie du es in diesem Kapitel gelernt hast. Erstelle dann eine Mindmap oder formuliere zehn richtige und falsche Aussagen zu dem Text, die du mit einem Lernpartner austauschst.

Du findest unter dem **Webcode** WES-127515-029 wieder ein Arbeitsblatt mit dem Text des Sachtextes.

Arbeitsblatt WES-127515-029

Falls du Überschriften benötigst, die du den Textabschnitten zuordnen kannst, findest du sie auf der **Hilfekarte** von S. 318.

S. 318

Tipps aus der Erzählwerkstatt – wir erzählen

Das lernst du in diesem Kapitel

Jeden Tag erzählen Menschen von Ereignissen, zum Beispiel von Wettkämpfen beim Sport, von den Ferien, von Treffen mit Freunden oder von Dingen, die in der Schule passiert sind. Und sicher hörst auch du anderen gern und gespannt zu, wenn sie lebendig und anschaulich erzählen.

In diesem Kapitel lernst du, ...

- aus welchen einzelnen Teilen eine Erzählung besteht und wie sie aufgebaut ist,
- wie du die einzelnen Teile ausgestalten kannst, damit eine Erzählung interessant und anschaulich auf die Zuhörer oder Leser wirkt,
- wie du eine Erzählung mithilfe von Erzählplänen vorbereitest und
- wie du deine Erzählung mit anderen besprechen und überarbeiten kannst.

An verschiedenen Stellen des Kapitels erhältst du Vorschläge zum eigenen Erzählen. Vielleicht hast du ja zum Beispiel Lust, eine Reizwortgeschichte zu verfassen oder zu einer Bildergeschichte zu erzählen.

1

3

2

4

6

5

1 Beschreibt die einzelnen Situationen auf den Bildern.
Geht dabei jeweils darauf ein, ...

- wer hier wem etwas erzählt,
- was wohl in den Erzählsituationen erzählt wird und
- aus welchen Gründen die Menschen auf den Bildern vermutlich erzählen.

2 **Durchstarten**

a) I Welche anderen Situationen kennst du, in denen du anderen etwas erzählst oder dir etwas erzählt wird? Beschreibe diese Situationen.

b) II Jeder Mensch mag es, etwas erzählt zu bekommen und anderen etwas zu erzählen.

- Suche nach möglichst vielen Gründen dafür, warum Menschen erzählen.
- Halte deine Ergebnisse in Form eines Ideensterns fest.

c) III Bildet Gruppen und entscheidet euch für eine der abgebildeten Erzählsituationen.

- Besprecht zunächst, was in dieser Situation erzählt werden könnte. Spielt dann die Erzählsituation nach.
- Vergleicht eure Lösungen. Erklärt, was an den jeweiligen Rollenspielen und Erzählungen gut gelungen ist. Begründet eure Meinung.

Das glaubt ihr nicht … – mündlich erzählen

Die Schülerinnen und Schüler der 5a erzählen im Deutschunterricht von eigenen Erlebnissen. Lena erzählt Folgendes:

Wir waren natürlich total verzweifelt, als unsere Katze verschwunden war. Meine ganze Familie hat nach ihr durch das ganze Haus gerufen: „Miepi, Miepi! Wo steckst du?" Am Ende steckte sie unter dem Geschenkpapier. Putzmunter hat sie uns angeschaut. Miaut, als wenn nichts gewesen wäre. Das Geschenkpapier habe ich mit dem Karton in die Tonne mit dem Altpapier geworfen. Da hatte sich Miepi wohl drin versteckt. Ich hatte nämlich Geburtstag und mit der Post ein Geschenk in einem Riesenkarton bekommen. Gott sei Dank hat Miepi gemauzt, als wir draußen nach ihr suchten. Sonst hätte die Müllabfuhr sie sicher am nächsten Tag mitgenommen.
Das war wirklich ein aufregender Geburtstag. Wir dachten, dass unsere Katze verschwunden ist, und dann ist sie in dem Geschenkkarton wieder aufgetaucht. Mein kleiner Bruder hat natürlich geweint.

Audio
WES-127515-030

Unter dem **Webcode** WES-127515-030 könnt ihr euch die Erzählung von Lena auch anhören.

1 Lest Lenas Erzählung laut vor oder hört sie euch an. Welchen Eindruck habt ihr von der Erzählung?

2 Von welchem Erlebnis erzählt Lena? Fasst die Ereignisse zusammen. Klärt dabei auch, worin der Höhepunkt der Handlung besteht.

3 Cem und Alina meinen, dass es schwer sei, die Erzählung von Lena als Zuhörer zu verstehen.

- Erklärt an einzelnen Stellen von Lenas Erzählung, warum das so ist.
- Sammelt auch Tipps für Lena, was sie an ihrer Erzählung verbessern könnte.

Die Schülerinnen und Schüler der 5a haben sich darauf geeinigt, dass Lena sich als Hilfe zum Erzählen einen Stichwortzettel hätte anfertigen sollen. Der folgende Stichwortzettel zu Lenas Erzählung ist noch nicht ganz vollständig.

Stichwortzettel zum mündlichen Erzählen:

Einführung in das Geschehen	Darstellung des weiteren Geschehens (evtl. mit Höhepunkt)	Schluss
• Geburtstag	• Katze Miepi fehlt	•
• Paket ausgepackt	• Familie sucht	•
• Geschenkpapier	•	
•	•	

4 Beschreibt den Stichwortzettel. Wie müsst ihr vorgehen, um einen solchen Stichwortzettel zu erstellen?

Erklärt auch, warum es sinnvoll ist, sich einen Stichwortzettel anzulegen, bevor ihr mündlich von einem Erlebnis erzählt.

5 Übernehmt den Stichwortzettel in euer Heft und vervollständigt ihn.

6 **Wähle aus**

Erzähle mithilfe deines Stichwortzettels von Aufgabe 5 Lenas Erlebnis von ihrem Geburtstag verständlicher. Arbeite dabei mit der Methodenbox auf S. 132.

a) I Erzähle Lenas Erlebnis mündlich.

- Achte darauf, dass du die Handlung Schritt für Schritt so erzählst, dass deine Zuhörer das Geschehen gut verstehen können.

b) II Erzähle das Erlebnis von Lena und ihrer verschwundenen Katze so, dass deine Zuhörer das Geschehen gut verfolgen können.

- Gestalte dabei die Stelle besonders spannend und interessant aus, in der Lena erzählt, wie die Familie die Katze verzweifelt sucht und schließlich wiederfindet.

c) III Arbeitet in kleinen Gruppen und verbessert die mündliche Erzählung von Lena. Jeder aus der Gruppe kann dabei einen Abschnitt übernehmen.

- Stellt euch gegenseitig eure Ergebnisse vor. Achtet dabei darauf, dass ihr die Erzählung auch über die Art und Weise, wie ihr erzählt, interessant macht.
- Besprecht anschließend, was an den Überarbeitungen inhaltlich besonders gut gelungen ist und was man noch verbessern könnte.
- Gebt einander auch Rückmeldung zu der Art und Weise, wie ihr erzählt habt.

7 Durchstarten

Erzähle von einem besonderen Erlebnis, das du selbst gehabt hast.

Du kannst über ein Haustier, die letzten Ferien, ein besonderes Ereignis beim Sport, einen Ausflug oder über ein besonderes Erlebnis in der Schule, mit Freunden oder deiner Familie erzählen.

- Fertige zunächst zu deiner Erzählung einen Stichwortzettel an. Übe dann das Erzählen deines Erlebnisses. Arbeite dabei mit den Hinweisen in der Methodenbox auf dieser Seite.
- Stellt euch eure Erzählungen dann zunächst zu zweit vor. Gebt euch gegenseitig Tipps, was ihr an euren Erzählungen und der Art und Weise, wie ihr erzählt habt, noch verbessern könnt.
- Erzählt anschließend eure Erlebnisse in kleinen Gruppen. Stellt Erzählungen, denen ihr besonders interessiert zugehört habt, der Klasse vor. Klärt gemeinsam, woran es liegt, dass diese Erzählungen so interessant sind.

So gehst du vor

Von einem Erlebnis mündlich erzählen

Du erzählst im Alltag oft von Erlebnissen. Deine Zuhörer müssen dabei das erzählte Geschehen nachvollziehen können. Erzähle deshalb das Erlebnis **Schritt für Schritt**. Achte darauf, dass du die einzelnen Erzählschritte gut verständlich darstellst.

Überlege dir, welcher Teil deiner Erzählung im Zentrum steht und gestalte diesen besonders interessant und spannend aus.

Beim mündlichen Erzählen ist auch die Art und Weise, wie du erzählst, wichtig, damit deine Zuhörer die Erzählung interessant finden.

Du solltest dazu ...

- **laut, deutlich** und **nicht zu schnell** sprechen,
- das **Sprechtempo**, die **Lautstärke** und die **Betonung** variieren,
- unterschiedlich lange **Pausen** einsetzen,
- das Erzählen mit passender **Mimik** und **Gestik** begleiten.

Unter dem **Webcode** WES-127515-031 kannst du dir auch ein Video mit einer mündlichen Erzählung ansehen.

Video
WES-127515-031

Einleitung, Hauptteil, Schluss – den Aufbau einer Erzählung untersuchen

Die Schülerinnen und Schüler der Klasse 5a schreiben im Deutschunterricht Erzählungen über besondere Erlebnisse. Noah hat folgende Geschichte verfasst:

A Plötzlich ging das Licht an und mein Vater stand an der Kellertür. „Was ist das denn für ein Lärm?", rief er nach unten. Als er sah, was los war, sagte er nur kopfschüttelnd: „Wie kann man denn nur so neugierig sein? Jetzt aber wieder ins Bett mit euch beiden."

B Leise öffnete ich die Tür meines Zimmers, huschte über den Flur, zog die Kellertür ganz vorsichtig auf und schlich die Kellertreppe hinab. Auch nachdem sich meine Augen an das dunkle Dämmerlicht gewöhnt hatten, konnte ich kaum etwas erkennen. Langsam tastete ich mich vor. Auf einmal hörte ich ein Rascheln unter der Treppe. Schwach konnte ich einen Schatten an der Wand sehen, der sich bedrohlich auf mich zu bewegte.

C Mein Herz schlug bis zum Hals und meine Hände waren schweißnass. „Wer war das? Ein Dieb? Was soll ich jetzt tun?", schwirrte es mir durch den Kopf. Das Rascheln kam immer näher. Ich presste mich mit dem Rücken an die kalte Wand. Da spürte ich, wie etwas mein Bein berührte. „Jetzt nur nicht bewegen", dachte ich verzweifelt. Auf einmal miaute es unter mir. Vor Schreck schrie ich auf. Als ich nach unten sah, erkannte ich Wollrath, unseren Kater, der um meine Beine herumschlich. Ein Stein fiel mir vom Herzen. Erleichtert bückte ich mich und nahm Wollrath auf den Arm.

D Es war zwei Tage vor meinem letzten Geburtstag. Wie jedes Jahr platzte ich vor Neugier, was ich geschenkt bekommen würde. Ich wusste, dass meine Mutter meine Geschenke immer im Keller in einem Regal versteckte. An diesem Abend konnte ich einfach nicht mehr länger warten. Als meine Eltern schliefen, schlich ich mich nachts aus dem Zimmer.

1 Die einzelnen Teile der Erzählung von Noah sind durcheinandergeraten.

- Bringt Noahs Erzählung in die richtige Reihenfolge.

2 Eine Erzählung besteht aus einer **Einleitung**, einem **Hauptteil** mit **Spannungssteigerung und Höhepunkt** sowie einem **Schluss**.

- Findet diese Teile in der Erzählung von Noah. Begründet eure Zuordnung. Lest dazu auch die Hinweise in der Lernbox auf S. 135.

Einige von euch haben sicher schon in der Grundschule gelernt, dass man den Aufbau einer Erzählung anhand des Körpers einer Maus veranschaulichen kann.

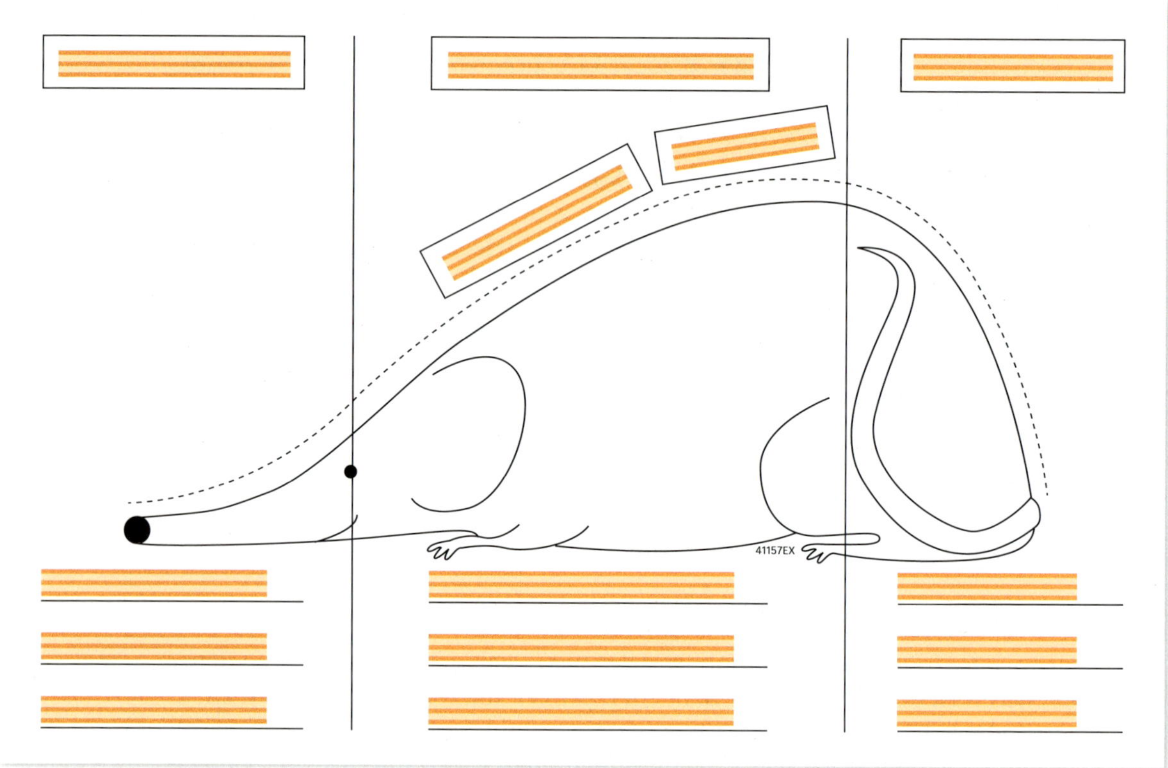

3 Stellt den Aufbau der Handlung von Noahs Erzählung mithilfe der „Erzählmaus“ dar. Geht dabei so vor:

- Übernehmt das Schaubild in euer Heft.
- Tragt oberhalb der gestrichelten Kurve die Begriffe „Einleitung“, „Hauptteil“, "Schluss", „Spannungssteigerung“ und „Höhepunkt“ ein.
- Ergänzt unterhalb der Kurve in Stichworten, was jeweils in diesen Teilen der Erzählung von Noah passiert. Lest dazu noch einmal die Lernbox auf S. 135.

Arbeitsblatt WES-127515-032

Unter dem **Webcode** WES-127515-032 findet ihr ein Arbeitsblatt, auf dem ihr eure Eintragungen übersichtlich vornehmen könnt.

4 Noah hat noch keine Überschrift zu seiner Erzählung gefunden. Formuliert eine passende Überschrift.

5 Sucht Stellen heraus, an denen Noah besonders anschaulich, interessant oder spannend erzählt. Erklärt, welche Mittel Noah einsetzt, damit diese Textstellen so wirken.

S. 318

Auf Seite 318 findet ihr eine **Hilfekarte** mit Hinweisen, worauf ihr achten könnt, wenn ihr die Spannung einer Erzählung untersucht.

6 Durchstarten

a) Erstelle ein Lernplakat zum Aufbau einer Erzählung für deine Klasse. Stelle auf deinem Plakat die Erzählmaus mit den Fachbegriffen für die einzelnen Teile einer Erzählung dar.

b) Erzähle Noahs Geschichte einer Mitschülerin oder einem Mitschüler. Du kannst sie frei mündlich erzählen oder auch vorlesen. Versuche dabei, die Erzählung durch deine Stimme, Pausen und Erzählweise für deinen Zuhörer interessant und spannend zu gestalten.

c) Sammelt Formulierungen, die eine Erzählung interessant machen.

- Lest dazu die Geschichte von Noah (S. 133) noch einmal. Sucht entsprechende Wörter und Formulierungen heraus.
- Erstellt mit diesen Formulierungen ein Lernplakat und hängt es in der Klasse aus. Ihr könnt diese Formulierungen natürlich noch mit eigenen Ideen ergänzen.

d) Erstellt ein Erklärvideo zum Aufbau und den einzelnen Teilen einer Erzählung.

- Achtet darauf, dass ihr keine Personen filmt. Filmt nur die Materialien, mit denen ihr den Aufbau einer Erzählung erklärt (z. B. die Erzählmaus, bei der ihr nach und nach die Fachbegriffe hinzufügt und erläutert).

Weitere Hinweise, wie ihr beim Erstellen eines Erklärvideos vorgehen könnt, findet ihr in der Methodenbox auf S. 187.

Der Aufbau einer Erzählung

Das musst du lernen und wissen

Eine Erzählung, die für einen Zuhörer oder Leser erzählt oder geschrieben wird, besteht aus drei Teilen:

- Die **Einleitung** führt in die Erzählung ein. In der Einleitung wird die Ausgangssituation vor dem eigentlichen Geschehen erzählt. Die Einleitung enthält Angaben zu den W-Fragen (Wo? Wann? Wer? Was?).
- Im **Hauptteil** wird das eigentliche Geschehen erzählt. Der Hauptteil enthält mehrere Erzählschritte. Im Hauptteil wird oft die **Spannung** einer Erzählung bis zum **Höhepunkt** gesteigert.
- Der **Schluss** rundet die Erzählung ab. Es handelt sich um einen kurzen Abschnitt, in dem erzählt wird, wie die Handlung ausgeht.
Häufig wird am Schluss die Spannung aufgelöst.

Vater und Sohn – zu einer Bildergeschichte erzählen

Nicht gleich drauflos schreiben! – Das Schreiben einer Erzählung planen

Was ist der Höhepunkt? – Den Aufbau einer Erzählung klären

1 Seht euch die Bildergeschichte an. Arbeitet zu dritt.

- Beschreibt, was auf den einzelnen Bildern passiert.
- Erklärt auch, was zwischen den einzelnen Bildern passiert.

S. 319

Wenn ihr dafür Hilfen benötigt, findet ihr auf der **Hilfekarte** auf S. 319 Leitfragen, um die Bildergeschichte zu erschließen.

Anouk und Yunus aus der 5a möchten gerne eine Erzählung zu der Bildergeschichte schreiben. Sie überlegen, welche Bilder sich den drei Teilen einer Erzählung zuordnen lassen. Ihre Ergebnisse wollen sie mit einer „Erzählmaus" festhalten.

2 Zeichnet die „Erzählmaus" rechts ab. Beschriftet sie mit den Begriffen *Spannungssteigerung, Schluss, Einleitung, Höhepunkt*.

- Ordnet dann die einzelnen Bilder der Bildergeschichte den Teilen einer Erzählung zu. Begründet eure Zuordnung.
- Erklärt, warum es sinnvoll ist, den Aufbau einer Erzählung zunächst so darzustellen, bevor ihr mit dem Erzählen beginnt.

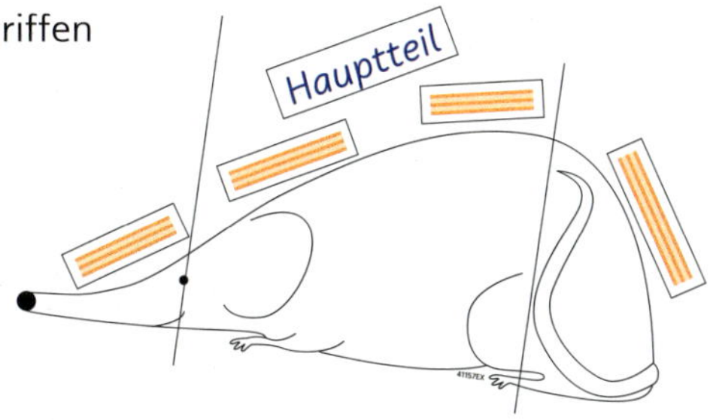

Wer soll erzählen? – Die Erzählperspektive auswählen

Nachdem Anouk und Yunus den Aufbau der Erzählung geklärt haben, überlegen sie, aus wessen Sicht (= Perspektive) erzählt werden könnte. Folgende Möglichkeiten haben sie zusammengestellt: *der Sohn* *der Vater*

3 Probiert für die ersten beiden Bilder beide Erzählperspektiven aus. Erzählt einmal aus der Perspektive (= Sicht) des Sohnes und einmal aus der des Vaters. Verwendet dabei die Ich-Form (*Ich saß gerade im Wohnzimmer* ...).

4 Entscheidet, ob es sich eher anbietet, die ganze Erzählung aus der Perspektive des Vaters oder aus der Perspektive des Sohnes zu erzählen.

- Seht euch dazu auch die anderen Bilder an. Klärt, was ihr jeweils beachten müsst, wenn ihr die Erzählung aus der Sicht des Vaters oder des Sohnes erzählt.
- Entscheidet euch dann, aus welcher Perspektive ihr die Bildergeschichte erzählen würdet. Begründet eure Entscheidung. Lest dazu auch die Hinweise in der Methodenbox auf dieser Seite.

Die Erzählperspektive und -form auswählen

Bevor du eine Geschichte erzählst oder schreibst, musst du dich für eine **Erzählperspektive (= Sicht)** entscheiden, aus der du das Geschehen erzählen willst.

- Oft bietet es sich an, das Geschehen aus der Sicht einer **Figur** zu erzählen, **die die Geschichte selbst erlebt hat**. In diesem Fall benutzt du meistens die **Ich-Form** (*Ich hörte auf einmal ein Klirren. Sofort lief ich* ...).
- Wichtig ist dann, dass du nur das erzählst, was die Figur, aus deren Sicht du erzählst, auch wissen kann.
- Achte auch darauf, durchgehend aus der gleichen Erzählperspektive (z. B. des Vaters) zu erzählen.

Was soll erzählt werden? – Einen Erzählplan erstellen

Um alle ihre Überlegungen bei der Vorbereitung ihrer Erzählung zu der Bildergeschichte festzuhalten, wollen Anouk und Yunus einen Erzählplan erstellen. Dafür haben sie folgende Fragen gesammelt:

- *Wann und an welchen Orten spielt die Geschichte?*
- *Welche Figuren kommen in der Erzählung vor?*
- *Wie beginnt die Handlung?*
- *Was passiert im weiteren Verlauf der Erzählung?*
- *Was ist der Höhepunkt des Geschehens?*
- *Wie endet die Erzählung?*
- *Aus wessen Sicht und in welcher Form soll die Handlung erzählt werden?*

5 Beantwortet diese Fragen zunächst mündlich.

Anouk und Yunus haben sich nach der Beantwortung ihrer Fragen folgende Übersicht als Erzählplan angelegt:

Erzählplan	
Wann?	Sonntagnachmittag
Wo?	zu Hause/im Park/vor dem Haus
Wer?	Vater/Sohn
Aus wessen Sicht wird erzählt?	Vater in der Ich-Form
Was geschieht?	**Erzählschritte**
Einleitung (Ausgangssituation/ Einführung ins Geschehen)	**1. Erzählschritt** (Bild 1) Sohn im Zimmer/schießt Scheibe kaputt Zerbrechen der Scheibe/Vater kommt hinzu Streit/Sohn läuft fort
Hauptteil (Darstellung des weiteren Geschehens)	**2. Erzählschritt** (Bild 2) Vater im Wohnzimmer/19:00 Uhr/ liest Zeitung/sorglos
Spannungssteigerung	**3. Erzählschritt** (Bild ...) Später 21:00 Uhr/Vater ...
Höhepunkt	**4. Erzählschritt** (Bild ...) Vater sucht im Park/Verzweiflung/ Vater gibt Suche auf
	5. Erzählschritt (Bild ...) Rückkehr des Vaters zum Haus/...
Schluss (Ausgang des Geschehens)	**6. Erzählschritt** (Bild ...) Tür geht auf/Sohn ...

6 Beschreibt, wie der Erzählplan aufgebaut ist:

- Wie sind Yunus und Anouk bei der Erstellung des Erzählplans vorgegangen?
- Was haben Yunus und Anouk in ihren Erzählplan schon eingetragen, was müssen die beiden noch ergänzen?

Yunus und Anouk erstellen einen Erzählplan.

7 Ergänzt den Erzählplan in eurem Heft. Weitere Hinweise findet ihr in der Methodenbox auf dieser Seite.

Ihr findet den von Anouk und Yunus angefangenen Erzählplan auch als Arbeitsblatt unter dem **Webcode** WES-127515-033. Dies könnt ihr zum Ergänzen des Erzählplans verwenden.

Arbeitsblatt
WES-127515-033

Einen Erzählplan anlegen

So gehst du vor

Bevor du eine Erzählung aufschreibst, solltest du das **Schreiben mithilfe eines Erzählplans** vorbereiten. So kannst du vorgehen, um dir einen solchen Erzählplan zu erstellen:

- **Beantworte** die **W-Fragen** zu deiner Erzählung: Wo? Wann? Wer? und Was geschieht (am Anfang, im Hauptteil und am Schluss)?
- Entscheide dich, aus wessen **Perspektive (= Sicht)** du erzählen willst. Es bietet sich an, das Geschehen aus der Sicht einer der beteiligten Figuren in der **Ich-Form** zu erzählen.
- Teile das Geschehen in verschiedene **Erzählschritte** auf. Gliedere die Handlung in die drei Teile einer Erzählung: Einleitung, Hauptteil (mit Spannungssteigerung und Höhepunkt), Schluss.
- Lege dir einen **Erzählplan** wie den von Anouk und Yunus auf S. 138 an. Notiere darin die Ergebnisse deiner Vorbereitungen und Überlegungen in Stichworten.

Mehr zum Thema:
Einen Erzählplan anlegen
AH: S. 30–31

Tipps aus der Erzählwerkstatt – eine Erzählung schreiben und überarbeiten

Tipp 1: Den Leser einführen und neugierig machen – den Erzählanfang ausgestalten

1 Beschreibt, was auf dem Bild zu sehen ist und was wohl vorher passiert ist.

2 Vergleicht die folgenden Erzählanfänge. Wem gelingt es besser, die Leser in das Geschehen einzuführen und für die Geschichte zu interessieren?

Ich schimpfte laut und ärgerte mich so über die kaputte Scheibe. Noah entwischte mir aber, bevor ich ihn zur Rede stellen konnte. Schnell eilte er zur Haustür und lief davon. Ich versuchte ihn noch einzuholen, aber er war natürlich viel schneller als ich. … (Jana)

Es tut mir immer noch leid, wenn ich an diesen Sonntagnachmittag denke. Ich habe solche Angst um Noah gehabt. Alles fing ganz harmlos an. Ich hatte es mir gerade so richtig gemütlich auf dem Sofa gemacht. Mein Sohn Noah spielte in seinem Zimmer mit einem Ball. Da hörte ich plötzlich … (Yunus)

3 Wähle aus …………………………………………………………………………

Schreibe einen Erzählanfang zu der Bildergeschichte. Lies dazu die Methodenbox unten auf dieser Seite.

a) I Verbessere Janas Erzählanfang. Führe den Leser in die Ausgangssituation ein. Erzähle auch, was passiert, bevor Noah aus dem Haus läuft.

b) II Setze Yunus' Erzählanfang fort. Erzähle das Geschehen weiter. Beende deinen Erzählanfang damit, dass der Vater wieder ins Haus geht und auf dem Sofa sitzt. Versuche auch, wörtliche Rede einzubauen.

c) III Verfasse einen eigenen Erzählanfang zu dem ersten Bild.

So gehst du vor

Den Anfang einer Erzählung gestalten

- Im Erzählanfang führst du den Leser in das Geschehen ein. Du beantwortest dazu die **W-Fragen** (Wo? Wann? Wer?) und informierst den Leser über die **Ausgangssituation** der Erzählung.
- Besonders gut gelingt dir der Erzählanfang, wenn du auch die **Neugierde** und das **Interesse des Lesers** weckst. Du kannst zum Beispiel …
  - **Andeutungen** darüber machen, was im Hauptteil geschieht. (Verrate dabei aber nicht zu viel!)
  - die Figuren mithilfe von **wörtlicher Rede** auch sprechen lassen. (So wirkt dein Erzählanfang lebendiger.)

Mehr zum Thema:
Den Anfang gestalten
AH: S. 32

Tipp 2: Erzähle, was man nicht sieht! – Gedanken und Gefühle wiedergeben

Hier seht ihr Yunus' ersten Versuch, das Geschehen zu den beiden Bildern zu erzählen.

Es war halb sieben, als ich mich wieder aufs Sofa setzte und weiter in meiner Zeitschrift las. Um sieben Uhr sah ich das erste Mal auf die Uhr und machte mir ein wenig Sorgen. Noah war noch nicht nach Hause gekommen. Ich las weiter. Um acht Uhr war Noah immer noch nicht zurück.

Dann, um kurz vor neun, konnte ich nicht mehr weiterlesen. Ich stand auf und ging auf und ab. Schließlich entschloss ich mich, Noah zu suchen. Ich zog meinen Mantel an und ging aus dem Haus.

1 Was haltet ihr von Yunus' Erzählversuch? Begründet eure Meinung.

Zwei Schülerinnen der Klasse 5a überlegen, was sie an Yunus' Erzählausschnitt verbessern könnten.

Yunus sollte noch einfügen, was der Vater denkt. Er könnte denken: „Hoffentlich ist Noah nichts passiert“ oder „Ich halte es nicht mehr aus“.

Der Vater könnte auch mit sich selbst sprechen, indem er sich selbst Vorwürfe macht wie: „Das hast du jetzt davon, dass du so wütend warst. Es ist deine Schuld, wenn Noah etwas passiert ist“, sagte ich vorwurfsvoll zu mir selbst.

Man könnte auch durch Beschreibungen verdeutlichen, wie sich der Vater fühlt: „Das Ticken der Uhr machte mich verrückt“, „Völlig aufgelöst tigerte ich im Zimmer vor dem Sofa hin und her“ oder „Mir wurde ganz übel, als ich mir vorstellte ...“.

2 Erklärt, was die beiden Schülerinnen an Yunus' Erzählausschnitt verbessern wollen.

3 Wähle aus

Überarbeite Yunus' Erzählausschnitt. Lies dazu die Methodenbox auf dieser Seite. Wähle dann eine der folgenden Aufgaben:

a) I Sieh dir noch einmal die Vorschläge der beiden Schülerinnen aus der 5a auf Seite 141 an. Wähle passende Vorschläge aus und verwende sie, um Yunus' Erzählausschnitt zu verbessern.

b) II Ergänze die Vorschläge in jeder Sprechblasen auf Seite 141 um ein weiteres Beispiel. Überarbeite dann Yunus' Erzählausschnitt, indem du deine Vorschläge und die der beiden Schülerinnen benutzt.

c) III Sammle zunächst möglichst viele eigene Vorschläge, um Yunus' Erzählausschnitt zu überarbeiten. Gehe dabei so vor:

- Sammle anschauliche Beschreibungen, mit denen sich die Gefühle des Vaters darstellen lassen.
- Stelle mögliche Gedanken des Vaters zusammen, die ihm durch den Kopf gehen könnten.
- Sammle mögliche Formulierungen, die der Vater in dieser Situation laut zu sich sagen könnte.
- Überarbeite anschließend den Erzählausschnitt mithilfe deiner Verbesserungsvorschläge.

So gehst du vor

Gedanken und Gefühle der Figuren wiedergeben

Eine Erzählung wirkt **interessant und lebendig**, wenn du die **Gefühle und Gedanken der Figuren** darstellst. Der Leser und Zuhörer kann sich dann besser in deren Situation hineinversetzen. Er erlebt dann sozusagen mit, was in den Figuren vorgeht. Dazu kannst du ...

- Gedanken und Gefühle der Figuren in **wörtlicher Rede** wiedergeben. (*Ich dachte: „Oh Gott, er ist immer noch nicht wieder da!“*)
- das, was in einer Figur vorgeht, mit **anschaulichen Umschreibungen** verdeutlichen. (*Nervös rutschte ich auf dem Sofa hin und her.* / Oder: *Unruhig spielte ich mit den Seiten meines Buchs und sah wie gebannt auf die Uhr.*)
- die **Figuren** auch mit sich selbst **sprechen lassen**. (*„Wo ist er nur? Wo ist er nur?“, murmelte ich verzweifelt vor mich hin.*)

Die Regeln zur Zeichensetzung bei der wörtlichen Rede findest du auf den Seiten 305–307.

Mehr zum Thema:
Gefühle und wörtliche Rede
AH: S. 33–34

Tipp 3: Den Leser mitfiebern lassen! – Den Höhepunkt besonders ausgestalten

1 Yunus meint, dass dieses Bild den Höhepunkt der Erzählung zeigt. Erläutert, warum man bei diesem Bild vom Höhepunkt der Handlung sprechen kann.

Yunus und Anouk überlegen, was bei diesem Teil der Erzählung besonders wichtig ist.

Yunus: Es muss deutlich werden, dass der Vater immer verzweifelter wird.

Anouk: Ja, und der Leser muss auch erfahren, dass es draußen dunkler und immer unheimlicher wird. Man könnte zum Beispiel erzählen, dass der Wind immer stärker wird und der Vater immer weniger sehen kann.

Yunus: Genau, der Vater macht sich immer mehr Sorgen. Am Ende gibt er die Suche auf und geht völlig mutlos wieder nach Hause.

2 Erklärt, wie Yunus und Anouk vorgehen wollen, um diesen Ausschnitt der Erzählung spannend und anschaulich zu erzählen.

3 Sammelt gemeinsam Formulierungen, mit denen ihr den Höhepunkt der Erzählung wirkungsvoll ausgestalten könnt. Überlegt, wie ihr so erzählen könnt, dass der Leser mit dem Vater mitfiebert.
Arbeitet dabei zu folgenden Punkten und notiert eure Ergebnisse:

- Was könnte der Vater tun und sagen?
- Welche Gedanken könnte er während seiner Suche nach seinem Sohn haben?
- Was könnte ihm durch den Kopf gehen, als er seine Suche abbricht und nach Hause geht?
- Mit welchen anschaulichen Beschreibungen könnte man die Gefühle des Vaters verdeutlichen?

Auf der **Hilfekarte** auf S. 319 findet ihr Anregungen für Formulierungen zur Gestaltung des Höhepunktes.

S. 319

4 Verfasst nun den Teil der Erzählung zu diesem Bild.

Tipp 4: Die Geschichte abrunden! – Den Erzählschluss gestalten und eine Überschrift finden

Niedergeschlagen und untröstlich kam ich zu Hause an. Ich überlegte, was ich jetzt tun sollte.

Gerade als ich die Haustür öffnen wollte, bekam ich den Ball an den Kopf. „Was war das?", fragte ich mich.

Da sah ich, dass auch das zweite Fenster von Noahs Zimmer zerbrochen war.

Da kam mir Noah auch schon durch die Haustür entgegen. Ich nahm ihn sofort in die Arme.

1 Lest den Schluss, den Yunus geschrieben hat. Erklärt, woran man erkennen kann, dass dies der Schluss der Erzählung ist.

2 Was könnte Yunus an seinem Schluss noch verbessern? Sammelt entsprechende Verbesserungsvorschläge.

Achtet dabei vor allem auf folgende Punkte:

- An welchen Stellen könnte Yunus das, was passiert, noch genauer erzählen?
- Was könnten die beiden denken und was könnte der Vater sagen?

3 Lest die Methodenbox unten und verfasst einen Schluss für die Erzählung zu der Bildergeschichte.

- Überarbeitet dazu Yunus' Erzählschluss oder erzählt anhand der beiden Bilder einen eigenen Schluss.

4 Jetzt fehlt euch nur noch eine Überschrift für eure Erzählung zu der Bildergeschichte. Sammelt Vorschläge für eine Überschrift.

- Wählt eine Überschrift aus und begründet eure Auswahl.

So gehst du vor

Den Schluss einer Erzählung gestalten

Mit dem Schluss rundest du eine Erzählung ab. In diesem Teil wird oft die Spannung aufgelöst.

Der Schluss besteht meistens nur aus einem kürzeren Abschnitt.

5 Durchstarten

Du hast mithilfe der Aufgaben auf den Seiten 140–144 zu der Bildergeschichte eine vollständige Erzählung entwickelt. Wähle nun einen der folgenden Arbeitsaufträge:

a) I Sieh dir deine Arbeiten zu den einzelnen Teilen der Erzählung noch einmal an. Übe dann einen wirkungsvollen Lesevortrag der gesamten Erzählung ein.

b) II Schreibe alle Teile der Erzählung, die du verfasst hast, zusammenhängend sauber und ordentlich in dein Heft. Vergiss dabei nicht, die Überschrift über deine Erzählung zu setzen.

c) III Gebt eure Erzählung zu der Bildergeschichte mithilfe eines Textverarbeitungsprogramms an einem Computer ein.

Klärt vorher zu zweit oder zu dritt mithilfe des Screenshots die wichtigsten Funktionen eines Textverarbeitungsprogramms am Computer.

Beantwortet dazu folgende Fragen:

- Wie löscht man ein Wort, mehrere Wörter oder nur einen Buchstaben?
- Wie setzt man einen Absatz in einem Text?
- Wie verändert man die Schriftart und die Schriftgröße?
- Wie kann man ein Wort oder einen Textteil fett drucken oder unterstreichen?

Lest auch die Methodenbox auf S. 71, um die Fragen zu beantworten. Hier findet ihr auch noch weitere Hinweise, die euch dabei helfen, eure Erzählung am Computer einzugeben.

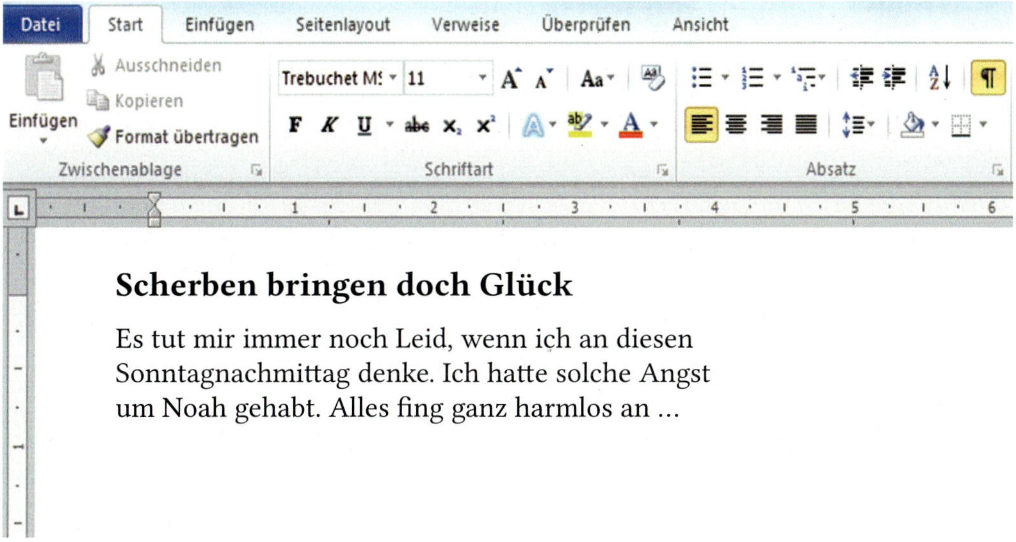

Jetzt bist du dran! – Eigene Erzählungen schreiben

1 Wählt aus den folgenden Erzählanlässen und -ideen aus, um eigene Erzählungen zu schreiben.

- Bereitet das Verfassen eurer Erzählungen so vor, wie ihr es auf den Seiten 137–139 gelernt habt.
- Beachtet beim Schreiben eurer Erzählungen die Tipps von Seite 140–144.
- Ihr könnt eure Erzählungen am Computer eingeben und so ein „Klassen-Geschichtenbuch“ erstellen. Arbeitet dabei mit der Methodenbox auf S. 71.

Arbeitsblatt
WES-127515-034

Unter dem **Webcode** WES-127515-034 findet ihr ein Arbeitsblatt mit einer Vorlage für einen Erzählplan. Damit könnt ihr das Schreiben eurer Erzählungen vorbereiten.

Reizwortgeschichten

Zu den folgenden Wortketten könnt ihr Erzählungen schreiben. Wählt eine aus.

Vogel – Käfig – füttern – offen – Tür – Katze – im letzten Moment

Winter – Schnee – Bus – Rutschpartie – Schule – Glück gehabt

Kanal – Sonne – Schwimmen – Hund – Rettung – Erschöpfung

Einen Erzählanfang fortsetzen

Sicher habt ihr viele Ideen dazu, wie die folgenden beiden Erzählungen weitergehen könnten. Wählt einen der beiden Erzählanfänge aus und erzählt die Geschichte weiter.

Am letzten Samstag sahen sich meine Eltern einen Film im Kino an. Ich blieb also alleine zu Hause und etwas mulmig war mir schon, als ich die Tür hinter ihnen abschloss. Was dann jedoch passierte, möchte ich nicht noch einmal erleben …

Letzten Sommer wurde mir mein Handy gestohlen. Ihr werdet nicht glauben, wie ich es wiederbekommen habe. Es passierte in den Sommerferien. Als ich nach dem Schwimmen wieder zu meinen Sachen ging, merkte ich sofort, dass es etwas nicht stimmte …

Eine Erzählung ausgestalten

Hier findet ihr den Kern von zwei Erzählungen. Wählt eine aus und gestaltet sie interessant und spannend aus. Vergesst nicht, auch eine passende Überschrift für eure Erzählungen zu finden.

Es war ein warmer, sonniger Tag. Mein Bruder und ich spielten auf der Wiese Fußball. Er musste es natürlich mal wieder übertreiben, so dass unser Ball in einem Baum hängenblieb. Sofort kletterte ich den Baum hoch. Gerade als ich den Ball zu fassen bekam, brach der Ast ab. Mit beiden Händen konnte ich den Ast über mir greifen. Ich hangelte mich zum Stamm und ließ mich langsam herab. Auf Fußball hatte ich nun aber keine Lust mehr.

Gestern fuhr ich wie jeden Tag durch den Park von der Schule nach Hause. Am Teich überholte ich ein kleines Kind mit seiner Oma. Das Kind spielte am Teich. Auf einmal hörte ich die ältere Frau um Hilfe rufen. Das Kind ist beim Spielen in den Teich gefallen. Sofort drehte ich um und rettete das Kind.

Zu einer Bildergeschichte erzählen

Mehr zum Thema:
Erzählungen schreiben
AH: S. 35–37

Alles klar? – Üben und überprüfen

A Finn schrie um Hilfe. Ich fand weder eine Rettungsweste noch einen Rettungsreifen im Boot. Dann kam ich auf die Idee, Finn mit dem Ruder an das Boot zu ziehen. Er ergriff es und ich zog ihn in das Boot.

B Von Weitem sah ich schon das Motorboot. Es drehte kurz vor unserem Boot ab. Die Bugwellen brachten unser Boot ins Wanken. Finn konnte sich nicht halten. Er verlor das Gleichgewicht und fiel ins Wasser.

C Wir schnauften kurz durch und ruderten erleichtert zum Ufer.

D In den letzten Sommerferien habe ich mir mit meinem Freund Finn ein Ruderboot ausgeliehen. Es war ein stiller Sommertag und wir ließen uns auf dem See dahintreiben.

1 Die Erzählung ist durcheinandergeraten. Sortiert sie und ordnet den einzelnen Teilen die Begriffe „Einleitung“, „Spannungssteigerung“, „Höhepunkt“ und „Schluss“ zu.

2 Lest noch einmal, wie Finn aus dem Boot fällt. Erzählt diesen Teil der Erzählung interessanter.

- Sammelt zunächst mögliche wörtliche Rede der beiden Jungen.
- Formuliert auch weitere Gedanken des Erzählers in dieser Situation und findet anschauliche Beschreibungen, mit denen ihr seine Gefühle verdeutlichen könnt.

Überarbeitet dann diesen Teil der Erzählung.

3 Überarbeitet auch den Höhepunkt der Erzählung. Ihr könnt dazu die Ausdrücke im Wortspeicher benutzen.

- Ergänzt auch noch weitere wörtliche Rede der beiden Jungen sowie Finns Gedanken und Gefühle.

da • plötzlich • auf einmal • jetzt • Schrecklich! • Was soll ich nur machen? • brüllte • schrie • verzweifelt • raste auf uns zu • wurde ganz blass • bekam schon blaue Lippen • zitterte am ganzen Körper • fuchtelte mit den Armen • stockte der Atem • eisige • feucht • glitschig • Das geht nicht gut! • Für einen Moment blieb mein Herz stehen. • Seine Stimme versagte vor Angst. • stand da, starr wie eine Säule • zitterte wie Espenlaub • kraftlos • Würde es Finn gelingen?

4 Sammelt Erzählideen zu dem Bild. Beantwortet dazu folgende Fragen:

- Worum geht es in der Situation?
- Was könnte vorher passiert sein?
- Was könnte noch passieren?

5 Legt euch einen Erzählplan für eine Erzählung zu dem Bild an. Seht euch dazu noch einmal die Seiten 138–139 an. Unter dem **Webcode** WES-127515-034 findet ihr eine leere Vorlage eines Erzählplans.

Arbeitsblatt
WES-127515-034

6 Sammelt fünf mögliche Gedanken des Jungen, der vor dem Brückengeländer steht. Notiert sie in der Ich-Form.

7 Notiert auch fünf anschauliche Umschreibungen für das, was in dem Jungen vorgeht.

8 Sammelt, was die Jungen auf dem Bild als wörtliche Rede sagen könnten. Notiert euch auch diese Ideen.

9 Erzählt mithilfe des Erzählplans von Aufgabe 5 und eurer Vorarbeiten von Aufgabe 1 bis 4 zu dem Bild.

- Verfasst eine Erzählung in der Ich-Form aus der Sicht des Jungen, der vor dem Brückengeländer steht.
- Macht euren Lesern durch die Wiedergabe von Gedanken und durch anschauliche Umschreibungen klar, was in dem Jungen vorgeht.
- Gestaltet eure Erzählung auch durch den Einsatz von wörtlicher Rede der Jungen lebendig und interessant.

Vorhang auf, Bühne frei! – Theater spielen

Das lernst du in diesem Kapitel

Menschen haben schon immer Theater gespielt. Wie ein Schauspieler sprechen und spielen, für ein Publikum etwas darstellen oder für kurze Zeit einmal jemand anderes sein – wer macht das nicht gerne?

In diesem Kapitel kannst du das Theaterspielen ausprobieren.
Du lernst dabei ...

- Gefühle und Stimmungen ohne Worte auszudrücken,
- pantomimisch kleine Szenen einzuüben und vorzuspielen,
- Gefühle durch die Stimme auszudrücken,
- ein Gedicht szenisch darzustellen,
- ein Theaterstück und seine Handlung zu erschließen,
- Theaterszenen szenisch zu lesen und in Standbildern umzusetzen,
- eigene kleine Szenen zu entwickeln und zu spielen.

1 Die Bilder auf dieser Seite haben alle etwas mit Theater und Theaterspielen zu tun. Beschreibe die Bilder und erkläre, ...

- welche verschiedenen Arten von Theater sie darstellen,
- was sie über die Arbeit von Schauspielerinnen und Schauspielern zeigen und was eine Schauspielerin oder ein Schauspieler gut können muss.

2 Warst du schon einmal in einem Theater? Erzähle davon.

- In welchem Theater warst du?
- Wovon handelte das Theaterstück?
- Wie hat es dir gefallen?

3 Spielst du selbst gerne Theater? Berichte, wann du schon einmal Theater gespielt hast. Was gefällt dir daran oder warum spielst du nicht so gerne Theater?

Alles sagen ohne Worte – Gefühle und Situationen pantomimisch darstellen

1
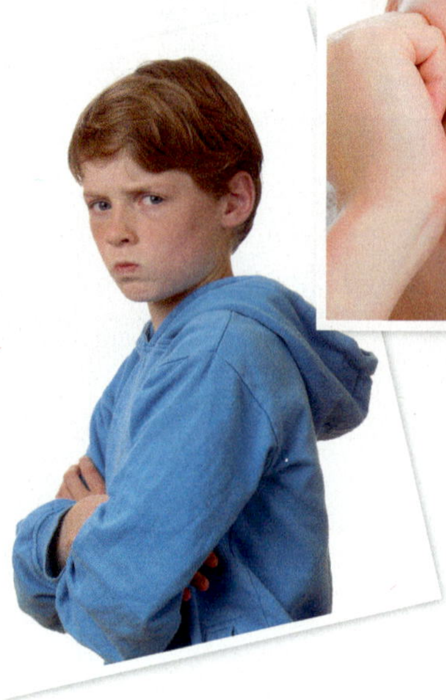

2

3

4

1 Die Schülerinnen und Schüler der Klasse 5a stellen Gefühle dar.

Welche Gefühle zeigen die Kinder jeweils? Ordnet die Ausdrücke aus dem Wortspeicher den Fotos zu.

> erschrocken sein • sich langweilen • sich über etwas freuen • verärgert sein

2 Beschreibt, woran ihr erkennt, was die Kinder auf den Fotos vermutlich denken und fühlen. So könnt ihr dabei formulieren:

Das Kind auf dem Foto Nummer … sieht meiner Meinung nach … aus.
Es hat die … aufgerissen und der Mund sieht aus, als ob … Die Hände …

Meiner Meinung nach langweilt sich das Kind auf dem Foto Nummer …, weil …

S. 320

Eine **Hilfekarte** mit weiteren Ausdrücken zur Beschreibung der Bilder findest du auf S. 320

3 Wähle aus ....

Mit den folgenden Übungen könnt ihr das Darstellen von Gefühlen üben. Arbeitet in kleinen Gruppen.

a) Ein Schüler/eine Schülerin sucht sich ein Gefühl aus, das auf den Fotos dargestellt wird.

- Er oder sie stellt das Gefühl ohne Worte dar. Die anderen versuchen herauszufinden, welches Gefühl gemeint ist.

b) Stellt die Fotos genau nach.
Geht dabei so vor:

- Einer aus der Gruppe versucht den Gesichtsausdruck (= Mimik) und die Körperhaltung (= Gestik) eines der Kinder zu übernehmen.
- Die anderen verbessern ihn so lange, bis er das Kind auf dem Foto genau nachahmt.

c) Stellt die Gefühle der Kinder auf den Fotos in Variationen dar (z. B. noch stärker oder weniger erschrocken, gelangweilt oder verärgert). Arbeitet nur mit Gestik und Mimik.

- Die anderen erschließen, welches Foto gemeint ist, und geben den Darstellern Tipps, wie sie die gemeinten Gefühle noch genauer darstellen könnten.

4 Stellt weitere Gefühle nur durch Gestik und Mimik dar.

- Klärt dazu zunächst die Bedeutung der einzelnen Ausdrücke in der Sprachbox. Beschreibt Situationen, in denen man sich so fühlt, und versucht, mit euren eigenen Worten das jeweilige Gefühl zu erklären.
- Wählt aus der Sprachbox einzelne Ausdrücke aus und stellt sie nur mithilfe von Gestik und Mimik dar. Die anderen erraten dann, welches Gefühl gemeint ist.

Ausdrücke für Gefühle

zornig • begeistert • erleichtert • glücklich • verlegen • ängstlich • verwirrt • stolz • unbesorgt • enttäuscht • fassungslos • furchtsam • entsetzt • zerknirscht • verzweifelt • besorgt • ausgelassen • fröhlich • geborgen • beleidigt

Sprachbox

5 Warum machen Schauspieler wohl regelmäßig solche Übungen zum Darstellen von Gefühlen durch Mimik und Gestik?

Erklärt, weshalb Mimik und Gestik für das Theaterspielen so wichtig sind.

Mit den folgenden Übungen lernt ihr, wie ihr pantomimisch, das heißt ganz ohne zu sprechen, kleine Theaterszenen spielen könnt.

6 „Wie geht ein König?", „Wie geht eine alte Frau?", „Wie geht jemand mit einem Gipsbein?" Stellt das pantomimisch dar. Lest dazu auch die Lernbox unten.

7 Stellt pantomimisch (nur durch Mimik, Gestik und Bewegung) dar, wie ihr ...

- einen Berg besteigt,
- durch einen Fluss schwimmt,
- auf einen Baum klettert,
- euch durch die Wüste schleppt,
- durch gefährliches Gebiet schleicht,
- bei einer Parade oder einem Umzug mitmarschiert,
- durch eine matschige Wiese geht.

Das musst du lernen und wissen

Pantomime

Es gibt eine besondere Art des Theaterspielens, bei der Gefühle und Situationen dargestellt werden, **ohne zu sprechen**.

Sie werden **allein durch** den Gesichtsausdruck **(Mimik)**, die Körperhaltung **(Gestik)** und die **Körperbewegung** verdeutlicht.

Diese Art des Theaterspielens nennt man Pantomime.

8 **Wähle aus** ....

Man kann auf ganz unterschiedliche Arten „gehen". Stellt diese pantomimisch dar.

a) I Ordne die Wörter in der Sprachbox danach, ob sie eher ein langsames oder schnelleres „Gehen" bezeichnen. Wähle einzelne Arten von Gehen aus und stelle sie pantomimisch dar. Lass deine Mitschüler erraten, welche Art von „Gehen" du gewählt hast.

b) II Sortiere die Wörter in der Sprachbox nach der Art des Gehens auf einer Skala von langsam zu schnell. Stelle dann verschiedene Arten des Gehens (z. B. *bummeln*, *schleichen*, *schlürfen* ...) pantomimisch dar. Lass deine Mitschüler erraten, welche Art von „Gehen" du gewählt hast.

c) III Überlege dir weitere Möglichkeiten des „Gehens", über die Beispiele in der Sprachbox hinaus (z. B. *sich anschleichen*). Stelle sie pantomimisch dar. Die anderen können erraten, was für ein „Gehen" du darstellst.

Sprachbox: Wörter für verschiedene Arten zu „gehen"

bummeln • schleichen • laufen • tippeln • hüpfen • schlurfen • sprinten • kriechen • joggen • hinken • marschieren • eilen • stapfen • schreiten

9 Durchstarten

Ihr könnt das Spielen mit Pantomimen noch mit folgenden Situationen üben:

a) Stellt folgende Situationen zu zweit pantomimisch dar:

- Jemand freut sich, eine Person wiederzusehen.
- Jemand hat Angst vor einer anderen Person.
- Jemand droht einer Person.
- Jemand warnt eine andere Person.
- Jemand bittet einen anderen um etwas.

b) Stelle folgende Situation pantomimisch dar:

- Du liegst in der Sonne, fühlst ihre warmen Strahlen auf deiner Haut. Du fühlst dich wohl.
- Du fasst in eine eklige, klebrige Masse.
- Du gehst spazieren, am Wegrand siehst du einen Schmetterling auf einer Blume. Vorsichtig näherst du dich ihm, aber er fliegt zur nächsten Blume.
- Du hast dich mit einer Freundin oder einem Freund verabredet und wartest an dem ausgemachten Treffpunkt. Du wartest und wartest und gehst schließlich, weil niemand kommt.

c) Spielt zu zweit pantomimisch die folgenden Situationen:

- Zwei Freunde schauen zusammen ein Fußballspiel im Fernsehen an. Ihr Lieblingsverein scheint lange Zeit zu verlieren, gewinnt dann aber doch.
- Ihr geht spazieren. Plötzlich beginnt es zu regnen. Erst nur wenige Tropfen, dann wird der Regen immer stärker. Ihr habt keinen Schirm dabei.
- Einer ist die handelnde Person, der Partner ist das Spiegelbild, das alle Bewegungen der handelnden Person pantomimisch mitmacht (z. B. Zähne putzen, Gesicht waschen, Haare kämmen, sich anziehen).

Auf den Ton kommt es an! – Gefühle ausdrücken

„Ich muss mal mit dir reden!“ – Gefühle mit der Stimme ausdrücken

1 Diesen kurzen Satz kann man auf verschiedene Weise sprechen. Durch den Klang der Stimme könnt ihr die Gefühle deutlich machen.

- Sprecht den Satz auf folgende Arten:

  nachdenklich • drohend • wütend • ängstlich • beleidigt • frech • einschmeichelnd

- Versucht, den Satz auch noch auf andere Arten und Weisen zu sprechen.

2 Sucht euch einen Vornamen aus und sprecht ihn so aus, dass folgende Situationen deutlich werden:

- Ihr freut euch, die Person wiederzusehen.
- Ihr habt Angst vor der Person.
- Ihr droht der Person.
- Ihr macht der Person einen Vorwurf.
- Ihr warnt die Person.

3 Sprecht die folgenden Sätze. Bringt durch unterschiedliche Sprechweisen zum Ausdruck, dass ihr *beleidigt*, *ärgerlich* oder *wütend* seid und euer Gegenüber *belehren* möchtet.

- Räum dein Zimmer auf.
- Du darfst jetzt nicht mehr fernsehen! Du musst morgen früh aufstehen.
- Iss nicht so viel Süßigkeiten, davon bekommst du schlechte Zähne.

Kra kra … – ein Gedicht szenisch lesen

Uwe-Michael Gutschhahn (geb. 1952)
Krähen

Kra kra
kra kra
Mama kra kra

Ja ja kra kra

Kra kra Mama
kra kra kra kra

Na na na na
kra kra Papa

Kra kra kra kra
Kacka Mama

Na na kra kra
kra kra ba ba

A-a kra kra
kra kra da da

La la la la
kra kra
kra kra

1 Lest das Gedicht laut. Sprecht dabei die einzelnen Silben oder Wörter genau und deutlich aus. Erklärt dann, warum das Gedicht „Krähen" heißt.

2 Beschreibt, wie ihr euch den Verlauf des Gesprächs der Krähen vorstellt:

- Wer sagt was?
- Was machen die Krähen jeweils?

3 **Wähle aus**

Übe das Gedicht durch Betonung, Wechsel der Lautstärke, verschiedene Pausen und andere Mittel wirkungsvoll vorzutragen.

a) Du kannst das Gedicht durch den Klang deiner Stimme unterschiedlich betonen. Sprich z. B. *laut*, *leise*, *flüsternd*, *krächzend*.

b) Lies das Gedicht, als ob du *aufgeregt*, *gelangweilt*, *wütend* oder *traurig* wärst. Überlege dir vorher, wie du sprechen musst, um die jeweilige Stimmung auszudrücken.

c) Tragt das Gedicht zu zweit oder dritt so vor, dass der Verlauf des Gesprächs der Krähen deutlich wird. Bringt dabei zum Ausdruck, welche Krähe was sagt. Unterstreicht den Gedichtvortrag durch Mimik, Gestik, Körperhaltung und Hand- bzw. Armbewegungen.

Hinweise und Hilfen zum Vortragen eines Gedichtes findest du in der Lernbox auf S. 59.

Unter dem **Webcode** WES-127515-035 könnt ihr euch einen Vortrag des Gedichts anhören. Ihr könnt diesen auch als Vorlage für euren eigenen Vortrag benutzen.

Audio
WES-127515-035

Annette Fischer: Die Elterntauschzentrale – Theaterszenen lesen und spielen

„Endlich mal ohne Verbote" – die Anfangsszene eines Theaterstücks erschließen und in einem Standbild darstellen

Kinder wünschen sich manchmal andere Eltern. Eltern, bei denen man machen darf, was man will: stundenlang fernsehen, aufbleiben, solange man will, oder einfach tun und lassen, was man möchte. Was passiert, wenn dieser Wunsch erfüllt wird, darum geht es in dem Theaterstück „Die Elterntauschzentrale" von Annette Fischer.

1 Die Autorin Annette Fischer hat ein Theaterstück geschrieben, in dem die Kinder ihre Eltern bei der Elterntauschzentrale – ETZ[1] – austauschen können. Stellt Vermutungen an:

- Warum wollen die Kinder in dem Stück ihre Eltern tauschen?
- Was für Eltern wünschen sich die Kinder in dem Stück wohl?
- Was könnte in dem Stück noch passieren?

Annette Fischer (geb. 1957)

Karla bekommt ihre Wunscheltern (Die Elterntauschzentrale)

Auf der Bühne mit Telefon und Bildschirm sitzt Mozzarella von Mackenstein. Alle stürmen laut rufend durch den Zuschauerraum auf die Bühne und verteilen Werbezettel der ETZ[1]. Verschwinden über die Bühne im Off.
Werber von der Bühne ans Publikum.

Werber[2]: Hallo, Kinder! Habt ihr euch auch schon oft über eure Eltern geärgert?
(nachäffend) „Nein, jetzt wird nicht mehr ferngesehen! Du musst morgen früh aufstehen." Oder: „Iss nicht so viel Süßkram! Sonst bekommst du nur schlechte Zähne." Und vor Weihnachten sind sie meistens sowieso ungenießbar. Dauernd im Stress! Doch damit ist jetzt Schluss. Tauscht sie einfach ein in der E T Z, der Elterntauschzentrale! Nutzt das Sonderangebot für nur 9,95 pro Elternpaar! Garantiertes Rücktauschrecht bis zum 24. Dezember, wenn ihr mit euren neuen Eltern nicht zufrieden seid. Alles total easy. Wir zeigen euch, wie's geht.

(Telefonklingeln)

---

[1] ETZ: So wird in dem Stück die Elterntauschzentrale genannt.

[2] Der Werber ist ein Mitarbeiter der ETZ, der sich um neue Kunden (Kinder) kümmert.

Mozzarella von Mackenstein: Guten Tag, mein Kind. Du bist verbunden mit der ETZ. Mein Name ist Mozzarella von Mackenstein. Was kann ich für dich tun? *(hört zu)* Mmh, ja, ich verstehe, mmh. Endlich mal naschen und nicht immer nur Gesundes. Und Computer und Fernsehen ohne Verbot. Geht klar. Die Adresse?
(hört, tippt in den PC)
Wird erledigt. Viel Spaß mit deinen neuen Eltern!

Vorhang auf.

(Eltern sitzen faul und gelangweilt im Sessel, der Vater vor dem PC, die Mutter vor dem TV, und stopfen Essen und Trinken in sich hinein. Überall liegen angebrochene Süßwaren, leere Flaschen, Müll. Karla futtert und genießt sichtlich Verschiedenes gleichzeitig.)

Karla: Oh, lecker! Das wird ein Weihnachten! Mmh!
(an die Eltern) Was gibt es denn Weihnachten zu essen?

(keine Reaktion)

Karla: Hey, hört doch mal! Was essen wir Weihnachten?
PC-Vater: Wow, der ist hin! Nächstes Level!
TV-Mutter: Sei doch mal ruhig, ich verstehe gar nichts mehr!
Karla: Ich wollte doch nur mal fragen, was es bei euch Weihnachten Besonderes zu essen gibt.
TV-Mutter: Weiß ich auch noch nicht. Der Dönerladen hat ja immer zu.
Karla: Wieso? Kocht ihr nicht was besonders Leckeres?
TV-Mutter: Kochen, Kochen? Weißt du, wie anstrengend das ist?! Du kannst hier essen, was du willst. In der Küche sind auch noch Dosen. Und wie die Mikrowelle funktioniert, weißt du ja wohl. Und jetzt hör endlich auf, hier rumzunerven!
PC-Vater: Eye, Karla, hol mir mal 'n Bier! Wozu füttern wir dich hier sonst?!
TV-Mutter: Na, damit sie groß und stark wird.
Karla: *(bringt das Bier und Hanteln)*
Hier! Wie wär's mal mit ein bisschen Sport?
PC-Vater: Nun reicht's. Du kannst hier essen, was du willst. Du kannst spielen, was du willst. Aber lass deine armen Eltern endlich in Ruhe!
Karla: Mann, ist das langweilig! Ich glaube, ich tausche sie wieder zurück. Aber da müsste ich jetzt anrufen und dann hingehen. Puh, wie anstrengend. Na, mach ich erst noch mal ein kleines Spielchen.

Vorhang zu.

2 Vergleicht den Anfang des Theaterstücks mit euren Vermutungen, die ihr in Aufgabe 1 auf S. 158 notiert habt. Entspricht der Anfang euren Erwartungen?

3 Erschließt den Inhalt der Szene. Klärt mithilfe des Textes folgende Punkte:

- Karla hat sich bei der ETZ neue Eltern gewünscht. Welche Wünsche hat sie an die neuen Eltern?
- Beschreibt den neuen Vater und die neue Mutter von Karla und deren Verhalten.
- Karla möchte am Ende (Z. 47–49) die neuen Eltern wieder zurücktauschen. Erklärt, warum.

4 Stellt die Situation von Karla mit ihren neuen Eltern (Z. 20–29 des Textausschnitts) in einem Standbild dar. Versucht dabei besonders die Beziehung der neuen Eltern zu Karla zu verdeutlichen. Geht dabei so vor:

- Lest die Szene noch einmal und achtet auf folgende Punkte:
  - Wie sprechen die Figuren miteinander?
  - Wie fühlen sich die einzelnen Figuren?
  - Wie ist ihre Beziehung zueinander?
- Überlegt dann, wie man dies durch Mimik, Gestik und die Körperhaltung zum Ausdruck bringen könnte.
- Arbeitet dann mit der Methodenbox auf S. 161 und erstellt ein Standbild zu der Szene.

TIPP: Ihr könnt auch in Gruppen arbeiten und mehrere Standbilder bauen. Um eure Standbilder in der Klasse zu besprechen, könnt ihr dann so vorgehen:

- Macht Fotos von euren Standbildern, druckt sie aus und hängt sie im Klassenraum aus.
- Sprecht anschließend über folgende Fragen:
  - Was ist auf den einzelnen Standbildern dargestellt?
  - Welche Ähnlichkeiten und welche Unterschiede gibt es zwischen den Standbildern?
  - Welche Stimmungen der einzelnen Figuren sind erkennbar? In welchem Standbild kommen diese besonders gut zum Ausdruck?

Denkt daran, eure digitalen Fotos nach der Unterrichtsstunde zu löschen. Ihr dürft die Fotos nicht veröffentlichen oder weitergeben.

5 Diskutiert, inwieweit die Elterntauschzentrale Karlas Wünsche erfüllt hat. Begründet euren Standpunkt. So könnt ihr dabei formulieren:

Dafür, dass Karlas Wünsche erfüllt wurden, spricht …
Auf der anderen Seite … *Ich bin der Auffassung …*

S. 320

Auf der Suche nach Begründungen könnt ihr die **Hilfekarte** auf S. 320 nutzen.

6 Durchstarten

a) I Die Zuschauer erfahren nur wenig von dem Telefonat zwischen Mozzarella von Mackenstein von der ETZ und Karla (Z. 12–18).

- Entwickle das vollständige Telefonat, sodass es zu der Szene passt.
- Übt das Telefonat zu zweit als szenische Lesung oder kurze Szene ein.

b) II Stellt euch vor, zwischen Karla und ihren Austauscheltern kommt es zum Streit. Entwickelt zu dritt oder viert eine entsprechende Theaterszene.

- Übt die Szene als szenische Lesung mit verteilten Rollen oder als kleine Spielszene ein.

c) III Am Ende der Szene spricht Karla zu sich selbst. Ein solches Gespräch einer Theaterfigur mit sich selbst oder den Zuschauern heißt Monolog.

- Führe Karlas Monolog fort. Lass sie dabei ausführlich über ihre Wünsche, die ETZ, ihre neuen Eltern sowie ihre Situation nachdenken.
- Übe Karlas Monolog so ein, wie Karla ihn auf der Bühne sprechen würde. Spiele ihn dann den anderen vor.

d) III Karla ruft am nächsten Tag wieder bei Mozzarella von Mackenstein an, um den Elterntausch rückgängig zu machen. Entwickelt zu zweit eine entsprechende Szene und übt sie ein.

Ein Standbild erstellen

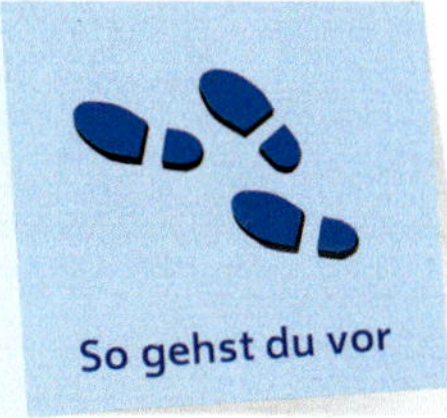

Standbilder zeigen eine Momentaufnahme mit einer oder mehreren Figuren. Sie können dabei helfen, eine Situation oder Figur besser zu verstehen.

- Wählt eine **Situation** aus, die besonders aussagekräftig oder wichtig ist.
- Überlegt, wie viele Personen ihr braucht, um die Situation darzustellen.
- Wählt zusätzlich einen Schüler aus, der die Rolle des **Baumeisters** übernimmt. Er stellt und formt die Figuren so, dass sie zu der Situation passen.
- Die Schüler, die die **Rollen der Figuren** übernommen haben, folgen den Anweisungen des Baumeisters genau. Sie stellen so mithilfe von Gestik, Mimik und Körperhaltung die Situation und die Gefühle der Figuren dar.
- Wenn das **Standbild fertig** ist, gibt der Baumeister ein Zeichen und das Standbild wird eingefroren. Die Figuren müssen dann in ihrer Haltung verharren. Sie dürfen sich nicht bewegen und nichts sagen.
- Die **Beobachter** können nun das Standbild betrachten und **beschreiben**:
  - Welche Situation des Theaterstücks stellt das Standbild dar?
  - Was verdeutlicht es über die Figuren und ihre Beziehung zueinander?
  - Inwieweit stellt das Standbild die Situation passend dar und was könnte oder sollte man daran vielleicht noch verändern?

„Sehr liebe Eltern ...“ – eine Theaterszene erschließen und in einer szenischen Lesung umsetzen

In der nächsten Szene lernt der Zuschauer Ben kennen. Auch Ben hat sich wie Karla bei der Elterntauschzentrale gemeldet, um in eine neue Familie zu kommen.

Ben wird ein Einzelkind (Die Elterntauschzentrale)

(Telefonklingeln)

Mozzarella von Mackenstein: Guten Tag, mein Kind. Du bist verbunden mit der ETZ. Mein Name ist Mozzarella von Mackenstein. Was kann ich für dich tun? *(hört zu)* Ah, du hast drei Geschwister. Das sind wirklich viele. *(hört zu, tippt, sucht auf dem Bildschirm)*
Ja, da haben wir etwas Passendes. Sehr liebe Eltern, sehr bemüht. Deine Adresse? *(tippt)*
Morgen früh bist du Einzelkind. Viel Spaß!

Vorhang auf.

(Ben und die Mutter gehen durch die Stadt und treffen Melanie, eine Freundin der neuen Mutter von Ben)

Mutter: Ah, hallo Melanie!

Melanie: Hallo, mit wem bist du denn heute unterwegs?

Mutter: Das ist unser Ben aus der ETZ. Ist er nicht süß!? Ben, sag Melanie mal „Guten Tag“!

Ben: Hallo, Melanie.

Melanie: Hallo, Ben.
(zur Mutter) Woher kommt Ben? Aus der ETZ?

Mutter: Ja, aus der Elterntauschzentrale. Da können unglückliche Kinder ihre Eltern tauschen. Stell dir vor, das arme Kind hatte drei Geschwister!

Ben: Ja, immer mussten alle mithelfen, im Haushalt und so.
[...]

Mutter: [...] Wir müssen auch los. Wir wollen gleich noch was Hübsches zum Anziehen für ihn kaufen. Dann fahre ich ihn zum Klavierunterricht, und dann besuchen wir zusammen Conni. Die hat den Kleinen ja noch gar nicht gesehen. [...]

Ben: Muss ich mit zu Conni? Ich würde lieber mit Nicki spielen.

Mutter: Aber Liebes, Conni möchte dich so gern kennenlernen. Und sonst wäre ich ja auch den ganzen Nachmittag ohne dich, wo du doch mein einziger kleiner Sonnenschein bist!

Ben: Aber ich will diese Conni gar nicht kennenlernen. Außerdem waren wir schon vier Nachmittage zusammen unterwegs. Da will ich endlich mal ohne dich spielen.

Mutter: Du enttäuschst mich, Ben! Ich tue wirklich alles für dich. Und du willst immer nur deinen Willen durchsetzen!

Ben: Ich möchte nur mal einen Nachmittag mit meinem Freund spielen und nicht andauernd mit Erwachsenen zusammen sein.

Mutter: Auch das noch! Glaubst du, ich lasse dich mit diesem Nicki allein spielen? Nicht auszudenken! Was da alles passieren kann! Wenn überhaupt, kommt Nicki zu uns, damit ich euch nicht aus den Augen verliere.

Ben: So langsam wird mir dieser Tausch unheimlich. Klar, Tischdecken muss ich hier nicht und ich kriege immer das dickste Stück Kuchen. Aber sie geht mir langsam auf den Geist. So genervt hat Mama nie.

1 Erschließt zunächst den Inhalt der Theaterszene. Beantwortet dazu folgende Fragen mithilfe des Textes:

- Warum möchte Ben eine neue Familie?
- Wie hat sich Ben sein Leben in der neuen Familie wohl vorgestellt und welche Erfahrungen macht er mit seiner neuen Mutter?
- Warum sagt Ben am Ende, dass ihm „dieser Tausch unheimlich" (Z. 42) sei?

2 Entwickelt eine szenische Lesung der Theaterszene mit verteilten Rollen. Geht dabei so vor:

- Bildet Vierergruppen und teilt die Rollen unter euch auf.
- Übt eure szenische Lesung in mehreren Proben ein.
- Achtet darauf, dass ihr den Text eurer Figur so lest, wie ihn ein Schauspieler auf der Bühne sprechen würde. Das bedeutet, dass ihr deutlich sprecht und die Stimmungen und Gefühle eurer Figur zum Ausdruck bringt. Geht dabei so vor wie in den Übungen im Teilkapitel „Gefühle mit der Stimme ausdrücken" (S. 156).
- Die Regieanweisungen geben euch aber Hinweise darauf, wie ihr die Sprechweise eurer Figur gestalten könnt. Entscheidet, ob ihr alle, keine oder nur einige Regieanweisungen mitsprechen wollt.
- Arbeitet auch mit der Methodenbox auf S. 164.

3 **Durchstarten**

a) Am nächsten Tag ruft Ben bei der Elterntauschzentrale an, um den Elterntausch rückgängig zu machen.

- Verfasse eine Szene mit dem Telefonat von Ben mit der ETZ.
- Gestalte das Telefonat so, dass die Zuschauer nur die Gesprächsanteile Bens hören.
- Übe das Telefonat so ein, wie es ein Schauspieler in der Rolle Bens sprechen würde, und präsentiere es deinen Mitschülern.

b) II Stellt euch vor, Karla und Ben begegnen sich und unterhalten sich über ihre Erfahrungen mit der Elterntauschzentrale.

- Entwickelt zu zweit einen entsprechenden Dialog (= ein Gespräch) der beiden.
- Übt dieses Gespräch als szenische Lesung oder als Spielszene ein.

c) III Bildet Gruppen. Jede Gruppe schreibt eine eigene Szene, in der ein anderes Kind bei der Elterntauschzentrale anruft und neue Eltern möchte. Bevor ihr eure Szene aufschreibt und einübt, beantwortet folgende Fragen:

- Wie heißt das Kind und wie ist die Situation in seiner Familie?
- Welchen Grund gibt es bei der Elterntauschzentrale dafür an, dass es seine Eltern austauschen möchte?
- Wie sieht die neue Familie aus?
- Was passiert in der neuen Familie?
- Möchte das Kind in der neuen Familie bleiben oder will es wieder in seine ursprüngliche Familie zurück? Welche Gründe hat es dafür?

So gehst du vor

Einen Theatertext szenisch lesen

Szenisches Lesen heißt, dass ihr als Gruppe einen **Theatertext wie** die **Schauspieler** auf der Bühne **sprecht**.

- Lest euch zunächst in den Theatertext, den ihr vortragen wollt, gründlich ein. Dazu sollten alle Gruppenmitglieder die gesamte **Szene mehrmals lesen**.
- **Verteilt** dann untereinander die **Rollen**, die ihr bei der szenischen Lesung vortragen wollt.
- Jetzt **bereitet jeder seinen Teil vor**. Übt den Text so vorzutragen, dass durch eure Sprechweise die Situation, die Gefühle und der Charakter eurer Figuren deutlich werden. Dazu könnt ihr euren Text mit Markierungen und Stichworten vorbereiten. Weitere Hinweise zum Vortragen von Texten findet ihr in den Methodenboxen auf S. 59 und 91.
- Übt dann in eurer Gruppe die szenische **Lesung** gemeinsam ein. Dabei solltet ihr auch **proben**, mit welcher Mimik, Gestik sowie mit welchen Körperhaltungen und -bewegungen ihr eure Figuren jeweils darstellen wollt. Gebt euch gegenseitig dazu Tipps und Hinweise.
- Außerdem solltet ihr gemeinsam klären, wie ihr euch bei eurer szenischen Lesung im Raum aufstellen wollt. Probiert verschiedene Möglichkeiten aus.

„Ich wollte doch nur …" – den Schluss eines Theaterstücks erschließen

Nicht nur Ben und Carla tauschen ihre Eltern. In den anderen Szenen des Stücks machen auch noch Janina und Clementine Erfahrungen mit der ETZ. Am Ende des Theaterstückes wollen sich dann alle Kinder beschweren. Deshalb laufen sie zur ETZ.

Ich habe es doch nur gut gemeint (Die Elterntauschzentrale)

(Alle Kinder rennen, ziemlich erbost durcheinander redend, zur ETZ und beschimpfen Frau von Mackenstein)

Mozzarella von Mackenstein: Aber ich habe es doch nur gut gemeint. So viele Kinder haben sich bei mir schon über ihre Eltern beklagt.
Janina: Das mag ja sein. Jeder hat mal Stress. Aber wir Kinder gehören doch zu unseren Eltern.
Clementine: Sehr richtig, Janina. Nichts geht über die eigenen Eltern, und wenn sie noch so nerven. Im Vertrauen, Leute: Wenn ihr wirklich Probleme habt, ruft die Nummer gegen Kummer an, kostenlos!

Vorhang auf.
Alle Schauspieler bilden eine Reihe an der Rampe und verbeugen sich.
Applaus.
Vorhang zu.

1 Die Kinder beschimpfen Frau Mackenstein. Warum sind sie so ärgerlich und was werfen sie ihr vor? Erklärt dies.

2 Erläutere, was Janina meint, wenn sie sagt, dass Kinder zu ihren Eltern gehören.

3 Clementine sagt, dass die Kinder, wenn sie wirkliche Probleme haben, die „Nummer gegen Kummer" anrufen sollen. Sprecht darüber, was ihr über diese Telefonnummer wisst und worauf Clementine die Zuschauer hinweisen möchte.

4 Durchstarten

a) I Stellt euch vor, auf dem Rückweg von der ETZ treffen Clementine oder Janina ein anderes Kind, das gerne seine Eltern tauschen möchte. Entwickelt ein mögliches Gespräch von Clementine oder Janina mit dem Kind, in dem sie ihm erklären, was sie von der Elterntauschzentrale halten.

b) III Die Kinder kehren wieder zu ihren alten Eltern zurück. Entwickelt für die Rückkehr eines der Kinder in die alte Familie (z. B. Karla oder Ben) eine entsprechende Theaterszene. Übt sie ein und spielt sie den anderen vor.

c) I Gestalte ein Werbeplakat für eine Aufführung des Theaterstücks an deiner Schule.

d) II Berichte von deinen Erfahrungen mit dem Theaterspielen in diesem Kapitel. Erkläre, was du gelernt hast und was dir besonders gefallen hat.

Alles klar? – Üben und überprüfen

In dieser Szene geht es um die Erfahrungen von Janina mit der Elterntauschzentrale. Auch sie meldet sich bei der ETZ und möchte ihre langweiligen Eltern austauschen.

Neue Eltern für Janina (Die Elterntauschzentrale)

Janina: Guten Tag, Frau von Mackenstein. Ich bin Janina und habe so schrecklich langweilige Eltern. Haben Sie vielleicht mal was richtig Lustiges im Angebot?

Mozzarella von Mackenstein: Ich sehe mal nach.
(tippt, sieht auf den Bildschirm)
Hier, was sagst du zu denen?
(dreht den Bildschirm zu Janina, Janina sieht auf den Bildschirm)

Janina: Die sehen ja cool aus, die nehme ich!

Mozzarella von Mackenstein: Okay, Janina!
Noch einmal schlafen, dann hast du sie!

Janina: Da bin ich mal gespannt. Auf Wiedersehen. [...]

Janina ist inzwischen bei ihren neuen Eltern, Hilda und Horst, angekommen. Dort erlebt sie dann Folgendes:

(Hilda rennt juchzend hinter Janina her. Ein fröhliches, wildes Fangenspiel)

Janina: Wir müssen aufhören, Mama. Ich habe die Hausaufgaben noch nicht fertig.

Hilda: Hausaufgaben, wie langweilig! Tick, du bist!
(Hilda rennt wieder los)

Janina: Nein, du hast den Spaß und ich kriege morgen in der Schule den Ärger!

Hilda: Ach, ich schreibe dir eine Entschuldigung. Oder glaubst du etwa, ich hätte mir ein Kind bestellt, um mich mit Hausaufgaben rumzuquälen? Spaß will ich haben. Nun mach schon! *(tickt Janina)* Du hast ihn.
(Horst kommt gut gelaunt nach Hause)

Horst: Na, was ist hier denn für eine tote Hose? Schlaft ihr noch?

Hilda: Du glaubst es nicht! Das Mädchen hat keinen Bock auf Spielen. Die will Hausaufgaben machen.

Horst: Kommt gar nicht in Frage! Heute ist ein Festtag. Ich habe meinem Chef gesagt, dass ich viel lieber mit meinem neuen Kind spielen will, als für ihn zu arbeiten. Und wisst ihr, was er gesagt hat? Dann hauen Sie mal gleich ab. Und morgen brauchen Sie auch nicht wiederzukommen. Los, schnapp dir den Ball, Janina, und dann ab!

Hilda: Super, jeden Tag bolzen.
(hüpft freudig umher)

Janina: *(tritt an die Rampe)*
Checken die noch was? Und ich kriege wieder den Ärger.

1 Führt folgende Übungen zum Theaterspielen durch:

- Sprecht den Satz „Guten Tag, Frau von Mackenstein“ (Z. 1). Verdeutlicht dabei verschiedene Gefühle von Janina. Lasst sie z. B. *traurig*, *enttäuscht*, *ärgerlich*, *beleidigt* oder *wütend* sein.
- Stellt den ersten Teil der Szene (Z. 1–11) pantomimisch dar. Probiert verschiedene Möglicheiten aus, wie Janina und Frau von Mackenstein auf der Bühne dargestellt werden könnten.
- Probiert dies auch für den zweiten Teil der Szene aus (Z. 12–36) aus.

2 Arbeitet zu zweit oder zu dritt. Lest die Auszüge aus dem Theaterstück. Verteilt die fünf Rollen untereinander. Übt dann eine szenische Lesung ein.

- Wichtig ist dabei, dass ihr mit eurer Stimme deutlich macht, was die Figuren erleben und fühlen.
- Versucht dazu auch, Mimik, Gestik sowie Körperhaltungen und -bewegungen einzusetzen.

Arbeitet auch mit der Methodenbox auf S. 164 und mit den Hinweisen bei Aufgabe 2 auf S. 163.

3 Stellt in einem Standbild die Situation von Janina mit ihren Austauscheltern Horst und Hilda dar.

- Versucht dabei die besondere Beziehung der neuen Eltern zu Janina zu verdeutlichen.

Geht dabei so vor, wie es in der Methodenbox auf S. 161 beschrieben wird.

4 **Wähle aus**

Entwickle einen Dialog zu der Szene.

a) I Am nächsten Tag muss Janina ihrer Lehrerin erklären, warum sie keine Hausaufgaben gemacht hat. Entwickle ein mögliches Gespräch zwischen Janina und der Lehrerin.

b) II Janina ruft am nächsten Tag in der Elterntauschzentrale an. Verfasse ein mögliches Telefongespräch zwischen Janina und Frau von Mackenstein.

c) III Janina trifft am nächsten Tag Clementine. Die beiden unterhalten sich über ihre Erfahrungen mit der Elterntauschzentrale. Verfasse eine Szene, in der dieses Gespräch stattfindet.

Ihr könnt eure Dialoge zu zweit als szenische Lesungen oder als Spielszene einüben und eurer Klasse präsentieren.

5 Wenn ihr Lust habt, könnt ihr die Theaterauszüge auf den Seiten 161–156 wie richtige Schauspieler als Spielszene einüben und den anderen präsentieren.

Kleine Dinge mit großer Wirkung – Gegenstände und Vorgänge beschreiben

Sicher macht es auch dir Spaß, Dinge zu basteln. Das kannst du auch gut mit Freunden zusammen machen. Wenn du mit jemandem etwas basteln möchtest, musst du zum Beispiel erklären, wie das geht. Du musst auch beschreiben, wie deine Bastelarbeit aussieht und was du dafür brauchst.

In diesem Kapitel lernst du …

- Gegenstände (z. B. eine Bastelarbeit) und Vorgänge (wie z. B. das Herstellen einer Bastelarbeit) genau zu beschreiben,
- die Merkmale sowie den Aufbau von Gegenstands- und Vorgangsbeschreibungen kennen und anzuwenden,
- das Beschreiben von Gegenständen und Vorgängen zu planen sowie eine Beschreibung mündlich oder schriftlich auszuformulieren.

Zugleich erhältst du viele Anregungen dafür, wie du interessante Gegenstände selbst basteln kannst. Du kannst zum Beispiel einen Helikopter aus Papier bauen oder Freundschaftsbänder herstellen.

1 Seht euch die Bastelarbeiten auf den Abbildungen an. Beschreibt die einzelnen Gegenstände. Welche Gegenstände gefallen euch besonders? Begründet eure Meinung.

2 Stellt Vermutungen darüber an, wie man jeweils vorgehen muss, um diese Gegenstände herzustellen.

3 **Wähle aus**

a) Wähle einen Gegenstand auf den Abbildungen aus, der dir besonders gut gefällt. Beschreibe diesen Gegenstand einem Mitschüler, sodass er sich den Gegenstand auch ohne die Abbildung vorstellen kann.

- Derjenige, der zuhört, erklärt anschließend, inwieweit er sich den Gegenstand aufgrund der Beschreibung genau vorstellen konnte.
- Außerdem gibt er Hinweise, wie man den Gegenstand noch genauer beschreiben könnte.

b) Hast du selbst auch schon Gegenstände gebastelt? Beschreibe einem Mitschüler einen Gegenstand, den du schon selbst gebastelt hast. Beschreibe auch, wie du dabei vorgegangen bist.

- Derjenige, der zuhört, achtet genau darauf, was er an der Beschreibung gut verstanden hat.
- Anschließend stellt er zu dem, was ihm noch unklar ist, Fragen, bis er genau weiß, um welchen Gegenstand es sich handelt und wie du ihn gebastelt hast.

c) Was kannst du aus einem Blatt Papier basteln? Erkläre es einem Mitschüler Schritt für Schritt. Er bastelt dann den Gegenstand so, wie du ihm den Vorgang beschreibst.

Es ist weiß und steht ... – eine Gegenstandsbeschreibung überarbeiten

Die Klasse 6b hat in ihrem Kunstunterricht zu dem Thema: „Das ist kein Müll! – Gegenstände aus übriggebliebenen Materialien basteln“ verschiedene Bastelarbeiten hergestellt. Damit hat die Klasse eine Ausstellung in der Pausenhalle gestaltet.
Die Klasse 5a hat diese Ausstellung mit ihrer Deutschlehrerin besucht. Jeder Schüler sollte einen Gegenstand der Ausstellung auswählen, um diesen den anderen vorzustellen. Marie hat sich für diese Bastelarbeit entschieden.

1 Beschreibt den Gegenstand von Marie, indem ihr folgende Fragen beantwortet.

- Was für einen Gegenstand hat sich Marie ausgesucht?
- Welche Farbe hat er?
- Wie groß ist er?
- Aus welchen Materialien wird er hergestellt?
- Aus welchen Teilen besteht der Gegenstand und wie sehen diese aus?
- Was ist besonders an dem Gegenstand?

Im Deutschunterricht beschreiben die Schülerinnen und Schüler der 5a die Bastelarbeit, die ihnen bei der Ausstellung besonders gut gefallen hat.
Marie hat ihre Bastelarbeit wie folgt beschrieben:

Ich habe mir das Einhorn ausgesucht. Es ist weiß und steht auf einem blauen Tisch. Es besteht aus Toilettenpapierrollen und Papier. Es hat bunte Haare. Der Körper besteht aus einer Rolle. Es hat auch einen Schweif und eine Mähne. Ich glaube, dass man es gut nachbasteln kann. Besonders auffällig sind die Farben. Das Einhorn hat auch Augen. Mir gefällt die Bastelarbeit.

2 Was sollte Marie bei der Beschreibung ihrer Bastelarbeit noch verbessern? Sammelt entsprechende Tipps und Hinweise.

3 Überarbeitet Maries Beschreibung.

- Ergänzt dazu vor allem fehlende Informationen zum Aussehen und den einzelnen Teilen der Bastelarbeit.
- Arbeitet mit den Formulierungshilfen aus der Sprachbox.
  Lest auch die Lernbox auf S. 173.

Arbeitsblatt
WES-127515-036

Wenn du noch weitere Hilfen brauchst, findest du unter dem **Webcode** WES-127515-036 eine Überarbeitung von Maries Gegenstandsbeschreibung als Lückentext, mit dem du weiterarbeiten kannst.

Sprachbox

Gegenstände beschreiben

Der Gegenstand / Die Bastelarbeit ist ein Einhorn / ein Armband / ein Handyhalter / ...

Der Gegenstand / Die Bastelarbeit / Das Einhorn / ... hat eine Größe/Höhe von circa ...

Als Material wurden Toilettenpapierrollen/Papier/Holzstäbe/... verwendet.

Es besteht aus Toilettenpapierrollen/Papier/Holzstäben/...

Es wurde aus Toilettenpapierrollen/Papier/Holzstäben/... hergestellt.

Eine weiße Toilettenrolle / Ein brauner Quader aus Papppapier / ... bildet den Körper / den Kopf / die Mähne / ... des/der ...

Der Körper / Der Kopf / Die Mähne/... besteht aus roten/gelben/bunten/ ... Fäden/Krepppapierstreifen/...

Der Kopf / die Augen / ... wurde(n) an der Oberseite / unteren Seite / links / rechts / in der Mitte / ... angebracht/angeklebt/befestigt/aufgemalt/...

Besonders auffällig ist/sind die Mähne / der Schweif / die Augen / ... des Einhorns / des Armbands / des Handyhalters / ... Sie/Er ...

Auch die Mähne / der Schweif / die Augen / ... fällt/fallen besonders auf, weil ...

Eine Besonderheit der Bastelarbeit ist/sind das Horn / die großen Augen / ... Es ist ... / Sie sind ...

Mir gefällt die Bastelarbeit, weil ... .

4 Wähle aus

Stellt euch eure Überarbeitungen von Maries Beschreibung in kleinen Gruppen gegenseitig vor. Wählt dann eine der folgenden Aufgaben aus:

a) I Präsentiert eine gelungene Beschreibung und erklärt den anderen, was daran besonders gelungen ist.

b) II Stellt aus euren Überarbeitungen die Wörter zusammen, mit denen man die Bastelarbeit besonders genau beschreiben kann.

c) III Erstellt auf der Grundlage eurer Überarbeitungen eine Musterlösung, die ihr den anderen vorstellt.

Die Bastelarbeit ist ein ... – eine Gegenstandsbeschreibung verfassen

Folgende Gegenstände hat die Klasse 6b noch ausgestellt.

1 Sieh dir die Bastelarbeiten aus der Ausstellung an. Wähle die Bastelarbeit aus, die dir am besten gefällt. Notiere dir dann:

- um was für einen Gegenstand es sich handelt,
- was man mit der Bastelarbeit anfangen kann bzw. welche Funktion oder welchen Zweck sie hat,

- wie die Bastelarbeit und ihre Einzelteile aussehen (z. B. Größe, Farbe, verwendete Materialien, Formen, Aussehen und Anordnung der einzelnen Teile, auffällige Besonderheiten),
- warum du diese Bastelarbeit gewählt hast und was du daran besonders interessant findest.

Auf der **Hilfekarte** auf S. 321 findest du Ausdrücke, die du dabei benutzen kannst.

S. 321

Unter dem **Webcode** WES-127515-037 findest du zu allen sechs Bastelarbeiten weitere Hilfen und Hinweise, um sie genauer beschreiben zu können.

Arbeitsblatt
WES-127515-037

2 Arbeitet in kleinen Gruppen und stellt euch eure Bastelarbeiten gegenseitig vor. Gebt einander Tipps und Hinweise, wie ihr eure Bastelarbeiten noch genauer beschreiben könnt.

3 Verfasse nun eine Beschreibung deiner Bastelarbeit. Schreibe sie in dein Heft.

TIPP: Formulierungshilfen findest du in der Sprachbox auf S. 171, der Lernbox auf dieser Seite und auf der **Hilfekarte** auf S. 321.

S. 321

Einen Gegenstand beschreiben

So gehst du vor

- Benenne zunächst, um **was für einen Gegenstand** es sich handelt (z. B. ein Einhorn aus Papier und Pappe). Nenne ggf. auch seine Funktion oder beschreibe kurz, was man damit machen kann.
- Gib dann, soweit möglich, die **Größe**, die **Farbe** und die **Form** an.
- Beschreibe den Gegenstand genauer, indem du darlegst, aus welchen **Einzelteilen und Materialien** er besteht (z. B. *Körper, Füße, Nase, Augen, Ohren; aus Papier, Pappe, Holz*). Gib an, wie diese Einzelteile **aussehen und angeordnet** sind (z. B. *seitlich angebracht, unten aufgeklebt, in der Mitte befestigt, nebeneinander*).
- Beende deine Gegenstandsbeschreibung, indem du auf **Besonderheiten** des Gegenstandes hinweist. Du kannst zum Abschluss auch darlegen, warum dir ein Gegenstand gefällt oder wofür man ihn deiner Meinung nach benutzen kann (z. B. als Geschenk oder Fensterdekoration).
- Schreibe im **Präsens** und formuliere **sachlich und genau**. Verwende dazu genaue ...
  - Nomen/Substantive (z. B. *Toilettenpapierrollen, Mähne, Krepppapier, Schweif*),
  - Adjektive (z. B. *schmal, dünn, verschieden*),
  - räumliche Angaben (z. B. *rundherum, oben, unten, in der Mitte, an den hinteren Teil, am vorderen Teil, unter)*,
  - Verben (z. B. *ankleben, anbringen, verzieren)*.

Schreiben mit Streichhölzern – Merkmale und Bausteine einer Vorgangsbeschreibung kennen

Die Schülerinnen und Schüler der Klasse 5a planen einen Basteltag. Dazu bringt jeder Ideen für Bastelarbeiten mit. Cem hat folgenden Vorschlag im Internet entdeckt:

1 Wie gefällt dir Cems Bastelidee? Begründe deine Meinung.

2 Was braucht man zum Basteln von Cems Gegenstand und wie muss man wohl vorgehen, um ihn herzustellen? Beschreibt dies.

Cems Klasse hat sich darauf geeinigt, dass die Schülerinnen und Schüler ihre Bastelvorschläge aufschreiben. Mit den verschiedenen Bastelanleitungen möchten sie dann ein Klassenbastelbuch erstellen. Cem hat die Anleitung zu seinem Vorschlag schon auf Karteikarten festgehalten.

1

Bastelanleitung: Einen Schriftzug aus Streichhölzern basteln

Aus Streichhölzern könnt ihr einen Schriftzug oder euren Namen gestalten. Damit könnt ihr z. B. euer Zimmer oder den Klassenraum verschönern. Alles, was ihr dafür benötigt, ist:

- *eine dicke Pappe,*
- *mehrere Schachteln Streichhölzer,*
- *einen Bleistift,*
- *Bastelkleber (am besten Holzleim).*

Überlegt euch vor dem Basteln die Farbe, die die Pappe als Hintergrund haben soll. Auch die Farbe der Streichhölzer könnt ihr euch aussuchen. Es gibt Streichhölzer mit roten, weißen, schwarzen, grünen oder blauen Köpfen.

2

Werdet nicht ungeduldig, während ihr den Umriss mit den Streichhölzern füllt. Es lohnt sich, da ihr am Ende mit einem wirklich coolen Streichholzbild belohnt werdet. Wenn alle Streichhölzer aufgeklebt sind und der Schriftzug vollständig ist, könnt ihr die Fläche darum herum noch besonders gestalten (z. B. indem ihr noch etwas zeichnet). Ihr könnt euren Schriftzug auch einrahmen. Klebt dazu aus Streichhölzern ein Rechteck entlang der Seitenränder der Pappe um euren Schriftzug. Eventuell müsst ihr die Pappe noch zurechtschneiden.

3

Zeichnet zuerst den Schriftzug als Umriss mit Bleistift auf eure Pappe. Ihr könnt euren Namen nehmen oder ein Wort, das zu eurer Klasse passt (z. B. WIR oder 5a). Wenn euer Name sehr lang ist, könnt ihr auch nur die Anfangsbuchstaben eures Vor- und Nachnamens nehmen. Zeichnet jetzt die Umrisse der Buchstaben auf die Pappe. Achtet darauf, dass ihr einen dünnen Stift benutzt und sehr fein zeichnet.
Eure Vorlage ist nun fertig!

4

Gebt als Nächstes einen Klecks vom Holzleim oder Bastelkleber auf ein dickes Stück Pappe, das ihr neben euren Bilderrahmen legt. Nun nehmt ihr jeweils 3–4 Streichhölzer zusammen, taucht diese in den Leim und klebt sie senkrecht in den Umriss.
Bei den ersten Streichhölzern müsst ihr sehr geduldig sein und warten, bis der Kleber wirklich trocken ist. Ansonsten stehen sie nicht, sondern fallen wieder um.

5

Klebt dann immer weiter 3–4 Streichhölzer in den Umriss, bis der Schriftzug ganz mit Streichhölzern gefüllt ist. Wartet jedes Mal, bis der Kleber trocken ist und die Streichhölzer wirklich an der Pappe kleben. Die ersten Streichhölzer bieten den folgenden Streichhölzern aber ein wenig Halt, wenn ihr den Umriss füllt. Deshalb kommt ihr etwas schneller voran, je mehr Streichhölzer ihr aufklebt.

3 Ordnet den Karteikarten von Cem jeweils eine passende Überschrift aus dem Wortspeicher zu. Erklärt jeweils, weshalb eine Überschrift zu der Karteikarte passt.

A) Aufkleben der ersten Streichhölzer
B) Beenden des Bastelvorgangs
C) Füllen des Umrisses mit den Streichhölzern
D) Zeichnen des Umrisses
E) Das brauchst du: Materialien und Hinweise zur Vorbereitung

4 Ordnet die Karteikarten nun den Bausteinen einer Bastelanleitung *Einleitung*, *Hauptteil* und *Schluss* zu. Arbeitet dazu mit der Methodenbox auf S. 177.

5 Wähle aus

Lies Cems Beschreibung noch einmal genau. Weise nach, was an dieser Beschreibung gelungen ist.

a) I Mit welchen Wörtern kennzeichnet Cem die zeitliche Abfolge des Bastelns? Schreibe Beispiele in dein Heft.

b) II Lies die Methodenbox auf S. 177. Weise nach, dass Cem die Hinweise zu den einzelnen Teilen einer Vorgangsbeschreibung beachtet hat.

c) III Bei einer Bastelanleitung sind die Verben besonders wichtig. Welche Verben hat Cem benutzt? Suche sie heraus und schreibe sie in der Grundform (Infinitiv) auf. Erkläre, warum derartige Verben wichtig sind, damit eine Bastelanleitung gelingt.

6 Durchstarten

a) I Sammelt weitere Wörter (z. B. mithilfe des Internets), die eine zeitliche Abfolge beschreiben, und gestaltet damit ein Lernplakat für die Klasse.

b) II Erstellt ein Lernplakat für die Klasse mit Hinweisen, was man bei den einzelnen Teilen *Einleitung*, *Hauptteil* und *Schluss* einer Bastelanleitung beachten sollte. Arbeitet dabei mit der Methodenbox auf S. 177.

c) III Erstellt mithilfe von Cems Bastelbeschreibung ein Lernplakat mit Verben und Ausdrücken, die ihr auch bei anderen Bastelanleitungen verwenden könnt.

Einen Vorgang beschreiben

So gehst du vor

Einen Vorgang beschreibst du, wenn du anderen erklärst, wie etwas gemacht wird, z. B. wie etwas gebastelt, gespielt oder gekocht wird. Du möchtest den anderen den Vorgang dann so beschreiben, dass sie ihn selbst auch ausführen können.

Aufbau einer Vorgangsbeschreibung:

1. **Überschrift**
   - Gib deiner Vorgangsbeschreibung zunächst eine passende Überschrift.
2. **Einleitung**
   - In der Einleitung musst du alle Materialien benennen, die man für die Ausführung des Vorgangs benötigt.
     Dazu erstellst du eine **Materialliste** und gibst eventuell an, wofür man die einzelnen Materialien braucht.
   - Außerdem gibst du in der Einleitung Hinweise darauf, welche **Vorbereitungen** (z. B. für das Basteln eines Gegenstandes) durchgeführt werden müssen.
3. **Hauptteil**
   - Hier **erklärst du die einzelnen Schritte** des Vorgangs.
   - Dabei musst du dir eine **sinnvolle Reihenfolge** für die einzelnen Arbeitsschritte überlegen und auch ihre **zeitliche Abfolge** deutlich machen. Achte darauf, jeden Arbeitsschritt genau zu beschreiben. Weise darauf hin, was man bei den einzelnen Arbeitsschritten besonders beachten muss.
4. **Schluss**
   - Am Ende einer Vorgangsbeschreibung kannst du weitere **besondere Hinweise** geben. Du kannst bei einer Bastelanleitung z. B. noch **Tipps** geben, wie man die Bastelarbeit ansprechend gestalten oder verzieren kann. Du kannst am Ende auch Hinweise geben, wozu man die Bastelarbeit verwenden kann (z.B. als Dekoration).

Sprache einer Vorgangsbeschreibung:

- Beschreibe einen Vorgang **sachlich** und verwende das **Präsens**.
- Du kannst bei deiner Beschreibung die **Anrede *du* oder *ihr*** verwenden (z. B. *Du bringst als Nächstes … Ihr könnt nun …* oder *Nimm … Faltet …*). Achte darauf, dass du die Anredeform durchgehend beibehältst.
- Um die **zeitliche Abfolge** der einzelnen Schritte anzugeben, kannst du z. B. folgende Wörter verwenden: *zuerst, zunächst, danach, anschließend, nun, hinterher, daraufhin, bevor, während, nachdem, wenn, zuletzt.*
- Verwende Verben, die die einzelnen Tätigkeiten genau angeben (z. B. *aufkleben, zur Mitte falten, den Umriss füllen, knicken, aufkleben …*).

Mehr zum Thema:
Einen Vorgang beschreiben
AH: S. 38–39

Ezgis Vorschlag: Armbänder basteln – eine Bastelanleitung überarbeiten

Ezgi möchte gerne ein Armband aus Paracords basteln. Als Paracord bezeichnet man dünne Bänder aus Nylon oder Plastik.

Armbänder aus Paracords

Bastelwerkzeuge und -materialien

1 Beschreibt das Armband, das Ezgi basteln möchte.

- Klärt dazu zunächst, wie man die Dinge bezeichnet, auf die die Pfeile zeigen. Ordnet dazu die Fachwörter aus dem Wortspeicher den entsprechenden Pfeilen zu.

> Schere • Feuerzeug • Verschluss • Verschlusskappen • Paracords • Strassperlen • Bastelkleber • Gummibänder

- Beschreibt dann das Armband von Ezgi mithilfe der Fachwörter möglichst genau.

2 Wie könntet ihr vorgehen, um ein solches Armband herzustellen?

- Beschreibt Schritt für Schritt, wie ihr beim Basteln des Armbands vorgehen würdet.
- Benutzt auch wieder die Fachwörter in dem Wortspeicher von Aufgabe 1.

Unter dem **Webcode** WES-127515-038 findet ihr Bilder zu den einzelnen Arbeitsschritten, mit denen ihr den Bastelvorgang genau beschreiben könnt.

Arbeitsblatt
WES-127515-038

Ezgi hat folgende Bastelanleitung für das Klassenbastelbuch der 5a verfasst:

A) *Du brauchst Paracords, die lang sein sollten. Du kannst Strassperlen zum Schmücken nehmen. Du brauchst auch eine Schere.*

~~~~~~~~~~~~~~~~~~~~

B) *Bitte einen Erwachsenen, die Enden der Paracords anzuschmelzen, damit sie nicht ausfransen. Die Paracords werden mit den Gummibändern zusammengebunden, abgeschnitten und kommen in die Verschlusskappe.*
Du musst die Bänder in die Kappe kleben. Du musst den Kleber trocknen lassen.

~~~~~~~~~~~~~~~~~~~~

C) *Du nimmst ein Paracord. Du kannst Strassperlen auf das Paracord stecken. Stecke nicht zu viele Perlen auf ein einzelnes Band.*

~~~~~~~~~~~~~~~~~~~~

D) *Du musst darauf achten, dass die Löcher der Strassperlen passend für die Paracords sind. Sie dürfen nicht zu klein oder zu groß sein.*

~~~~~~~~~~~~~~~~~~~~

E) *Du bringst das andere Ende deiner Paracords in die Verschlusskappe. Du klebst es fest.*

~~~~~~~~~~~~~~~~~~~~

F) *Das Armband ist fertig. Du kannst es tragen.*

3 Ezgi hat ihre Bastelanleitung in verschiedene Teile gegliedert, damit ihre Mitschüler die Bastelanleitung besser verstehen können. Ordnet die Überschriften im Kasten den einzelnen Abschnitten von Ezgis Bastelanleitung zu.

Material	**Beginn der Bastelarbeit**
weiteres Vorgehen bei der Herstellung der Bastelarbeit	**Vorbereitung**
Ende der Bastelarbeit	**besondere Hinweise und Tipps**

4 Beurteilt, inwiefern Ezgis Bastelanleitung gelungen ist. Lest die Anleitung dazu noch einmal.

- Stellt euch während des Lesens vor, ihr würdet versuchen, das Freundschaftsarmband mithilfe der Beschreibung von Ezgi zu basteln.
- Achtet auf Stellen, an denen es euch vermutlich schwerfallen würde, das Armband mithilfe der Anleitung herzustellen. Erklärt, weshalb.
~~~~~~~~~~~~~~~~~~~~

5 Sammelt Verbesserungsvorschläge für Ezgis Bastelanleitung. Klärt bei jedem Abschnitt der Bastelanleitung, was daran noch verbessert werden sollte. Achtet dabei auf folgende Punkte:

- Werden alle wichtigen Informationen gegeben?
- Wird die zeitliche Reihenfolge deutlich gemacht?
- Sind die Arbeitsschritte genau genug beschrieben?
- Klingt der Text abwechslungsreich?

Abschnitt A):
- *Satzanfänge verändern (Zum Schmücken ...)*
- *Materialien vervollständigen (Verschluss mit Kappen, Kleber)*

Arbeitsblatt
WES-127515-039

Unter dem **Webcode** WES-127515-039 findet ihr ein Arbeitsblatt, auf dem ihr eure Verbesserungsvorschläge festhalten könnt.

Ezgi hat ihre Anleitung noch einmal überarbeitet. So hat sie begonnen:

Freundschaftsarmbänder basteln

Bevor du mit dem Basteln beginnen kannst, musst du dir verschiedene Dinge besorgen.

Du brauchst sieben Paracords (= dünne Nylonbänder) in verschiedenen Farben (z. B. blau, rot und schwarz).

Zum Verzieren deines Freundschaftsarmbandes benötigst du ungefähr 14 Strassperlen.

Achte darauf, dass die Bänder ungefähr 14–16 cm lang sein sollten und die Löcher der Perlen ein ausreichend großes Loch haben.

Außerdem brauchst du noch:
- *einen Verschluss mit Verschlusskappen,*
- *ein Maßband,*
- *eine Schere,*
- *zwei Gummibänder,*
- *Bastelkleber.*

Lege alle Materialien vor dir auf den Tisch. Beginne dann mit ...

6 Vergleicht den Anfang von Ezgis Bastelanleitung auf S. 179 mit der Überarbeitung. Was hat Ezgi an der Bastelanleitung verbessert? Erklärt dies an einzelnen Stellen.

S. 321

Arbeitsblatt
WES-127515-040

7 Schreibe Ezgis Überarbeitung der Bastelanleitung weiter. Nutze dazu die Verbesserungsvorschläge von Aufgabe 5.
Sieh dir eventuell auch die **Hilfekarte** auf S. 321 an.

Unter dem **Webcode** WES-127515-040 findest du die Überarbeitung von Ezgis Bastelanleitung als Lückentext. Arbeite damit, wenn dir die Aufgabe 7 noch schwerfällt.

Jetzt bist du dran! –
Eine Bastelanleitung verfassen

Einen Hubschrauber aus Papier bauen

1

Materialien:
Rechteckige Papier-/ Pappbogen (5 × 15 cm)
Schere, Lineal, Bleistift

2

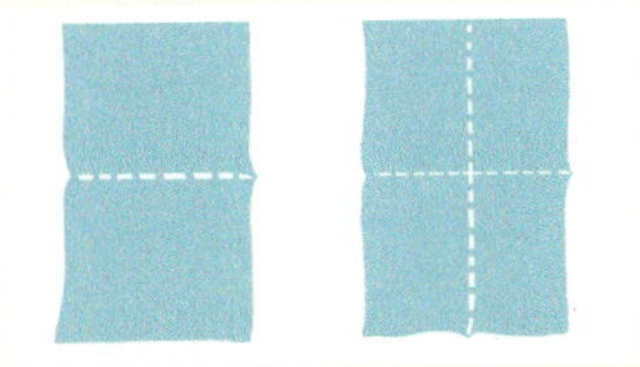

falten, dann entfalten

3

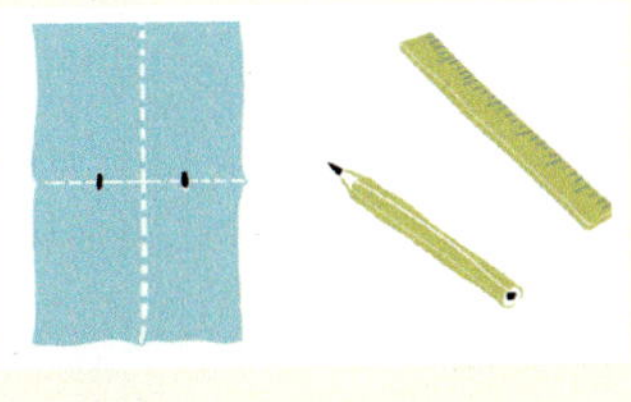

Mitte in drei Teile; gestrichelte Linien zeichnen

4

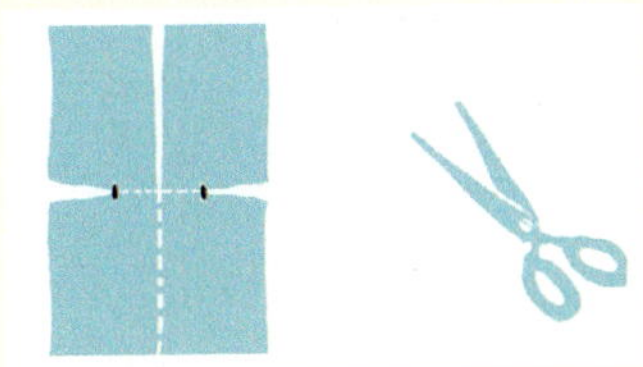

dreimal einschneiden

5

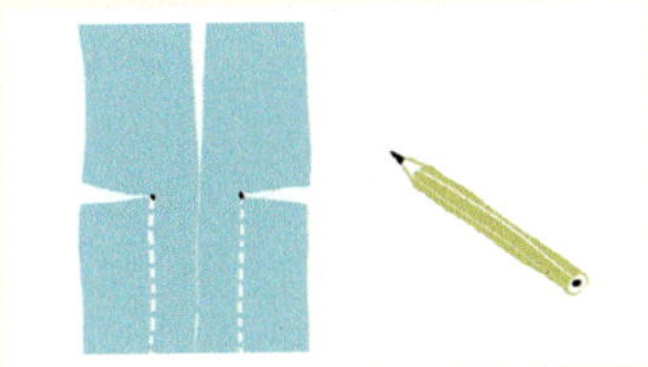

Hilfslinien

6

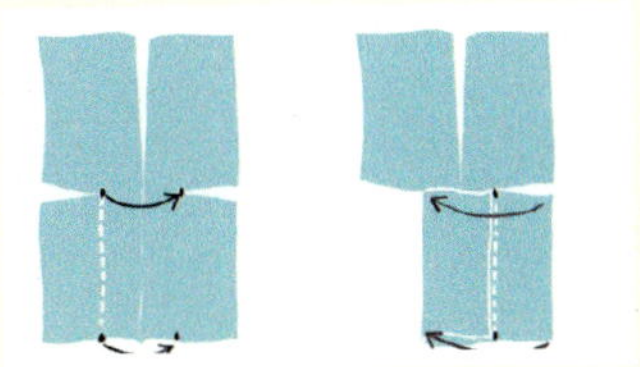

Streifen falten

7

Kanten zweimal nach oben falten

8

Flügel biegen – fertig: Guten Flug!

9

dann fliegt der Helikopter

1 Baut nach dieser Anleitung einen Hubschrauber. Ihr könnt euch dazu auch ein Video anschauen, das die einzelnen Arbeitsschritte zeigt.

Video
WES-127515-041

2 Was müsste man an der Anleitung verändern, wenn man den Bau des Hubschraubers ohne die Bilder schriftlich beschreiben möchte?

- Sammelt zu jedem Bild Formulierungen, die eine schriftliche Bastelanleitung über die Stichworte hinaus noch enthalten müsste.
- In der Sprachbox auf S. 182 findet ihr Ausdrücke, mit denen ihr dabei arbeiten könnt.

Sprachbox

Einen Bastelvorgang beschreiben

Materialien:
rechteckiger Papierbogen (5 x 15 cm)
Schere
Lineal
Bleistift

Weitere wichtige Nomen:
die Mittellinie
der/die Streifen
die Kante(n)
die Flügel
die Hilfslinie(n)
die Linie(n)
die Hälfte
das Drittel

Tätigkeiten:
falten, entfalten
teilen
einzeichnen
zeichnen
einschneiden/schneiden
biegen
werfen

Weitere Angaben:
in der Mitte
längs – quer
in drei Teile
von rechts und links
bis zur Mittellinie/entlang der Mittellinie
an der Kante/Linie entlang
von unten/nach oben
zweimal/dreimal
gestrichelt
zur Hälfte / zu einem Drittel

Arbeitsblatt
WES-127515-042

Wenn ihr darüber hinaus noch weitere Hilfen und Formulierungen benötigt, findet ihr sie unter dem **Webcode** WES-127515-042.

3 Verfasst eine schriftliche Bastelanleitung. Beschreibt dabei das Basteln des Papierhubschraubers so, dass der Leser genau nachvollziehen kann, ...

- wie er bei den einzelnen Arbeitsschritten vorgehen soll und
- worauf er beim Basteln besonders achten muss.

Arbeitet dabei mit der Methodenbox auf S. 177 und der Sprachbox auf dieser Seite.

Ihr könnt auch die folgenden Formulierungen nutzen:

Um einen Helikopter zu basteln, brauchst du ...
Zuerst ...
Dann ...
...
Zum Schluss ...
Jetzt fliegt der Helicopter. Du musst ihn ... Guten Flug!

Wenn euch das Verfassen der Bastelanleitung noch schwerfällt, könnt ihr wieder mit dem Arbeitsblatt unter dem **Webcode** WES-127515-042 arbeiten.

4 Besprecht eure Bastelanleitungen zu zweit oder in einer kleinen Gruppe.

- Überlegt, an welchen Stellen ihr eure Bastelanleitungen noch mit Ausdrücken aus der Sprachbox auf S. 182 und der Methodenbox auf S. 177 verbessern könnt.
- Überarbeitet eure Bastelanleitungen anschließend mithilfe der Hinweise eurer Mitschüler sowie der Methodenbox auf S. 177 und den Sprachbox in diesem Kapitel (S. 171 und S. 182).

5 **Durchstarten**

a) Arbeitet zu zweit. Gestaltet auf der Grundlage eurer Bastelanleitungen eine Anleitung zum Bauen des Hubschraubers für ein Klassenbastelbuch.

- Verwendet dabei auch eigene Bilder oder übernehmt die Abbildungen von S. 181.
- Achtet auf eine übersichtliche Gestaltung eurer Anleitung.
- Erstellt eure Anleitung, wenn möglich, an einem Computer oder Tablet.

b) Sicher kennt ihr noch andere Objekte und Gegenstände, die man aus Papier falten kann (z. B. Papierflugzeuge, Schiffe, „Himmel und Hölle").

- Verfasst eine Bastelanleitung dazu.
- Überprüft anschließend, wie genau euch eure Anleitung gelungen ist.
- Lest eure Anleitung einem Mitschüler Schritt für Schritt vor und lasst ihn den Gegenstand falten.
- Sprecht anschließend darüber, an welchen Stellen der Bastelanleitung ihr den Vorgang noch genauer beschreiben könntet. Ihr könnt dazu auch im Internet recherchieren.

c) Wählt unter den folgenden zwei Bastelvorschlägen einen aus. Verfasst dazu eine Bastelanleitung.

- Arbeitet mit der Methodenbox (S. 177) oben.

Auf der **Hilfekarte** auf S. 322 findet ihr die Fachbegriffe und weitere Ausdrücke, die ihr benutzen könnt.

S. 322

Alles klar? – Üben und überprüfen

Laurenz aus der Klasse 5a hat im Internet ein Flugzeugmodell entdeckt. Er möchte eine Bastelanleitung dazu für das Klassenbastelbuch seiner Klasse erstellen.

1 Vervollständige Laurenz' Beschreibung der Bastelarbeit, die du unter den Bildern findest, mit den Wörtern aus dem Wortspeicher.

Wäscheklammer • grün • Eisstäbchen • Flugzeugmodell • Heck • Wäscheklammer • Eisstäbchen • geklebt • Tragflächen/Flügel • kürzere • aufrecht • grüne

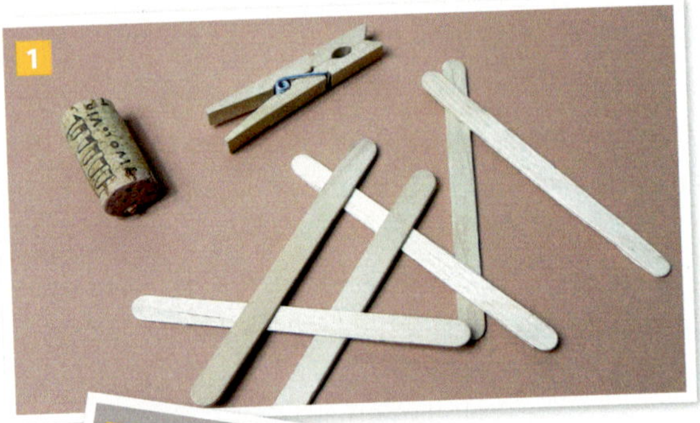

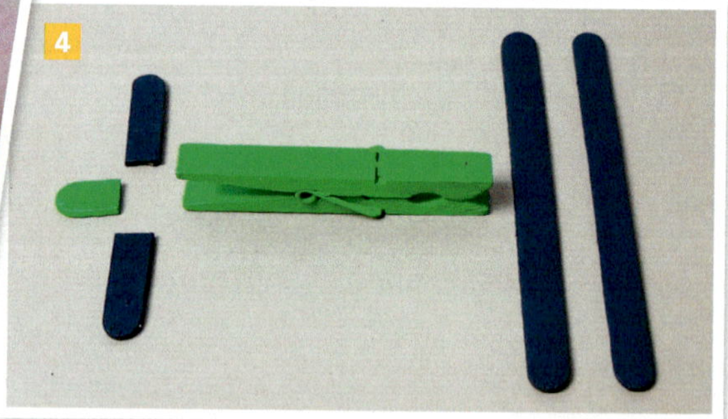

Ein Spielzeugflugzeug

Die Bastelarbeit ist ein ______. Es wird aus einer ______ und drei ______ aus Holz gebastelt. Die ______ bildet den Rumpf des Flugzeugs. Sie ist ______ angemalt. Die ______ bestehen aus zwei ______. Diese sind schwarz angemalt und oben und unten an die Wäscheklammer ______. Das ______ des Flugzeugs besteht ebenfalls aus drei Eisstäbchenteilen.

Zwei ______________ Eisstäbchenteile, die Heckflügel, sind am Ende der Wäscheklammer aufgeklebt und schwarz angemalt. Ein kurzes Eisstäbchenteil bildet das sog. Höhenruder und ist ______________ zwischen den beiden anderen Eisstäbchenteilen angebracht worden. Es hat dieselbe ______________ Farbe wie der Rumpf des Flugzeugmodells.

2 Beschreibe einem Partner mithilfe der Bilder auf S. 184, wie man wohl vorgehen sollte, um das Flugzeugmodell zu basteln.

3 Laurenz hat sich für eine schriftliche Bastelanleitung zu dem Flugzeugmodell einen Schreibplan angelegt. Bringe die einzelnen Teile seines Schreibplanes in eine sinnvolle Reihenfolge.

A) *Heck des Flugzeugs: 3 Stücke der Eisstäbchen aus Holz – kürzen: Heckflügel 5 cm – Höhenruder 3 cm – schwarz bzw. grün anmalen - trocknen lassen*

B) *Materialien: 2 Farbstifte oder andere Farben – Wäscheklammer aus Holz – 4-5 Eisstäbchen aus Holz – Messer oder Schere – Klebstoff*

C) *Flügel/Tragflächen: Eisstäbchen – anmalen – trocknen lassen – aufkleben: Mitte der Wäscheklammer, Ober- und Unterseite*

D) *Rumpf: Wäscheklammer – anmalen – trocknen lassen*

4 Verfasse eine schriftliche Bastelanleitung zum Bau des Spielzeugflugzeugs.

- Verwende dabei die Fachbegriffe von Aufgabe 1 und die Stichworte aus Laurenz' Schreibplan. Lies vorher auch noch einmal die Hinweise in der Lernbox auf S. 177.

5 Stellt euch eure Bastelanleitungen in kleinen Gruppen gegenseitig vor.

- Achtet darauf, was an den Bastelanleitungen besonders gut gelungen ist. Erklärt dies an einzelnen Formulierungen.
- Verbessert gemeinsam noch einzelne Stellen und Formulierungen eurer Bastelanleitungen.

Das könnt ihr noch machen! – Projektideen rund um große und kleine Basteleien

Ein Klassenbastelbuch erstellen

- Erstellt ein eigenes Klassenbastelbuch. Sucht dazu im Internet nach Basteleien, die euch besonders gut gefallen.
- Verfasst dann dazu Bastelanleitungen für euer Klassenbastelbuch.

Eine Bastelausstellung gestalten

- Organisiert eine kleine Ausstellung mit eigenen Basteleien.
- Stellt eure Basteleien jeweils zusammen mit der Beschreibung der Gegenstände und einer Bastelanleitung aus (z. B. auf Plakaten oder DIN-A4-Blättern).

Erklärvideos zu Bastelanleitungen erstellen

- Präsentiert eure Bastelvorschläge in Erklärvideos. Recherchiert dazu zunächst nach Bastelideen. Besorgt euch dann die Materialien und übt die Herstellung der entsprechenden Gegenstände, bis ihr sie gut beherrscht.
- Erklärt dann Schritt für Schritt euer Vorgehen, während ihr das Objekt bastelt, und filmt den Vorgang (z. B. mit einem Smartphone). Achtet dabei darauf, dass ihr keine Personen im Ganzen filmt, sondern nur den Bastelvorgang.
- Arbeitet bei der Vorbereitung und Herstellung eurer Erklärvideos mit der Methodenbox auf der nächsten Seite.

Eine Bastelstunde durchführen

- Führt eine Bastelstunde durch. Verfasst dafür zu zweit eine Bastelanleitung. Für die Bastelstunde bringt jedes Zweierteam die Materialien mit, die man für seine Bastelei benötigt.
- Zu Beginn eurer Bastelstunde legt jedes Team seine Materialien und seine Bastelanleitung aus. Dann können sich alle Zweiergruppen eine andere Bastelei aussuchen und sie mithilfe der Anleitungen und der Materialien herstellen.

Ein Erklärvideo erstellen

So gehst du vor

Ihr könnt zu vielen Themen Erklärvideos herstellen. Auch Ergebnisse, die ihr im Unterricht erstellt habt, könnt ihr mithilfe von Erklärvideos wirkungsvoll präsentieren. Achtet auf folgende Punkte, wenn ihr zu einem Thema (z. B. einer Bastelanleitung oder dem Aufbau einer Erzählung) ein Erklärvideo erstellen woll.

1. Schreibt den Text auf, den ihr in eurem Erklärvideo sprechen wollt (z. B. eine Anleitung für das Basteln eines Papierfliegers).
2. Bereitet die Materialien vor, die ihr in eurem Erklärvideo zu dem eingesprochenen Text zeigen wollt (z. B. Gegenstände, Zeichnungen, Abbildungen und anderes).
3. Arbeitet in kleinen Gruppen und übt vor dem Aufnehmen des Videos das Sprechen des Textes und das gleichzeitige Präsentieren der Materialien und Arbeitsschritte.
4. Bereitet die Umgebung für das Filmen des Erklärvideos so vor:
   - Positioniert die Kamera so, dass die Materialien gut zu sehen sind (z. B. den Tisch, den ihr als Arbeitsfläche für eine Bastelarbeit nutzt).
   - Achtet darauf, dass genug Licht vorhanden ist, filmt aber nicht direkt in ein starkes Licht hinein. Die Aufnahmen werden nicht gut, wenn ihr im Hintergrund zu viel Licht habt, z. B. wenn durch ein Fenster die Sonne hereinscheint.
   - Filmt in einem Raum, in dem es möglichst ruhig ist.
5. Nehmt nun euer Erklärvideo (z. B. das Basteln eures Gegenstandes) Schritt für Schritt auf:
   - Geht langsam vor, sodass eure Zuschauer euren Erklärungen gut folgen können. Erklärt die einzelnen Aspekte eines Themas oder die Arbeitsschritte zu einem Vorgang nacheinander. Präsentiert dazu die vorbereiteten Materialien (z. B. eigene Zeichnungen oder Abbildungen), die die Erklärungen unterstützen.
   - Achtet beim Filmen darauf, dass man auf der Aufnahme alle Einzelheiten gut sehen kann. Filmt mit einem Smartphone oder Tablet im Querformat.
   - Achtet auch darauf, dass man eure Erklärungen gut hören kann. Sprecht laut und deutlich und vermeidet Hintergrundgeräusche.
   - Versucht die Kamera möglichst ruhig zu halten und nicht zu wackeln.
   - Je nach Thema sollte euer Video nicht länger als 3–5 Minuten dauern.
6. Wenn ihr entsprechende Programme kennt, könnt ihr eure Erkärvideos anschließend noch bearbeiten.
7. Nun könnt ihr euer Erklärvideo in der Klasse präsentieren.

Hinweis: Ihr **dürft** euer Erklärvideo **nicht** im Internet (z. B. auf sozialen Netzwerken oder Videoplattformen) veröffentlichen. Auch dürft ihr es nicht mit anderen über das Internet teilen (z. B. indem ihr es über E-Mail-Anbieter oder Nachrichtendienste verschickt).

Lernen kann man lernen! – Das eigene Lernen organisieren

In diesem Kapitel findest du Tipps, wie du erfolgreich lernen kannst. Dabei lernst du, wie du ...

- dich auf den nächsten Schultag vorbereiten kannst,
- deine Hefte und Mappen ordentlich führst,
- Aufgaben richtig verstehst und
- dich aktiv am Unterricht beteiligst.

Die Schülerinnen und Schüler der 5a sprechen darüber, wie sich das Lernen an ihrer neuen Schule gegenüber der Grundschule verändert hat.

Maxim: Der Schultag dauert viel länger ...

Antonio: Die Hausaufgaben haben sich total verändert!

Lena: Neu ist auch, dass wir jetzt so viele Lehrer haben.

Eddy: Wir müssen viel mehr alleine arbeiten ...

1 Habt ihr die gleichen Erfahrungen gemacht wie Maxim, Antonio, Eddy und Lena? Erzählt davon, was an eurer neuen Schule gegenüber der Grundschule anders ist. Berichtet auch davon, wie sich das Lernen verändert hat.

2 Die Abbildungen haben alle mit dem Thema Lernen zu tun. Beschreibt die Situationen.

3 Tauscht euch über eure Erfahrungen aus:

- Kennt ihr solche Situationen wie die auf den Abbildungen? Erzählt in der Klasse von euren Lernerfahrungen.
- Berichtet davon, was euch beim Lernen leichtfällt und was ihr noch schwierig findet.

4 Sammelt anhand der Abbildungen erste Tipps, was man beim Lernen beachten sollte.

Heute schon an morgen denken – sich auf den Schultag vorbereiten

1 Kennt ihr die Situation, in der sich Lukas hier befindet? Sammelt mögliche Gründe dafür, weshalb es Lukas so häufig passiert, dass er seine Schulsachen zu Hause zu vergisst.

2 Wie bereitet ihr euch auf den Schultag vor?

- Berichtet davon, wie ihr euch auf den nächsten Schultag vorbereitet und was euch dabei hilft.
- Was könntet ihr anders machen?

3 **Wähle aus**

Entwickelt Tipps, wie man sich auf den Schultag vorbereiten kann. Bearbeitet dazu eine der folgenden Aufgaben:

S. 322

a) I Ihr findet auf Seite 322 eine **Hilfekarte** mit einer unvollständigen Methodenbox „Sich auf den nächsten Schultag vorbereiten". Übernehmt die Methodenbox in euer Heft und ergänzt sie.

b) II Erstellt ein Lernplakat mit Tipps zur Vorbereitung auf den nächsten Schultag.

c) III Erstellt eine Checkliste für Lukas, mit der er überprüfen kann, ob er sich gut auf den nächsten Schultag vorbereitet hat.

4 Durchstarten

a) Überprüfe den Inhalt deines Rucksacks oder deiner Schultasche mithilfe deines Stundenplans für heute: Packe zuerst alle Dinge, die sich in deiner Tasche befinden, aus und lege sie vor dich auf einen Tisch.

- Kontrolliere, ob du für die einzelnen Fächer alles dabeihast.
- Überprüfe, ob du alles erledigt hast, was du zu Hause bearbeiten, lernen oder vorbereiten solltest.
- Sortiere deine Sachen anschließend wieder ordentlich in deinen Rucksack oder in deine Schultasche ein. Wirf eventuell unnötige Dinge weg.

b) Nimm deinen Rucksack oder deine Schultasche und lege die Dinge, die sich darin befinden, vor dich auf den Tisch. Vergleiche mit deinem Sitznachbarn: Was hast du vielleicht vergessen? Was fehlt möglicherweise bei deinem Sitznachbarn?

c) Sammelt Gründe, warum die Ordnung in euren Schultaschen so wichtig ist. Notiert eure Ergebnisse.

Sich auf den Schultag vorbereiten

So gehst du vor

Überprüfe deine **Vorbereitungen** für den **nächsten Schultag** mithilfe der folgenden Fragen:

- Hast du alle **Elternbriefe** eingesteckt, die du am nächsten Tag abgeben musst? Lege dir eine Klappmappe an, die nur für Elternbriefe genutzt wird.
- Hast du deine **Hausaufgaben** erledigt? Kontrolliere das mithilfe deines Hausaufgabenheftes oder Schulplaners.
- Hast du alle **Materialien für den nächsten Tag** eingepackt? Überprüfe das anhand deines Stundenplans.
- Ist dein **Etui** vollständig gefüllt? Prüfe, ob alle **Stifte** noch funktionieren und ob alle anderen **wichtigen Dinge** (z. B. Schere, Klebstoff, Anspitzer, Radiergummi) in deinem Etui vorhanden sind.
- Musst du noch **Materialien ersetzen** oder auffüllen? Überprüfe, ob du z. B. ein neues Heft, einen neuen Schreibblock, Tintenpatronen, Bleistifte oder andere Materialien benötigst.

Wenn du diese Fragen am Nachmittag oder Abend für den kommenden Schultag durchgehst, bist du gut auf den nächsten Schultag vorbereitet. Am nächsten Morgen musst du dann nur noch daran denken, deine Verpflegung und deine Getränke für die Pausen mitzunehmen.

Wichtig ist auch, dass du einmal pro Woche deinen Rucksack aufräumst. Hefte lose Arbeitsblätter und Seiten in deine Mappe für das jeweilige Fach ein oder klebe sie in das entsprechende Heft. Wirf Unwichtiges weg.

Den Überblick behalten – Hefte und Mappen führen

1 Berichtet, wie ihr in der Grundschule eure Hefte und Mappen geführt habt. Tauscht euch über folgende Punkte aus:

- Worauf sollte man beim Führen von Heften und Mappen achten?
- Was gelingt euch dabei schon gut, was fällt euch noch schwer?
- Welche Regeln haben euch bei der Heft- und Mappenführung geholfen?

Dies ist eine Doppelseite aus Lenas Deutschheft:

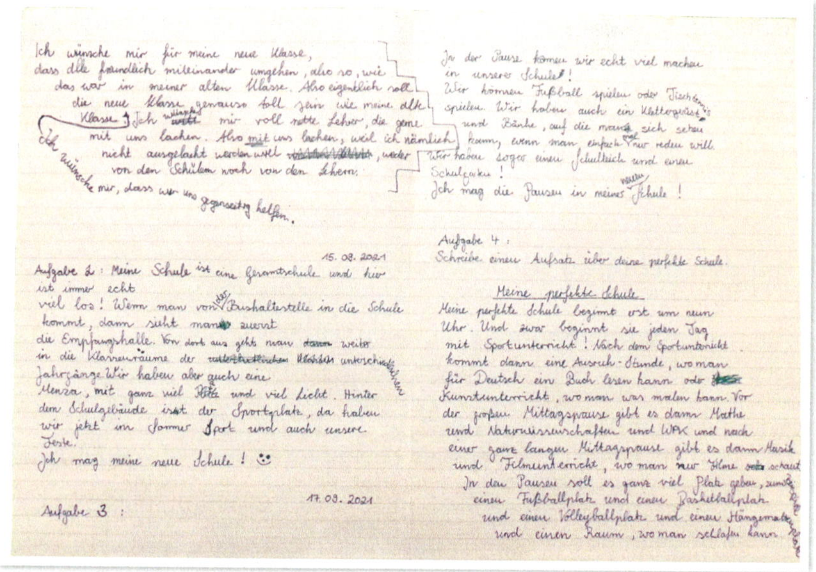

Ich wünsche mir für meine neue Klasse,
dass alle freundlich miteinander umgehen, also so, wie
das war in meiner alten Klasse. Also eigentlich soll
die neue Klasse genauso toll sein wie meine alte
Klasse. Ich wünsche mir voll nette Lehrer, die gerne
mit uns lachen. Also mit uns lachen, weil ich nämlich
nicht ausgelacht werden will, weder
von den Schülern noch von den Lehrern.
wünsche mir, dass wir uns gegenseitig helfen.

15. 09. 2021
Aufgabe 2: Meine Schule ist eine Gesamtschule und hier
ist immer echt
viel los! Wenn man von der Bushaltestelle in die Schule
kommt, dann sieht man zuerst
die Empfangshalle. Von dort aus geht man dann weiter
in die Klassenräume der unterschiedlichen
Jahrgänge. Wir haben aber auch eine
Mensa, mit ganz viel Platz und viel Licht. Hinter
dem Schulgebäude ist der Sportplatz, da haben
wir jetzt im Sommer Sport und auch unsere
Feste.
Ich mag meine neue Schule! :)

17. 09. 2021
Aufgabe 3:

In der Pause können wir echt viel machen
in unserer Schule!
Wir können Fußball spielen oder Tischtennis
spielen. Wir haben auch ein Klettergerüst
und Bänke, auf die man sich setzen
kann, wenn man einfach mal nur reden will.
Wir haben sogar einen Schulteich und einen
Schulgarten!
Ich mag die Pausen in meiner neuen Schule!

Aufgabe 4:
Schreibe einen Aufsatz über deine perfekte Schule.

Meine perfekte Schule
Meine perfekte Schule beginnt erst um neun
Uhr. Und zwar beginnt sie jeden Tag
mit Sportunterricht! Nach dem Sportunterricht
kommt dann eine Ausruh-Stunde, wo man
für Deutsch ein Buch lesen kann oder
Kunstunterricht, wo man was malen kann. Vor
der großen Mittagspause gibt es dann Mathe
und Naturwissenschaften und WPK und nach
einer ganz langen Mittagspause gibt es dann Musik
und Filmunterricht, wo man nur Filme schaut.
In den Pausen soll es ganz viel Platz geben, zum Beispiel
einen Fußballplatz und einen Basketballplatz
und einen Volleyballplatz und einen Hängematten-
und einen Raum, wo man schlafen kann.

2 Schaut euch die Seiten aus Lenas Deutschheft an und beschreibt, wie Lena ihr Heft führt. Was fällt euch auf?

- Macht euch Stichpunkte dazu, was Lena verbessern könnte.
- Notiert euch auch, was ihr schon gut gelungen ist.

3 **Wähle aus**

Hilf Lena, ihre Heftführung zu verbessern. Wähle dafür eine der folgenden Aufgaben und arbeite mit den Hinweisen in der Methodenbox.

a) Schreibe die drei wichtigsten Tipps für Lena auf, die ihr bei der Heftführung helfen.

b) Schreibe mindestens fünf Tipps für Lena auf, wie sie sich bei der Heftführung verbessern kann. Begründe jeweils die einzelnen Hinweise.

c) Erstelle für Lena eine Checkliste für die Heftführung. Stelle deine Checkliste der Klasse vor.

4 **Durchstarten**

a) Verbessere Lenas Doppelseite.

b) Suche eine Seite in deinem Deutschheft, bei der die Heftführung noch besser sein könnte. Verbessere sie, indem du sie erneut gestaltest.

c) Tausche dein Heft oder deine Mappe mit einer Mitschülerin oder einem Mitschüler. Gebt euch gegenseitig Tipps, wie ihr eure Heftführung noch verbessern könnt.

d) Erstellt ein Plakat zur Heftführung, das im Klassenraum für alle aufgehängt werden kann. Das Plakat sollte auch eine „Musterseite" darstellen. Beschriftet diese Musterseite mit entsprechenden Hinweisen.

e) Sammelt Fragen dazu, wie ihr euer Heft oder eure Mappe im Fach Deutsch führen sollt. Besprecht dann mit eurer Lehrkraft die Regeln für die Heft- und Mappenführung.

Hefte und Mappen führen

So gehst du vor

Folgende Punkte solltest du bei der Führung deiner Hefte und Mappen beachten:

- Notiere bei jedem Eintrag immer zuerst das **Datum** (z. B. am Heftrand oder neben der Überschrift).
- Setze über jeden Eintrag eine **Überschrift** und unterstreiche sie. Gib bei Übungen und Aufgaben aus dem Schulbuch die Seite und Aufgabennummer an (z. B. Seite 51, Aufgabe 2 a).
- Oft ist es auch sinnvoll, den **Arbeitsauftrag** unter der Überschrift zu notieren. Dann weißt du, auf welche Aufgabe sich deine Notizen und Texte beziehen.
- Beginne immer am linken Rand zu schreiben. Lass rechts einen **Rand**, damit deine Lehrerin oder dein Lehrer dir Hinweise an den Rand schreiben kann. Schreibe nicht über den rechten Rand hinaus.
- Lass eine Zeile frei, wenn ein **neuer Abschnitt**, ein **neuer Eintrag** oder eine neue Aufgabe beginnt.
- **Nutze Farben**, um Wichtiges hervorzuheben. So findest du es schneller wieder. Rahme z. B. Regeln und Zusammenfassungen farbig ein.

Sprecht mit eurer Lehrerin oder eurem Lehrer ab, ob ihr für einzelne Fächer noch besondere Regeln bei der Heft- und Mappenführung beachten sollt.

Benenne ... Beschreibe ... Erkläre ... – Aufgaben verstehen

1 Beschreibt, welche Schwierigkeiten die beiden Kinder haben.
Kennt ihr solche Situationen? Berichtet davon.

Die beiden unterhalten sich über die folgende Aufgabe.

> Recherchiert im Online-Katalog eurer Bibliothek, wie viele Bücher von Andreas Steinhöfel es dort gibt. Wählt ein Buch des Autors aus, das euch interessant erscheint, schreibt den Titel und die Signatur auf und überprüft im Regal, ob das Buch nicht ausgeliehen ist.

2 Wie könnten die beiden vorgehen, um die Aufgabe zu verstehen?
Sammelt Tipps, die ihnen helfen könnten.

3 Sucht aus der Aufgabe oben die Verben heraus, die euch zeigen, was ihr im Einzelnen tun sollt. Erklärt die Bedeutung der Verben.

4 Man muss für diese Aufgabe mehrere Arbeitsschritte erledigen.
Vervollständige die angefangene Erklärung und beschreibe einem Lernpartner die einzelnen Schritte.

1. *Zuerst muss man den Katalog der Bibliothek an einem Computer aufrufen.*
2. *In die Suchmaske des Online-Katalogs gibt man dann den gesuchten Autorennamen ein: ...*
3. *...*

5 Die folgenden Verben (1–9) kommen besonders häufig in Aufgaben vor.
Ordnet diesen Verben ihre jeweilige Bedeutung (a–i) zu.

1. *beschreiben* →	a) *etwas verdeutlichen und dabei Beispiele nutzen*
2. *zuordnen*	b) *etwas aufzählen oder wörtlich wiedergeben*
3. *erläutern*	c) *Informationen in den richtigen Zusammenhang bringen*
4. *vergleichen*	d) *etwas in Stichworten aufschreiben*
5. *zusammenfassen*	e) *die eigene Meinung aufschreiben und begründen*
6. *ergänzen*	f) *die Hauptaussage in eigenen Worten ausdrücken*
7. *beurteilen*	g) *Gemeinsamkeiten und Unterschiede aufzeigen*
8. *notieren*	h) *etwas genau und sachlich darstellen*
9. *nennen*	i) *Fehlendes hinzufügen*

6 Welche Arbeitsschritte verlangen folgende Aufgaben von euch? Klärt die Aufgabenstellung so, wie es in der Methodenbox unten beschrieben wird.

Aufgabe 1:
Schreibt den Text in eure Hefte und ergänzt die fehlenden Kommas bei den Aufzählungen.

Aufgabe 2:
Dies ist ein Auszug aus einer Erzählung. Sammelt Ideen dazu, was vor dem Geschehen, das in diesem Auszug erzählt wird, passiert sein könnte und wie die Erzählung weitergehen könnte.

Aufgabe 3:
Vergleicht die beiden Abbildungen und den Text miteinander. Welche Informationen des Textes werden auf den Abbildungen dargestellt?

Aufgabe 4:
Der Text enthält viele lustige Stellen. Sucht einige heraus und begründet, warum diese Textstellen auf euch komisch wirken.

Eine Aufgabe verstehen

So gehst du vor

- Lies den **Arbeitsauftrag** genau.
- Sieh dir die **Verben** an. Markiere sie, damit du keinen Arbeitsschritt vergisst. Mache dir mithilfe der Verben klar, was du tun sollst.
- Wenn du die **Bedeutung** eines Verbs nicht kennst, frage zuerst eine Mitschülerin oder einen Mitschüler. Wende dich erst dann an deine Lehrerin oder deinen Lehrer.
- Beschreibe **mit eigenen Worten**, wie du die Aufgabe bearbeiten kannst. Mache dir dabei klar, welche **Arbeitsschritte** dabei nötig sind.

7 Durchstarten

a) Findet zu jedem Verb von Aufgabe 5 einen weiteren Arbeitsauftrag in eurem Deutschbuch.

b) Sucht zu zweit fünf verschiedene Aufgaben aus eurem Deutschbuch heraus.

- Was müsst ihr jeweils machen, um die Aufgaben zu bearbeiten? Erklärt euch das gegenseitig.

c) Sucht zu zweit aus eurem Deutschbuch drei besonders lange und umfangreiche Aufgaben heraus.

- Erklärt euch dann gegenseitig, was die Aufgabe verlangt und welche Arbeitsschritte nötig sind, um sie zu bearbeiten.

d) Forscht in den Schulbüchern anderer Fächer nach, ob ihr auch dort Aufgaben mit Verben von Aufgabe 5 findet.

- Seht euch die Aufgaben an und erklärt mit eigenen Worten, was zu tun ist und wie ihr bei der Bearbeitung vorgehen könnt.

e) Wählt aus den Schulbüchern oder Arbeitsheften anderer Fächer fünf Aufgaben aus.

- Erklärt euch die Aufgaben gegenseitig. Geht dabei so vor wie bei Aufgabe 6 und arbeitet mit der Methodenbox.

f) Übernehmt die folgenden Verben in euer Heft. Ordnet ihnen die richtige Bedeutung aus dem Kasten zu.

erklären =	Informationen zu einem Thema suchen
Stellung nehmen =	Gründe für etwas finden
begründen =	eine eigene Meinung äußern
wiedergeben =	suchen und zusammentragen
recherchieren =	etwas in die richtige Reihenfolge bringen
ordnen =	Textinhalte mit eigenen Worten darstellen
sammeln =	erneut durchsehen und kontrollieren
überprüfen =	Zusammenhänge deutlich machen

Alles klar? – Üben und überprüfen

1 Arbeitet zunächst zu zweit. Klärt, wie die Aufgaben A, B und C in den Kästen zu verstehen sind.

- Schreibt dazu aus den drei Aufgaben die Verben heraus und erklärt ihre Bedeutung.

A *Unterstreiche in den folgenden Märchenanfängen alle Verben. Sie stehen in der Tempusform Präsens.*

Du sollst ...

1) alle Märchenanfänge im Präsens unterstreichen. (9)
2) alle Märchenanfänge unterstreichen. (2)
3) alle Verben in den Märchenanfängen unterstreichen. (13)

B *Schreibe aus dem Text alle Wörter mit einem doppelten Konsonanten nach kurzem, betontem Vokal heraus. Zeichne den Doppelkonsonanten farbig nach.*

Du sollst ...

1) zunächst alle Wörter mit Doppelkonsonanten aus dem Text herausschreiben und diese anschließend farbig nachzeichnen. (21)
2) zunächst alle Wörter mit Doppelkonsonanten nach kurzem, betontem Vokal aufschreiben und anschließend den jeweiligen Doppelkonsonanten in den Wörtern farbig nachzeichnen. (2)
3) zunächst alle Doppelkonsonanten nach kurzem, betontem Vokal farbig einkreisen und anschließend aufschreiben. (7)

C *Erklärt, welche Bedeutung des Treffen von Rico und Oskar für ihre Freundschaft hat. Erläutert das mithilfe passender Textstellen.*

Du sollst ...

1) Textstellen heraussuchen, die etwas über die Freundschaft von Rico und Oskar aussagen. Anhand dieser Textstellen sollst du mit eigenen Worten erklären, wie sich die Freundschaft der beiden entwickelt. (10)
2) mit deinen eigenen Worten aufschreiben, wie Rico die Freundschaft mit Oskar sieht und ob es eine gute Freundschaft ist. (12)
3) entscheiden, ob das Treffen zwischen Rico und Oskar erfolgreich verlaufen ist und sie dadurch wirkliche Freunde geworden sind. (6)

2 Unter den Aufgaben stehen jeweils drei Möglichkeiten für die Bearbeitung. Entscheide dich für die richtige Bearbeitungsweise und notiere jeweils die Lösungszahl, die dahinter steht.

3 Überprüfe deine Lösung: Wenn du die drei Lösungszahlen addierst und dieses Ergebnis durch 5 teilst, muss sich die Zahl 5 ergeben.

Wie gelingt mir die Mitarbeit? – Sich am Unterricht beteiligen

1 Beschreibt die Situation auf dem Bild und wie die einzelnen Schülerinnen und Schüler sich am Unterricht beteiligen. Warum beteiligen sie sich wohl so unterschiedlich?

2 Sprecht darüber, welche Gründe es dafür geben kann, dass jemand sich nicht oder nur selten am Unterricht beteiligt.

Hausaufgaben machen

Sich erst einmal bei Aufgaben melden, bei denen man sich sicher ist.

Regelmäßig …

3 Wähle aus

Was kann ein Schüler tun, dem es schwerfällt, sich mündlich zu beteiligen, und der dies ändern möchte? Bearbeitet dazu eine der folgenden Aufgaben:

a) Sammelt vier Tipps, die Schülerinnen und Schülern helfen, sich stärker am Unterricht zu beteiligen.

b) Entwickelt sechs Tipps, die Schülern und Schülerinnen helfen, sich stärker am Unterricht zu beteiligen.

c) Findet acht Tipps, die Schülern und Schülerinnen helfen, sich stärker am Unterricht zu beteiligen

Schreibt eure Tipps auf einzelne Karten oder Blätter. Nehmt für jeden Tipp eine neue Karte.

4 Stellt eure Tipps in der Klasse vor. Erklärt, wie sie dabei helfen können, die mündliche Mitarbeit zu verbessern.

- Sortiert eure Tippkarten zu einer Kartenlandschaft, sodass alle Tipps zu sehen sind.
- Legt Karten mit Tipps, die sich wiederholen, übereinander.

Dalal ist schon immer eher schüchtern gewesen. Deshalb meldete sie sich kaum. Gleichzeitig ärgerte sie sich darüber, dass sie für ihre mündliche Mitarbeit immer eine schlechte Note bekam. Deswegen hat sie in ihrer Schule an einer AG „Lern-Coaching“ teilgenommen. Dort hat sie viele Methoden kennengelernt, wie sie besser lernen kann. Eine Methode, die Dalal sehr geholfen hat, ist das Führen eines Meldeplans.

5 Rechts seht ihr Dalals Meldeplan. Beschreibt ihn.

- Wie geht Dalal bei der Führung ihres Meldeplans vor?
- Was haltet ihr von einem solchen Meldeplan?

6 Durchstarten

a) Probiere die Arbeit mit einem Meldeplan selbst aus.

- Erstelle dir einen Meldeplan wie rechts abgebildet.
- Nutze ihn die nächsten zwei Wochen.
- Beurteile dann, ob sich deine Beteiligung verbessert hat. Berichte in der Klasse von deinen Erfahrungen.

b) Du kennst nun viele Tipps für die mündliche Mitarbeit.

- Wähle den Tipp aus, der dir am hilfreichsten erscheint, und begründe deine Wahl.
- Befolge den Tipp zwei Wochen lang in allen Fächern. Berichte dann von deinen Erfahrungen.

c) Erstelle ein Lernplakat mit Tipps, wie du deine mündliche Mitarbeit verbessern kannst. Hänge es in eurem Klassenraum auf.

Sich am Unterricht beteiligen

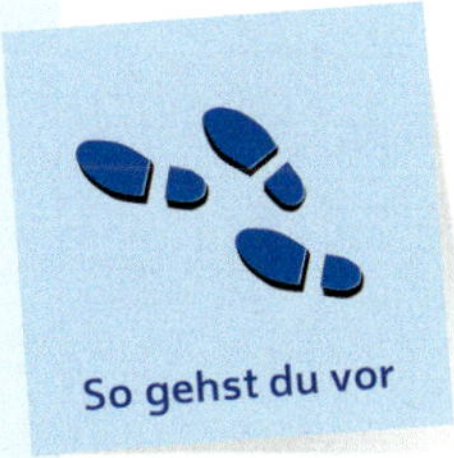

Folgende Tipps können dir dabei helfen, dich regelmäßig am Unterricht zu beteiligen:

- **Bereite dich** auf den Unterricht **vor**. Erledige dazu deine Hausaufgaben sorgfältig. Wenn dabei **Fragen** auftauchen, schreibe sie dir auf und stelle sie im Unterricht.
- **Höre deinen Mitschülern zu** und mache dir **Notizen**, wenn die anderen oder die Lehrkraft etwas erklären oder erzählen. Darauf kannst du dich dann bei deinen Beiträgen beziehen.
- Wenn es dir nicht leichtfällt, dich zu melden, **übe, dich mündlich zu beteiligen**. Du kannst dazu zum Beispiel einen **Meldeplan** führen.

Du musst keine Angst davor haben, dass deine Beiträge falsch sein könnten. Jeder Beitrag ist wichtig und bringt den Unterricht weiter.

Das ist keine Zauberei – Wortarten kennen

Das lernst du in diesem Kapitel

Die deutsche Sprache besteht aus vielen verschiedenen Wörtern. Diese kann man in Gruppen, die Wortarten, einteilen. In diesem Kapitel ...

- beschäftigst du dich mit den Wortarten Nomen, Verb und Adjektiv. Darüber weißt du sicher auch schon einiges aus der Grundschule.
- lernst du die Wortarten Personal- und Possessivpronomen kennen.

Zu allen Wortarten erfährst du, welche Merkmale sie haben und welche Fachbegriffe du dazu kennen musst.

Die Regeln und Merksätze zu den Wortarten, die du in diesem Kapitel kennenlernst, kannst du in ein Merkheft schreiben. So erhältst du ein kleines „Grammatikbuch" zum Nachschlagen und Üben.

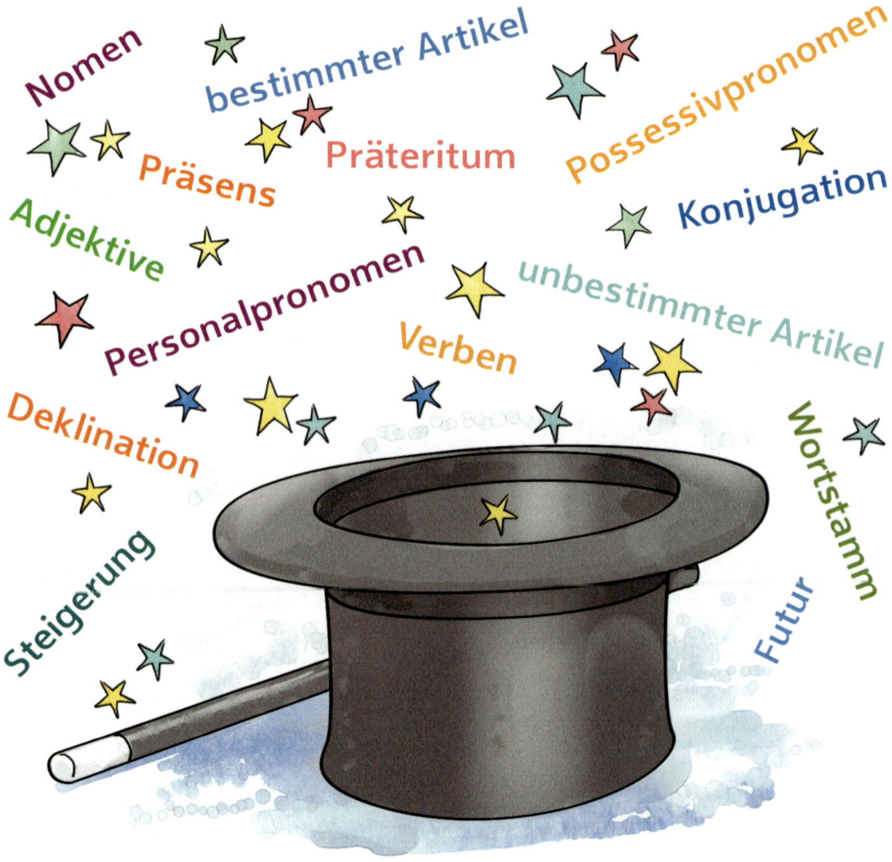

Auf diesem Whiteboard sind Wörter abgebildet, die etwas mit dem Thema „Zauberei“ zu tun haben.

Das ist keine Zauberei – Wortarten

Fachbegriffe für die Wortarten:

....

Meister • groß • Tuch • zaubern • Glück • bunt • Flöte • verwandeln • Katze • hell • Hoffnung • murmeln • verschwinden • leicht • Lampe • ablenken • Glaube • drehen • Liebe • fliegen • Eule • flüstern • Besen • stark • dunkel • Lehrling • ziehen • Spiegel • leise • schnell • zeigen • lösen • täuschen • Fee

1 Was habt ihr in der Grundschule zu Wortarten gelernt?

- Erklärt auch, woran man die Wortarten Nomen, Verb und Adjektiv erkennen kann.

2 Ordnet die Wörter auf dem Whiteboard nach ihrer Wortart. Geht dabei so vor:

- Zeichnet eine Tafel in euer Heft.
- Schreibt die Fachbegriffe für die Wortarten auf die gepunkteten Linien.
- Notiert die passenden Beispielwörter unter den entsprechenden Fachbegriff.

Ihr könnt die Tafel auch noch mit magischen Gegenständen (z. B. Hut, Zauberstab, Würfel) verzieren.

Das Nomen

Zauberer, Zauberstab, Zauberei – was Nomen bezeichnen

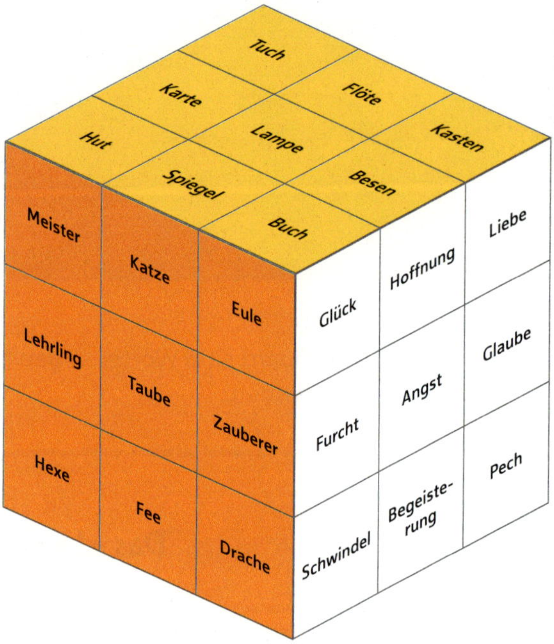

1 Wer weiß, wie ein Zauberwürfel funktioniert? Beschreibt das.

2 Arbeitet so mit dem Nomen-Zauberwürfel weiter:

- Erklärt, was die Nomen einer Seite des Zauberwürfels gemeinsam haben.
- Benennt, was bei der Schreibung **aller** Nomen am Wortanfang auffällig ist. Seht euch dazu die ersten Buchstaben der Nomen an. Schreibt die Regeln in der Lernbox ab und ergänzt dabei die Lücken im Text.

Das musst du lernen und wissen

Nomen

- **Nomen** bezeichnen ______ , ______ und Vorstellungen/Empfindungen.
- Sie werden immer ______ geschrieben.

S. 322

Eine **Hilfekarte** findet ihr auf S. 322. Ihr könnt sie auch nutzen, um eure Ergänzungen in der Lernbox zu überprüfen.

3 **Wähle aus** ....

Finde Beispiele für die drei Bereiche, die Nomen bezeichnen können.

a) Übernimm die Lernbox mit den vollständigen Regeln in dein Heft. Schreibe dann jeweils drei Beispiele aus dem Zauberwürfel dafür auf, was Nomen bezeichnen können.

b) ‖ Trage die Wörter aus dem Kasten nach den drei Bereichen, die Nomen bezeichnen können, in die Tabelle ein. Kontrolliere am Ende deine Rechtschreibung und setze die passenden Begleiter (der, die, das) davor.

Lebewesen	Gegenstände	Vorstellungen/Empfindungen
der Vogel		

Traum • Vogel • Künstler • Ring • Stärke • Mensch • Stab • Gedanke • Nuss • Kugel • Zauberin • Pferd • Kraft • Würfel • Weisheit • Karte • Zylinder • Taube • Kaninchen • Zauberlehrling

c) ||| Zeichne einen eigenen Nomen-Zauberwürfel in dein Heft.

- Denke dir selbst Lebewesen, Gegenstände und Vorstellungen/Empfindungen aus, die mit einer Zauberschule zu tun haben.
- Zeichne drei leere Seiten eines Nomen-Zauberwürfels in dein Heft. Sieh dir dazu noch einmal die Abbildung des Zauberwürfels auf S. 202 an. Trage dann deine Nomen passend in die Zauberwürfelquadrate ein.

4 Durchstarten

a) | Ergänze die folgenden Satzanfänge mit dem Bereich, den die Nomen jeweils bezeichen.

- Eule, Riese und Pferd sind Bezeichnungen für … .
- Ring, Stab und Hut bezeichnen … .
- Glück, Klugheit und Geschicklichkeit sind Bezeichnungen für … und … .

b) ||| In den folgenden Sätzen passt ein Nomen nicht zu den anderen. Schreibe die Sätze ohne dieses Nomen auf. Notiere dann die aussortierten Nomen und schreibe den Bereich, den es bezeichnet, in Klammern dahinter.

- Im Schlossgarten tummeln sich Eulen, Schlangen, Kaninchen, Bücher und Drachen.
- Der Lehrling sucht die Gegenstände Tuch, Stab, Hut, Kugel, Geschick und Münze für den Zaubertrick zusammen.
- Mit Mut, Spinne, Geschick und Fleiß gelingt so mancher Zaubertrick.

c) ||| Ergänze die folgenden Satzanfänge mit mindesten fünf Nomen, die zu den erwähnten Bereichen gehören.

- Im Schloss des Zauberers wohnen auch noch folgende Lebewesen: … .
- Zum Zaubern braucht man folgende Gegenstände: … .
- Beim Zaubern helfen folgende Vorstellungen und Empfindungen: … .

Der Zauberhut (m), die Zauberin (f), das Kartenspiel (n) – das grammatische Geschlecht bestimmen

Bei diesem „Zauberkartenspiel“ finden sich bestimmte Karten immer wieder zu besonderen Gruppen zusammen, wenn man die Karten verteilt.

1 Jeweils drei Karten bilden eine Gruppe von Nomen. Erkläre, wie sich die Karten des Zauberkartenspiels immer wieder anordnen.

- Achte dabei besonders auf die Wörter vor den Nomen. Gib an, zu welcher Wortart die Wörter vor den Nomen gehören.

2 Es heißt: ***der*** *Zauberer*, ***die*** *Fee*, ***das*** *Ei*.

- Lest die Lernbox und erklärt, was das Wort **vor** den Nomen verdeutlicht.

Das Genus von Nomen

Das **Genus** (= grammatisches Geschlecht) eines **Nomens** wird durch den **Artikel** (Begleiter) angegeben. Wir unterscheiden:

- das **männliche Genus** (= Maskulinum): **der** Zauberer
- das **weibliche Genus** (= Femininum): **die** Fee
- das **sächliche Genus** (= Neutrum): **das** Ei

Eine Schwierigkeit ist bei einigen Nomen, dass das natürliche Geschlecht und das grammatische Geschlecht nicht übereinstimmen: Es heißt z. B.: ***der*** *Junge, aber* ***das*** *Mädchen*. Unabhängig vom natürlichen Geschlecht sagt man z. B.: ***das*** *Pferd*.

Das Genus wird mit folgenden Fachbegriffen angegeben: **Maskulinum** (männliches Geschlecht), **Femininum** (weibliches Geschlecht) und **Neutrum** (sächliches Geschlecht).

Wenn dir die Verwendung dieser Fachbegriffe noch schwerfällt, kannst du auch die Ausdrücke **männlich**, **weiblich** und **sächlich** verwenden.

Mehr zum Thema:
Das Genus von Nomen
AH: S. 42

3 Erklärt mit euren Worten am Beispiel des Nomens „Mädchen“ den Unterschied zwischen natürlichem und grammatischem Geschlecht. Versucht auch, noch weitere Beispiele dafür zu finden.

4 Wähle aus

Übe das Genus (= grammatische Geschlecht) von Nomen zu bestimmen.

a) I Zeichne eine Tabelle mit drei Spalten.

- Schreibe „Maskulinum“, „Femininum“ und „Neutrum“ als Überschrift über die Spalten.
- Ordne die Wörter, die die Zauberschlange verschluckt hat, mit dem passenden Artikel in die richtige Spalte ein.

KUGELSEGELWALDZEICHENBERGMACHTPILZHANDLUNGKRAUTSEEMÄRCHEN

b) II Gehe so vor, wie es in Aufgabe 4 a) beschrieben wird. Suche dann für jede Spalte noch drei weitere Wörter aus dem Bereich „Zauberei“ und ordne sie in die Tabelle ein.

c) III Zeichne selbst eine Wörterschlange mit mindestens zwölf Nomen.

- Tausche sie mit einem Mitschüler aus.
- Lege eine Tabelle mit den Spalten „Maskulinum“, „Femininum“ und „Neutrum“ an. Ordne dann die Wörter der Zauberschlange deines Mitschülers mit dem passenden Artikel in die richtige Spalte ein.

5 Auch mit diesem Quadrat kannst du das Bestimmen des grammatischen Geschlechts noch einmal üben. In dem Quadrat sind zwölf Wörter versteckt. Zehn dieser zwölf Wörter solltest du auf jeden Fall finden.

- Lege eine dreispaltige Tabelle an. Notiere „Maskulinum“, „Femininum“ und „Neutrum“ als Überschriften in die einzelnen Spalten.
- Ordne danach die Wörter, die du in dem Quadrat findest, mit dem passenden Artikel in die Tabelle ein.

V	U	L	K	A	N
O	H	B	U	C	H
G	R	J	G	A	E
E	W	H	E	X	E
L	K	U	L	T	S
M	L	T	A	L	T
S	T	A	B	E	I

Das Zauberbild oder ein Zauberbild? – Bestimmte und unbestimmte Artikel verwenden

Es gibt sie in Spielwarenläden und Buchhandlungen –„Zauberblöcke“.

Zunächst glaubt man, der Block sei leer, aber mithilfe eines Buntstiftes lassen sich dann Bilder regelrecht „hervorzaubern“.

> „Frieda, mein Zeichenblock ist leer. Gibst du mir ___ Blatt ab?“, bittet Karim seine Mitschülerin.
>
> Frieda arbeitet gerade an ___ Aufgabe „Wundervogel“.

1 In den Sätzen im Kasten oben fehlen in den Lücken vor zwei Nomen die Artikel.

- Entscheidet, ob ihr einen bestimmten (*der, die, das*) oder unbestimmten Artikel (*ein, eine, ein*) in die Lücken einsetzen würdet.
- Begründet eure Entscheidung. Lest dazu auch die Lernbox auf S. 208.

Frieda und Karim arbeiten im Kunstunterricht an solchen Zauberbildern. Dabei führen sie das folgende Gespräch:

„Frieda, mein Zeichenblock ist leer. Gibst du mir ___ Blatt ab?“, bittet Karim seine Mitschülerin. Frieda arbeitet gerade an ___ Aufgabe „Wundervogel“. Sie ist fast fertig. ___ Vogel hat viele Federn. Diese will sie noch mit unterschiedlichen Farben ausmalen. Für Karim reißt sie ___ Blatt ab, das sich direkt unter ihrer Zeichnung befindet. Sie schiebt es Karim über ___ Tisch.
Der schaut auf ___ Blatt und grinst. Dann sagt er: „Schau mal her, ich kann zaubern.“ Mit ___ Buntstift fährt er über ___ leere Blatt. Plötzlich erscheinen weiße Linien. Am Ende ist ___ großer Vogel mit vielen Federn zu erkennen. „Das ist ja mein Vogel!“, ruft Frieda überrascht. Dann wird ihr klar. Sie hat mit ihrem Bleistift zu fest auf ___ Zeichenblatt gedrückt. ___ Linien haben sich deshalb auch auf ___ Blatt, das darunter lag, übertragen. Da sie sich tief in ___ Papier eingedrückt haben, nehmen sie keine Farbe an, wenn man mit ___ Buntstift darüber malt. „___ Vogel sieht mit weißen Linien noch besser aus“, findet sie.

2 Schreibe den Text über Karim und Frieda in dein Heft. Ergänze die Lücken mit Wörtern der Wortart Artikel. Entscheide jeweils, ob der bestimmte oder der unbestimmte Artikel in die Lücke eingesetzt werden sollte.

Eine **Hilfekarte** zu dieser Aufgabe findest auf S. 323.

S. 323

Frieda zeigt Karim im Kunstunterricht, dass sich auch mit Wasserfarben und Wachsmalstiften oder weißen Kerzen „zaubern“ lässt.

„Hast du ___ weißen Wachsmalstift?“, fragt sie Karim. Er zieht ___ weißen Wachsmalstift hervor. Frieda nimmt ihn und zeichnet ___ Baum auf ___ Zeichenblatt. „Ich sehe nichts“, beschwert sich Karim. „Warte es ab!“, meint Frieda und trägt grüne Wasserfarbe mit ___ dicken Pinsel auf ___ Papier auf. Nun kann auch Karim ___ Baum erkennen und hat auch gleich ___ passende Erklärung dafür: „___ Wachsmalstift ist wasserabweisend, nur ___ Papier, das nicht bemalt wurde, kann Farbe annehmen. Das ist wirklich ___ Zauberbild.“

3 Entscheidet, ob in die Lücken des Textes ein bestimmter oder ein unbestimmter Artikel ergänzt werden sollte.

- Begründet eure Entscheidungen. Ihr könnt dabei wieder mit der Lernbox auf S. 208 arbeiten.

Wenn ihr weitere Hilfen braucht, arbeitet mit der **Hilfekarte** auf S. 323.

S. 323

4 **Wähle aus**

Übt die Verwendung des bestimmten und des unbestimmten Artikels. Wählt dazu eine der folgenden Aufgaben aus.

a) I Lege zwei dreispaltige Tabellen in deinem Heft an.

- Schreibe als Überschrift über die Spalten der ersten Tabelle die Bezeichnungen für die bestimmten Artikel (*der, die, das*), über die Spalten der zweiten Tabelle die Bezeichnungen für die unbestimmten Artikel (*ein, eine, ein*).
- Trage alle Nomen des Zauberwürfels (S. 202) mit dem passenden bestimmten Artikel in die richtige Spalte der ersten Tabelle ein.
- Schreibe nun dieselben Nomen mit dem passenden unbestimmten Artikel in die entsprechenden Spalten der zweiten Tabelle.

b) II Schreibe die Wörter aus dem Wortspeicher von Aufgabe 3b auf S. 203 und der Wörterschlange auf S. 205 mit bestimmten und unbestimmten Artikeln auf. Beispiel: der Traum – ein Traum

c) III Lea und Henri haben beide etwas verloren und suchen es zusammen mit ihren Mitschülern. Erkläre den Unterschied zwischen den Aussagen der beiden Mitschüler, die Lea und Henri helfen, ihre verlorenen Gegenstände wiederzufinden.

- Lea hat ihren Schülerkalender verloren und fragt: „Habt ihr meinen Schülerkalender gesehen?“
  Klara sagt: „Dort hinten liegt ein Schülerkalender.“
  Arne meint: „Auf dem Pult liegt der Schülerkalender.“

- Henri hat seinen Füller verloren und fragt: „Wisst ihr, wo mein Füller ist?“
  Klara antwortet: „Im Sekretariat wurde ein Füller abgegeben.“
  Arne ruft: „Unter dem Heft liegt der Füller!“

Das musst du lernen und wissen

Der bestimmte und der unbestimmte Artikel

- Der **bestimmte Artikel** ***(der, die, das)*** bezieht sich auf etwas Eindeutiges, oft auch Bekanntes.
  Wenn du z. B. etwas zeichnest und eure Freundin oder euer Freund euch bittet: „Kann ich mal **den** Filzstift haben?“, dann meint sie/er den Filzstift, mit dem du gerade zeichnest.
- Der **unbestimmte Artikel** ***(ein, eine, ein)*** bezeichnet etwas Beliebiges, nicht näher Bestimmtes, oft auch Unbekanntes.
  Wenn eure Freundin oder euer Freund euch bittet: „Kann ich mal einen Filzstift haben?“, dann meint sie/er irgendeinen Stift aus deinem Etui.

5 Durchstarten

a) I Übernimm die Lernbox in dein Heft.

- Markiere die fett gedruckten bestimmten und unbestimmten Artikel in deinem Heft farbig.

b) II Übernimm den Text von Seite 207 in dein Heft.

- Ergänze die Lücken jeweils mit einem passenden bestimmten oder unbestimmten Artikel.

c) III Im Englischunterricht hast du sicher auch schon einiges über die Verwendung der Artikel im Englischen gelernt.

- Wie wird der Artikel im Englischen verwendet? Informiere dich darüber und stelle den anderen deine Ergebnisse vor.

d) III Vielleicht sprechen einige von euch auch noch eine andere Sprache.

- Vergleicht den Gebrauch des Artikels im Deutschen mit dem in anderen Sprachen. Ihr könnt dazu auch im Internet recherchieren.
  Stellt eure Ergebnisse den anderen vor.

Video
WES-127515-043

Unter dem **Webcode** WES-127515-043 kannst du dir auch ein Erklärvideo über den Artikel und das Nomen (Genus, Numerus) ansehen.

Der Zauberkasten, die Zauberkästen – Singular und Plural von Nomen bilden

Für jedes Alter gibt es unterschiedlich ausgestattete Zauberkästen zu kaufen. In großen Städten findet man sogar Läden nur für Zauberartikel.

Materialien:
- Seil
- 10 Bildkarten
- 5 Tücher
- Zauberstab
- Zauberbuch
- 10 Münzen
- 3 Bälle
- Kartenspiel
- Mütze
- 5 Tüten
- Zauberkäfig
- 3 Faltblumen

1 Vielleicht besitzen einige von euch einen Zauberkasten. Erzählt davon.

2 Seht euch das Materialverzeichnis eines Zauberkastens an.

- Benennt, welche Gegenstände nur einmal vorhanden sind.
- Gebt die Gegenstände an, von denen es mehrere gibt.

3 Schreibt das Materialverzeichnis des Zauberkastens getrennt nach Nomen im **Singular** (Einzahl) und **Plural** (Mehrzahl) auf.

- Ordnet dazu die Nomen des Materialverzeichnisses mit ihrem Artikel in die Tabelle ein. Jeweils 6 Nomen stehen im Singular (Einzahl) und 6 Nomen im Plural (Mehrzahl).
- Ergänzt anschließend die fehlenden Singular- und Pluralformen in der Tabelle (z. B. *das Seil/die Seile*).
- Markiert mit einem farbigen Stift, wie sich die Pluralformen der einzelnen Nomen von ihrem Singular unterscheiden (z. B. *das Seil/die Seile*)

Singular (Einzahl)	Plural (Mehrzahl)
das Seil	
die	die Bildkarten
	die Tücher
der	

4 Untersucht, wie sich die Nomen aus dem Wortspeicher verändern, wenn sie vom Singular (Einzahl) in den Plural (Mehrzahl) gesetzt werden.

- Schreibt die Nomen aus dem Wortspeicher in euer Heft. Bildet die Pluralformen und notiert sie daneben.
- Markiert die Veränderungen mit einem farbigen Stift. Welche Veränderungen könnt ihr besonders häufig feststellen?

Beispiel: die Karte – die Karten, die Münze – die ...

die Karte • die Münze • die Mütze • die Tüte • die Blume • die Flöte • die Lampe • die Katze • die Hexe • die Taube

5 Durchstarten

a) II Die Tabelle zeigt alle Möglichkeiten, wie man bei Nomen den Plural bilden kann. Findet für jede angegebene Möglichkeit der Pluralbildung aus der Tabelle mindestens fünf Beispiele.

Tipp: Sieh dir die Wortspeicher und Texte auf den Seiten 202 bis 205 an, um Beispielwörter zu finden.

• e	der Ring – die Ringe
• n	die Mütze – die Mützen
• en	die Meisterschaft – die Meisterschaften
• er	das Ei – die Eier
• s	das Foto – die Fotos
• Umlaut	das Buch – die Bücher
• keine Pluralendung, nur der Artikel verändert sich	der Spiegel – die Spiegel

S. 323

Eine **Hilfekarte** zu dieser Aufgabe findet ihr auf S. 323.

b) III Findet möglichst viele weitereGegenstände, die man zum Zaubern braucht.

S. 324

- Schreibt die Nomen für diese Gegenstände im Singular und Plural auf. Unterstreicht die Veränderungen bei den Pluralformen gegenüber ihrem Singular. Eine **Hilfekarte** zu dieser Aufgabe findet ihr auf S. 324.

Singular und Plural bei Nomen

Nomen haben einen **Numerus** (= Anzahl). Sie stehen im **Singular** (= Einzahl) oder im **Plural** (= Mehrzahl), z. B. *die Karte – die Karten*.

- Die meisten Nomen erhalten im Plural die Endung -*e* oder (-*e*)*n*, z. B. *der Ring – die Ringe*, *die Mütze – die Mützen*, *die Bedeutung – die Bedeutungen*.
- Einige Nomen erhalten im Plural einen Umlaut (ä, ö, ü), z. B. *das Buch – die Bücher*.
- Es gibt auch Nomen, die im Singular und Plural gleich lauten, z. B. *der Spiegel – die Spiegel*.
- Einige Fremdwörter und Abkürzungen haben die Besonderheit, dass ihr Plural mit der Endung -*s* gebildet wird (z. B. *das Foto – die Fotos/ die CD – die CDs*).

Mehr zum Thema:
Singular und Plural bei Nomen
AH: S. 40–41

Das Hexenhaus (Nom.), des Hexenhauses (Gen.), dem Hexenhaus (Dat.) – Nomen deklinieren

Das Rezept zur Herstellung eines Hexenhäuschens aus Keksen hat einige Fettspritzer abbekommen!

Hexenhäuschen aus Keksen

Zutaten:
- 3 Butterkekse
- 1 Dominostein
- 3 El Puderzucker
- 1 El Zitronensaft
- Schokoplätzchen und Nüsse zum Verzieren

Geräte:
- 1 Brettchen
- 1 Schälchen
- 1 Esslöffel

Und so wird es gemacht:
1. Stelle zuerst die Zuckercreme her. Gib dazu den Puderzucker und den Zitronensaft in ein Schälchen und verrühre die Zutaten zu einer Creme.
2. _____ erste Butterkeks wird auf das Brettchen gelegt.
3. Streiche nun etwas Zuckercreme auf die Mitte _____ Butterkekses.
4. Setze anschließend den Dominostein auf die Creme, damit er festkleben kann.
5. Gib _____ unteren Butterkeks nun ein Dach.
6. Bestreiche dazu _____ zweiten und _____ dritten Butterkeks an den kürzeren Seiten mit Puderzuckercreme.
7. Setze _____ Kekse vorsichtig links und rechts auf _____ unteren Butterkeks und führe sie oben zusammen, sodass ein Dach entsteht. Verziere es mit Schokoplätzchen oder Nüssen.
8. Bestreiche nun auch die Leckereien mit etwas Puderzuckercreme. Fertig!

1 Wähle aus

Ergänzt das Rezept.

a) I Lest den Text zu zweit Satz für Satz laut vor. Wechselt nach jedem Satz die Rolle des Vorlesenden. Dabei müsst ihr in den Sätzen 2, 3, 5, 6 und 7 die Artikel vor dem Nomen Butterkeks ergänzen.

Ihr könnt dazu auch mit der **Hilfekarte** auf S. 324 arbeiten.

S. 324

b) II Schreibe das Rezept in dein Heft. Ergänze dabei jeweils den richtigen Artikel vor dem Nomen Butterkeks.

c) III Schreibe das Rezept in dein Heft. Setze dabei jeweils die richtigen Artikel ein. Ergänze dann das Rezept: Beschreibe, wie man Eiszapfen aus Zuckerguss an den Rand des Daches setzt. Arbeite dabei mit dem Wortspeicher.

Zuckercreme: mehr Puderzucker zufügen • wird zähflüssig • Teelöffel mit Zuckercreme füllen • am Giebel des Häuschens vorsichtig ansetzen • Zuckercreme vom Löffel an den Giebel streichen • Zuckercreme herunterfließen lassen

In der Schulküche: Die Klasse 5c stellt gerade Hexenhäuschen aus Keksen her – und alle reden durcheinander.

2 Ordnet den Aussagen auf der linken Seite die passenden Fragen der Schüler auf der rechten Seite zu.

3 Lege nach folgendem Muster in deinem Heft eine Tabelle mit vier Spalten an.

Aussage	Frage	Antwort	Kasus (Fall)

- Schreibe in die Spalte „Aussage" die Sätze von Hans, Ina, Theo und Badia.
- Notiere die passenden Fragen von Marco, Grit, Ali und Lea in der Spalte rechts daneben.
- Schreibe in der Spalte „Antwort" den farbig gedruckten Artikel und das Nomen aus den Sätzen von Hans, Ina, Theo und Badia auf.
- Ergänze die rechte Spalte mithilfe der Lernbox auf der nächsten Seite.

Video
WES-127515-044

Unter dem **Webcode** WES-127415-044 könnt ihr euch ein Erklärvideo über das Bestimmen des Kasus (= des Falles) von Nomen anschauen.

Arbeitsblatt
WES-127515-045

Unter dem **Webcode** WES-127415-045 findet ihr außerdem ein Arbeitsblatt, mit dem ihr das Bestimmen des Kasus von Nomen weiter üben könnt.

4 Schreibe das Rezept für Zaubersaft in dein Heft. Setze dabei das Nomen „Zaubersaft“ mit den passenden Artikeln in die Lücken des Textes ein.

- Stelle zu jedem Nomen die passende Kasusfrage und notiere den Kasus in Klammern. Beispiel: So stellst du den Zaubersaft her.
  Du fragst: *Wen oder was stellst du so her?*
  Du schreibst in dein Heft: *So stellst du den Zaubersaft (Akkusativ) her.*

Zaubersaft

Zutaten:
- ½ l Traubensaft (weiß)
- ½ l Apfelsaft (klar)
- 2 geschälte Kiwis
- Saft einer Zitrone
- 2 El Zucker

Geräte:
- große Schale
- Pürierstab
- hoher Rührbecher
- Zitruspresse
- 2 Untertassen
- 1 Esslöffel

So stellst du ___ ___ **her:** ___ ___ besteht aus Traubensaft und Apfelsaft. Gieße die Säfte in eine große Schale. Füge ___ ___ Kiwipüree hinzu, damit er eine schöne grüne Farbe erhält. Püriere dazu zwei geschälte und klein geschnittene Kiwis in einem Rührbecher. Serviere ___ ___ in einem Glas mit Zuckerrand. Fülle dazu eine Untertasse mit Zucker, die andere mit Zitronensaft und tauche jedes Glas zunächst in den Zitronensaft und dann in den Zucker. Das verleiht ___ ___ eine besondere Note. Schöpfe ___ ___ aus der Schale vorsichtig in die Gläser.

Die Kasus (= Fälle) der Nomen

Das musst du lernen und wissen

- Nomen können in vier verschiedenen Kasus (= Fällen) gebraucht werden.
- Je nachdem, in welchem Kasus (= Fall) Nomen im Satz stehen, verändern sie zusammen mit ihren Begleitern ihre Form. Diesen Vorgang nennt man Deklination (= Beugung).
- Der Kasus lässt sich mit einer passenden Kasusfrage bestimmen. Mit welcher Kasusfrage du nach welchem Kasus fragst, zeigt dir diese Tabelle:

	Kasusfrage	Antwort	Kasus (Fall)
Der Zauberer tritt heute auf.	Wer oder was tritt heute auf?	der Zauberer	Nominativ (1. Fall)
Die Show des Zauberers ist ausverkauft.	Wessen Show ist ausverkauft?	des Zauberers	Genitiv (2. Fall)
Die Zuschauer applaudieren dem Zauberer begeistert.	Wem applaudie-ren die Zuschau-er begeistert?	dem Zauberer	Dativ (3. Fall)
Viele bewundern den Zauberer.	Wen oder was bewundern viele?	den Zauberer	Akkusativ (4. Fall)

Mehr zum Thema:
Die Kasus der Nomen
AH: S. 43–44

5 Wähle aus

Übe das Bestimmen und Bilden des Kasus von Nomen.

a) Ergänze die Lücken jeweils mit den Nomen *Teller, Tasse* und *Glas* und den dazu passenden Artikeln. Stelle jeweils die Kasusfrage. Bestimme auch das grammatische Geschlecht der drei Nomen.

1. ___ ___ hat einen verzierten Rand. (Nominativ)
2. Ich erfreue mich ___ ___. (Genitiv)
3. Mein Bruder schenkt ___ ___ keine Beachtung. (Dativ)
4. Ich stelle darum ___ ___ immer auf meinen Platz. (Akkusativ)

b) Ergänze die Lücken jeweils mit den Nomen *Löffel*, *Gabel* und *Messer* und den dazu passenden Artikeln.

- Notiere hinter jedem eingesetzten Nomen in Klammern den Kasus (Fall).

1. ___ ___ gehört zu meinem Kinderbesteck.
2. Jeden Tag erfreue ich mich ___ ___.
3. Die anderen Besteckteile ähneln ___ ___.
4. ___ ___ benutze ich jeden Tag beim Essen.

- Schreibe dann die drei Nomen mit ihren Artikeln in allen vier Fällen sowohl im Singular als auch im Plural auf. (z. B: *der Löffel (Nom. Sg) – die Löffel (Nom. Pl.)/des Löffels (Gen. Sg.) – der Löffel (Gen. Pl.)/ dem Löffel (Dat. Sg.) – ...*)

c) Ergänze die Lücken jeweils mit den Nomen *Kuchen, Torte* und *Gebäck* und den dazu passenden Artikeln. Notiere hinter jedem eingesetzten Nomen in Klammern den Kasus (Fall) und die Kasusfrage.

1. Am liebsten esse ich ___ ___ mit Schokoladenstreuseln.
2. An meinem Geburtstag erfreue ich mich ___ ___.
3. Dann steht ___ ___ auf meinem Platz.
4. ___ ___ kann ich einfach nicht widerstehen.

- Lege eine dreispaltige Tabelle an. Notiere die bestimmten Artikel **der, die** und **das** als Überschrift in die oberste Zeile. Schreibe dann die eingesetzten drei Nomen im Nominativ, Genitiv, Dativ und Akkusativ in die entsprechenden Spalten.
- Bilde auch die Pluralformen der drei Nomen in allen vier Fällen und setze sie in die Tabelle ein.
- Kläre mit einem Lernpartner, was diese Tabelle darüber zeigt, wie die Deklination von Nomen mit ihrem Genus zusammenhängt.

Arbeitsblatt
WES-127515-046

Unter dem **Webcode** WES-127515-046 findet ihr eine Übersicht, mit der ihr eure Lösungen überprüfen könnt.

Alles klar? – Teste dich selbst!

1 Setze für die Emoticons die passenden Wörter ein. Schreibe den Merksatz dann in dein Heft.

Nomen bezeichnen ,  und .

2 Lege eine Tabelle mit drei Spalten an.

- Schreibe über jede Spalte einen bestimmten Artikel.
- Notiere dann die Nomen aus dem Wortspeicher in die passende Spalte.

Werkstatt • Märchen • Garten • Drache • Land • Tinte • Schloss • Berg • Schnur

3 Schreibe über deine Spalten neben den bestimmten Artikel auch jeweils den unbestimmten Artikel.

4 Bilde von jedem Nomen aus dem Wortspeicher von Aufgabe 2 auch den Plural (= Mehrzahl). Schreibe die Nomen in dein Heft und markiere, was sich im Plural jeweils verändert.

Beispiel: *der Zaubertrank – die Zaubertränke*

5 Bestimme die Fälle der unterstrichenen Wörter.

- Schreibe dazu den Text ab. Unterstreiche die Nomen in unterschiedlichen Farben. Wähle für jeden Fall eine andere Farbe aus.
- Schreibe mit derselben Farbe den Fachbegriff für den Fall unter den Text. Achte dabei auf die Rechtschreibung der Fachbegriffe.

Ein ganz kurzes Märchen

Der König dachte an die Klugheit des Drachens, der den Weg zum Zaubergarten wusste. Der Herrscher gab dem Drachen den Befehl, dorthin zu fliegen, um die Prinzessin zu befreien. Der Drache erhob sich und rauschte in der Dunkelheit davon. Doch ein böser Zauberer fing den Drachen ein, als er im Garten landete.
Zum Glück flog die Eule vorbei. Sie berichtete dem König von der Gefangennahme des Drachens.
Der König beauftragte den guten Zauberer, den Drachen zu befreien. Der gute Zauberer zog los, besiegte den bösen Zauberer und befreite den Drachen.
Ach ja, die Prinzessin retteten der gute Zauberer und der Drache dann auch noch.

Die Lösungen und die zu erreichenden Punkte findest du auf S. 329.

Das Verb

zaubern (Infinitiv), ich zaubere, du zauberst ... – Verben konjugieren

In vielen Märchen und Geschichten über Zauberer und Hexen kommen Zauberformeln vor.

1 Sagt Zauberformeln auf, die ihr kennt.

Zaubertrank

Ein Spinnenbein **kommen** in den Topf hinein!
Krötenschleim **folgen** dann dem Spinnenbein!
Drachensabber **vollenden** guten Zauberwein!

Bei dieser Formel hat der Zauberer einige Wörter falsch in Erinnerung gehabt. Der Zaubertrank ist ihm leider misslungen.

2 Arbeitet so mit dem Zauberspruch:

- Erklärt, was die fett gedruckten Wörter bezeichnen.
- Lest den Zauberspruch so vor, dass er richtig klingt.
- Schreibt ihn richtig in euer Heft. Eine **Hilfekarte** findet ihr auf S. 324.
- Beschreibt mit eigenen Worten, welchen Fehler der Zauberer gemacht hat. Lest dazu auch die Lernbox.

S. 324

Das musst du lernen und wissen

Infinitv (Grundform) und Personalformen des Verbs

Verben bezeichnen meistens eine Tätigkeit.
Sie besitzen einen **Infinitiv** (= Grundform) und **Personalformen**.

- Suchst du Verben in einem Wörterbuch, so stehen sie dort im **Infinitiv**. Verben im Infinitiv haben die **Endung -(e)n**, z. B. *üb-en, komm-en, sei-n*.
- Die **Personalform** verwenden wir, wenn wir Verben in Sätzen benutzen. Personalformen bestehen aus **Wortstamm** und **Endung**, z. B.:
  ich üb - *e* / Wortstamm - Endung   *du üb* - *st* / Wortstamm - Endung
- Wenn sich die Personalform des Verbs verändert, nennt man das **Konjugation** (= Beugung).

Video WES-127515-047

Unter dem **Webcode** WES-127515-047 kannst du dir auch ein Erklärvideo über den Infinitiv und die Personalformen des Verbs ansehen.

Das Verb und seine Formen lassen sich gut mit einem Baum vergleichen.

3 Schreibt die Personalformen aus dem Baum in euer Heft. Unterstreicht in jeder Personalform den Wortstamm und kreist die Endung ein.

Die Personalformen des Verbs bilden

Das musst du lernen und wissen

- Wir unterscheiden beim Verb zwischen dem **Infinitiv** (= Grundform) und der **Personalform.**
- Dabei werden die verschiedenen Personalformen danach unterschieden, ob der Sprecher sich selbst (**1. Person:** ich/wir), ein Gegenüber (**2. Person:** du/ihr) oder einen Dritten (**3. Person:** er, sie, es/sie) meint.
- Die drei Personen können jeweils im **Singular** (= eine Person: ich, du, er) oder **Plural** (= mehrere Personen: wir, ihr, sie) gebildet werden.

	Infinitiv (= Grundform)	*kommen*	*folgen*	*laufen*
Personal-formen Singular	1. Person Singular: ich ...	*ich komm-e*	*ich f ...*	*ich ...*
	2. Person Singular: du ...	*du komm-st*	*du f ...*	...
	3. Person Singular: er, sie, es ...	*er/sie/es komm-t*	*er/sie/es f ...*	
Personal-formen Plural	1. Person Plural: wir ...	*wir komm-en*	*wir f ...*	
	2. Person Plural: ihr ...	*ihrkomm-t*	*ihr f ...*	...
	3. Person Plural: sie ...	*sie komm-en*	*sie f ...*	...

Mehr zum Thema:
Personalformen des Verbs
AH: S. 45–46

4 Wähle aus

Übe die Bildung der Personalformen.

a) **I** Übernimm die Tabelle aus der Lernbox in dein Heft und vervollständige sie.

b) **II** Vervollständige die Tabelle aus der Lernbox. Ergänze die Tabelle um ein oder zwei weitere Verben. Setze z. B. die Verben „trinken“ und „sprechen“ in alle Personalformen.

c) **III** Sage die Personalformen der Verben: „folgen“, „gehen“, „springen“, „träumen“, „lachen“, „spielen“ auf. Lege für drei der Verben eine Tabelle wie in der Lernbox in deinem Heft an und fülle sie aus.

Jede Tür ___ sich mit diesen zwei Zauberwörtern. Das erste Zauberwort ___ „Bitte“, das zweite „Danke“! Doch nicht jeder ___ die Zauberwörter heute mehr.

Es ___ Menschen mit einer wertvollen Gabe. Sie ___ anderen Menschen ein Lächeln ins Gesicht. Vielleicht ___ du einer von ihnen!

5 Schreibe die „Zauberformeln“ oben mit den richtigen Personalformen in dein Heft. Benutze dazu die Verben aus dem Wortspeicher.

- Unterstreiche anschließend den Wortstamm der Personalformen und kreise ihre Endungen ein.

öffnen • heißen • kennen • geben • zaubern • sein

Henning:
Ich berichte euch von magischen Pflanzen.
Wir kennen sie auch aus der Comic-Serie „Asterix und Obelix“.
Es handelt sich um die Misteln.
Sie verleihen Miraculix' Zaubertrank magische Kräfte.
Du siehst sie auch oft als Weihnachtsdekoration.
Ihr wisst sicher, woher.

6 In Hennings Bericht sind die Sätze durcheinandergeraten.

- Schreibt die Sätze in der richtigen Reihenfolge 1., 2., 3. Person Singular, 1., 2., 3. Person Plural auf.
- Gebt dabei die Bezeichnung der unterstrichenen Personalformen in Klammern an.
  Beispiel: *Ich berichte (1. Person Singular) euch von magischen Pflanzen.*

7 Setzt den folgenden Satz in alle Personalformen:
Am liebsten esse ich Nudeln mit Zaubersoße.

Heute zaubere ich, gestern zauberte ich … – Zeitformen erkennen und verwenden

Zauberer – früher, heute und in Zukunft

In früheren Zeiten glaubten viele Menschen an Zauberer. Angeblich besaßen diese übernatürliche Kräfte. Merlin hieß einer von ihnen. Der Sage nach hieb er ein Schwert in einen Stein. Niemand konnte es danach herausziehen. Nur dem wahren König des Landes, Artus, gelang das Kunststück. Er zog das Schwert aus dem Stein heraus.
Heute kennen wir Zauberer als Unterhaltungskünstler. Sie arbeiten im Zirkus oder im Varieté und zeigen verblüffende Tricks. Dabei beweisen sie Schnelligkeit und Geschicklichkeit. Der Zauberer lenkt sein Publikum ab und spielt mit Licht- und Schatteneffekten. Mit übernatürlichen Kräften haben diese Tricks nichts zu tun.
In der Zukunft werden die meisten Menschen genauso wie heute nicht an magische Kräfte glauben. Wissenschaftliche Erkenntnisse werden weiter das Denken über Zauberei bestimmen. In Computerspielen und Fantasiefilmen werden Magier aber auch in der Zukunft vorkommen.

1 Betrachtet den Zauberer auf der Abbildung und vergleicht ihn mit den Aussagen im Text.

- Erläutert, zu welcher Art von Zauberern er gehört.
- Begründet eure Meinung.

2 Der Text über Zauberer enthält Aussagen über die Vergangenheit, die Gegenwart und die Zukunft.

- Benennt, welcher Textabschnitt jeweils über Vergangenes, Gegenwärtiges und Zukünftiges berichtet. Beachtet dabei die fett gedruckten Zeitangaben.
- Sucht aus dem Text die Verbformen heraus. Woran könnt ihr an ihnen erkennen, ob es in den Textabschnitten um die Vergangenheit, die Gegenwart oder die Zukunft geht?

3 Übernehmt die Tabelle in euer Heft und ordnet die Verbformen des Textes über Zauberer in die richtige Spalte ein.
Wenn ihr weitere Hinweise braucht, findet ihr eine **Hilfekarte** auf S. 325.

S. 325

Präsens (= Gegenwart)	**Präteritum** (= Vergangenheit)	**Zukunft** (= Futur)
kennen	glaubten	werden glauben
a …	b …	w …

4 Mit den Verben aus der Tabelle von Aufgabe 3 könnt ihr die Bildung der Zeitformen des Verbs üben:

- Wählt drei Verben aus der Tabelle aus und schreibt sie im Infinitiv (= Grundform) auf.
- Formuliert dann mit jedem Verb einen Satz im Präsens. Setzt dann die Sätze auch in das Präteritum und ins Futur.

Das musst du lernen und wissen

Die Tempusformen Präteritum, Präsens und Futur

Mit den Tempusformen des Verbs macht man deutlich, ob ein Geschehen in der Vergangenheit, der Gegenwart oder der Zukunft abläuft.

- Das **Präsens** bezeichnet meistens etwas, das in der **Gegenwart**, in diesem Augenblick geschieht (z. B.: *Der Zauberer betritt in dieser Minute die Bühne*). Es kann aber auch etwas bezeichnen, das zu jeder Zeit gültig ist (z. B.: *Zirkusbesuche machen Spaß*).
  Zusammen mit anderen Wörtern kann man mit dem Präsens auch zum Ausdruck bringen, dass etwas in der Zukunft geschieht (z. B.: *Morgen kaufe ich ein neues Computerspiel*).
- Mit dem **Präteritum** drückt man aus, dass etwas **vergangen** ist (z. B.: *In früheren Zeiten glaubten viele Menschen an Zauberer*).
  - Das Präteritum wird oft gebildet, indem der Wortstamm eine Endung mit *-te* erhält (*ich glaub-e – ich glaub-te / du glaub-st – du glaub-te-st / er glaub-t – er glaub-te / …*).
  - Einige Verben verändern ihren Wortstamm im Präteritum gegenüber dem Präsens (*ich komme – ich kam / du siehst – du sahst / er befiehlt – er befahl / …*). Diese sogenannten unregelmäßigen Verben musst du dir einprägen.
- Das **Futur** drückt aus, dass ein Geschehen in der **Zukunft** abläuft (z. B.: *Ich werde nächste Woche in den Zirkus gehen*).
  - Es wird mit einer **Personalform von werden** und dem **Infinitiv des Verbs** gebildet. (*Ich werde nach Hause gehen. Er wird auf mich warten.*)

Mehr zum Thema:
Tempusformen des Verbs
AH: S. 47

Arbeitsblatt
WES-127515-048

Sicher ist euch aufgefallen, dass der Wortstamm sich bei einigen Verben im Präteritum verändert. Unter dem **Webcode** WES-127515-048 könnt ihr die Bildung des Präsens und des Präteritums mit solchen Verben üben.

Die kleine Fee

Die kleine Fee fliegt zu den Kindern, wenn sie schlafen.
Sie sitzt ganz nah an ihrem rechten Ohr.
Dann spricht sie leise eine Zauberformel.
Die Kinder schlafen tief und fest.
Zuversichtlich gehen sie in die Schule.

5 Schreibt den Text „Die kleine Fee" in euer Heft. Lasst unter jedem Satz zwei Zeilen frei. Unterstreicht die Verben in den Sätzen und bestimmt die Zeitform.

- Setzt die Sätze dann in die zwei übrigen Zeitformen. Benutzt dazu die freien Zeilen. Unterstreicht auch hier die Verben.

Die Lehrerin wiederholt den Stoff. • Alle Kinder verstehen ihn. • So macht das Lernen Freude.

6 Ergänzt euren Text von der kleinen Fee in eurem Heft mit den drei zusätzlichen Sätzen aus dem Wortspeicher. Bestimmt auch hier wieder die Zeitform. Setzt die Sätze dann in die beiden anderen Zeitformen.

7 **Wähle aus**

Wähle eine der folgenden Aufgaben aus, um die Zeitformen zu üben.

a) I Bestimme die Zeitformen in den folgenden Sätzen. Setze die Sätze dann in die anderen beiden Zeitformen.

> Die Fee verlor ihren Zauberstab.
> Den Kindern hilft die Fee nicht mehr.
> In der nächsten Woche werden die Kinder weniger lernen.
> Alle suchen deshalb den Zauberstab.

b) II Bei den folgenden Sätzen über die kleine Fee wird nur der Infinitiv der Verben angegeben. Übernimm den Text in dein Heft und verwende dabei die passenden Tempusformen.

- Schreibe jeweils in Klammern hinter den Satz, welche Zeitform du verwendet hast.
- Setze die Sätze dann in die anderen beiden Zeitformen.

> Morgen (besuchen) die Fee ihren Freund, den Zauberer.
> Dieser Besuch (sein) sehr lustig und aufregend.
> Letztes Mal (backen) der Zauberer einen Kuchen und (servieren) Tee.
> Für den nächsten Tag (planen) der Zauberer wieder etwas Besonderes.
> Dafür (üben) er schon heute die Zauberformel für ein Feuerwerk.

c) III Die kleine Fee hilft den Kindern auch auf dem Schulweg.

- Setze den Text mit der kleinen Fee von S. 220 fort. Benutze dazu die Verben: *gehen, verlieren, helfen, finden, laufen*.
- Gib für die Sätze deiner Fortsetzung jeweils an, in welcher Tempusform sie stehen. Setze die Sätze auch in die zwei anderen Tempusformen.

Unter dem **Webcode** WES-127515-049 kannst du dir auch ein Erklärvideo über die Tempusformen des Verbs ansehen.

Video
WES-127515-049

Alles klar? – Teste dich selbst!

1 Schreibe die Zauberformel für den Zaubertrank mit den Verben in der richtigen Personalform in dein Heft und unterstreiche die Verben.

Zauberformel: Zaubertrank
Läuseblut schmecken gut!
Fingerhut kommen fix zur Glut!
Essig statt Blut machen Schwachen Mut!

2 Zeichne die Tabelle mit den Verben in dein Heft.

- Ergänze die fehlenden Endungen bei den Personalformen der Verben „rühren" und „streuen".
- Setze die Personalformen des Verbs „schütten" mit den richtigen Endungen in die leere Zeile ein. Kreise die Endungen ein.

ich	du	er, sie, es	wir	ihr	sie
rühre	rühr-	rührt	rühr-	rührt	rühr-
streu-	streust	streu-	streuen	streu-	streuen

3 Schreibe die Sätze aus dem Kasten unten in dein Heft.

- Unterstreiche die Tempusformen im Präsens, Präteritum und Futur jeweils farbig (z. B. Präsens = schwarz, Präteritum = blau, Futur = grün)

- Die Hexe flog auf ihrem Besen zum Blocksberg.
- Das Zauberbuch liegt auf dem Schrank.
- Die Zauberformel wird in einer Stunde wirken.
- Der Zauberer vergisst seinen Zauberhut im Wald.
- Er wird ihn am nächsten Morgen vermissen.
- Der Zaubertrank erhielt eine merkwürdige Farbe.

4 Setze die sechs Sätze von Aufgabe 3 auch in die zwei anderen Tempusformen (Zeitformen).

- Gib die entsprechendeTempusform hinter den Sätzen in Klammern an.
- Unterstreiche die Verben nach ihrem Tempus (Zeitform) mit verschiedenen Farben. Gehe dabei so vor, wie es in Aufgabe 3 beschrieben wird.

Die Lösungen und die zu erreichenden Punkte findest du auf S. 330.

Das Adjektiv

Wie ist die Zaubernuss? –
Die Aufgabe von Adjektiven erkennen

1 Auf den folgenden Seiten geht es um Zaubernüsse. Stellt Vermutungen darüber an, worum es sich dabei handeln könnte.

Die Zaubernuss

Es ist ein fantastischer Anblick – mitten im Winter blüht schon ein Strauch im kahlen Garten. In gelben oder roten Farben zeigen sich sternförmige Blüten an der Zaubernuss. Die Blüten haben einen feinen Duft. Erst nach den Blüten entwickeln sich zackige Blätter. Im Herbst leuchten auch sie in warmen Tönen.

2 Erklärt, warum die Pflanze wohl „Zaubernuss“ heißt.

3 Sucht die Wörter aus dem Text zur „Zaubernuss“ heraus, die das Aussehen und die Eigenschaften der Blüten und Blätter besonders anschaulich machen. Wenn ihr weitere Hinweise benötigt, findet ihr auf S. 325 eine **Hilfekarte**.

S. 325

Die Zaubernuss ist eine ______ Heilpflanze. *(merkwürdige, beliebte, ungesunde)*
Aus Blättern und Rinde werden ______ Salben und Cremes hergestellt. *(wirksame, süße, harte)*
Bei ______ Hautverletzungen und Entzündungen kommen diese Arzneien zur Anwendung. *(runden, bunten, leichten)*

4 Welches der drei Adjektive (= Eigenschaftswörter) musst du in den Sätzen über die Zaubernuss oben ergänzen?

- Schreibe die drei Sätze über die Zaubernuss mit den passenden Adjektiven in dein Heft.

5 Erkläre anhand der beiden Texte über die Zaubernuss, welche Aufgaben Adjektive haben. Du kannst dazu auch die Hinweise in der Lernbox auf S. 226 lesen.

schön, schöner, am schönsten – Adjektive steigern

1 Die Abbildung zeigt ein Märchenschloss im Winter und drei Haselnüsse mit Zauberkraft. Erzählt von dem Märchen, in dem das Schloss und die Nüsse eine Rolle spielen.

Es gibt viele schöne Filme, die vor Weihnachten im Fernsehen gezeigt werden. Einige sind sicher schöner als andere. Den Märchenfilm „Drei Haselnüsse für Aschenbrödel“ finden viele Menschen jedoch am schönsten.

2 Lest die Sätze zum Film „Drei Haselnüsse für Aschenbrödel“ und achtet besonders auf das Adjektiv„schön“.

- Was fällt euch auf? Erklärt, was mit den verschiedenen Formen des Adjektivs ausgedrückt wird.
- Erklärt anhand des Beispiels die Begriffe *Grundstufe* und *Steigerungsstufe* von Adjektiven. Ihr könnt dazu auch die Lernbox auf S. 226 lesen.

Haselnüsse mit Zauberkraft spielen in dem Film eine wichtige Rolle. Der Prinz trainiert am liebsten seine Schießkünste im Wald. Aus Versehen trifft er die kleinen Nüsse, die an einem Baum hängen. Sie fallen einem treuen Diener Aschenbrödels in den Schoß. Er wollte Aschenbrödel eigentlich ein schöneres Geschenk mitbringen, überreicht ihr dann aber doch die Nüsse.
In der ersten Haselnuss steckt eine neue Jagdkleidung. Die zweite Nuss verhilft Aschenbrödel zu einem noch wertvolleren Kleidungsstück, einem Ballkleid. Das Kleid aus der dritten Nuss ist am kostbarsten. Es ist aus Silber und hat eine lange Schleppe. Mit diesem Kleid ist Aschenbrödel am glücklichsten.

3 Übernimm die Tabelle in dein Heft und trage die Adjektive aus dem Text oben in die entsprechenden Spalten ein. Ergänze jeweils die beiden anderen Stufen.

S. 326

Wenn du dabei noch Schwierigkeiten hast, kannst du die **Hilfekarte** auf S. 326 benutzen.

Positiv (= Grundstufe)	**Komparativ** (= Vergleichsstufe)	**Superlativ** (= Höchststufe)
wichtig	wichtiger	am wichtigsten
		am liebsten
klein		

4 Wähle aus

Übe die Steigerung von Adjektiven. Vergleiche dazu die drei Zauberlehrlinge Sim, Sala und Bim und ihre magischen Gegenstände und Tiere miteinander.

a) Schreibe den Text „Abras Zauberlehrlinge“ in dein Heft und ergänze die Lücken.

- Sieh dir dazu zunächst die Abbildungen unten an und lies die Angaben unter den Abbildungen.
- Benutze die Adjektivformen in dem Wortspeicher, um den Text zu ergänzen.

Abras Zauberlehrlinge

Zaubermeister Abra hat drei Lehrlinge. Sie heißen Sim, Sala und Bim. Sim ist _____ (alt) als Sala und Bim und _____ (groß) von allen dreien. Bim ist ein Jahr _____ (jung) als Sala und _____ (klein). Er ist aber _____ (lustig) von allen Lehrlingen und spielt dem Meister gerne Streiche.

am lustigsten • jünger • älter • am kleinsten • am größten

Zaubermeister Abra | Sim, 17 J. | Sala, 16 J. | Bim, 15 J.

b) Schreibe Sätze, in denen du die Zaubergegenstände der Lehrlinge miteinander vergleichst, in dein Heft.

- Verwende dabei die verschiedenen Steigerungsstufen von Adjektiven.
- Vergleiche die Zaubergegenstände hinsichtlich ihrer Länge, Größe, Dicke und Schnelligkeit. Arbeite dabei so wie in dem folgenden Beispiel: *Sims Zauberkraft ist mächtig. Die Zauberkraft von Sala ist mächtiger. Bims Zauberkraft ist am mächtigsten.*

Sims, Salas und Bims Zaubergegenstände

Zauberstäbe (Länge)
Sim, Sala und Bim.

Zauberhüte (Größe)
Sim, Sala und Bim.

Zauberbücher (Dicke)
Sim, Sala und Bim.

Zaubertiere (Schnelligkeit)
Sim, Sala und Bim.

c) **III** Schreibe mindestens drei eigene Sätze zu den drei Zauberlehrlingen Sim, Sala und Bim und ihren Zaubergegenständen und Zaubertieren in dein Heft. Die Lehrlinge könnten z. B. unterschiedlich gefährliche Tiere haben, unterschiedlich kostbare Umhänge oder unterschiedlich wirksame Zaubertränke.

- Vergleiche diese Gegenstände und Tiere der Zauberlehrlinge miteinander, indem du die Steigerungsstufen von Adjektiven benutzt.
- Formuliere dabei so wie in dem Beispiel oben in Aufgabe 4 b).

5 Durchstarten

Zauberer • Buch • Wunsch • Baum • Hexenbesen

a) **I** Sucht für jedes Nomen in dem Wortspeicher vier Adjektive. Formuliert mit diesen Adjektiven und Nomen sowie den passenden Artikeln kurze Sätze. Unterstreicht dann das Adjektiv. (Beispiel: *Der mächtige Zauberer schläft.*) Verwendet möglichst nicht zwei- oder mehrmals die gleichen Adjektive.

b) **III** Übt die Deklination von Nomen in Verbindung mit Adjektiven. Lest dazu noch einmal die Lernbox unten.

- Schreibt Sätze mit „der alte Zauberer" in allen vier Fällen in euer Heft. Geht so vor: Stellt die Kasusfragen „Wer oder was?", „Wessen?", „Wem?" und „Wen oder was?".
- Beantwortet sie mit Sätzen, in denen „der alte Zauberer" vorkommt.

c) **II** Die Oberhexe hat die drei Hexenanwärterinnen Hula, Lula und Tula in ihr Hexenhaus aufgenommen. Jede besitzt bestimmte Gegenstände und Tiere.

- Zeichnet diese Gegenstände (Besen, Kessel, Schuhe usw.) und Tiere (Raben, Schlangen, Kröten usw.) in unterschiedlichen Größen, Längen, Breiten, Farben usw.
- Schreibt dann Vergleichssätze so wie bei der Aufgabe 4 b) auf S. 225 auf.

Das musst du lernen und wissen

Adjektive

Adjektive (= Wie-Wörter oder Eigenschaftswörter) geben an, **wie etwas ist**. Sie kennzeichnen Lebewesen, Dinge und Vorgänge genauer (z. B.: das *dicke* Buch, der *kluge* Lehrling).

Als **Begleiter eines Nomens** verändern sich Adjektive zusammen mit diesem (z. B. Die *schnelle* Eule bringt einen Brief ins Haus. → Der Lehrling gibt der *schnellen* Eule etwas Futter).

- Die **Grundform** des Adjektivs heißt **Positiv** (= Grundstufe, z. B.: *klug*).
- Die Steigerungsformen heißen:
  - **Komparativ** (= Vergleichsstufe, z. B.: *klüger*) und
  - **Superlativ** (= Höchststufe, z. B.: *am klügsten*).

Mit den **Steigerungsformen** kann man Vergleiche genau formulieren.

Mehr zum Thema:
Adjektive steigern
AH: S. 48–49

Das Pronomen

ich, mir, mich … er, ihm, ihn … – Personalpronomen verwenden

Die Zauberflöte

- „Die Zauberflöte" von Wolfgang Amadeus Mozart ist eine der bekanntesten Opern überhaupt. „Die Zauberflöte" wird auch heute noch sehr häufig aufgeführt.
- Die Zauberflöte spielt in der Oper folgende Rolle: Die Zauberflöte ist ein Geschenk der Königin der Nacht an den Prinzen Tamino.
- Die Zauberflöte soll Prinz Tamino bei verschiedenen Prüfungen helfen und beschützen. Die Zauberflöte besitzt nämlich übernatürliche Kräfte.
- Die Zauberflöte sorgt dafür, dass Tamino alle Prüfungen besteht. Mithilfe der Zauberflöte befreit Prinz Tamino die schöne Pamina. Am Ende werden Prinz Tamino und Prinzessin Pamina ein Paar.

1 Betrachtet die Abbildung. Gebt mithilfe des Textes an, welche Szene der Oper dargestellt wird.

2 Lest die vier Abschnitte des Textes laut vor. Was könnte an dem Text verbessert werden?

Chiara aus der 5a hat den ersten Textabschnitt verbessert:

„Die Zauberflöte" von Wolfgang Amadeus Mozart ist eine der bekanntesten Opern überhaupt. Sie wird auch heute noch sehr häufig aufgeführt.

3 Vergleicht Chiaras Überarbeitung mit dem Anfang des Textes „Die Zauberflöte".

- Beschreibt, was Chiara verändert hat und wie sie dabei vorgegangen ist.
- Erklärt, warum der Text jetzt besser klingt.

4 Überarbeite die anderen drei Abschnitte des Textes „Die Zauberflöte".

- Übernimm dazu den verbesserten Textanfang von Chiara in dein Heft.
- Führe den Textanfang von Chiara fort.

Wenn du noch weitere Hinweise dazu brauchst, findest du auf S. 326 eine **Hilfekarte**.

S. 326

Auf der Abbildung seht ihr Papageno, den Wegbegleiter des Prinzen Tamino. Rabea aus der 5a hat Papageno schriftlich beschrieben:

Papageno

- *Papageno ist von Beruf Vogelfänger. Papageno sieht selbst aus wie ein bunter Vogel. Papageno trägt einen orangefarbenen Hut mit einem Schnabel und blauen und grünen Federn.*
- *Das Hemd, das Papageno trägt, passt dazu. Das Hemd besteht auch aus unterschiedlich großen orangefarbenen Federn. Das Hemd hat am Kragen kleine blaue und grüne Federchen.*
- *Papagenos Hose hat ähnliche Federn an den Hosenbeinen. Papagenos Hose hat am Hinterteil große blaue Schwanzfedern. Papageno trägt auf dem Rücken einen Vogelkäfig mit drei Vögeln.*
- *Papageno hält das Glockenspiel in seinen Händen. Das Glockenspiel hat Papageno von der Königin. Das Glockenspiel ist wie die Zauberflöte ein magischer Gegenstand.*

5 Verbessert Rabeas Beschreibung von Papageno, indem ihr Namen und Nomen durch Personalpronomen ersetzt. Ihr könnt auch Sätze so umstellen, dass sie anders beginnen.

6 Die folgenden Sätze sind missverständlich. Erklärt, was man verstehen könnte, was jedoch gemeint ist. Versucht, die Sätze so umzuformulieren, dass man sie nicht mehr falsch verstehen kann.

- Bevor Tamino den Drachen entdeckt, faucht er bedrohlich.
- Als Tamino von einem Drachen verfolgt wird, spuckt er Pech und Schwefel.
- Vor Tamino erscheint der Drache, bis er vor Furcht in Ohnmacht fällt.
- Ehe die Hofdame die Flöte überreichte, dudelte sie.
- Bevor Papageno den Vogel erreichen konnte, kreischte er.

Das musst du lernen und wissen

Das Personalpronomen

- Das **Personalpronomen** (= persönliches Fürwort) kann ein **Nomen** ersetzen. Beispiel: ***Die Königin*** *singt ein Lied.* → ***Sie*** *singt ein Lied.*
- Personalpronomen können im **Singular** (= Einzahl) und im **Plural** (= Mehrzahl) stehen. Singular: *ich, du, er/sie/es* Plural: wir, ihr, sie
- Personalpronomen **verändern sich im Satz wie die Nomen**, die sie ersetzen können. Sie können im 1., 2. und 3. Fall stehen: Beispiel: ***Sie*** *erhielt viel Applaus.* → *Das Publikum applaudierte* ***ihr***.

Eine Übersicht über die Veränderung der Personalpronomen im Nominativ, Dativ und Akkusativ findest du unter dem **Webcode** WES-127515-050.

Arbeitsblatt
WES-127515-050

7 Durchstarten

a) Zeichne folgende Tabelle in dein Heft und fülle die leeren Felder aus. Arbeite dabei mit der Lernbox. Unterstreiche die Personalpronomen und die dazugehörigen Endungen des Verbs (z. B. *ich gehe*)

- Ergänze die Tabelle auch für die Verben „lachen“, „zaubern“, „erzählen“ und „sagen“.

Personalpronomen (= persönliche Fürwörter)					
Singular (= Einzahl)			**Plural (= Mehrzahl)**		
1. Person	2. Person	3. Person	1. Person	2. Person	3. Person
___ gehe	___ gehst	___	___	___	___

b) Schreibe ein „ich, du, er, sie, es, wir, ihr, sie“ – Gedicht. Notiere die Personalpronomen (= persönliche Fürwörter) untereinander in dein Heft. Ergänze die Pronomen zu kleinen Sätzen.
Beispiel: **Ich** stehe hier am Strand.
Du spielst so ....
Er ...

Vielleicht schaffst du es ja, dass sich die Satzenden reimen. Beispiele für Reimwörter, die du benutzen kannst, sind: *Land, Band, Wand, Hand, Rand, Sand, Brand, Stand, Pfand, Strand, Samt oder Baum, Saum, Raum, Traum, Clown, Flaum, Schaum ....*

c) Ersetze die unterstrichenen Namen und Nomen durch passende Personalpronomen.

- Erfrage dazu zunächst die unterstrichenen Teile der Sätze mit der passenden Kasusfrage.
- Ergänze dann die passende Form der Personalpronomen. Schreibe die Sätze mit der Kasusfrage in dein Heft.
  Beispiel: *Ich gebe Maria ein Buch. – Wem gebe ich ein Buch?*
  Ich gebe ihr ein Buch.

– Maria leiht das Buch einem Mitschüler. – Wen oder was ...?
  Maria leiht ___ einem Mitschüler.
– Der Lehrer lobt die Kinder.
– Murat mag seinen Hund.
– Die Sängerin begeistert die Zuhörer.
– Die Eltern schenken den Kindern oft viele Spiele.
– Lara mag Kira, weil sie so fröhlich ist.
– Er leiht Hans und Emil seine Mappe.

Falls du Hilfe brauchst, findest du unter **Webcode** WES-127515-050 eine Übersicht, wie die Personalformen in die vier Fälle gesetzt werden.

Arbeitsblatt
WES-127515-050

mein Zauberapfel, eure Zauberäpfel … – Possessivpronomen verwenden

1 Auf dem Bild seht ihr einen Zauberapfel. Lest die Lernbox auf dieser Seite und ergänzt die fehlenden Possessivpronomen.

- Erklärt, welche Aufgabe die ergänzten Wörter haben.

Morgens bei Familie Lehmann. Die Mutter schneidet für Marlene und Ole einen Zauberapfel.
Mutter: „Marlene, packst du schnell ______ Zauberapfel für die Schule ein?“
Marlene: „Ja gerne, die anderen aus der 5a beneiden mich immer um ______ coolen Apfel.“
Vater: „Ole hat gestern ______ Apfel vergessen!“
Ole: „Leider! Aber ich habe Theo erklärt, wie wir ______ Zauberäpfel schneiden!“
Mutter: „Bald seid ihr nicht mehr die Einzigen mit ______ witzigen Äpfeln!“

2 Schreibe die folgenden Satzanfänge in dein Heft. Verwende dabei das Possessivpronomen, das zu dem Personalpronomen am Satzanfang passt (z. B. *Ihr verkauft eure Äpfel*). Unterstreiche die Possessivpronomen.

- Ich esse jeden Tag ______ gesunden Apfel .
- Du hebst ______ Apfel für die zweite Pause auf.
- Er schneidet ______ ______ klein.
- Sie packt ______ ______ in eine Dose.
- Es ist noch zu klein und kann ______ ______ nur zerkleinert essen.
- Wir kaufen ______ ______ im Sonderangebot ein.
- Ihr pflückt ______ ______ im Herbst.
- Sie lagern ______ ______ ein.

Das musst du lernen und wissen

Das Possessivpronomen

Possessivpronomen sind fast immer Begleiter eines Nomens und zeigen den Besitz oder die Zugehörigkeit an.

- Possessivpronomen können im **Singular** (= Einzahl) oder im **Plural** (= Mehrzahl) stehen:
  Singular: *mein, dein, sein, ihr, sein* **Plural:** *unser, euer, ihr*
- Auch Possessivpronomen verändern sich zusammen mit dem Nomen, das sie begleiten, wenn sie in die **vier Fälle** gesetzt werden:
  z. B.: *mein Apfel* (Nominativ), *meines Apfels* (Genitiv), *meinem Apfel* (Dativ), *meinen Apfel* (Akkusativ) oder *dein Apfel* (Nominativ), *deines Apfels* (Genitiv) ….

Mehr zum Thema:
Pronomen
AH: S. 50–51

Alles klar? – Teste dich selbst!

Zaubernuss-Plätzchen

Es gibt braune Früchte an kahlen Sträuchern, die den schönen Namen „Zaubernuss“ tragen. Zaubernüsse, das sind aber auch die feinen Haselnüsse aus dem lustigen Märchen mit dem hübschen Aschenbrödel. Doch ein süßes Gebäck aus Russland hat ebenfalls diesen zauberhaften Namen. Auf Russisch heißt das leckere Backwerk „Oreschki“. Mit einem speziellen Waffeleisen werden knusprige Nusshälften gebacken und mit köstlicher Karamellcreme gefüllt. Zum Schluss verfeinert luftiger Puderzucker die wundervollen Plätzchen.

Oreschki (russische Zaubernüsse)

1 Schreibe aus dem Text „Zaubernuss-Plätzchen“ alle Adjektive mit dem dazugehörigen Nomen heraus.

2 Setze die Adjektive „fein“, „knusprig“ und „köstlich“ in alle Steigerungsstufen des Adjektivs.

3 Schreibe die folgenden Satzpaare in dein Heft. Ersetze dabei die unterstrichenen Nomen im zweiten Satz durch ein passendes Personalpronomen.

a) Papageno und Prinz Tamino bestehen drei Prüfungen.
Die Prüfungen erfordern Standfestigkeit, Klugheit und Mut.

b) Der Prinz setzt die Zauberflöte dabei ein.
Die Zauberflöte besitzt magische Kräfte.

c) Der Vogelfänger Papageno besitzt auch ein magisches Instrument.
Das magische Instrument ist ein Glockenspiel.

4 Schreibe die Sätze in dein Heft. Unterstreiche das Personalpronomen im ersten Satz und füge das passende Possessivpronomen in den zweiten Satz ein.

Beispiel: ***Ich*** *gehe zum Training. Hat jemand* ***meinen*** *Ball gesehen?*

a) Tim: Gestern habe ich eine Zaubertafel gekauft. Hat jemand ... Zaubertafel gesehen?

b) Jan: Du hast sie ins Regal gelegt. Was zeichnest du denn auf ... Zaubertafel?

c) Lea: Er benötigt zum Zeichnen einen speziellen Stift. ... Stift liegt neben der Zaubertafel.

d) Amelie: Sie ist noch ganz neu. ... Folie ist noch ganz glänzend.

e) Luisa: Es ist eine Art Zeichenbrett. Man kann ... Oberfläche beschreiben und alles wieder löschen.

f) Tim und Jan: Wir besitzen auch Zaubertafeln. Leider sind ... Zaubertafeln schon ganz abgenutzt.

g) Lea und Amelie: Ihr zeichnet ganz tolle Sachen. ... Bilder würde ich nicht löschen.

h) Amelie und Luisa: Sie sind die besten Zeichner im Kunstunterricht.
Die Lehrerin hängt ... Zeichnungen immer auf.

Die Lösungen und die zu erreichenden Punkte findest du auf S. 331

Die Bausteine des Satzes – Satzglieder kennen

Sätze werden aus einzelnen Bausteinen gebildet. Diese Teile eines Satzes werden als Satzglieder bezeichnet. Satzglieder können aus einzelnen oder mehreren Wörter bestehen.

Du lernst in diesem Kapitel, ...

- wie du die Satzglieder eines Satzes ermitteln kannst, zum Beispiel mit der *Umstellprobe* oder mit der *Ersatzprobe*,
- wie du die Satzglieder Subjekt, Prädikat, Akkusativobjekt und Dativobjekt sowie die adverbialen Bestimmungen bestimmen kannst.

Dazu findest du in diesem Kapitel die wichtigsten Regeln und viele Übungen, die dir dabei helfen, zum Satzglieder-Experten zu werden.

1 Berichtet darüber, was ihr aus der Grundschule noch über Satzglieder wisst. Ihr könnt euch dazu die Fachbegriffe, die ihr zu den Satzgliedern kennt, notieren. Stellt dann diese Fachbegriffe und ihre Bedeutung vor.

Umstellprobe und Ersatzprobe – Satzglieder erkennen

Bestimmt hast du schon einmal mit Bausteinen etwas gebaut. In einem Satz bestehen diese „Bausteine“ – die Satzglieder – aus einem oder auch mehreren Wörtern.

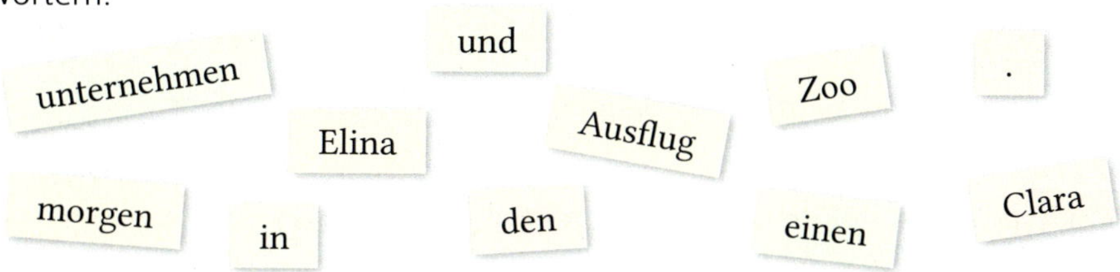

1 Probiert es selbst einmal aus! Übertragt die Kästchen auf ein Blatt Papier und schneidet sie aus.

- Legt anschließend möglichst viele Sätze mit den Kästchen und notiert sie nacheinander in euer Heft.
- Vergleicht die Sätze. Was fällt euch auf?

2 In euren Sätzen sind manche Wörter beim Umstellen immer zusammengeblieben.

- Umkreist diese Wortgruppen mit einem Farbstift.
- Welcher Baustein bleibt beim Umstellen immer an zweiter Stelle stehen? Markiert ihn mit einer anderen Farbe.

3 Seht euch den Satz über Erdmännchen an.
Stellt ihn möglichst oft um.

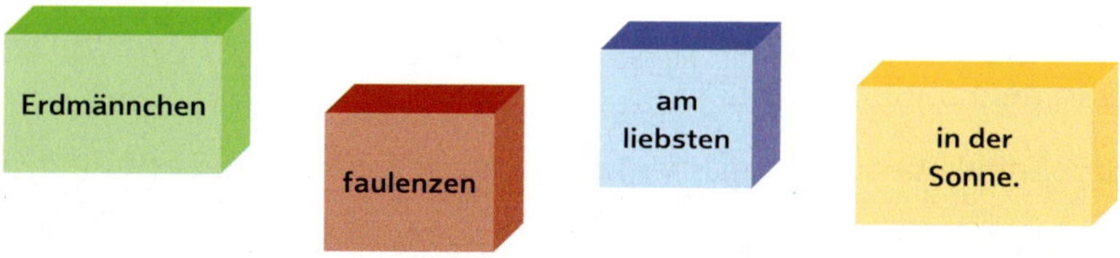

- Die Wörter in den farbigen Kästen bilden die Satzglieder. Erklärt, warum man Satzglieder auch als „Bausteine des Satzes“ bezeichnen kann.
- Setzt den roten Baustein an die erste Stelle des Satzes. Wie verändert sich der Satz dadurch?

4 Überlegt euch einen eigenen Aussagesatz, der aus etwa acht Wörtern besteht, und schreibt ihn auf.

- Stellt nun diesen Satz so oft wie möglich um.
- Umkreist die Wörter und Wortgruppen, die jeweils die Satzglieder des Satzes bilden.

Das musst du lernen und wissen

Die Umstellprobe

Bei der Umstellprobe stellst du Wörter und Wortgruppen des Satzes möglichst oft um. Die **Wörter, die beim Umstellen immer zusammenbleiben**, bilden ein **Satzglied**. Ein Satzglied kann auch aus nur einem Wort bestehen (z. B. *schreibt* oder *morgen*).

Beispiel:
Der Biologielehrer zeigt seinen Schülern morgen einen Film über Erdmännchen.

Morgen | zeigt | der Biologielehrer | seinen Schülern | einen Film über Erdmännchen.

Seinen Schülern | zeigt | der Biologielehrer | morgen | einen Film über Erdmännchen.

5 Seht euch den folgenden Satz an. Welche Wörter oder Wortgruppen lassen sich jeweils durch die Ausdrücke aus dem Kasten ersetzen? Schreibt den neuen Satz in eure Hefte.

Das Erdmännchen frisst mit Begeisterung eine frische Gurke.

das kleine Tier • freudig • das Gemüse • mümmelt

- Seht euch die Lernbox zur Ersatzprobe an. Wie könnt ihr mit der Ersatzprobe auf die Satzglieder schließen?
- Umkreist die Satzglieder des Satzes.

6 Schreibt den folgenden Satz dreimal in eure Hefte und ersetzt dabei jedes Mal ein Satzglied durch einen anderen Ausdruck. Umkreist dann die Satzglieder in dem Satz.

Nach der Schule besuchen die beiden Jungen die Löwen im Zoo.

Das musst du lernen und wissen

Die Ersatzprobe

Satzglieder lassen sich nicht nur umstellen. Du erkennst sie auch daran, dass du sie durch andere Ausdrücke oder Wortgruppen ersetzen kannst:

Die 5a | schreibt | morgen | eine Mathearbeit.

↓

Die 5a | schreibt | morgen | eine Deutscharbeit.

Video
WES-127515-051

Unter dem **Webcode** WES-127515-051 kannst du dir auch ein Erklärvideo über das Bestimmen von Satzgliedern ansehen.

Erdmännchen

Erdmännchen sind vor allem am Tag aktiv. Erdmännchen sonnen sich gern in der Nähe ihrer Höhle. Erdmännchen buddeln in der Erde auf der Suche nach Insekten. Erdmännchen richten sich immer wieder dabei auf, um in die Ferne zu spähen. Erdmännchen werden bis zu 30 Zentimeter lang.

Ausgewachsene Erdmännchen wiegen zirka 600 bis 900 Gramm. Erdmännchen ernähren sich hauptsächlich von Insekten. Erdmännchen fressen auch Skorpione, Eidechsen, Spinnen und Eier. Erdmännchen fressen aber auch Schlangen oder sogar kleine Vögel. Erdmännchen leben in Kolonien von bis zu 30 Tieren. Der Bau wird häufig einfach von Erdhörnchen übernommen und zweckmäßig erweitert.

Der Lebensraum der Erdmännchen befindet sich im südlichen Afrika, in der Savanne oder Halbwüste. Erdmännchen sind tagaktive Tiere. Erdmännchen bleiben bei großer Hitze oder Regen jedoch in den Höhlen unter der Erde.

Erdmännchen leben in Gefangenschaft etwa 12 bis 14 Jahre. Erdmännchen werden in freier Wildbahn etwa 5 bis 7 Jahre alt.

7 Lest den Sachtext über Erdmännchen. Was sollte man an dem Text verbessern? Begründet eure Vorschläge.

8 Wähle aus

Verbessere den Text, indem du Satzglieder umstellst oder ersetzt.

a) I Überarbeite den ersten Abschnitt des Textes.

- Stelle die orange gedruckten Satzglieder um, z. B.: Vor allem am Tag sind Erdmännchen aktiv.
- Ersetze an einigen Stellen auch das Wort *Erdmännchen* durch das Wort *sie*.

b) II Überarbeite die ersten beiden Textabschnitte.

- Stelle die orange gedruckten Satzglieder um.
- Ersetze störende Wiederholungen durch andere Ausdrücke.

c) III Überarbeite den gesamten Text.

- Stelle in den ersten beiden Textabschnitten die orange gedruckten Satzglieder um und ersetze störende Wiederholungen.
- Überarbeite den dritten und vierten Abschnitt selbstständig, indem du Satzglieder umstellst oder ersetzt.

Mehr zum Thema:
Satzglieder erkennen
AH: S. 54–55

Was geschieht oder was tut jemand? – Das Prädikat bestimmen

Elina und Clara aus der 5a arbeiten gerade an einem Referat über Erdmännchen für den Biologieunterricht. Passend dazu finden sie im Internet ein Gedicht über Erdmännchen. Leider fehlen einige Wörter …

Erdmännchen

Erdmännchen ______ kleine Tiere.
Sie ______ Beine, und zwar viere.
Das Erdmännchen ______ aus Afrika.
Es ______ in Kolonien. – Das ______ ja klar.

Erdmännchen ______ wirklich schlau.
Sie ______ häufig ihren eigenen Bau.
Manche Jungen ______ gern im Nest.
Die Eltern ______ draußen den Rest.

Das Erdmännchen ______ sehr gut hören.
Kein Feind ______ seine Kleinen stören.
Außerdem ______ es sich immer um.
Die anderen ______ im Savannengras herum.

Das Erdmännchen ______ allerhand.
Es ______ nach kleinen Insekten im Sand.
Danach ______ es in der Sonne.
Erdmännchen sein – welch eine Wonne!

graben • sind (2x) • soll • haben • kann • frisst • ist • entspannt • kommt • lebt • bewachen • sucht • schaut • kuscheln • tollen

1 Erklärt, welche Information in den Sätzen fehlt.

2 Setzt die passenden Wörter aus dem Wortspeicher in die Lücken ein.

Unter dem **Webcode** WES-127515-052 findet ihr den Text auch als Arbeitsblatt zum Ausfüllen.

Arbeitsblatt
WES-127515-052

3 Zu welcher Wortart gehören die eingesetzten Wörter? Um welches Satzglied handelt es sich dabei? Lest die Lernbox auf S. 237 und beantwortet die Fragen.

4 Erklärt mithilfe der Lernbox, was man unter einer Prädikatsklammer versteht.

- Sucht danach aus dem Gedicht über Erdmännchen alle Prädikatsklammern heraus.

5 Bestimmt die Prädikate in den folgenden Sätzen. Gebt an, welche Sätze eine Prädikatsklammer enthalten.

a) Ihren Namen haben die Erdmännchen aufgrund ihrer menschlichen Körperhaltung erhalten.

b) Erdmännchen stehen nämlich oft auf ihren zwei Hinterbeinen.

c) Sie können so Gefahren in ihrer Umgebung besser erkennen.

d) Erdmännchen haben zum Schutz gegen Feinde eine besondere Taktik entwickelt.

e) Bei der Annäherung von Feinden warnen die Aufpasser die anderen Tiere.

f) Die anderen Erdmännchen tauchen dann sofort in ihrem Bau unter.

g) Erdmännchen leben in einer richtigen Wohngemeinschaft.

h) Sie lieben die Geselligkeit über alles.

Das Prädikat

Das musst du lernen und wissen

- Das **Prädikat** in einem Satz drückt aus, **was geschieht oder was jemand macht**. Es steht im Aussagesatz immer **an zweiter Satzgliedstelle.** Das Prädikat besteht aus Formen des **Verbs.**

  Die Erdmännchen | leben | in Gruppen von bis zu 30 Tieren.

- Das Prädikat gibt die Antwort auf die Fragen: **Was geschieht? Was macht jemand?** Du findest das Prädikat in einem Satz, indem du es erfragst:

  *Erdmännchen **fressen** sehr viele kleine Insekten.*

  *Prädikatsfrage: **Was tun** Erdmännchen?*

  *Antwort: **fressen** = Prädikat*

- Das Prädikat kann auch **aus zwei Teilen** bestehen. Man spricht dann von einer **Prädikatsklammer**. In der Regel steht dann der erste Teil des Prädikats an zweiter Stelle und der zweite Teil am Ende des Satzes.

  *Elina und Clara | **haben** | drei Tage | an ihrem Referat | **gearbeitet**.*

  *Sie | **teilten** | die Arbeit | untereinander | **auf**.*

Mehr zum Thema:
Das Prädikat
AH: S. 56

Unter dem **Webcode** WES-127515-053 kannst du dir auch ein Erklärvideo über das Prädikat und die Prädikatsklammer ansehen.

Video
WES-127515-053

Ein Zoobesuch

Clara und Elina _____ am Wochenende mit ihren Eltern den Zoo.
Sie _____ früh _____, um möglichst viel vom Tag zu haben.
Die Fahrt mit dem Zug _____ eine halbe Stunde.
Die Eltern der Freundinnen _____ für alle Eintrittskarten.
Clara und Elina _____ sofort _____.
Zuerst _____ die Kinder zu ihren Lieblingstieren: den Erdmännchen.
Eine lange Schlange _____ jedoch bereits vor dem Gehege.
Plötzlich _____ ein frecher Affe den beiden das Erdmännchenfutter _____.
Die Löwen und Zebras _____ Claras Vater besonders gut.
Der Ausflug _____ nach einem langen und aufregenden Tag mit einem großen Eis für die Kinder.

6 Wähle aus

Übe mit den folgenden Sätzen das Erkennen des Prädikats.

a) Übertrage die Sätze in dein Heft und trage die passenden Prädikate aus dem Wortspeicher ein. Unterstreiche anschließend die Prädikate.

wollen • besuchen • wartet • dauert • rennen ... los • nimmt ... weg • gefallen • kaufen • endet • stehen ... auf

b) Übertrage die Sätze in dein Heft und ergänze passende Prädikate.

- Finde eigene Prädikate für die Lücken und unterstreiche die Prädikate. Verwende dabei am besten einen roten Farbstift.
- Ergänze die Sätze nur mit Prädikaten aus dem Wortspeicher bei Aufgabe 5 a), wenn du allein nicht weiterkommst.

c) Formuliere eigene Sätze zu Elinas und Claras Erlebnissen im Zoo.

- Entwickle dabei auch Sätze mit Prädikaten, die aus zwei Teilen bestehen. Unterstreiche die Prädikate in deinen Sätzen und verbinde die Prädikatsklammern. Arbeite dabei möglichst mit einem roten Farbstift.

Wer oder was ...? – Das Subjekt bestimmen

Elina und Clara erzählen in der Schule von ihrem Ausflug in den Zoo. Anschließend haben ihre Mitschülerinnen und Mitschüler zahlreiche Fragen an die beiden. Manche interessieren sich genauer für das, was Elina und Clara erlebt haben. Andere haben nicht so gut aufgepasst und müssen daher nachfragen.

Was wartete bereits vor dem Gehege?

Wer hat die Eintrittskarten gekauft?

Was dauerte eine halbe Stunde?

Wer hat euch das Erdmännchenfutter geklaut?

Wer gefiel Claras Vater besonders gut?

1 Lest den Text auf S. 238 erneut und beantwortet die Fragen der Schülerinnen und Schüler.

Beispiel:

Frage: *Wer hat die Eintrittskarten gekauft?*

Antwort: *Die Eltern der Freundinnen.*

2 Nach welchem Satzglied fragen die Mitschüler ihre Klassenkameradinnen? Lest in der Lernbox auf S. 240 nach.

3 Formuliert zwei weitere Fragen zu Claras und Elinas Ausflug und beantwortet sie.

Nach dem Vortrag der beiden Freundinnen melden sich einige Schülerinnen und Schüler, um ebenfalls von ihren Zooerlebnissen zu berichten.

Alex: „Die Löwen waren mit Abstand am coolsten."
Meral: „Mein Onkel arbeitet als Tierpfleger im Kölner Zoo."
Sophie: „Morgen weiht der Bürgermeister übrigens das neue Elefantenhaus ein."
Marie: „Ein frecher Affe hat mir schon einmal meine Banane geklaut."
Waldemar: „Ich war leider noch nie im Zoo."
Dina: „Das Giraffenhaus befindet sich in einem schlechten Zustand."
Letizia: „In den Sommerferien waren wir auf Safari in Namibia."
Jonah: „Gestern lief im Fernsehen eine Reportage über den Kölner Zoo."

4 Bestimmt die Subjekte in den Sätzen der Schülerinnen und Schüler auf Seite 239 unten. Stellt dazu wieder die Subjektfrage und beantwortet sie. Arbeitet dabei mit der Lernbox auf dieser Seite.

5 **Wähle aus**

Übe das Bestimmen von Subjekten mit dem Text „Der Elefant und die Maus“.

a) Bestimme die Subjekte in dem Text, indem du die Subjektfrage stellst und beantwortest. Schreibe den Text ab und unterstreiche die Subjekte.

b) Bestimme mithilfe der Subjektfrage die Subjekte in dem Text. Übernimm den Text dann in dein Heft. Überarbeite ihn dabei, indem du einzelne Satzglieder durch die Ausdrücke aus dem Wortspeicher ersetzt.

die beiden • er • ihrem Begleiter • sie • seine kleine Freundin • ihm

c) Bestimme die Subjekte in dem Text. Übernimm ihn dann in dein Heft. Verbessere ihn dabei so, dass die Geschichte interessanter wirkt.

Der Elefant und die Maus

Eines Tages machen die Maus und der Elefant eine gemeinsame Wanderung. Unterwegs machen die Maus und der Elefant ein Picknick.

Die Maus nimmt ihren Rucksack ab und meint: „Jetzt muss ich erst mal etwas essen.“ Die Maus schnürt ihren Rucksack auf und nimmt ein mitgebrachtes Weizenkorn heraus. Natürlich hat der Elefant sein Frühstück vergessen. Hungrig schaut der Elefant die Maus an. Die Maus hat Mitleid mit dem Elefanten. Sie meint daher großzügig zu dem Elefanten: „Willst du mal abbeißen?“

Das musst du lernen und wissen

Das Subjekt

Das Satzglied, mit dem du die **Frage „Wer oder was ...?“** beantworten kannst, heißt Subjekt. Du findest das Subjekt in einem Satz, indem du die Subjektfrage (Wer oder was ...?) stellst und beantwortest.
Stelle immer die vollständige Subjektfrage.

Beispiel: *Heute schließt der Zoo um 20 Uhr.*
Subjektfrage: ***Wer oder was*** schließt heute um 20 Uhr?
Antwort (= Subjekt): ***der Zoo***

Das Subjekt steht immer im **1. Fall (Nominativ)**. Weitere Hinweise zu den vier Fällen gibt dir die Lernbox auf S. 213. Außerdem kannst du dir unter dem **Webcode** WES-127515-054 ein **Erklärvideo** zum Subjekt anschauen.

Mehr zum Thema:
Das Subjekt
AH: S. 57

Video
WES-127515-054

Alles klar? – Teste dich selbst!

1 Ermittle im folgenden Satz die Satzglieder mithilfe der Umstellprobe.

- Stelle den Satz zweimal um. Schreibe die Sätze in dein Heft.
- Umkreise dann die Satzglieder.

Am Anfang des Jahres bekam der Berliner Zoo ein neues Erdmännchen-Gehege.

2 Ermittle in dem folgenden Satz die Satzglieder mithilfe der Ersatzprobe.

- Schreibe den Satz dreimal neu auf und ersetze dabei jeweils ein Satzglied durch passende andere Wörter oder Ausdrücke.
- Unterstreiche dann die neu eingesetzten Satzglieder (z. B.: *Lisa und Maja beobachten* ...).

Die Gäste beobachten die Erdmännchen dort besonders gern.

3 Notiere, auf welche Fragen die Satzglieder *Subjekt* und *Prädikat* antworten.

4 Übernimm die Tabelle in dein Heft. Bestimme dann die Prädikate in dem Text und ordne sie in die Tabelle ein.

einteilige Prädikate	zweiteilige Prädikate

Erdmännchen begrüßen drei neue Weibchen

[...] Der Kölner Zoo hat drei Neuzugänge begrüßt. Ab sofort wohnen „Lizzy“, „Pebbles“ und „Bebetje“ in Köln-Riehl. Die drei Weibchen kamen bereits Ende März aus dem Ouwehands Dierenpark in den Niederlanden nach Köln. Sie wurden 2016 und 2018 geboren. In Köln treffen sie auf acht männliche Vertreter.

Im Gegenzug haben drei in Köln geborene Weibchen die Anlage verlassen. Auch sechs männliche Erdmännchen haben verließen ihr Kölner Zuhause. Sie zogen in einen Wildpark bei Bocholt. [...] „Damit leben derzeit elf der beliebten Kleinsäuger im Kölner Gehege. Wir wünschen uns aber gerne weiteren Zuwachs. Die neu zusammengestellte Gruppe kann hoffentlich schon bald mit dem Zeugen von Nachwuchs starten.“ Dies teilte der Zoo in einer Mitteilung der Öffentlichkeit mit.

5 Bestimme jetzt die Subjekte in dem Text und schreibe sie ebenfalls in dein Heft. Nutze dazu die Subjektfrage.

Die Lösungen und die zu erreichende Punktzahl findest du auf S. 332.

Der Wärter gibt dem Erdmännchen das Futter. – Die Objekte kennenlernen

Wen oder was ...? – Das Akkusativobjekt erkennen

Einige Schülerinnen und Schüler der 5a stellen ihre Lieblingstiere und deren typische Eigenschaften vor.

Alex: „So ein Löwe hat 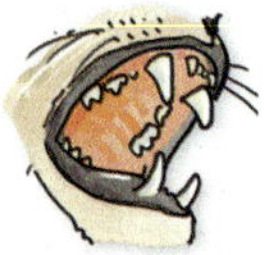."

Sophia: „Die Affen essen am liebsten den ganzen Tag lang .

Meral: „Elefanten haben 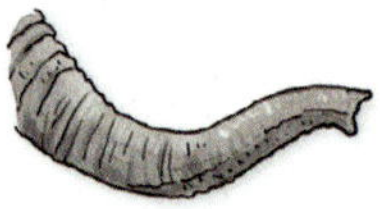."

Anna: „  habe ich im Streichelzoo auch schon gefüttert."

Timo: „Nilpferde fressen nur "

Franzi: „Kängurus tragen  in einem Beutel."

einen langen Rüssel • Ziegen • sehr große Zähne • Bananen • Pflanzen und Gräser • ihre Jungen

1 Übertragt die Sätze in eure Hefte. Ersetzt dabei die Bilder durch die passenden Formulierungen aus dem Wortspeicher oben.

2 Welches Satzglied wurde durch eine Zeichnung ersetzt? Lest dazu die Lernbox auf S. 243. Stellt zu den eingefügten Begriffen die Satzgliedfrage und beantwortet sie.

Beispiel: ***Wen oder was** hat so ein Löwe? – sehr große Zähne.*

Meral, deren Onkel als Tierpfleger arbeitet, berichtet ihrer Klasse über diesen Beruf:

Tierpfleger/-innen im Zoo betreuen die verschiedensten Tiere. Sie geben ihnen Futter und säubern ihre Unterkünfte. Als Tierpfleger/-in lernt man zum Beispiel das artgerechte Einrichten eines Geheges. Außerdem beobachten Tierpfleger/-innen auch das Verhalten der Tiere. Zudem züchten sie Wildtiere wie Löwen und Tiger. Tierpfleger/-innen beantworten außerdem die Fragen der Zoo-Besucher/-innen.

3 Bestimmt in Merals Bericht alle Akkusativobjekte.

- Stellt zuerst die passende Satzgliedfrage (z. B. *Wen oder was betreuen Tierpfleger/-innen im Zoo?*).
- Beantwortet sie dann mit dem entsprechenden Akkusativobjekt (*die verschiedensten Tiere*).
- Denkt daran, dass Satzglieder auch aus mehreren Wörtern bestehen können. Wendet die Umstellprobe an, wenn ihr euch unsicher seid, welche Wörter und Wortgruppen zum Akkusativobjekt gehören.

die Umstellprobe S. 234

Tipp: Es gibt in dem Bericht insgesamt sieben Akkusativobjekte.

4 In den folgenden Sätzen fehlen die Akkusativobjekte:

a) Die Klasse 5a plant _____ in den Zoo.

b) Jeder Schüler soll _____ beobachten.

c) Gerade füttern die Wärter _____.

d) Die Dickhäuter scheinen _____ zu genießen.

e) Im Affenkäfig treiben die Tiere _____.

f) Nach dem Rundgang machen die Schüler _____.

g) Sie packen _____ aus.

- Übertragt die Sätze in eure Hefte. Setzt die passenden Akkusativobjekte aus dem Wortspeicher ein.
- Erfragt dann die Akkusativobjekte mit der Satzgliedfrage.

die Elefanten • einen Ausflug • ihre Späße • eine Pause •
die Aufmerksamkeit der Zuschauer • ihre belegten Brote • ein Tier

Das Akkusativobjekt

Das musst du lernen und wissen

Neben Subjekt und Prädikat besteht ein Satz meist noch **aus weiteren Ergänzungen** wie den **Objekten**. Du kannst die Objekte danach unterscheiden, in welchem **Kasus** (Fall) sie stehen.

Das **Akkusativobjekt** steht im vierten Fall (Akkusativ). Es ist die Antwort auf die Frage ***Wen oder was ...?***

Beispiel: Affen essen gerne Bananen.
Frage: ***Wen oder was*** *essen Affen gerne?*
Antwort: **Bananen** (= Akkusativobjekt)

Mehr zum Thema:
Akkusativ- und Dativobjekt
AH: S. 58–59

Wem ...? – Das Dativobjekt erkennen

In der großen Pause erzählen Elina und Clara ihren Freundinnen Merle und Esra noch mehr von ihren Erlebnissen im Zoo.

> Der Tierpfleger brachte ______ die Fische.
> Ein anderer Mitarbeiter half ______ bei der Fütterung.
> Danach erzählte er ______ eine interessante Geschichte von den Erdmännchen.
> ______ macht seine Arbeit mit den Tieren offensichtlich viel Freude.
> Zum Schluss gaben wir ______ unser letztes Futter.

1 Was würdet ihr gerne noch erfahren, wenn ihr die Sätze oben lest?

- Schreibt die Sätze ab und ergänzt dabei die Lücken in den Sätzen.
- Erfragt anschließend die von euch eingesetzten Satzglieder.

2 Übernehmt die folgenden Sätze in eure Hefte. Lest dann die Hinweise in der Lernbox auf S. 245.

- Unterstreicht anschließend die Dativobjekte. Stellt dazu die entsprechende Satzgliedfrage und beantwortet diese.
- Geht dabei so vor wie in dem folgenden Beispiel.

Satz:	Die Freundinnen winkten dem Tierpfleger zum Abschied zu.
Satzgliedfrage:	*Wem* winkten die Freundinnen zum Abschied zu?
Antwort:	dem Tierpfleger (= Dativobjekt)

- Hannah backt ihrer Mutter einen Kuchen.
- Herrn Müller gelingt eine besondere Überraschung für seine Frau.
- Der neue Mathematiklehrer teilt der Klasse die Klassenarbeitshefte aus.
- Die Klassenarbeit fällt Merle dieses Mal leicht.
- Der Zirkusdirektor wünscht dem Publikum viel Spaß.
- Den Zuschauern gefällt die Vorführung des Clowns besonders gut.
- Unser Nachbar verdankt seine Rettung einer mutigen Feuerwehrfrau.
- Tapfer stellte sie sich dem Brand entgegen.
- Albert gibt seinem besten Freund Elias einen guten Rat.
- Elias dankt ihm mit einer Einladung zum Eisessen.
- Hannah verzeiht ihrer Freundin ihre schlechte Laune.
- Die Schultasche gehört Lukas.

3 Ordnet die Sätze den Bildern oben zu. Übernehmt die Sätze dann in eure Hefte und ergänzt die Lücken.
Stellt anschließend die Satzgliedfrage zu den eingesetzten Satzgliedern.

a) Die Pflegerin hat ... Bananen mitgebracht.
b) Das Faulenzen in der Sonne gefällt ... besonders.
c) Nach einem Imbiss schauen die Schüler ... bei ihrer Rüsseldusche zu.
d) Clara und Elina geben ... etwas von ihrem Tierfutter.
e) ... schmeckt ihr Eis heute besonders gut.
f) Elina und Clara berichten ... von ihren Erlebnissen im Zoo.

4 Übernehmt die folgenden Sätze in eure Hefte. Unterstreicht die Akkusativobjekte und unterschlängelt die Dativobjekte.

Erdmännchen haben ein sehr gutes Gedächtnis. Sie können sich die Position tausender Erdlöcher merken. Vielen Menschen gefallen die kleinen Raubtiere. Jeden Tag erklärt der Tierpfleger den Besuchern die Besonderheiten der Erdmännchen.

Das Dativobjekt

Das musst du lernen und wissen

Zu einem vollständigen Satz gehören Subjekt und Prädikat. Die meisten Sätze bestehen auch noch aus **weiteren Ergänzungen** wie den **Objekten**. Die Objekte, wie das Akkusativ- und Dativobjekt, unterscheidet man nach dem **grammatischen Fall**, in dem sie stehen.

Das **Dativobjekt** steht im 3. Fall (Dativ). Es antwortet auf die Frage ***Wem ...?***

Beispiel: Esra schenkt ihrem besten Freund einen Apfel.
Frage: ***Wem*** *schenkt Esra einen Apfel?*
Antwort: **ihrem besten Freund** (= Dativobjekt)

Unter dem **Webcode** WES-127515-055 kannst du dir auch ein Erklärvideo über die Objekte ansehen.

Video
WES-127515-055

Alles klar? – Teste dich selbst!

1 Bestimme in den Sätzen in dem Kasten die Akkusativobjekte.

- Stelle die Satzgliedfrage und beantworte sie mit dem jeweiligen Akkusativobjekt.
- Schreibe die Sätze dann in dein Heft und unterstreiche die Akkusativobjekte.

a) Lena besucht ihren Onkel in den Ferien.
b) Sie schauen sich ein Fotoalbum an.
c) Als Schüler hatte Lenas Onkel einen Nebenjob im Zoo.
d) Die Arbeit mit den Tieren genoss Lenas Onkel sehr.
e) Er liebte die frische Luft und die Bewegung.
f) Auch heute noch kennt er jedes Tier dort.

2 Ergänze die fehlenden Dativobjekte. Stelle die entsprechende Satzgliedfrage und setze die Wörter in den Klammern ein. Du musst sie noch in den richtigen Fall setzen.

a) Lena hilft ______ im Garten. (ihr Onkel)
b) Der Onkel zeigt ______ seine Haustiere. (der Besuch)
c) Der Hund Asterix gehorcht ______ sehr gut. (der Besitzer)
d) Das Katzenfutter schmeckt ______ aber nicht. (die Katze)
e) Ein Leben mit Haustieren gefällt ______. (viele Kinder)

3 Übernimm die Tabelle in dein Heft. Ermittle die Akkusativ- und Dativobjekte in dem Text „Traumberuf Zoodirektor?". Ordne sie in die Tabelle ein.

Akkusativobjekte	Dativobjekte
Termine	neuen Herausforderungen
______	______

Traumberuf Zoodirektor?

(1) Jeden Tag begegnet der Zoodirektor neuen Herausforderungen.
(2) Der Zoodirektor vereinbart Termine.
(3) Er beantwortet E-Mails und er sucht Sponsoren.
(4) Der Zoodirektor fördert außerdem den Tierschutz und die Artenvielfalt.
(5) Er hört dem Personal zu und hilft den Tierpflegern.
(6) Natürlich kennt er jedes Tier.
(7) Der Zoodirektor plant auch die Zukunft des Zoos.
(8) Diese ganze Arbeit sehen die Zoobesucher meist nicht.

Die Lösungen und die zu erreichende Punktzahl findest du auf S. 333.

Wo, wann, warum, wie ...? – Die adverbialen Bestimmungen kennenlernen

Igor: „Die Giraffen und Zebras leben friedlich **auf einer Wiese** zusammen."
Merle: „**Täglich** werden die Erdmännchen mit Mehlwürmern gefüttert."
Robin: „**Wegen der Fütterung** laufen die Tiere aufgeregt durcheinander."
Toprak: „Löwen liegen **erschöpft** unter einem schattigen Baum."

1 Stellt bei den markierten Satzgliedern eine Frage, auf die sie antworten (z. B.: ***Im Winter*** leben die Störche in Afrika. → ***Wann*** leben die Störche in Afrika? = ***im Winter***, → ***Wo*** leben die Störche im Winter? = ***in ...***)

2 Lest die Lernbox und bestimmt die markierten Satzglieder.

Adverbiale Bestimmungen

Adverbiale Bestimmungen sind Satzglieder, die uns etwas über die **näheren Umstände** eines Geschehens wie *Ort*, *Zeit*, *Grund* oder *Art und Weise* verraten. Wie alle anderen Satzglieder kann man die adverbialen Bestimmungen auch erfragen.
Man unterscheidet folgende **adverbiale Bestimmungen**:

- Adverbiale Bestimmungen des **Ortes**
  Man erfragt sie mit **Wo? Wohin? Woher?**
  *Im Sommer fliegen wir **nach Portugal**. (Wohin ...?)*
  *Meine Tante wohnt **in Neustadt**. (Wo ...?)*
- Adverbiale Bestimmungen der **Zeit**
  Man erfragt sie mit **Wann? Wie lange? Seit wann?**
  *Jonah lernt **seit zwei Wochen** für die Deutscharbeit. (Seit wann ...?)*
  ***Übermorgen** besuche ich dich zu Hause. (Wann ...?)*
- Adverbiale Bestimmungen des **Grundes**
  Man erfragt sie mit **Warum? Wieso? Weshalb?**
  ***Wegen des Regens** fällt der Ausflug in den Zoo aus. (Warum ...?)*
- Adverbiale Bestimmungen der **Art und Weise**
  Man erfragt sie mit **Wie?**
  *Der Film am Samstagabend war **lustig**. (Wie ...?)*

Das musst du lernen und wissen

Mehr zum Thema:
Adverbiale Bestimmungen
AH: S. 60 – 61

3 Wähle aus

Übe das Bestimmen von adverbialen Bestimmungen.

a) Übernimm die Sätze in dein Heft. Bestimme die farbig gedruckten Satzglieder. Um welche Art von adverbialen Bestimmungen handelt es sich jeweils?

b) Übernimm die Sätze in dein Heft. Bestimme die farbig gedruckten adverbialen Bestimmungen. Suche noch drei weitere adverbiale Bestimmungen aus den Sätzen heraus und bestimme sie.

c) Übernimm die Sätze in dein Heft und bestimme alle Satzglieder.

- Der Kölner Zoo wurde feierlich im Jahre 1860 eröffnet.
- Das Elefantenhaus ist heute das älteste erhaltene Gebäude im Kölner Zoo.
- Im Sommer hat der Zoo an den meisten Tagen bis 18 Uhr geöffnet.
- Die Besucher finden die Erdmännchen besonders putzig.
- Die kleinen Raubtiere leben in der freien Wildbahn in selbst gebauten Höhlen.

4 Übernehmt den Zeitungsartikel unten in eure Hefte. Ergänzt die Lücken mit den Ausdrücken aus dem Wortspeicher.

- Bestimmt, um was für eine adverbiale Bestimmung es sich jeweils handelt.

Tipp: Verwendet dazu die Abkürzungen: adv. Best. der Zeit / adv. Best. des Ortes / adv. Best. des Grundes / adv. Best. der Art und Weise.

Erdmännchen im Kölner Zoo haben vierfachen Nachwuchs

Das Erdmännchen-Weibchen Pebbles hat _____ vier Junge geboren. Wie der Kölner Zoo mitteilte, brachte sie diese _____ zur Welt. Pebbles war _____ aus den Niederlanden _____ gekommen. Neben den drei Weibchen und vier Jungtieren leben noch sieben Männchen _____.
Wie der Zoo mitteilt, war Pebbles _____ ständig bei ihren Neugeborenen. _____ verließ sie den Bau, um auf Nahrungssuche zu gehen. Eine gute Ernährung ist _____ wichtig für sie. _____ bleibt immer ein erwachsenes Erdmännchen _____.
_____ suchen Erdmännchen vor allem nach Insekten und Spinnentieren, die ausgegraben werden müssen. _____ stehen Vogeleier, Kleinsäuger oder saftige Früchte auf dem Speiseplan.

in einer selbst gegrabenen Höhle • nur in den ersten Tagen nach der Geburt • in der Kölner Anlage • nach Köln • In ihrem natürlichen Lebensraum • Seltener • In der Zeit ihrer Abwesenheit • vor wenigen Wochen • erst im Frühjahr • Schon bald darauf • bei den Kleinen • aufgrund des Säugens ihrer Jungen

Alles klar? – Teste dich selbst!

1 Bestimme jeweils, um welche Art von adverbialer Bestimmung es sich bei den unterstrichenen Satzgliedern handelt. Übernimm dazu die Tabelle in dein Heft und trage die adverbialen Bestimmungen entsprechend ein.

Eisbären-Nachwuchs im Zoo Hannover

Im Zoo Hannover ist vor ein paar Monaten ein Eisbär-Mädchen zur Welt gekommen. Die ersten Wochen verbrachte der Nachwuchs mit seiner Mutter in der Wurfhöhle. Am 10. März ist das Eisbär-Mädchen das erste Mal mit großer Anstrengung aus der Wurfbox geklettert. Eine Woche später erkundete es neugierig die Außenanlage. Das Schwimmen und Toben im Wasser gefällt dem Nachwuchs besonders gut. Wegen des guten Wetters sind Mutter und Kind oft draußen zu sehen.

Adverbiale Bestimmung des Ortes	Adverbiale Bestimmung der Zeit	Adverbiale Bestimmung der Art und Weise	Adverbiale Bestimmung des Grundes
Im Zoo Hannover			

2 Ersetze in den folgenden Sätzen die adverbialen Bestimmungen durch Ausdrücke aus dem Wortspeicher.

- Schreibe die Sätze mit den neuen Ausdrücken in dein Heft.
- Gib in Klammern hinter den neuen Sätzen an, welche adverbiale Bestimmung du ersetzt hast (der Zeit, des Ortes, ...).

a) Im Wisentgehege sind drei Muffelschaf-Lämmer geboren worden.
b) Wegen ihres Aussehens haben Kuhnasenrochen diesen besonderen Namen.
c) Schwein Gerda präsentiert mit erhobener Brust ihre zehn Ferkel.
d) Ein Wildesel-Fohlen ist am Sonntag geboren worden.
e) Aus Scheu traut sich der kleine Pinguin nicht ins Wasser.
f) Im Tiergarten Schönbrunn gibt es völlig überraschend ein Affenbaby.

mit Stolz • letzte Woche • aus Angst • in einem Tierpark • aufgrund ihres Kopfes • ganz unerwartet

Die Lösungen und die zu erreichende Punktzahl findest du auf S. 334.

Das kann man lernen! – Tipps und Methoden für die Rechtschreibung

Das lernst du in diesem Kapitel

Die Rechtschreibung ist manchmal wirklich nicht leicht. Aber keine Angst, richtig zu schreiben kann man lernen. In diesem Kapitel lernst du Tipps und Methoden kennen, mit denen du deine Rechtschreibung verbessern kannst. Du lernst ...

- die Schreibweise von Wörtern durch genaues Sprechen der Silben zu erschließen und herauszuhören,
- die richtige Schreibweise eines Wortes durch Verlängern zu erkennen oder von anderen Formen des Wortes abzuleiten,
- dir die Schreibweise von Merkwörtern einzuprägen,
- mit einem Wörterbuch zu arbeiten,
- dein Wissen über Rechtschreibregeln bei der Großschreibung von Nomen und Satzanfängen einzusetzen,
- die Ersatzprobe für die Wörter „das“ und „dass“ einzusetzen, um die beiden Wörter richtig zu schreiben.

Am Ende des Kapitels erfährst du, wie du die Rechtschreibprüfung an einem Computer nutzen und mit Diktaten die Rechtschreibung trainieren kannst.

Silben sprechen, verlängern und ableiten – Rechtschreibstrategien anwenden

W

Welpen, Hunde, Dalmatiner ... – die Silben eines Wortes sprechen und genau hinhören

Noah hat sich einige Wörter notiert, bei deren Schreibung er unsicher ist.

> Hundefutter, doppelt, schauen, kontrollieren, Mandel, Buchstaben, Urkunde, Welpen, Kontrolle, darum, bestimmen, einmal, andere, Leoparden

Aus der Grundschule kennt Noah noch folgenden Rechtschreibtipp:

„Sprich das Wort Silbe für Silbe laut und deutlich aus. Höre genau hin und schreibe das Wort mit den Silbenbögen auf."

1 Sprecht die Silben der Wörter im Wortspeicher laut und deutlich. Hört genau hin und schreibt die Wörter mit ihren Silbenbögen auf, z. B. *Hundefutter*.

Audio
WES-127515-056

Die Klasse 5a hat „Schlangenwörter" gesammelt, um das silbische Sprechen und Schreiben von Wörtern zu üben. Erklärt, warum diese Wörter so genannt werden:

> Telefonkabelleitungen
> Klassenarbeitsbewertungsbogen
> Leselampenschalter
> Murmeltierbauten

> Tastaturbeleuchtungen
> Ananasfrüchteriegel
> Feueralarmsignal
> Multiplikation

> Regenwolkenvorhersage
> Taschentuchbeutel
> Polizeiuniform
> Schülermonatskarte

2 Schreibe die Wörter aus den drei Wortspeichern mit ihren Silbenbögen auf. Sprich sie dazu in Silben laut und deutlich und höre genau hin (z. B.: La wi nen such hun de be glei ter).

3 Bei den folgenden Wörtern musst du immer einen Buchstaben ergänzen. Finde durch deutliches Sprechen der Silben den richtigen Buchstaben heraus. Schreibe die Wörter mit ihren Silbenbögen in dein Heft.

d oder t?	b oder p?	g oder k?
Fe_er	Mö_el	Re_en
Kar_en	Hu_e	Ta_e
Na_el	Ram_e	Ma_en
Pfo_e	Räu_er	Mar_e
Re_e	Mo_ed	tra_en
Rä_er	Rau_e	win_en

4 Wähle aus

Übe das Schreiben von Wörtern in Silben. Wähle unter den folgenden Arbeitsaufträgen.

a) Schreibe folgende Wörter mit Silbenbögen in dein Heft. Sprich sie deutlich Silbe für Silbe, während du sie aufschreibst, sodass du jeden Laut hörst. Kontrolliere nach jedem Wort deine Rechtschreibung.

Kartoffelkäferplage • Telefonistin • Insektenfresser • Klassenzeitungen • Lineal • Elefantenherde • Beschuldigungen • Tradition • Basilikumsalat • Zirkusdirektorin • Wissenschaft • Kindergarten • geradeaus • Dosendiktat • Information

b) Bei den folgenden Wörtern fehlen die Vokale (Selbstlaute). Ergänze sie und schreibe die Wörter vollständig mit den Silbenbögen auf.

Beispiel: die Rgnwssrtnn – die Re gen was ser ton ne

das Klssnzmmr • die Snnnbrll • die Klpprschlngn • die Mssrsptz • der Fnstrptzr • der Knchnbrch • der Wlknkrtzr • die Bnnnschl • der Apflkchn • das Kndrzmmr • das Stchlschwn • das Hndfttr • die Schlstnd

c) Findet selbst Schlangenwörter mit vielen Silben. Sprecht sie deutlich aus und schreibt sie auf. Kontrolliert dann, ob ihr sie richtig geschrieben habt.

Um entsprechende Wörter zu finden, könnt ihr mit einem Wörterbuch arbeiten. Ihr könnt euch die Wörter auch gegenseitig diktieren.

5 Lest die Hinweise auf S. 266 und führt mit dem folgenden Text ein Partnerdiktat durch. Schreibt die Wörter dabei mit ihren Silbenbögen auf.

Wasserrettungshunde unterstützen Rettungsschwimmer bei ihrer Arbeit

Tierische Freunde und Helfer

Hunde waren schon immer beliebte Haustiere der Menschen. Einige Hunde haben sogar richtige Berufe und arbeiten zum Beispiel als Rettungshunde.

Rettungshunde müssen eine spezielle Ausbildung durchlaufen. Sie lernen dabei, nach Erdbeben, Lawinen oder anderen Ereignissen vermisste Menschen aufzuspüren. Einige Hunde werden auch zur Wasserrettung eingesetzt. Diese Wasserrettungshunde transportieren hilflose oder verletzte Personen aus dem Wasser.

6 Durchstarten

a) Sprich die folgenden Schlangenwörter deutlich Silbe für Silbe. Schreibe sie dann mit den Silbenbögen auf.

Kletterrosensorte • Winterreifenprofil • Alpenwanderwege • Papageienarten • Kirchenbänke • Dunkelkammerlampen • Krankenpflegerin • Schwimmerinnen • Schokoladenriegel • Schaukel • Gewitterwolken • Indianerzelte • Geburtstagstorte

b) Bilde aus den verschiedenen Wörtern Schlangenwörter, die aus drei Wörtern bestehen (z. B. *Sonnenschutzfaktor*). Du kannst immer aus jeder Spalte ein Wort verwenden. Viel Spaß beim Knobeln.

Schreibe die Schlangenwörter mit den Silbenbögen und dem passenden bestimmten Artikel (der, die, das) auf.

Straßen	Brillen	Tür
Kleider	Schutz	Gleise
Sonnen	Boden	Faktor
Eis	Wasser	Halle
Sonnen	Hunde	Gläser
Teppich	Hockey	Messer
Regen	Schrank	Tonne
Blinden	Bahn	Ausbilder

c) Präge dir immer mehrere Wörter oder einen Satz des folgenden Textes ein. Sprich diese deutlich aus und schreibe den Text mit Silbenbögen auf.

Der Axolotl

Axolotl sind wahre Wunder. Sie gehören zu den Lurchen. Lurche sind Amphibien. Ihre Heimat haben die Axolotl in Mexiko. Wenn man den Lurchen ein Bein abschneidet, wächst das abgeschnittene Bein innerhalb von fünf Wochen wieder nach. Wissenschaftler fragen sich deshalb: Wie machen die Amphibien das? Besitzen auch andere Tiere diese Fähigkeiten? Wäre es möglich, auch Menschen Arme oder Finger nachwachsen zu lassen?

Wörter in Silben sprechen, genau hinhören und aufschreiben

- Oft kannst du dir die Schreibweise eines Wortes erschließen, wenn du es Silbe für Silbe deutlich und laut aussprichst, während du es aufschreibst.
- Das Silbe-für-Silbe-Sprechen hilft dir, die Laute zu hören, die mit einem Buchstaben geschrieben werden.

So gehst du vor

Hund – Hunde, Korb – Körbe … – Wörter verlängern

Audio
WES-127515-057

1 Lest die folgenden Wortpaare laut. Ergänzt bei den Wörtern die Buchstaben ***k, g, d*** oder ***t***.

Sprecht die Wortpaare ganz deutlich, sodass ihr jeden Laut hört:

- Welchen Laut hört ihr bei dem ersten Wort des Wortpaares?
- Welchen Laut hört ihr bei dem zweiten Wort des Wortpaares?
- Wie hilft euch das deutliche Sprechen des zweiten Wortes, die richtige Schreibweise des ersten Wortes herauszufinden?

er lenkt – sie lenken
er sprin_t – sie sprin_en
der Ber_ – die Ber_e
das Schiff sin_t – die Schiffe sin_en
der Junge sin_t – die Jungen sin_en

der Wal_ – die Wäl_er
der Zwer_ – die Zwer_e
die Han_ – die Hän_e

2 Schreibt die Wortpaare in eure Hefte und kreist die ergänzten Buchstaben ein.

3 Erklärt, wie ihr vorgehen müsst, um herauszufinden, ob die unvollständigen Wörter mit ***g*** oder ***k*** geschrieben werden. Lest dazu die Lernbox auf Seite 255.

- Sie wandern auf den Ber_.
- Ich ma_ dich.
- Er steigt in das Flu_zeug.
- Er räumt seinen Schran_ auf.

4 Wähle aus

Finde die Schreibweise durch Verlängern von Wörtern heraus. Bearbeite dazu eine der folgenden Aufgaben:

a) Ergänze bei den folgenden Wortpaaren die Buchstaben ***g/k, b/p*** oder ***d/t***. Schreibe die Wortpaare in dein Heft und kreise die ergänzten Buchstaben ein.

der Kor_ – die Kör_e
er hu_t – sie hu_en
er lü_t – sie lü_en
der Ber_ – die Ber_e
die Wan_ – die Wän_e
klu_ – klü_er
die Bur_ – die Bur_en

gesun_ – gesün_er
bun_ – bun_er
wil_ – wil_er
star_ – stär_er
der Hu_ – die Hü_e
das Sie_ – die Sie_e
der Vertra_ – die Verträ_e

b) **II** Übernimm den Text in dein Heft und ergänze die fehlenden Buchstaben. Finde jeweils die richtige Schreibweise der unvollständigen Wörter durch Verlängern heraus.

Ein besonderer Ferienta_

In den Ferien war ich mit meinem Freun_ mit dem Fahrra_ unterwegs. Unser Zel_ schlugen wir am Abend am Wal_ ran_ auf. Wir hatten es auch nicht wei_ bis zum Stran_. Den ganzen Ta_ lan_ spielten wir am Stran_ Han_ball, schwammen oder bauten eine Sandbur_, fuhren mit einem Tretboo_ oder ja_ten mit dem Ra_ durch den Wal_. Am Aben_ spielten wir Karten. Erst spä_ in der Nacht la_ ich dann in unserem Zel_.

c) **III** Finde zehn eigene Sätze mit Wörtern, deren Schreibweise man durch Verlängern herausfinden kann. Schreibe diese Sätze in der folgenden Form auf: *Das Schiff sin_t.*

Tausche die Sätze mit einem Lernpartner aus. Ergänzt eure Sätze. Schreibt sie mit den Verlängerungen so auf:

Sätze mit Wörtern, deren Rechtschreibung man durch Verlängern herausfinden kann	
Wir spielen am Stran_	Wir spielen am Strand (die Strände).
___	

Die Schreibweise eines Wortes durch Verlängern erkennen

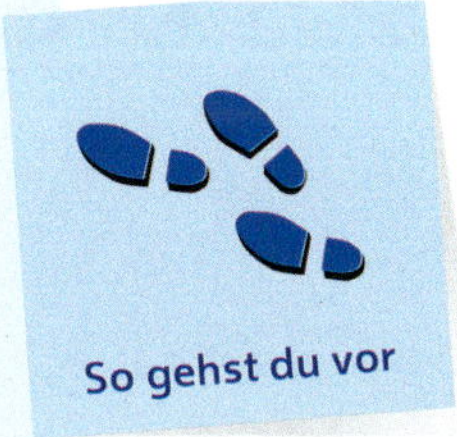

Wenn du dir unsicher bist, wie man die Buchstaben eines Wortes am Wortende richtig schreibt, kannst du die richtige Schreibweise durch **Verlängerung** herausfinden. Merke dir dazu den Rechtschreibtipp:

Verlängere das Wort und du hörst es sofort!

Um ein Wort zu verlängern, kannst du:

- bei einem **Nomen** den **Plural** (= Mehrzahl) bilden (z. B.: die Wan**d** – die Wän**d**e, der We**g** – die We**g**e, der Hu**t** – die Hü**t**e)
- bei einem **Verb** den **Infinitiv** (= Grundform) oder die **Form mit wir** bilden (z. B.: er ma**g** – (wir) mö**g**en/er hu**p**t – (wir) hu**p**en)
- bei einem **Adjektiv** die **Steigerungsform** bilden (z. B. lan**g**–län**g**er)

Mehr zum Thema:
Silben sprechen und Wörter verlängern

AH: S. 64–65

Freude/sich freuen, träumen/der Traum ... – die Rechtschreibung eines Wortes ableiten

1 Von den Wörtern in dem Wortspeicher bilden immer zwei Wörter ein Paar. Suche die Wortpaare heraus und schreibe sie auf (z. B. Feuer – feurig).

Feuer • Glanz • Teufel • Zahn • Bäume • bauen • Drang • Zahl • warm • Baum • feurig • käuflich • Freude • Haufen • Zeuge • Gebäude • glänzend • teuflisch • kaufen • Wärme • erfreulich • häufig • neu • bezeugen • täglich • Erneuerung • zählen • Zähne • verdrängen • Tag

2 Wie hilft dir das Bilden solcher Wortpaare bei der Rechtschreibung? Erkläre dies an einzelnen Beispielen.

3 Schreibe die folgenden Wörter in dein Heft. Finde zu jedem Wort ein anderes Wort, das zeigt, ob man es mit e oder ä schreibt.

(Beispiele: er f**ä**hrt → sie f**a**hren, Fahrer / sie kl**e**bt → sie kl**e**ben, Kleber).

die L_nker, die F_hre, _ngstlich, sie schw_bt, die Ern_hrung, das M_nnchen, ohnm_chtig, die Superkr_fte, die W_nde, die H_nde, sich k_mmen

4 Findet zu den folgenden Wörtern jeweils ein Wort, das euch zeigt, ob es mit **eu** oder **äu** geschrieben wird (z. B.: sie träumen → der Traum).

Lest vorher die Methodenbox unten.

die B_me, die Fr_ndschaft, k_flich, das S_getier, der R_ber, er fr_t sich, die Flederm_se, die F_ste, aufger_mt, h_fig, sich h_ten

So gehst du vor

Die Schreibweise eines Wortes ableiten

Oft kannst du die richtige Schreibweise eines Wortes dadurch erklären, dass du ein **verwandtes Wort aus der Wortfamilie** suchst.
Die Wörter aus einer Wortfamilie besitzen einen Teil, der gleich bleibt.
Diesen Wortbestandteil nennt man den **Wortstamm**.

- Mithilfe des Wortstammes kannst du erkennen, wie man die verwandten Wörter schreibt (z. B.: **Bäu**me – **Bau**m, **Freu**ndschaft – **Freu**nde, **Fäh**re – **fah**-ren).

Video
WES-127515-058

Unter dem **Webcode** WES-127515-058 kannst du dir auch ein Erklärvideo über die Rechtschreibstrategien ansehen.

Alles klar? – Teste dich selbst!

- Abrakadabra
- Simsalabim
- Wingardium Leviosa (Harry Potter)
- Expelliarmus (Harry Potter)
- Gimpuli Gampuli, Hotzenplotz (Petrosilius Zwackelmann)
- Eene, mene mei, flieg' los, Kartoffelbrei (Bibi Blocksberg)

1 Sprich die Zaubersprüche in dem Kasten deutlich Silbe für Silbe. Schreibe sie mit den Silbenbögen auf.

2 In den folgenden Sätzen fehlen bei einzelnen Wörtern Buchstaben. Verlängere das Wort und ergänze den Buchstaben. Schreibe das Wort mit einer Verlängerung auf.

- Harry kauft einen Zaubersta_.
- Er flie_t auf einem Besen.
- Sie glau_t nicht an Zauberei.
- Die Verwandlun_ des Kaninchens ist für ihn kein Problem.
- Grindelwald ist sehr mächti_.
- Er hat den ersten Ban_ von Harry Potter gelesen.

3 Vervollständige den folgenden Rechtschreibtipp:

_____ das Wort, und du _____ es _____!

4 Kläre zunächst, welche Rechtschreibstrategien man bei den unterstrichenen Wörtern anwenden kann, um sie richtig zu schreiben.

- Schreibe anschließend die unterstrichenen Wörter auf und gib an, mit welcher Rechtschreibstrategie du ihre Schreibweise erschließen kannst.
  Beispiel: Silbenbögen → Wort ableiten: Silbenbogen
  in Silben sprechen: *Silbenbögen*

a) Heutzutage schütteln wir ungläubig die Köpfe. Früher wussten die Menschen aber nicht, dass Bakterien Krankheiten verursachten.

b) So verdächtigten sie andere, Schuld an Krankheiten und Ausfällen der Ernte zu sein.

c) Die Menschen waren aber nicht blöd, sondern sie kannten nur die richtigen Ursachen für diese Ereignisse nicht.

d) Zauberkräfte spielen für die Wissenschaft bei der Bekämpfung von Krankheiten keine Rolle.

Die Lösungen und die zu erreichenden Punkte findest du auf S. 335.

Mehr zum Thema:
Die Schreibweise ableiten
AH: S. 66–67

Nomen und Satzanfänge schreibt man groß! – Rechtschreibregeln anwenden

SO LERNT EUER HUND

HUNDE LERNEN GENAU WIE MENSCHEN DURCH ERFAHRUNG. BESONDERS GUT LERNEN HUNDE, WENN MAN SIE BELOHNT. MAN SOLLTE EINEM HUND JEDES MAL, WENN ER ETWAS RICHTIG MACHT, EINE BELOHNUNG GEBEN. DAS KANN EIN LECKERLI SEIN ODER EIN LOB. DER HUND BEKOMMT SO EINE BESTÄTIGUNG, DASS ER ETWAS GUT GEMACHT HAT.

1 Erklärt mithilfe des Textes und der Abbildung, wie Hunde lernen.

2 Sicher wisst ihr, dass ihr alle Nomen und Satzanfänge großschreiben müsst. Übernehmt den Text mit richtiger Groß- und Kleinschreibung in euer Heft.

- Unterstreicht dann alle Nomen und kreist den ersten Buchstaben der Wörter am Satzanfang ein.

S. 327

3 Führt mit dem folgenden Text ein Partnerdiktat durch. Wechselt nach dem ersten Abschnitt die Rollen. Kontrolliert eure Diktate mit der **Hilfekarte** auf S. 327.

ÜBUNG MACHT DEN MEISTER

VIELE EXPERTEN UND TIERTRAINER RATEN, EINE ÜBUNG SEHR OFT MIT DEM HUND ZU WIEDERHOLEN. BIS SIE EINE ÜBUNG KÖNNEN, BRAUCHEN HUNDE MANCHMAL BIS ZU 200 WIEDERHOLUNGEN.

MAN SOLLTE DESHALB TÄGLICH MIT SEINEM HUND TRAINIEREN. DAS TRAINING SOLLTE ABER NICHT ZU LANGE DAUERN. DIE ÜBUNGEN SOLLTEN NUR SO LANGE WIEDERHOLT WERDEN, WIE DER HUND DARAN FREUDE HAT.

Die Großschreibung von Nomen/Substantiven und Satzanfängen

- **Nomen/Substantive** werden **großgeschrieben**. Sie können einen **Begleiter** bei sich haben. Oft ist dies ein bestimmter oder unbestimmter Artikel (der Junge, ein Junge). Es kann aber auch ein Adjektiv (ein kleiner Junge) oder ein Pronomen (unser Junge) sein.
- Alle anderen Wortarten wie Verben, Adjektive oder Artikel werden in der Regel kleingeschrieben. Am **Satzanfang** aber werden **alle Wörter großgeschrieben**.

Das oder dass? – Die Ersatzprobe anwenden

E

Warum kribbelt der Fuß, wenn er einschläft?

Das kennt ihr sicher. Ihr sitzt auf einer Stuhlkante oder im Schneidersitz auf dem Boden und merkt, **dass** die Füße und Beine völlig gefühllos werden. **Das** geht so weit, **dass** sie anfangen zu kribbeln, als ob Ameisen darin herumkrabbeln würden. Diese Reaktion eures Körpers zeigt, **dass** eure Körperhaltung ungesund ist.

Ihr sitzt dann so, **dass** Adern abgedrückt werden. **Das** Blut kann deshalb nicht richtig durch die Adern fließen. **Das** Kribbeln ist ein Alarmsignal an euer Gehirn, **dass** ihr eure Sitzposition verändern müsst. Nach einiger Zeit wird **das** Kribbeln so unangenehm, **dass** ihr gar nichts anderes tun könnt, als eure Beine auszustrecken. Dann fließt **das** Blut wieder und **das** unangenehme Signal verschwindet.

1 Erklärt, warum der Fuß kribbelt, wenn er einschläft.

2 In dem Text sind die Wörter **das** und **dass** fett gedruckt.
Was wisst ihr darüber, wann ihr **das** und **dass** schreiben müsst?

3 Man kann das Wort „*das*“ durch den unbestimmten Artikel *ein* <u>oder</u> durch die Ersatzwörter *dies/dieses*, *jenes* und *welches* ersetzen.

- Führt die Ersatzprobe durch. Lest den Text einem Lernpartner laut vor und ersetzt dabei das Wort „das“. Benutzt verschiedene Ersatzwörter. Wechselt nach dem ersten Abschnitt die Rollen.
- Versucht anschließend auch einmal, das Wort „dass“ im Text zu ersetzen. Erklärt, warum das nicht möglich ist.

4 Seht euch noch einmal die Sätze mit dem Wort „dass“ an. Erklärt, was ihr hier bei der Zeichensetzung beachten müsst.

5 Arbeitet zu zweit und ergänzt die Lücken in den Sätzen durch die Wörter *das* oder *dass*. Lest vorher die Methodenbox auf S. 260.

Erstaunliches über den menschlichen Körper

a) ______ Gehirn besteht zu mehr als der Hälfte aus Wasser.
b) Wusstest du, ______ ein „Hatschi“ mit bis zu 160 Kilometern pro Stunde aus der Nase fliegt?
c) ______ Gefäßsystem eines Menschen, also alle Adern zusammen, ist etwa 90 000 Kilometer lang.
d) ______ Herz eines Neugeborenen schlägt fast doppelt so schnell wie ______ eines Erwachsenen.

- Du weißt sicher, ______ Schlangen ihre Haut wechseln. ______ nennt man häuten. Neu ist für dich aber vielleicht, ______ sich auch beim Menschen einmal im Monat die äußere Hautschicht komplett erneuert.
- ______ Blut eines Menschen enthält etwa 0,2 Milligramm Gold. Du darfst aber nicht denken, ______ du deshalb reich bist.
- ______ im Blut vorkommende Gold ist derart wenig, ______ man zur Herstellung einer acht Gramm schweren Goldmünze das Blut von 40 000 Menschen bräuchte.

6 Arbeitet zu zweit. Entscheidet jeweils, ob ihr bei den Sätzen *das* oder *dass* schreiben müsst. Führt dann Partnerdiktate mit den kleinen Texten durch.

- Wusstest du schon, *das/dass* Nashörner schlecht sehen können? Zu schade, *das/dass* es für die Tiere keine Brillen gibt.
- *Das/Dass* hawaiianische Alphabet hat nur zwölf Buchstaben. *Das/das* sind wirklich erstaunlich wenige.
- Ein Viertel des Sauerstoffs, den der Mensch einatmet, verbraucht *das/dass* Gehirn. *Das/Dass* hat aber nichts damit zu tun, *das/dass* man Gedanken genauso wenig anfassen kann wie Luft.
- Hat dich nicht auch schon einmal gewundert, *das/dass* es kein Katzenfutter mit Mäusegeschmack gibt? *Das/dass* ist doch merkwürdig.
- Nicht viele Menschen wissen, *das/dass* Schwein nicht in den Himmel sehen kann. *Dass/das* Schwein hat einfach nicht genug Hals, um *das/dass* zu tun.
- *Das/Dass* Herz eines Blauwals ist so groß wie ein kleines Auto. *Das/Dass* ist genauso erstaunlich wie die Tatsache, *das/dass* Auge des Straußes größer ist als *das/dass* Gehirn des Laufvogels.

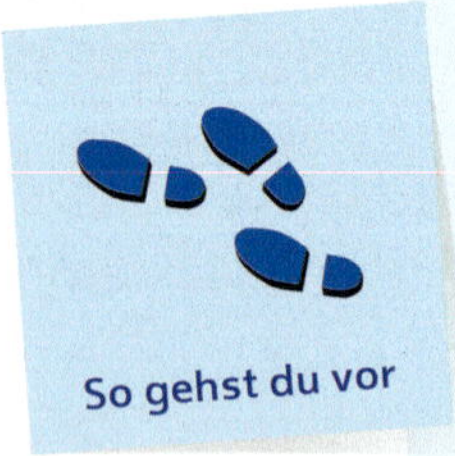

Mit der Ersatzprobe das und dass unterscheiden

Mit der **Ersatzprobe** kannst du die Wörter **das und dass unterscheiden**. Bei der Ersatzprobe gehst du so vor:

- Wenn du die unbestimmten Artikel **ein** oder die Wörter **dies/dieses, jenes** und **welches einsetzen** kannst, schreibst du **das** mit einfachem *s*.
- In den Fällen, in denen du **keine Ersatzwörter einsetzen** kannst, schreibst du **dass**.
- Wenn *dass* nicht am Satzanfang, sondern innerhalb des Satzes steht, musst du vor *dass* ein Komma setzen. (*Ich glaube dir, dass …*)

Mehr zum Thema:
Ersatzprobe das / dass
AH: S. 68–69

Alles klar? – Teste dich selbst!

1 In dem folgendem Text sind alle Wörter kleingeschrieben. Übertrage den Text in der richtigen Schreibweise in dein Heft. Unterstreiche die Nomen im Text. Kreise bei den Satzanfängen den ersten Buchstaben ein.

der eisvogel

der eisvogel lebt in europa, asien und nordafrika.
da er am liebsten fische mag, aber nicht schwimmen kann, muss er sich bei seiner beutejagd von einem ast ins wasser stürzen.
dann taucht er schnell mit seiner beute wieder auf und verlässt das wasser.
eisvögel kann man an kleinen teichen mit bewachsenen ufern oder an klaren wasserläufen beobachten.
man kann sie an ihrem rot und eisblau schimmernden gefieder gut erkennen.

2 Übernimm die folgenden Sätze in dein Heft. Ersetze dabei das Wort ***das*** durch die Ersatzwörter *dieses, jenes, welches.* Schreibe ***dass,*** wenn die Ersatzprobe nicht möglich ist.

- **Das/Dass** Programm, **das/dass** die Deutschlehrerin für die Projektwoche vorstellt, gefällt allen Schülern.
- Timo wundert sich, **das/dass** die ganze Klasse sich einig ist.
- Auch **das/dass** Essen, **das/dass** es in der Woche geben soll, hört sich nicht so schlecht an.

3 Setzt in die Sätze *das* oder *dass* ein. Arbeitet dabei mit der Ersatzprobe.

a) Timo wusste nicht, ______ Marco ihn heute besucht.

b) Die beiden vereinbarten, ______ sie sich ______ Fußballspiel im Fernsehen ansehen.

c) Timos Lieblingsmannschaft verlor ______ Fußballspiel.

d) Erst heute Morgen ist Marco eingefallen, ______ er heute eine Klassenarbeit schreibt.

e) Timo hat vergessen seinen Eltern zu sagen, ______ Frau Müller der Klasse aufgetragen hat, ______ die Schüler ______ Geld für den Ausflug heute abgeben müssen.

f) Es regnet so stark, ______ der Ausflug ausfallen muss. ______ bedauern alle sehr.

g) ______ Sportfest war so ein Erfolg, ______ sich alle Schüler schon auf das nächste freuen.

Die Lösungen und die zu erreichenden Punkte findest du auf S. 336.

Vielleicht, denn, deshalb ... – Sich Merkwörter einprägen

Die Rechtschreibung mancher Wörter kann man nicht erschließen. Man muss sie sich einfach merken. Wörter, deren Rechtschreibung euch immer wieder schwerfällt, müsst ihr üben und lernen. Anouk hat sich dafür folgende Übersicht in ihrer Mappe angelegt.

Meine Merkwörter

vielleicht *(viel leicht)*

vielleicht, vielleicht, vielleicht

- *Ich komme vielleicht zu deiner Feier.*
- *Vielleicht gehe ich morgen ins Kino.*

kassieren *(kas sie ren)*

ich kassiere, er kassiert, wir kassierten
die Kasse, die Kassiererin

- *Die Verkäuferin kassiert das Geld.*

das Training *(Trai ning)*

die Trainings
der Trainer, ich trainiere,
das Trainingsspiel.

- *Das Training macht Spaß.*

lieb *(lieb er)*

lieb, lieber, am liebsten
die Liebe, wir lieben, mein Lieblingsfilm

- *Mein Hund ist lieb.*

1 Sieh dir die Übersicht von Anouk an. Beschreibe, wie sie vorgegangen ist.

2 Anouk hat sich außerdem noch die folgenden Wörter als Merkwörter notiert. Trage sie für Anouk in ihre Mappe ein. Gehe dabei so vor wie bei den anderen Beispielen Anouks.

Zahn, Lehrer, Recherche, nummerieren, notieren, Spitze, farbig, wenig, verwandt, kontrollieren, alphabetisch, Voraussetzung, muss, lässt

3 Oft ist man sich bei der Rechtschreibung von Wörtern wie *denn* und *jetzt* nicht ganz sicher.

Ergänze Anouks Zusammenstellung von Merkwörtern mit den Wörtern aus dem Wortspeicher. Gehe dabei so vor, wie es in der Methodenbox auf S. 263 beschrieben wird.

deshalb • vielleicht • jetzt • wenn • warum • zuletzt • denn • danach • dann • doch • daher • heraus • nämlich • also • etwa • plötzlich

4 Durchstarten

a) Wähle zehn Merkwörter aus dem Wortspeicher aus und präge dir ihre Rechtschreibung ein, wie du es in den Aufgaben 1–3 gelernt hast.

> bald • wieder • dann • zurück • plötzlich • fleißig • Straße • wäre • ziemlich • steht • nehmen • Lehrer/Lehrerin • hatte • ein bisschen • fährt • draußen • Fahrrad • heran • herein • vielleicht • wenig • sah • allein • hinaus • denn • fehlt • außen • nahm • einmal • Vogel • endlich • ohne • immer • voll

b) Sieh dir noch einmal alle Merkwörter in diesem Teilkapitel an. Wähle zehn Merkwörter aus, die du dir besonders gut einprägen möchtest. Übe diese Merkwörter so, wie es in der Methodenbox beschrieben wird.

c) Sieh dir deine Deutschmappe oder dein Deutschheft an. Suche darin nach Merkwörtern, die du dir einprägen willst. Übe die Rechtschreibung dieser Merkwörter so, wie es in der Methodenbox vorgeschlagen wird.

d) Frage die Schülerinnen und Schüler deiner Klasse, bei welchen Wörtern sie sich noch unsicher sind, wie sie geschrieben werden.

- Erstelle aufgrund deiner Umfrage eine Top-20-Liste der Merkwörter deiner Klasse. Gestalte zu diesen Merkwörtern ein Lernplakat.

Sich Merkwörter einprägen

So gehst du vor

- Schreibe das Wort mehrfach auf. Kontrolliere dabei immer deine Rechtschreibung.
- Schreibe, wenn dies möglich ist, andere Formen oder Wörter aus der Wortfamilie auf.
- Es hilft auch, wenn du die Wörter mit ihren Silbenbögen aufschreibst. (z. B.: Ka ru sel le).
- Bilde kurze Sätze mit dem Wort und schreibe sie auf.
- Lass dir von einem Lernpartner die Merkwörter und/oder Sätze diktieren. Korrigiert anschließend eure Rechtschreibung.
- Präge dir mehrere Merkwörter ein und schreibe sie auswendig auf. Beginne mit drei Wörtern und versuche, die Anzahl allmählich zu steigern.
- Lege dir für deine Merkwörter z. B. ein eigenes Übungsheft oder Extrablätter in deiner Mappe an.

Du kannst dir auch eine Rechtschreibkartei anlegen und damit arbeiten. Unter dem **Webcode** WES-127515-059 findest du Hinweise, wie du dabei vorgehst.

Mehr zum Thema:
Sich Merkwörter einprägen
AH: S. 72

Arbeitsblatt
WES-127515-059

Das hilft immer – im Wörterbuch nachschlagen

Die Rechtschreibung des Deutschen ist oft nicht ganz einfach. Bei einigen Wörtern kommt ihr vielleicht auch mithilfe von Rechtschreibstrategien und -regeln nicht auf die richtige Schreibweise. Dann solltet ihr in einem Rechtschreibwörterbuch nachschlagen.

Um mit einem Wörterbuch zu arbeiten, ist es besonders wichtig, das Alphabet gut zu kennen.

1 Übt gemeinsam das Aufsagen des Alphabets. Geht so vor:

- Sagt das Alphabet zu zweit oder dritt gemeinsam auf.
- Sprecht die Buchstaben des Alphabets in Gruppen (abc/def/ghi ...). Macht zwischen den Gruppen eine längere Pause.

S. 327

Wenn ihr das Alphabet zunächst noch einmal wiederholen wollt, findet ihr es auf der **Hilfekarte** auf S. 327. Hier könnt ihr auch nachsehen, wenn ihr euch einmal nicht ganz sicher seid, wo welcher Buchstabe im Alphabet steht.

2 Überprüft eure Kenntnisse des Alphabets. Geht so vor:

- Entwickelt zehn Fragen zur Reihenfolge der Buchstaben im Alphabet (z. B.: Welcher Buchstabe steht vor e? Welcher Buchstabe folgt auf o? Welcher Buchstabe steht zwischen r und t?).
- Stellt eure Fragen eurem Nachbarn. Dieser beantwortet sie. Danach beantwortet ihr seine Fragen. Arbeitet dann genauso mit anderen Mitschülerinnen oder Mitschülern.

3 Übt das Alphabet rückwärts ein und sagt es auf.

4 Ordne die folgenden Wörter alphabetisch und schreibe sie in der richtigen Reihenfolge in dein Heft.

Walross • Orchester • Ufer • Fliege • lösen • Jacht • Erdmännchen • Qualle • Zement • Computer • hüpfen • Meißel • Glas • Yeti • Igel

5 Schreibt die folgenden Wörter in der richtigen alphabetischen Reihenfolge in euer Heft. Worauf müsst ihr besonders achten?

Foto • frech • Fenster • Fliese • faul • Fisch • Flugzeug • Flohmarkt

6 Ordnet auch die Wörter im Kasten oben auf S. 265 alphabetisch und schreibt sie in der richtigen Reihenfolge in eure Hefte.

Bäcker • dick • Gans • Feigling • Esel • knabbern • lachen • Ohr • Milch • Kakao • Arm • Füße • Kastanien • Chemie • klein • Frühling • Elster • Oma • Arzt • Dickicht • Cello • Glut • Mitte • Frühstück

7 Seht euch den Auszug aus einem Schülerwörterbuch an. Was erfahrt ihr neben der richtigen Schreibweise noch über die Wörter?

8 Erklärt die Funktion der beiden Wörter *Kambodscha – Kanzel* oben links auf der Seite.

9 Wie sind die Wörter mit einem Umlaut (ä, ö, ü) eingeordnet und wie geht man alphabetisch mit den Umlauten um? Findet dazu Beispiele in dem Auszug.

10 Sucht zu den folgenden Wörtern in dem Wörterbuchauszug den Plural heraus.
Kamm, Kämpferin, Kanal, Kandidat, Kanu

11 Löst folgende Aufgaben mithilfe des Wörterbuchauszuges:

- Findet die richtige Schreibweise heraus und schreibt die Wörter in eure Hefte:
Kantine/Kanntine, Kamile/Kamille, Kannüle/Kanüle, kameratschaftlich/kameradschaftlich, kanalisieren/kanalizieren
- Schreibt zu folgenden Nomen den bestimmten Artikel (= Begleiter) und den Plural (= Mehrzahl) auf:
Kanon, Kampf, Kamel, Kamm, Kanzel
- Schreibt die Bedeutung folgender Fremdwörter auf:
kampieren, Kantor, Kandare, Kampagne, Kanister, Kannibale, Kamerun, kambodschanisch, kampflos, kanalisieren

Kambodscha – Kanzel

Kam|bo|d|scha (Staat in Hinterindien)
der **Kam|bo|d|scha|ner;** des Kambodschaners; die Kambodschaner
die **Kam|bo|d|scha|ne|rin;** die Kambodschanerinnen
kam|bo|d|scha|nisch
das **Ka|mel;** des Kamels *oder* Ka|mel|les; die Ka|me|le
das **Ka|mel|haar**
der **Ka|mel|haar|man|tel**
die **Ka|me|ra;** die Kameras
der **Ka|me|rad;** des/dem/den Ka|me|ra|den; die Ka|me|ra|den
die **Ka|me|ra|din;** die Kameradinnen
die **Ka|me|rad|schaft**
ka|me|rad|schaft|lich
der **Ka|me|ra|mann;** die Ka|me|ra|män|ner *oder* Ka|me|ra|leu|te
Ka|me|run (Staat in Westafrika)
der **Ka|me|ru|ner;** des Kameruners; die Kameruner
die **Ka|me|ru|ne|rin;** die Kamerunerinnen
ka|me|ru|nisch
die **Ka|mil|le** (eine Heilpflanze)
der **Ka|mil|len|tee**
der **Ka|min** (Schornstein; Felsenspalt); des Kamins; die Ka|mi|ne
der **Kamm;** des Kamms *oder* Kam|mes; die Käm|me
käm|men; du kämmst; er hat sein Haar gekämmt; sich kämmen; sie hat sich gekämmt; kämm[e] dich endlich!
die **Kam|mer**
die **Kam|mer|mu|sik**
die **Kam|pa|g|ne** *oder* **Cam|pa|g|ne** [kam'panjə] (umfangreiche Aktion für/gegen jemanden oder etwas); die **Kampagnen** *oder* Campagnen
der **Kampf;** des Kampfs *oder* Kamp|fes; die Kämp|fe
kampf|be|reit; kampfbereite Soldaten; ABER: zum Kampf bereite Soldaten
kämp|fen; du kämpfst; sie kämpfte; sie hat gekämpft; kämpf[e] gegen ihn!
der **Kamp|fer** (ein Heilmittel); des Kampfers
der **Kämp|fer;** des Kämpfers; die Kämpfer
die **Kämp|fe|rin;** die Kämpferinnen
kämp|fe|risch
kampf|los; sich kampflos ergeben
kampf|un|fä|hig
kam|pie|ren ([im Freien] lagern; übernachten, hausen); du kampierst; er kampierte; er hat auf der Wiese kampiert
Ka|na|da (Staat in Nordamerika)
der **Ka|na|di|er;** des Kanadiers; die Kanadier
die **Ka|na|di|e|rin;** die Kanadierinnen
ka|na|disch
der **Ka|nal;** des Kanals; die Ka|nä|le
die **Ka|na|li|sa|ti|on** (Anlage zur Ableitung der Abwässer)
ka|na|li|sie|ren; man hat den Fluss kanalisiert (schiffbar gemacht)
der **Ka|na|ri|en|vo|gel**
die **Kan|da|re** (Gebissstange des Pferdes); jemanden an die Kandare nehmen (jemanden streng behandeln)
der **Kan|di|dat** (Prüfling, Bewerber); des/dem/den Kan|di|da|ten; die Kan|di|da|ten
die **Kan|di|da|tin;** die Kandidatinnen
die **Kan|di|da|tur**
kan|di|die|ren (sich bewerben); du kandidierst; sie kandidierte; sie hat für das Amt kandidiert; kandidier[e] wieder!
kan|die|ren (mit Zuckerlösung überziehen); du kandierst; er kandierte; er hat die Früchte kandiert; kandier[e] die Früchte!
der **Kan|dis** *oder* **Kan|dis|zu|cker;** des Kandis *oder* Kandiszuckers
das **Kän|gu|ru;** des Kängurus; die Kängurus
das **Ka|nin|chen;** des Kaninchens; die Kaninchen
der **Ka|nis|ter** (ein Flüssigkeitsbehälter); des Kanisters; die Kanister
die **Kan|ne**
der **Kan|ni|ba|le** (Menschenfresser); des/dem/den Kannibalen; die Kannibalen
die **Kan|ni|ba|lin;** die Kannibalinnen
kan|ni|ba|lisch
der **Kan|ni|ba|lis|mus**
der **Ka|non** (Richtschnur; Regel; mehrstimmiges Lied); des Kanons; die Kanons
die **Ka|no|ne**
der **Ka|no|nen|schlag** (ein Feuerwerkskörper)
der **Ka|nos|sa|gang** *vergleiche:* **Ca|nos|sa|gang**
die **Kan|ta|te** (instrumental begleitetes mehrteiliges Gesangsstück für Solostimme[n] [und Chor])
die **Kan|te**
kan|ten (auf die Kante stellen); du kantest; sie kantete; er hat die Kiste gekantet; kante die Kiste!
kan|tig
die **Kan|ti|ne** (Speisesaal in Betrieben)
das **Kan|ti|nen|es|sen**
der **Kan|ton** (Bezirk; schweizerisches Bundesland); des Kantons; die Kan|to|ne
kan|to|nal
der **Kan|tor** (Leiter des Kirchenchores); des Kantors; die Kan|to|ren
die **Kan|to|rei** (evangelischer Kirchenchor)
das **Ka|nu** [*auch:* ka'nu:] (ein Paddelboot); des Kanus; die Kanus
die **Ka|nü|le** (Röhrchen; Hohlnadel)
die **Kan|zel;** die Kanzeln

Mehr zum Thema:
Im Wörterbuch nachschlagen
AH: S. 70–71

„Fünf-Minuten-Diktate“ – mit Diktaten die Rechtschreibung trainieren

Mithilfe von kurzen Diktaten könnt ihr eure Rechtschreibung trainieren. Ihr könnt mit ihnen z. B. überprüfen, ob ihr die Rechtschreibtipps wie ***in Silben sprechen*** und ***Wörter verlängern*** gut anwenden könnt oder ob ihr die Schreibweise von Merkwörtern schon sicher beherrscht.

- Bevor ihr ein Diktat durchführt, solltet ihr den Text lesen. Besprecht mit einem Lernpartner schwierige Wörter und überlegt, welche Rechtschreibtipps und -regeln ihr anwenden könnt, um Fehler zu vermeiden.

- Dann könnt ihr mit den folgenden Diktat-Arten allein oder zu zweit üben. Nehmt euch nicht zu viel auf einmal vor. Am besten lernt ihr mit Diktaten, wenn ihr möglichst oft mit kurzen Texten fünf bis zehn Minuten übt.

Das Partnerdiktat

Beim Partnerdiktat schreibt und diktiert ihr abwechselnd. Geht so vor:
- Lest beim Diktieren den einzelnen Satz zuerst ganz vor. Diktiert ihn dann in kurzen Abschnitten.
- Beim Schreiben helft ihr euch gegenseitig: Wenn der Schreiber oder die Schreiberin bei einem Wort unsicher ist, fragt er oder sie und lässt sich helfen.
- Am Schluss kontrolliert ihr den Text zunächst selbst mithilfe der Vorlage. Lasst ihn anschließend von eurer Partnerin oder eurem Partner gründlich überprüfen. Besprecht aufgetretene Fehler gemeinsam.
- Ihr könnt ein Partnerdiktat mit zwei kurzen Texten durchführen. Ihr könnt aber auch nach einzelnen Abschnitten oder einzelnen Sätzen in einem Diktattext die Rolle des Diktierenden und Schreibenden wechseln.

Das Schleichdiktat

Beim Schleichdiktat wird der Diktattext an einer Stelle im Raum aufgehängt.
- Ihr geht leise und langsam zu dem Text.
- Lest euch einen Satz oder einen Satzteil sorgfältig durch und merkt ihn euch.
- Anschließend „schleicht“ ihr zu eurem Platz zurück und schreibt den Satz auf.
- So macht ihr weiter, bis ihr den gesamten Text aufgeschrieben habt.
- Anschließend kontrollieren alle ihren Text und vergleichen ihn mit der Vorlage.
- Ihr könnt dann eure Diktate noch mit einem Lernpartner überprüfen und besprechen.

Arbeitsblatt
WES-127515-060

Mehr zum Thema:
Mit Diktaten üben
AH: S. 73

Wenn ihr Lust habt, noch andere Diktat-Arten auszuprobieren, ruft den **Webcode** WES-127515-060 auf. Hier findet ihr noch weitere Vorschläge, wie ihr Diktate auf abwechslungsreiche Weise durchführen könnt.

Wenn ihr alleine oder zu Hause üben wollt, könnt ihr euch die Texte auf S. 267 auch mithilfe der bei den Bildern abgedruckten **Webcodes** diktieren lassen.

Die folgenden Texte könnt ihr für Fünf-Minuten-Diktate nutzen, um eure Rechtschreibung zu trainieren:

Einfallslose Passwörter

Audio
WES-127515-061

Die meisten Passwörter in Deutschland sind sehr unsicher. Das haben Wissenschaftler herausgefunden. Dafür haben sie eine Milliarde Passwörter untersucht. Das beliebteste Passwort ist erstaunlicherweise „hallo“.
Viele Nutzer verwenden als Passwort auch einfach ihr Geburtsdatum oder den Namen ihres Lieblingsvereins. Sie müssten bessere Passwörter mit Zahlen und Sonderzeichen gebrauchen. Das würde vor Missbrauch durch Internetverbrecher schützen.

Traumberuf Bonbonmacher

Audio
WES-127515-062

Die meisten Bonbons werden in Fabriken hergestellt. Es gibt aber auch ein paar hundert Bonbonmacher. Sie arbeiten in ihrem eigenen Betrieb und stellen Bonbons noch in Handarbeit her.
Bonbonmacher müssen natürlich ihre neuen Bonbonerzeugnisse probieren und testen. Den ganzen Tag naschen hört sich toll an. Die meisten Bonbonmacher sagen aber, dass sie keine Lust mehr haben, zwischendurch zu naschen.

Der Geschmacksinn

Audio
WES-127515-063

Der Mensch schmeckt Dinge mit seiner Zunge. Die Zunge kann beim Essen fünf Geschmacksrichtungen unterscheiden. Das sind: süß, sauer, salzig, bitter und würzig.
Aber auch der Geruchssinn ist wichtig, wenn wir etwas schmecken. Deshalb sind die Sachen weniger lecker, wenn wir erkältet sind.

Was passiert mit nicht verkauften Büchern?

Audio
WES-127515-064

Jedes Jahr werden rund 90 000 Bücher in Deutschland veröffentlicht. Würde man sie auf einen Stapel legen, wäre dieser fast drei Kilometer hoch. Natürlich kann nicht jedes Buch ein Bestseller werden.
Von den veröffentlichten Büchern verkaufen sich nur wenige tausendfach. Viele Bücher verstauben in den Regalen der Buchhandlungen. Sie werden letztlich wieder zu Altpapier verarbeitet. Das ist irgendwie traurig.

Mit den Ohren auf Weltreise

Audio
WES-127515-065

Wusstest du, dass es eine Internetseite gibt, mit der man mit seinen Ohren auf Weltreise gehen kann? Klickst du die Webseite an, siehst du einen Globus mit unzähligen grünen Punkten.
Jeder Punkt steht für einen Radiosender, den du anwählen kannst. Du kannst japanischen Radiosprechern oder Moderatoren aus Marokko zuhören.
Das macht großen Spaß, gerade weil du die Sprachen nicht verstehst.

Überprüfen → Ändern ... – die Rechtschreibprüfung am Computer nutzen

Sinan hat folgenden Text am Computer geschrieben:

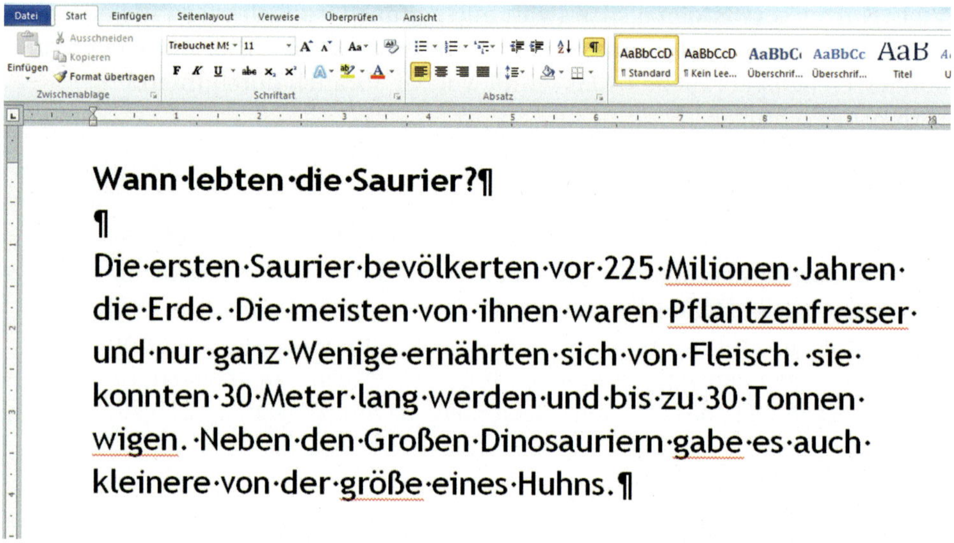

1 Die automatische Rechtschreibprüfung hat verschiedene Wörter in Sinans Text rot unterschlängelt. Seht euch die Wörter an und klärt, warum das Programm sie gekennzeichnet hat.

2 In den folgenden zwei Eingaben von Sinan befinden sich weitere drei Fehler. Diese hat die Rechtschreibprüfung aber nicht markiert:

> ... und nur ganz Wenige ernährten sich von Fleisch. sie konnten ...
> Neben den Großen Dinosauriern ....

S. 327

Findet die drei Wörter, die Sinan falsch eingegeben hat. Versucht zu erklären, warum die Rechtschreibprüfung die Fehler nicht erkannt hat.
Eine **Hilfekarte** findet ihr auf S. 327.

3 Sinan benutzt die Rechtschreibprüfung, um seinen Text zu korrigieren.

- Seht euch den Screenshot auf der nächsten Seite an. Erklärt die Funktionen, auf die die Pfeile zeigen.

- Beschreibt dann genau, wie man vorgehen muss, um die Rechtschreibung mithilfe der Rechtschreibprüfung am Computer zu verbessern.

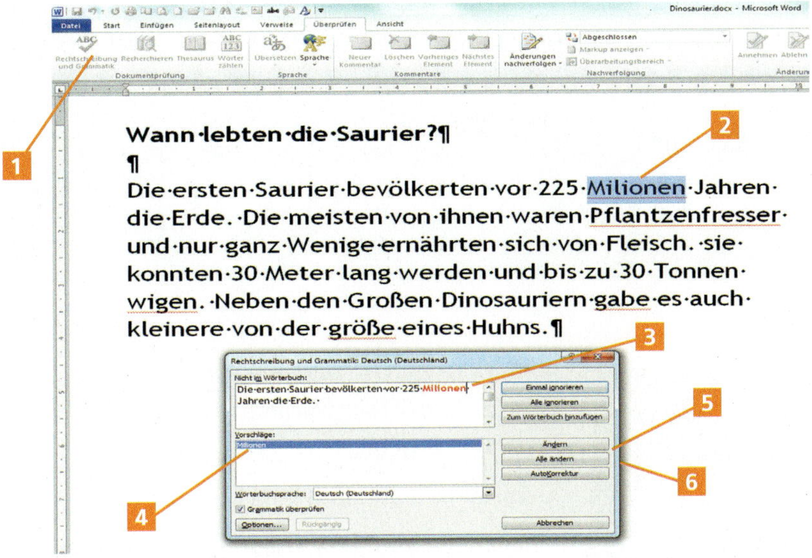

4 Durchstarten

a) Ⅱ Gebt einen Text richtig an einem Computer ein. Tippt dann 10 Fehler in eure Dokumente ein und korrigiert sie mithilfe der Rechtschreibprüfung. Arbeitet dabei mit der Methodenbox auf dieser Seite.

b) Ⅲ Findet möglichst alle sechs Fehler, die die Rechtschreibprüfung in dem Text „Was sind Fossilien" nicht markiert hat. Kontrolliert eure Lösungen mit der **Hilfekarte** auf S. 327.

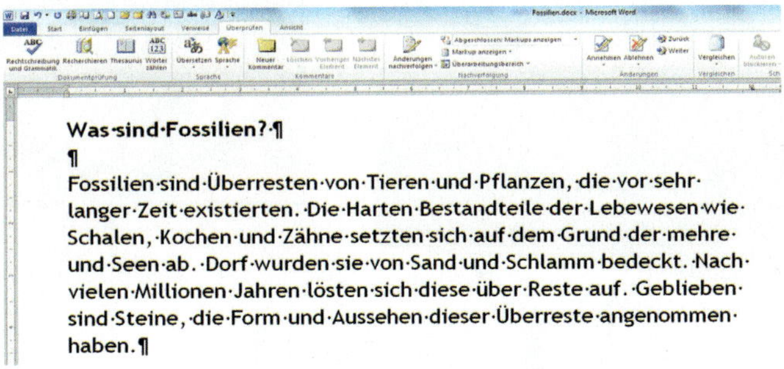

S. 327

Die Rechtschreibprüfung am Computer nutzen

So gehst du vor

- Wenn du ein Textverarbeitungsprogramm benutzt, unterschlängelt die Rechtschreibprüfung des Programms in der Regel Wörter, die falsch geschrieben sind, rot.
- Um die Rechtschreibung zu verbessern, klicke im Menü auf **„Überprüfen"** und dann auf die Funktion **„Rechtschreibung und Grammatik"**.
- Das Programm macht dir dann Vorschläge, wie das Wort richtig geschrieben wird. Klicke den Vorschlag mit der richtigen Schreibweise des Wortes an. Gehe dann auf **„Ändern"**.
- Allerdings erkennt die Rechtschreibprüfung nicht alle Fehler. Und manchmal kennzeichnet sie sogar richtig geschriebene Wörter als Fehler. Klicke dann bei der Rechtschreibprüfung auf **„Einmal ignorieren"**.

Unbekannte Sportarten – Wörter mit kurzem Vokal richtig schreiben

Das lernst du in diesem Kapitel

Betonte Vokale (= Selbstlaute) können lang (z. B.: das Tor, das Boot) oder kurz (z. B.: der Ball, der Platz) ausgesprochen werden.
In diesem Kapitel lernst du ...

- Wörter mit lang und kurz gesprochenem Vokal zu unterscheiden und
- die Konsonanten (= Mitlaute) nach einem kurz gesprochenen Vokal richtig zu schreiben.

1 Die Bilder zeigen seltene Sportarten. Benennt und beschreibt sie.

2 Ordnet die folgenden Begriffe den Sportarten zu. Manche Begriffe könnt ihr mehreren Sportarten zuordnen.

> Bälle, Tore, Schläger, Fahrräder, Paddel, Helme, Turner, Feld, Mannschaft, Boot, Rennen, Publikum, Wasser, Ruder, Sporthalle

3 Sprich die Wörter von Aufgabe 2 laut und deutlich. Bei welchen Wörtern wird der betonte Vokal (= Selbstlaut) kurz, bei welchen wird er lang gesprochen?

Genau hinhören – Wörter mit kurzen und langen Vokalen unterscheiden

Faustball – ein (fast) unbekannter Sport

Obwohl Faustball ein sehr alter Sport ist, kennen ihn heute viele Menschen nicht mehr. In Deutschland wurde das Spiel schon vor 150 Jahren eingeführt. Es wird von zwei Mannschaften entweder auf einem Platz oder in einer Halle gespielt. Es ähnelt dem Volleyball. Auch beim Faustball wird der Ball von einer Seite des Feldes auf die andere gespielt. Die Spieler dürfen dabei den Unterarm und die Faust benutzen. Die beiden Hälften des Spielfeldes werden in der Mitte durch ein Band getrennt. Für jede Mannschaft stehen fünf Spieler auf dem Feld.

1 Entnehmt dem Text die wichtigsten Informationen über das Faustballspiel. Geht dabei so vor:

- Schreibt fünf Fragen auf, auf die der Text eine Antwort gibt. Tauscht eure Fragen aus und beantwortet sie.
- Überprüft gemeinsam, ob eure Antworten richtig sind.

2 In dem Text sind Wörter mit kurz gesprochenem Vokal und mit lang gesprochenem Vokal unterstrichen. Arbeitet so mit dem Text:

- Übertragt die folgende Tabelle in euer Heft und vervollständigt sie.
- Sprecht dazu die unterstrichenen Wörter laut und deutlich, sodass ihr jede Silbe hört. Ihr könnt euch die Wörter auch anhören.
- Ordnet die Wörter in die Tabelle ein. Schreibt sie mit ihren Silbenbögen auf. Unterstreicht jeweils den kurzen oder langen betonten Vokal.

Audio
WES-127515-066

Wörter mit kurz gesprochenem Vokal	Wörter mit lang gesprochenem Vokal
Alter	viele

3 Das deutliche Sprechen der betonten Vokale ist oft auch wichtig, damit ihr richtig verstanden werdet.

- Sprecht die folgenden Wortpaare deutlich aus. Klärt jeweils die Bedeutung der einzelnen Wörter.
- Ergänzt dann mit ihnen eure Tabelle von Aufgabe 4.

die Mitte – die Miete	der Kamm – er kam	offen – der Ofen
der Schal – der Schall	der Stall – der Stahl	der Wall – der Wal

Ball, rennen, Halle … – Wörter mit Doppelkonsonanten richtig schreiben

Faustball

- Die Gruppe der Fans von Faustball ist kleiner als beim Fußball.
- Viele Menschen kennen diese Sportart nicht.
- Es gibt Meisterschaften für Frauen und für Männer.
- Um zu gewinnen, müssen von einer Mannschaft mehr Punkte gemacht werden als von der anderen.
- Es gibt Meisterschaften im Freien und in der Halle.
- Die erfolgreichsten Teams stellen Länder in Europa und Südamerika.

1 Lies dir die Sätze über die Sportart Faustball durch.

2 Sprich die unterstrichenen Wörter einmal ganz schnell aus.

- Wie viele Konsonanten (= Mitlaute) hörst du nach dem betonten Vokal (= Selbstlaut)? Wie viele Konsonanten werden geschrieben?
- Sprich nun die Wörter Silbe für Silbe so, dass du alle Buchstaben, die geschrieben werden, heraushören kannst.

3 Sprich die Wörter in dem Wortspeicher Silbe für Silbe deutlich und laut. Schreibe die Wörter mit ihren Silbenbögen auf.

> rollen • summen • stellen • Zelle • Pfannen • wippen • Sonne • Kamm • gewinnen • muss • Puppe • wollen • brummen • bellen • Welle • Kanne • kippen • Gruppe • Tonne • Stamm • Suppe • sollen • Wellen • Wanne • Stelle • nippen • Wonne • Lamm • Nuss • Kuppe • tollen • Tanne • stippen • Damm • Gesellen • rinnen

4 Bilde aus dem Wortstern so viele Wörter wie möglich (z. B. *der Schl-a-mm*).

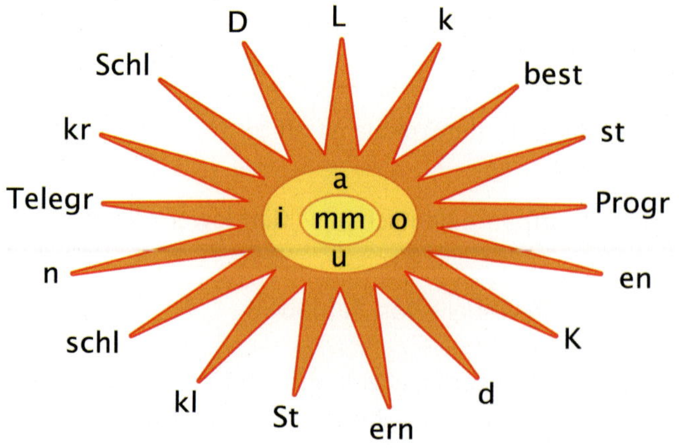

Hand, Muskel, Balken … – Wörter mit verschiedenen Konsonanten nach kurzem Vokal richtig schreiben

Wie entstand das Radballspiel?

Bis heute kennen nur wenige diese Form des Ballssports – das Radballspiel. Bei diesem Sport spielen zwei Mannschaften mit Fahrrädern und einem Ball auf zwei Tore. Pro Team sind es in der Regel zwei Spieler, die mit besonderen Fahrrädern in einer Sporthalle gegeneinander antreten.
Doch wie entstand dieses Spiel? Der amerikanische Akrobat Nicholas „Nick“ Edward Kaufmann (1861–1943) soll es gegen Ende des 19. Jahrhunderts erfunden haben. Und das kam so: Kaufmann war mit seinem Fahrrad unterwegs, als ihm ein Hund in den Weg lief. Kaufmann konnte einen Sturz verhindern, indem er den kleinen Mops mit dem Vorderrad wie einen Ball elegant zur Seite beförderte. Die Idee für das Radballspiel war geboren.

1 Lest den Text über das Radballspiel und erklärt kurz, wie diese Sportart entstanden sein soll.

2 Sprich die unterstrichenen Wörter laut und deutlich in Silben aus. Wie viele Konsonanten hörst du nach dem kurzen betonten Vokal?

Audio
WES-127515-067

3 Arbeite so mit den folgenden Wörtern:

- Schreibe sie ab und ordne sie in alphabetischer Reihenfolge.
- Sprich sie laut in Silben, sodass du jeden Buchstaben deutlich hörst.
- Setze immer unter den kurzen betonten Vokal einen Punkt.
- Kreise die beiden Konsonanten ein, die man nach dem kurzen Vokal hört.
  Beispiel: alt

Tulpe • Winter • rutschen • mancher • Herbst • Zirkus •
Zelte • Kinder • folgen • wandern • Felsen • bunter • finden •
hunderte • hüpfen • Mantel • Wolke • schenken • hinten • Lampe

4 Setze entweder **k** oder **z** ein. Lies zunächst die Methodenbox auf Seite 274. Schreibe dann die Wörter mit ihren Silbenbögen in dein Heft.

den__en • blin__en • Her__ • Tan__ • Plan__e • win__en • kur__ •
Schmer__ • stol__ • Bal__en • Mär__ • Wal__e • Par__ • Mar__t •
mel__en • star__ • schmin__en • wan__en • gan__ • Ban__ • Ker__e •
zwan__ig • stür__en • Hol__ • Stur__ • Ar__t • Schrän__e

5 Schreibe den Text in dein Heft und ergänze die Lücken mit den passenden Buchstabenkombinationen aus dem Kasten. Sprich dazu die Wörter ganz deutlich in Silben, um ihre Schreibweise herauszuhören.

ld (1 x) – nd (4 x) – nk (1 x) – nt (3 x) – rd (1 x)

Was braucht man zum Radballspielen?

Als Radballer braucht man ein beso___eres Fahrrad mit einem speziellen Le___er. Der Sattel sitzt hi___en am Fahrrad über dem Hi___errad. Der Ball ist ru___ und wiegt ca. 500–600 Gramm. Er wird meistens mit dem u___eren Teil des Vo___errades gespielt. Das Spielfe___ ist 14 × 11 Meter groß und am Ra___ von einer Ba___e umgeben.

Das musst du lernen und wissen

Wörter mit kurzem Vokal richtig schreiben

Betonte Vokale (= Selbstlaute) können in einem Wort lang oder kurz gesprochen werden. Für die Schreibung der **Konsonanten (= Mitlaute) nach einem kurz gesprochenen** Vokal kannst du dir die folgenden Regeln merken:

- Wenn du nach einem kurz gesprochenen Vokal nur einen **Konsonanten** hörst, wird dieser **meist doppelt** geschrieben.

  Beispiele: *Sonne, Tonne, kennen, rennen*

  Die Verdoppelung des Konsonanten bleibt in allen verwandten Wörtern bestehen (z. B.: *Sonne, gesonnt, Sonnenbrand, ich sonne mich).*

- Wenn du nach einem kurzen betonten Vokal **zwei oder mehrere Konsonanten hören** kannst, werden diese meistens **nicht verdoppelt**.

  Beispiele: Bild, wild, Hand, Wand, winken, Ranzen

TIPP:

- Wenn du die **Wörter mit einem kurzen betonten Vokal** ganz deutlich in **Silben laut sprichst**, kannst du ihre Schreibung in der Regel heraushören.

Video WES-127515-068

Unter dem **Webcode** WES-127515-068 kannst du dir auch ein Erklärvideo über die Schreibung von Wörtern mit kurzem Vokal ansehen.

Bäcker, er schmeckt, Blitz, er sitzt … – Wörter mit ck und tz richtig schreiben

1 Sprecht die Wörter in dem Kasten laut und deutlich. Achtet darauf, welchen Laut ihr nach dem kurzen Vokal hört und wie er geschrieben wird.

- Schreibt die Wörter auf. Ordnet sie danach, ob sie mit ck oder tz geschrieben werden. Ihr könnt euch die Wörter auch anhören.

Audio
WES-127515-069

Satz • benutzen • Schmuck • Stück • Hitze • Tatze • Socke • Blitz • Dackel • Hecke • Schnecke • wecken • blicken • hetzen • Metzger

2 Erklärt mithilfe der Lernbox, weshalb die folgenden Wörter mit *k oder ck* sowie *z oder tz* geschrieben werden.

Dank • Mücke • Dreck • Anker • Platz • Tänze • Salz • Spitze

3 Ergänze die Wörter in den beiden Wortspeichern.

- Kläre zunächst mit einem Lernpartner, wie ihr vorgehen müsst, um die richtige Schreibweise herauszufinden. Arbeitet dabei wieder mit der Lernbox.
- Schreibe die Wörter vollständig in dein Heft. Wende dabei auch das Sprechen in Silben und das Verlängern an.

k oder ck?
Bal___en • Bä___erei • Ha___ordnung • Erkran___ung • Schi___sal • Schlan___heits___ur • Tan___er • Im___er • He___enrose • Zu___erwatte • di___ • star___ • Sahnequar___

z oder tz?
Autosi___ • Her___lichkeit • anschnau___en • He___jagd • vorsä___lich • Hol___kohle • Kä___chen • beschü___en • zule___t • Pla___ • Her___

ck und tz nach kurzem betontem Vokal

Das musst du lernen und wissen

- Nach kurzem betontem Vokal wird der k-Laut mit ck und der z-Laut mit tz geschieben.
  Beispiele: Lü**ck**e, Brü**ck**e, Wi**tz**, Sa**tz**
- Wenn **vor dem k-Laut oder dem z-Laut ein anderer Konsonant** steht, schreibst du **nur k oder z**, nicht ck oder tz.
  Beispiele: dan**k**en, mer**k**en, Sal**z**, Ar**z**t

Fünf-Minuten-Diktate – Texte zum Üben

1 Mit den folgenden Texten könnt ihr eure Rechtschreibung trainieren.

- Lest die Texte zunächst allein. Achtet dabei besonders auf Wörter, bei deren Rechtschreibung ihr euch noch unsicher seid. Besprecht zu zweit, welche Rechtschreibstrategien oder -regeln helfen, diese Wörter richtig zu schreiben.
- Führt dann mit einer Mitschülerin oder einem Mitschüler mit den Texten Partnerdiktate durch. Geht dabei so vor, wie es auf S. 266 beschrieben wird. Wechselt nach jedem Absatz die Rollen.
- Überprüft eure Diktate gemeinsam. Korrigiert eventuelle Fehler und besprecht, wie ihr diese vermeiden könnt.
- Unterstreicht anschließend in eurem Diktattext fünf Wörter mit kurzem Vokal. Erklärt eurem Lernpartner / eurer Lernpartnerin die Rechtschreibung.

Audio
WES-127515-070

Gummistiefelweitwurf

Wurfspiele sind schon lange sehr beliebt. In Finnland erfanden die Menschen Ende des 19. Jahrhunderts eine neue Sportart – den Gummistiefelweitwurf. Die Teilnehmer müssen dabei einen Gummistiefel durch die Luft werfen.

Seit fast 50 Jahren gibt es in Finnland Mannschaften, die in diesem Sport antreten. Vor 30 Jahren wurden sogar Weltmeisterschaften eingeführt. Der Weltrekord eines finnischen Wettkämpfers liegt aktuell bei 68 Metern.

Audio
WES-127515-071

Rhönradfahren

Ein Rhönrad besteht aus zwei großen Stahlreifen, die mit Stangen und Sprossen verbunden sind. Zwei der Sprossen sind mit Brettern besetzt. An den Reifen sind Griffe befestigt.

Der Turner kann auf Brettern in dem Rad stehen und verschiedene Übungen ausführen. Die Übungen der Sportler mit dem rollenden Rad werden passend zur Musik gestaltet.

Audio
WES-127515-072

Drachenbootsport

Beim Rennen mit Drachenbooten geht es darum, schneller als die anderen Mannschaften einen bestimmten Abschnitt auf dem Wasser zu schaffen. Die Rennboote sind oft verziert worden. Daher stammt der Name.

In einem Langboot sitzen zwanzig Paddelnde. Es gibt auch Kurzboote mit zehn Sportlern. Die Rennen finden auf unterschiedlich langen Strecken statt. Es gibt auch Wettbewerbe für unterschiedliche Altersklassen.

Tipp: Wenn ihr alleine oder zu Hause üben wollt, könnt ihr euch die Texte mithilfe der links am Rand abgedruckten **Webcodes** auch anhören.

Alles klar? – Teste dich selbst!

1 Bei den Wörtern in dem Wortspeicher wird der Vokal einmal lang und einmal kurz gesprochen. Stelle die Wörter zu Wortpaaren zusammen.

- Unterstreiche den lang gesprochenen Vokal und markiere den kurz gesprochenen Vokal mit einem Punkt (z. B.: raten – Rạtten).

lahm • Wahn • fühlen • Schal • Sohn • Beet • kam • Kammer • Lamm • Wanne • Schall • Sonne • Bett • füllen

2 Löse das Rätsel, indem du die fehlenden Buchstaben ergänzt.

a) großes Tier aus Afrika: Elefa___
b) große Steine: Fe___en
c) kalte Jahreszeit: Wi___er
d) Hindernis: Hü___e

3 Ergänze in dem folgenden Text die fehlenden Buchstaben nach dem kurzen Vokal.

Radba___(1) ist eine Sportart, für die man spezie___e (2) Fahrräder benötigt. Es spielen i___er (3) zwei Ma___schaften (4) gegeneinander. Das Spiel findet auf dem Feld oder in der Ha___e (5) sta___. (6) Gewo___en (7) hat die Ma___schaft, (8) die mit dem 600 Gra___ (9) schweren Ba___ (10) mehr Tore schießt. Der mit he___en (11) Sto___ (12) überzogene Kern des Ba___es (13) besteht aus Elch- und Pferdehaar. Deshalb springt er so gut wie nicht.

4 Vervollständige die folgende Rechtschreibregel:

Hörst du vor einem k-Laut oder ___ noch einen anderen Konsonanten, schreibst du diesen Laut mit einfachem ___ oder ___.

5 Ergänze und sortiere die Wörter. Entscheide dich jeweils zwischen *k/ck* oder *z/tz*. Ordne die Wörter in die Tabelle ein.

tro___en, Pel___, tan___en, Nel___e, schlu___en, spu___en, Stur___, En___el, Pflan___e, kur___, ba___en, schü___en, Lan___e, flin___, bli___en, gan___, drü___en, neun___ig, Frühstü___, Wi___, kra___en, Stol___, Hol___, Ar___t, stür___en, den___en, schma___en

Wörter mit k	Wörter mit ck	Wörter mit z	Wörter mit tz
___	___	___	___

Die Lösungen und die zu erreichenden Punkte findest du auf S. 336

Mehr zum Thema:
Wörter mit kurzem Vokal
AH: S. 76–79

Auf der Wiese und am See – Wörter mit langem Vokal richtig schreiben

Das lernst du in diesem Kapitel

Huhn, Wiese, See – bei diesen Wörtern wird der Vokal lang gesprochen. Aber schreibt man „Huhn“ mit **h** oder ohne **h**? Wird „Wiese“ mit **ie** oder mit einfachem **i** geschrieben? Muss man das Wort „See“ mit **ee** oder mit einfachem **e** schreiben?

Leider gibt es keine Regeln, die diese Fragen beantworten. Deshalb musst du die richtige Schreibweise der Wörter mit langem Vokal sorgfältig üben. In diesem Kapitel lernst du ...

- Wörter mit langem Vokal zu erkennen und
- dir die richtige Schreibweise dieser Wörter einzuprägen.

1 Sammelt Wörter, die ihr zur Beschreibung des Bildes nutzen könnt. Sprecht die Wörter, die ihr gesammelt habt, besonders deutlich.

2 Ordnet die Wörter in die Tabelle ein. Kreist bei den Wörtern mit langem Vokal die lang gesprochenen Vokale ein.

Wörter mit langem Vokal	Wörter mit kurzem Vokal
Vogel	Wellen

S. 328

Wenn ihr Schwierigkeiten habt, Wörter zur Beschreibung des Bildes zu finden, könnt ihr die **Hilfekarte** auf S. 328 benutzen.

Blume, Rose, Honig – Wörter mit langem Vokal ohne Dehnungszeichen richtig schreiben

Leila: Bei allen Wörtern hier an der Tafel wird der Vokal lang gesprochen!
Cosmin: Aber wann wird ein lang gesprochenes Wort mit einfachem Vokal geschrieben?
Alexandra: In einem der Wörter, bei „See“, wird der Vokal verdoppelt.
Richard: Ja, und bei „Rehe“ steht hinter dem lang gesprochenen Vokal ein h.
Frau Schneider: Die meisten Wörter mit langem Vokal werden mit einfachen Buchstaben geschrieben. Hier an der Tafel seht ihr das z. B. bei Blume oder Rose. Leider gibt es keine eindeutige Regel, die festlegt, wann nach einem lang gesprochenen Vokal ein Längenzeichen wie das h oder die Verdopplung folgt.
Leila: Also müssen wir uns die Wörter mit lang gesprochenem Vokal gut einprägen!

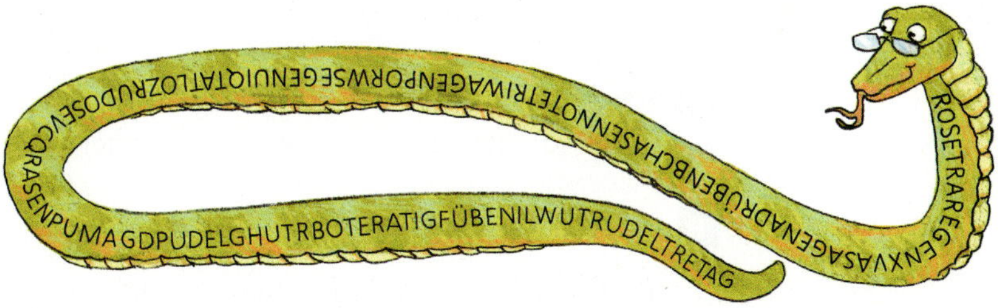

1 Lang gesprochene Vokale werden bei der Schreibung oft nicht extra gekennzeichnet (z. B.: Honig, Blume). In der Wortschlange sind mindestens 20 solcher Wörter mit lang gesprochenem Vokal versteckt. Suche sie heraus.

- Sprich die Wörter ganz deutlich in Silben aus, sodass du den langen Vokal hörst. Du kannst dir die Wörter auch anhören. Schreibe sie dann mit Silbenbögen in dein Heft und unterstreiche den langen Vokal.

Audio
WES-127515-073

2 Wähle aus

a) Aus den Wörtern kannst du Reimpaare bilden. Schreibe sie auf und unterstreiche den lang gesprochenen Vokal (z. B.: Rose – Dose).

b) Die Wörter in der Wortschlange sind Reimpaare. Bilde mit ihnen Scherzreime und schreibe sie in dein Heft.
Beispiel:In einer kleinen **Dose**, da liegt die rote **Rose**.

c) Mit den Wörtern aus der Wortschlange kannst du 10 Reimpaare bilden (z. B.: Rose – Dose).

- Finde zu jedem Reimpaar zwei weitere Reimwörter (z. B.: Rose – Dose – Lose – Hose).
- Schreibe die Reimwörter auf und unterstreiche den langen Vokal.

3 In dem Text „Junge Füchse" sind viele Wörter mit lang gesprochenem Vokal enthalten. Lest euch den Text gegenseitig laut vor und sucht möglichst viele dieser Wörter heraus.

Junge Füchse

Im Laufe des Jahres kann man in der Natur viele junge Füchse beobachten. Schon mit 3–4 Wochen toben die Jungen mit den Eltern und Geschwistern und üben das, was sie später können müssen. Die jungen Füchse benötigen in der Regel keine Hilfe, wenn die Mutter gerade nicht da ist. Nur selten sind die Welpen wirklich in Not. Deshalb sollte man die Füchse nicht stören und vor allem nicht anfassen.
Nach etwa vier Wochen verlassen die jungen Füchse zum ersten Mal den Bau. Nach acht Wochen werden ihre Ausflüge größer. Ihre Mutter bleibt aber immer bei ihnen. Sie kehren immer wieder zu ihrem Bau zurück. Erst nach 6–7 Monaten ziehen die Jungen endgültig aus.

S. 328

Wenn euch das Heraushören der Wörter mit langen Vokalen noch schwerfällt, könnt ihr die **Hilfekarte** auf S. 328 benutzen.

4 Schreibt die Wörter mit lang gesprochenem Vokal mit Silbenbögen in euer Heft und unterstreicht jeweils den langen Vokal (z. B.: *Laufe, Jahres*).

5 **Wähle aus**

a) Suche fünf Wörter, deren Rechtschreibung dir noch schwerfällt, aus dem Text „Junge Füchse" heraus. Übe sie so, wie es in der Methodenbox auf S. 263 beschrieben wird.

b) Sprich die Wörter in dem Kasten ganz deutlich und in Silben zerlegt.

- Schreibe sie dann mit Silbenbögen in dein Heft (z. B.: Bl**u**me).
- Verlängere die Wörter mit nur einer Silbe (z. B.: Schl**a**g – Schl**ä**ge/schl**a**gen).

Schlag – Blume – Gras – Tal – Hose – nämlich – verloren – spüren – Dame – schmal – groß – schwer – Nase – Schaden – später – Krone – Vogel – Aufgabe – Schnabel – Boden – Wal – gut – Minute – Planet

c) Wenn du das Silbenrätsel löst, erhältst du 14 Tiernamen. Sie werden alle mit einfachem, lang gesprochenem Vokal geschrieben.

- Schreibe sie mit ihren Silbenbögen auf und unterstreiche die lang gesprochenen Vokale.

A – Ad – An – bel – dil – en – fer – Ha – hu – ga – gen – ger – Ka – Ka – kä – ke – ker – ko – Kro – la – Le – ler – li – lo – Lö – Ma – o – pard – pe – Re – ri – Schna – se – U – ter – Ti – ti – tier – tor – we – wurm

Zahl, Hahn, fahren – Wörter mit Dehnungs-h richtig schreiben

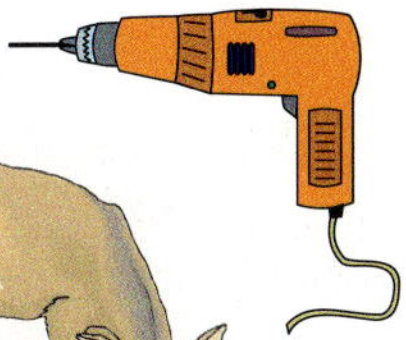

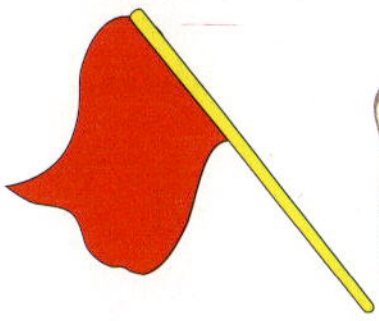
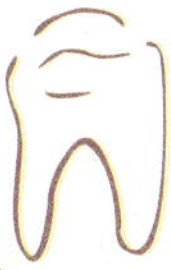

1 Schreibt auf, welche zwölf Gegenstände oder Tiere die Abbildungen zeigen.

- Welche Gemeinsamkeit haben die Wörter? Achtet dabei besonders auf die Vokale und die Rechtschreibung.

2 Schreibt die Wörter aus dem Wortspeicher auf. Ordnet sie dabei nach dem Alphabet und ergänzt den bestimmten Artikel *(der, die, das)*.

Schuh • Kuh • Drohung • Zeh • Wohnung • Wahl • Strahl • Zahlung • Ehre • Ruhe • Kühe • Führung • Aufnahme • Befehl • Lehrling • Jahr • Gefahr • Lehrer • Gefühl • Bahn • Fehler • Stahl • Lohn • Fahne • Kohl • Sahne

3 Seht euch die folgenden Wörter an. Versucht eine Regel für ihre Rechtschreibung zu finden. Vergleicht eure Regel mit der **Hilfekarte** auf S. 328.

S. 328

Zahl, Zahlen, zahlen, zählen, Zählung, Zähler, bezahlen

4 Findet möglichst viele verwandte Wörter und Formen zu den folgenden Wortstämmen und schreibt sie auf.

wohn-, fahr-, fühl-, seh-, lehr-, kühl-, strahl-

5 Setzt bei den folgenden Wörtern die Buchstaben ***a*** oder ***ah*** ein.

- Schreibt die Wörter auf. Seht eventuell in einem Wörterbuch oder im Internet nach.
- Gebt an, bei welchem unvollständigen Wort in dem Wortspeicher es zwei Möglichkeiten gibt. Erklärt, warum.

SXne, RXt, ZXl, TXt, StXl, BXn, MXde, NXrung, WXl, ZXn, NXdel, KXbel,

Der Igel auf der Wiese … – Wörter mit langem i

Der Igel auf der Wiese

Manchmal kannst du auf Wiesen, in Gärten und in Parks Igel beobachten. Dort suchen sie nach ihrer Lieblingsspeise. Igel lieben es, Schnecken, Spinnen und Regenwürmer zu fressen. Sie schlafen allerdings am Tag und werden erst in der Abenddämmerung aktiv. Mit einer feinen Nase können sie sehr gut riechen. Igel können bis zu 700 Gramm wiegen. Sie haben niedliche Knopfaugen und kleine Ohren. Igel sind Säugetiere, die bis zu elf Igelbabys pro Wurf kriegen können. Im Herbst wächst der Appetit des Igels. Es gibt noch genug zu fressen und er braucht einen Vorrat für den Winter. Denn wenn es kalt wird, liegt der Igel in einem Versteck, z. B. einem Laubhaufen, und hält einen tiefen und festen Winterschlaf. Er verbraucht dann nur noch sehr wenig Energie und lebt von seinem Winterspeck. Er verliert allerdings über den Winter bis zu 40 Prozent seines Körpergewichts.

1 Lies den Text über den Igel erst einmal leise und dann laut.

Audio
WES-127515-074

2 Suche aus dem Text alle Wörter mit einem lang gesprochenen i-Laut heraus und ordne sie in eine Tabelle ein. Du kannst dir den Text auch anhören.

Wörter mit lang gesprochenem i-Laut	
ie	**i**
Wiese	*Igel*

3 Wähle aus …………………………………………

a) Im ersten Wortstern sind zehn Nomen/Substantive, im zweiten zehn Verben und im dritten zehn Adjektive versteckt:

- Versucht, alle Wörter zu finden, die sich mithilfe der Wortsterne bilden lassen.
- Schreibt die Wörter in eure Hefte.

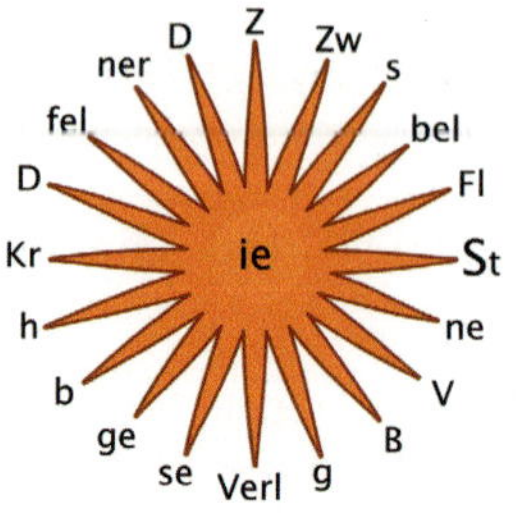

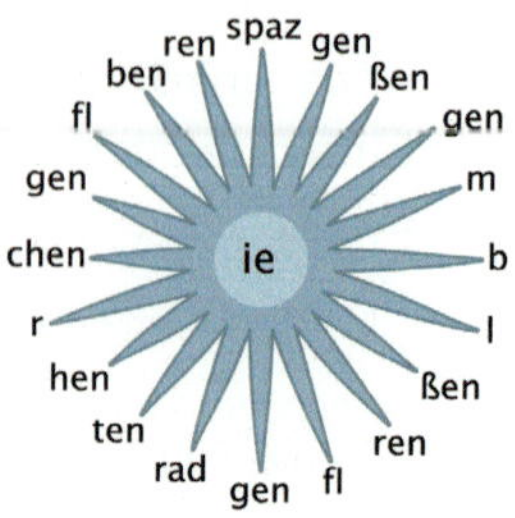

b) **II** Löse das folgende Silbenrätsel und finde zehn Wörter, in denen der lang gesprochene i-Laut als ie geschrieben wird.

> Bie – krie – krie – Pa – Rie – Schie – schie – schlie – Stie – zie – chen – fen – gen – hen – ne – ne – pier – re – se – ßen

Schreibe anschließend vier Sätze, in denen du jeweils mindestens zwei der Wörter aus dem Wortspeicher verwendest.

c) **III** In dem Text „Tiere auf der Wiese“ fehlen die Buchstaben **ie**, **i** oder **ih**. Ergänze die fehlenden Buchstaben und schreibe die Wörter in dein Heft.

Tiere auf der Wiese

Auf der W_se kannst du v_le versch_dene T_re und Pflanzen entdecken. B_nen summen in den Blüten der Blumen. Schmetterlinge und Käfer fl_gen durch die Luft. Manchmal s_hst du einen _gel, der nach seiner L_blings-nahrung sucht. Für _n sind Schnecken und Würmer etwas Feines. Maulwürfe graben t_f in der Erde. Kan_nchen sind häufig zu sehen, seltener s_ht man auch ein W_sel. Für das V_h auf dem Bauerhof liefert die W_se Grünfutter.

4 Einige Wörter mit lang gesprochenem i-Laut werden mit *einfachem i* geschrieben. Diese Wörter musst du dir besonders gut einprägen.

- Schreibe die Wörter aus dem Wortspeicher in dein Heft. Zeichne ihre Umrisse und finde – falls möglich – noch eine andere Form des Wortes oder ein verwandtes Wort.

  Beispiel: Apfelsine A p f e l s i n e, Apfelsinen

> Apfelsine • Igel • (er) gibt • dir • mir • wir • Kino • Gardine • prima • Tiger • Margarine • Experiment

Wörter mit langem i-Laut

- Die meisten Wörter mit lang gesprochenem i-Laut werden mit **ie** geschrieben (z. B. *Wiese, Riese*).
- Nur bei einigen Wörtern, die aus anderen Sprachen stammen (z. B. *aktiv, Maschine*), und einigen Pronomen (z. B. *mir, dir, ihr, wir*) schreibt man den lang gesprochenen i-Laut mit **i** oder **ih**.

Unter dem **Webcode** WES-127515-075 kannst du dir auch ein Erklärvideo über die Schreibung von Wörtern mit langem Vokal ansehen.

Video
WES-127515-075

See, Aal, Boot ... – Merkwörter mit verdoppeltem Vokal

1 Schreibe in dein Heft, was die Bilder zeigen. Alle Wörter werden mit verdoppeltem Vokal **aa, ee** oder **oo** geschrieben. Unterstreiche in den Wörtern die verdoppelten Vokale.

S. 328

Wenn ihr Hilfe braucht, könnt ihr auf der **Hilfekarte** auf S. 328 nachsehen.

2 Bilde mithilfe der Wortsterne möglichst viele Wörter mit verdoppeltem Vokal. Es sind Merkwörter, deren Schreibweise du dir einprägen musst.

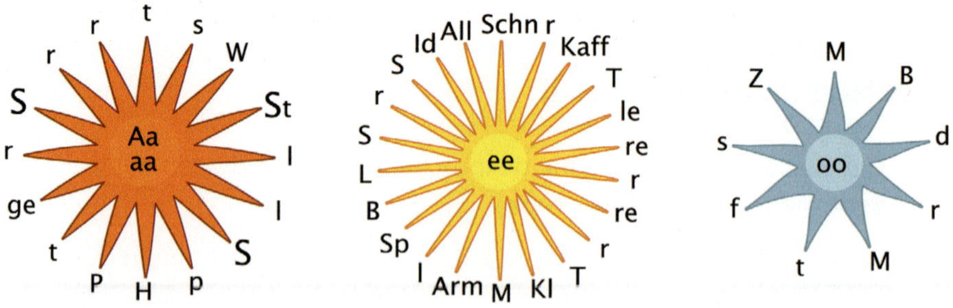

3 Sieh dir alle Wörter mit verdoppeltem Vokal aus den Aufgaben 1 und 2 noch einmal an. Entscheide dich für zehn Merkwörter, die du besonders üben möchtest. Trainiere dann die Rechtschreibung dieser Wörter so, wie es auf S. 263 beschrieben wird.

Alles klar? – Teste dich selbst!

1 Ordne die Wörter aus dem Wortspeicher nach der Schreibweise der langen Vokale in die Tabelle ein.

Saal • sagen • nehmen • Seeräuber • Boot • Zahnarzt • Soße • Saal • nämlich • Aal • Bahn • Speer • baden • paar • Meter • tragen • Kahn • Kragen • Rahm • Sahne • mögen • sehr • Mohn • Kram • Moor • Himbeere • Uhr • Armee • Staat

ohne Längenzeichen	mit h als Längenzeichen	mit verdoppeltem Vokal
sagen ___	*nehmen* ___	*Saal* ___

2 Schreibe die folgenden Sätze in dein Heft und ergänze die Lücken. Wähle aus den Vorschlägen in Klammern die richtige Schreibweise aus.

a) N__shörner (a, ah, aa) wurden in der Vergangenheit häufig gej__gt (a, ah, aa).

b) Sie geh__ren (ö, öh) zu einer gef__rdeten (ä, äh) T__rart (i, ie, ih).

c) Wir alle müssen uns f__r (ü, üh) den Schutz d__ser (i, ie, ih) T__re (i, ie, ih) einsetzen.

d) Sonst wird es s__ (i, ie, ih) bald nur noch im Z__ (o, oh, oo) ge__ben (e, eh, ee).

3 In dem Text „Missglückte Gefangennahme" fehlen die Buchstaben **ie**, **i** oder **ih**. Ergänze die fehlenden Buchstaben in deinem Heft.

Missglückte Gefangennahme

V__r (1) Tage tr__b (2) sich Charlie, ein Affenmännchen des Zoos in Nürnberg, in der Stadt herum. Charlie war bei einem Gehegewechsel aus dem T__rpark (3) geflohen. Ein Spaz__rgänger (4) entdeckte __n (5) und r__f (6) die Pol__zei (7). Die Beamten boten Charlie Bananen an.

Froh über d__ses (8) Angebot holte sich Charlie das Obst. Er l__ß (9) sich aber nicht einfangen, sondern verschwand mit seiner Beute in einem Baum, w__ (10) der Polizist später verr__t (11). Dort sah man __n (12) und er ruhte sich aus und verspeiste seine Beute mit v__l (13) Schmatzen. Zum Glück war es kein T__ger (14), der geflohen war.

Die Lösungen und die zu erreichenden Punkte findest du auf S. 337

Mehr zum Thema:
Wörter mit langem Vokal
AH: S. 80–83

Eisbären, Strauße, Walrösser … – s-Laute richtig schreiben

Das lernst du in diesem Kapitel

Es ist nicht ganz leicht, Wörter wie *groß, besser* oder *riesig* richtig zu schreiben. Im Deutschen werden die s-Laute nämlich unterschiedlich geschrieben. In diesem Kapitel lernt ihr deshalb, …

- woran ihr die verschiedenen s-Laute erkennen und wie ihr den gesummten und den gezischten s-Laut unterscheiden könnt,
- welche Regeln und Tipps euch helfen, die s-Laute richtig zu schreiben.

Außerdem erfahrt ihr einiges über besondere Eigenschaften und Fähigkeiten von kleinen und sehr kleinen Tieren.

1 Ordnet die Tiernamen aus dem Wortspeicher den Abbildungen zu. Schreibt die Tiernamen auf und unterstreicht darin die s-Laute.

> Hase • Eisbär • Strauß • Mäusebussard • Assel • Weißer Hai • Walross • Singdrossel

2 Erklärt anhand der Tiernamen, warum es oft nicht ganz leicht ist, die s-Laute richtig zu schreiben.

Gesummt oder gezischt? – Stimmhafte und stimmlose s-Laute unterscheiden

Der Regenwurm – ein großartiges Tier

Er ist ein 12–30 cm langes wirbelloses Tier. Er hat keine Augen, keine Nase, keine Ohren. Er sieht, riecht und hört nichts. Seinen Mund kann man mit bloßem Auge kaum erkennen. Und obwohl er auch keine Füße hat, kommt er langsam, aber sicher voran. Am wohlsten fühlt er sich in nasser Erde.

Der Regenwurm isst den ganzen Tag. Er kann ohne Pause fressen, am liebsten mag er Pflanzenreste. Die Erde frisst er gleich mit. Er lockert so den Boden auf und düngt ihn. Einen besseren Untermieter kann man sich deshalb im Garten also nicht wünschen.

Viele finden den Regenwurm wegen seines schleimigen und durchsichtigen Aussehens irgendwie eklig und hässlich. Überflüssig ist er aber sicher nicht. Das Graben der Regenwürmer im Boden erleichtert nämlich auch dem Regenwasser das Einsickern in den Boden. So können die Böden mehr Wasser aufnehmen. Auf diese Weise schützen Regenwürmer die Menschen auch vor Überschwemmungen. Das weiß allerdings kaum jemand.

1 Lest die unterstrichenen Wörter mehrmals laut. Sprecht dabei die einzelnen Silben ganz deutlich aus. Achtet besonders auf die s-Laute.

Audio WES-127515-076

- Welche Unterschiede hört ihr bei der Aussprache der s-Laute? Man spricht im Deutschen den s-Laut gezischt oder gesummt. Zeige das an einzelnen Beispielen.
- Lege beim Sprechen der Wörter deine Hand vorsichtig an den Kehlkopf. Bei welchen s-Lauten kannst du ein Summen spüren und bei welchen fühlst du nichts?

2 Übernimm die Tabelle in dein Heft. Ordne die unterstrichenen Wörter mit einem s-Laut ein. Sprich sie dazu vorher laut, bevor du sie in die Tabelle schreibst. Überprüfe auch, bei welchen s-Lauten du ein Summen fühlen kannst, wenn du deine Hand an deinen Kehlkopf legst.

stimmhafter (= gesummter) s-Laut	stimmloser (= gezischter) s-Laut
Nase (Z. 1)	bloßem (Z. 3)

3 Entscheide, welche der folgenden Aussagen zur Schreibung der s-Laute richtig und welche falsch sind:

a) Für den gesummten s-Laut gibt es nur eine Schreibweise.

b) Für den gezischten s-Laut gibt es nur eine Schreibweise.

c) Es gibt mehr Schreibweisen für den gesummten als für den gezischten s-Laut.

d) Es gibt mehr Schreibweisen für den gezischten als für den gesummten s-Laut.

e) Der stimmhafte s-Laut wird immer mit einfachem s geschrieben.

f) Der stimmlose s-Laut wird nie mit einfachem s geschrieben.

4 Unterstreiche die Schreibweise für den gesummten s-Laut und die Schreibweisen für den gezischten s-Laut in deiner Tabelle von Aufgabe 2 mit verschiedenen Farben.

5 Übernimm die Tabelle unten in dein Heft und ordne die Wörter aus dem Wortspeicher dort ein. Gehe dabei so vor:

- Bestimme, ob die Wörter einen stimmhaften (gesummten) oder stimmlosen (gezischten) s-Laut haben. Gehe dabei so vor, wie du es in Aufgabe 2 getan hast.
- Schreibe die Wörter mit einem gesummten s-Laut in die linke Spalte der Tabelle.
- Schreibe die Wörter mit einem gezischten s-Laut in die richtige der drei möglichen Spalten auf der rechten Seite der Tabelle.

das Gras • die Amsel • der Fluss • draußen • die Rose • riesig • meistens • blass • die Größe • besser • rosa • der Spaß • die Meise • das Wasser • leise • das Haus • der Riss • groß • der Rasen • draußen • die Füße • langsam • der Riese • die Wespe • sitzen • süß • bis • der Esel

stimmhafter/ gesummter s-Laut	**stimmloser/gezischter s-Laut**		
geschrieben **s**	geschrieben **s**	geschrieben **ss**	geschrieben **ß**

6 Durchstarten

a) Ordne die Wörter von Aufgabe 2 in deine Tabelle von Aufgabe 5 ein.

b) Suche aus dem folgenden Text Beispiele für die verschiedenen Schreibweisen des s-Lautes heraus.

Trage sie in die Tabelle ein, die du bei Aufgabe 5 angelegt hast.

Insekten – klein, aber nicht zu ersetzen

Bienen, Wespen, Hummeln – drei Insekten, die jeder kennt. Es gibt aber noch sehr viel mehr Insekten. Es gibt Pflanzenfresser und Fleischfresser, und Ohrwürmer fressen einfach alles. Insekten leben im Wasser, in der Luft und an Land. Ohne Insekten hätten die Menschen große Probleme. Denn Insekten bestäuben Pflanzen, sie beseitigen Schädlinge und sie sind als Nahrung wichtig für viele andere Tiere. Deswegen sollten wir uns um die Insekten sorgen und uns für ihren Schutz einsetzen.

c) Wähle einen anderen Sachtext aus dem Buch aus (z. B. auf S. 267 oder S. 276). Suche alle Wörter mit einem s-Laut aus dem Text heraus. Bestimme, ob es sich um einen stimmhaften (gesummten) oder stimmlosen (gezischten) s-Laut handelt.

Du kannst die Wörter auch in deiner Tabelle von Aufgabe 5 ergänzen.

d) Die beiden s-Laute werden manchmal auch als „Bienen-s“ und „Schlangen-s“ bezeichnet. Erkläre diese Bezeichnungen.

e) Arbeitet zu zweit. Findet mithilfe eines Wörterbuches jeweils fünf Beispiele für die verschiedenen Schreibweisen des s-Lautes.

Ordnet diese in eure Tabelle von Aufgabe 5 ein.

Der stimmhafte und der stimmlose s-Laut

Es gibt im Deutschen **zwei verschieden gesprochene s-Laute**: Der eine s-Laut wird **gesummt**, der andere **gezischt** gesprochen.

Der sogenannte **stimmhafte s-Laut** wird **gesummt** gesprochen wie z. B. in *Ha**s**e* oder ***S**eehund*. Wenn du deine Hand auf den Kehlkopf legst, kannst du das Summen fühlen, während du diesen s-Laut sprichst.

Der **stimmhafte s-Laut** wird immer mit einfachem **s** geschrieben.

Den **stimmlosen s-Laut** spricht man **gezischt** wie z. B. in *drau**ß**en*, *Wa**ss**er*, *Flu**ss*** oder *bi**s***. Du kannst ihn nur hören, aber nicht fühlen.

Für den **stimmlosen s-Laut** gibt es drei Schreibweisen:
Er kann mit **s**, mit **ss** oder mit **ß** geschrieben werden.

Hörst du davor einen kurzen oder einen langen Vokal? – Wörter mit ss und ß richtig schreiben

Philipp will im Biologieunterricht einen Vortrag über ein interessantes Tier halten, die Hornmilbe. Er hat sich dazu folgende Notizen gemacht.

Das stärkste Tier der Welt

- Das stärkte Tier der Welt ist kein großes Tier, sondern: die winzige Hornmilbe, mit bloßem Auge nicht zu sehen.
- Forscher müssen ein Mikroskop benutzen, um sie zu erkennen.
- Die Hornmilbe misst nur knapp 1 mm und wiegt nur ein Zehntausendstel Gramm.
- Sie besitzt keine Füße oder Flossen, aber Krallen.
- Die Hornmilbe frisst Pflanzenteile.
- lebt in Puerto Rico (Inselstaat in der Karibik), heißes Klima
- Es wurde von Wissenschaftlern nachgewiesen: Die Hornmilbe kann das 1200-Fache ihres Gewichtes bewegen.
- Ein erwachsener Mensch müsste ca. 30 Autos tragen, um so stark zu sein.

1 Suche auf dem Stichwortzettel die Wörter mit **ss** und **ß** heraus. Notiere sie in deinem Heft in einer Tabelle (getrennt nach ss und ß).

2 Arbeitet dann so weiter:

- Lest die Wörter laut in Silben zerlegt. Welcher s-Laut wird mit **ss** und **ß** geschrieben?
- Kennzeichnet dann den Vokal (= Selbstlaut: a, e, i, o, u) vor dem stimmlosen s-Laut. Unterstreiche die langen Vokale (Größe) und setze unter die kurzen Vokale einen Punkt (Wạsser).
- Erklärt nun, wann man den stimmlosen (gezischten) s-Laut mit **ss** und wann man ihn mit **ß** schreibt.

3 Ergänzt nun die folgende Rechtschreibregel.

> Der stimmlose/gezischte s-Laut wird nach einem ________ Vokal mit ß geschrieben.
>
> Nach einem kurzen Vokal wird der stimmlose/gezischte s-Laut mit ________ geschrieben.

Video
WES-127515-077

Unter dem **Webcode** WES-127515-077 kannst du dir auch ein Erklärvideo über die Schreibung von Wörtern mit einem s-Laut ansehen.

Ein Leben unter der Erde – der Maulwurf

Viele Menschen wi__en, dass Maulwürfe fast immer unter der Erde leben. Maulwürfe sehen sü__ aus. Wir bekommen sie aber nur dann zu sehen, wenn sie Erde aus ihrem Maulwürfshügel nach drau__en werfen. Maulwürfe graben nämlich mit gro__em Flei__. In einer Stunde kann ein flei__iger Maulwurf einen Gang graben, der sechs bis sieben Meter mi__t.

Weil der Maulwurf so eine besondere Form hat, pa__t er gut durch seine Gänge. Er mu__ aber auch sehr viel fre__en. Wenn er einen Tag lang nichts fri__t, dann verhungert er. Es macht ihm gro__en Spa__, unter der Erde nach Regenwürmern, Käfern und Raupen zu suchen.

4 Schreibe den Text in dein Heft und setze dabei jeweils **ss** oder **ß** in die Lücken ein. Arbeite dabei mit der Lernbox auf dieser Seite.

- Kontrolliere anschließend deine Ergänzungen mit einem Lernpartner zusammen.

5 **Wähle aus**

a) I Unterstreiche in dem Text über den Maulwurf, den du bei Aufgabe 3 ins Heft geschrieben hast, die kurzen und langen Vokale vor dem stimmlosen/gezischten s-Laut mit unterschiedlichen Farben.

b) II Wähle aus dem Text über den Regenwurm auf S. 287 fünf Wörter mit **ss** oder ß aus. Sprich sie dir laut vor und erkläre einem Lernpartner, warum sie mit **ss** oder **ß** geschrieben werden.

c) III Schreibe eine kurze Geschichte darüber, was ein Maulwurf unter der Erde erlebt. Unterstreiche anschließend in deinem Text die Wörter mit stimmhaften und stimmlosen s-Lauten mit unterschiedlichen Farben.

Wörter mit ss und ß richtig schreiben

Das musst du lernen und wissen

Der stimmlose s-Laut wird gezischt ausgesprochen. Er kann als **s**, **ss** oder **ß** geschrieben werden. Wenn er nicht als einfaches **s** geschrieben wird, gilt:

- Nach **langem betontem Vokal** (z. B. *a, e, i o, u*) oder Doppelvokal (z. B. *au, ei*) wird der stimmlose s-Laut als **ß** geschrieben. Beispiele: *Fuß* – *Füße* – *beißen*
- Nach **kurzem betontem Vokal** wird der stimmlose s-Laut als **ss** geschrieben. Beispiele: *essen, besser, Wasser*

Gesummt oder gezischt? Langer oder kurzer Vokal? – Die Rechtschreibung von s-Lauten trainieren

die Nuss, der Fuß, das Los, groß, der Preis, er liest, sie reist, das Schloss, der Gruß, das Floß, er niest, heiß, die Maus, der Kuss, er gießt, die Laus, der Pass, er hasst, er genießt, er muss, weiß, er rast, nass, der Genuss

1 Sprecht die Wörter in dem Kasten laut und deutlich aus. Achtet besonders auf die s-Laute.

- Gebt an, welchen s-Laut ihr bei allen Wörtern hört.
- Seht euch an, wie die Wörter jeweils geschrieben werden. Erklärt das Rechtschreibproblem.
- Beschreibt die Strategie, mit der ihr überprüfen könnt, wie der s-Laut in den Wörtern richtig geschrieben wird.

2 Arbeitet zu zweit. Schreibt die Wörter aus dem Kasten jeweils mit einer Verlängerung auf (z. B. *die Nuss – die Nüsse*). Erklärt mithilfe der Verlängerung die Schreibweise der s-Laute am Wortende.

3 Auch mit den folgendem Sätzen könnt ihr die Rechtschreibung der s-Laute üben.

- Übernehmt die Sätze in euer Heft und ergänzt die Lücken mit der richtigen Schreibweise.
- Verlängert das Wort, wenn der s-Laut am Ende steht (z. B. *Maus – Mäuse*).

a) Trotz der geringen Grö▬e des Maulwurfs ▬ind ▬eine Gänge oft 100 Meter lang. Die▬ haben Wi▬enschaftler ausgeme▬en.

b) ▬ie verlaufen oft in Kurven, aber auch oft im Krei▬.

c) In ▬einen gro▬en Bauten mit ihren rie▬igen Gängen kann der Maulwurf ▬icher den Winter verbringen. Er überwintert dort wie in einem Schlo▬.

d) Maulwürfe haben eine ▬ehr gute Na▬e. Auch ihr Gehör ist gro▬artig. Nur ▬ehen können sie äu▬erst schlecht.

e) Oft hört für viele Besitzer eines gepfegten Ra▬ens aber der Spa▬ mit dem Einzug eines Maulwurfs auf. Sie stören ▬ ich an den Hügeln, die der Maulwurf unverbe▬erlich aufwirft.

f) So ver▬uchen sie den kleinen sü▬en Gast wieder zu vertreiben. Dabei verge▬en die Ra▬enfreunde: Ist der Maulwurf weg, dann kommt die Wühlmau▬.

Alles klar? – Teste dich selbst!

1 Ergänze die folgenden Regeln und Tipps zur Rechtschreibung der s-Laute.

- Nach einem kurzen Vokal schreibst du den ___ s-Laut mit ss.
- Der stimmlose s-Laut wird nach einem langen Vokal oder Doppelvokal mit ___ geschrieben.
- Den gesummten s-Laut schreibst du immer mit ___.
- Wenn der s-Laut am Wortende steht, solltest du das Wort ___, um herauszufinden, wie du den s-Laut schreibst.

2 Sortiere die folgenden Wörter danach, ob der s-Laut gesummt oder gezischt gesprochen wird. Lege dafür eine Tabelle an.

> die Wiese, sie beißen, wir wissen, der Genuss, das Gras, die Sonne, die Meise, der Seehund, weiß, die Ameise, das Haus, die Amsel, die Drossel, besser, groß, sie müssen, deshalb, er hasst, die Flöße, die Gläser

3 Suche aus dem Wortspeicher von Aufgabe 2 die Wörter heraus, die du verlängern solltest, um die Schreibung des s-Lautes zu klären. Schreibe sie mit ihren Verlängerungen auf.

4 Setze **ss** und **ß** in die Wörter ein und schreibe sie in dein Heft.

> na___, Fü___e, hei___, fre___en, Flo___, gro___, Wa___er, wi___en, blo___, So___e, Ha___, hei___en, Ka___e, bei___en, e___en, genie___en, zerrei___en, Se___el

5 Ergänze die Lücken in dem folgenden Text über Meerschweinchen.

Meerschweinchen als Haustiere

Meerschweinchen ___ind tolle Hau___tiere. Sie werden ___ehr zahm, wenn ihr euch mit ihnen regelmä___ig beschäftigt. Damit sie ___ich wohlfühlen, ___ollten sie eine gro___e Kiste bekommen. Die___e solltet ihr mit ___ägespänen oder noch be___er mit Heu auspolstern. Außerdem benötigen die Meerschweinchen noch ein Hau___ als Versteck und Schlafstätte.

Meerschweinchen gurren wie Katzen, wenn sie ___ich wohlfühlen. Aber sie quieken und pfeifen laut, wenn sie aufgeregt ___ind: vor Freude, zur Begrü___ung vertrauter Menschen, bei gro___er Gefahr oder wenn sie fre___en wollen.

Die Lösungen und die zu erreichenden Punkte findest du auf S. 338

Mehr zum Thema:
Die s-Laute richtig schreiben
AH: S. 84–87

Rund um Flugzeuge und das Fliegen – Groß- und Kleinschreibung

Das lernst du in diesem Kapitel

Du weißt schon, dass es Wörter gibt, die großgeschrieben werden, und andere, die kleingeschrieben werden. Zum Beispiel hast du schon gelernt, dass Nomen groß- und andere Wortarten in der Regel kleingeschrieben werden.

In diesem Kapitel ...

- wiederholst du dein Wissen über die Groß- und Kleinschreibung,
- lernst du Regeln und Tipps für die Groß- und Kleinschreibung kennen,
- übst du, Verben und Adjektive, die als Nomen gebraucht werden, großzuschreiben.

Der Traum vom Fliegen beschäftigt die Menschen schon lange.

Für das Fliegen eines Flugzeugs braucht man eine spezielle Ausbildung.

Start und Landung sind das Schwierigste.

1 Beschreibt, was die Bilder zeigen.

2 Sucht in den Bildunterschriften die Wörter heraus, die großgeschrieben werden.

- Bei einigen der Wörter könnt ihr sicher erklären, warum sie großgeschrieben werden. Sucht solche Beispiele heraus.
- Erklärt die Großschreibung dieser Wörter mit den Regeln, die ihr schon kennt.

3 Warum werden die anderen Wörter kleingeschrieben? Versucht, auch dies zu erklären.

Bei Flugzeugen ist es ... – Satzanfänge und Nomen großschreiben

warum ein flugzeug fliegen kann

hast du dich auch schon einmal gefragt, warum flugzeuge nicht vom himmel fallen, sondern in der luft bleiben können? die flügel lassen ein flugzeug fliegen. diese flügel nennt man tragflächen. sie sind auf eine besondere weise geformt. die tragflächen sind vorn dicker als hinten und an ihrer oberseite stärker gekrümmt als an der unterseite. deshalb entsteht an den zwei tragflächen eine besondere luftströmung und ein luftsog.
beim start wird das flugzeug sehr stark beschleunigt. aufgrund der hohen geschwindigkeit entstehen an den tragflächen die besonderen luftverhältnisse, die das flugzeug fliegen lassen. weil es ohne die geschwindigkeit nicht fliegen kann, kann ein flugzeug im gegensatz zu einem hubschrauber nicht in der luft stehen.

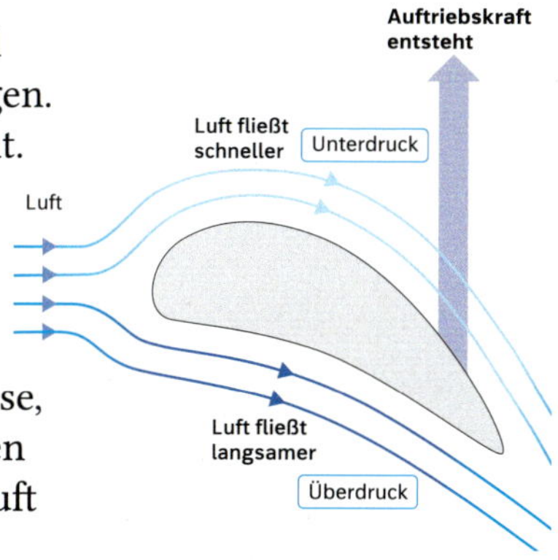

1 Lest den Text. Erklärt anschließend mithilfe der Abbildung, warum Flugzeuge fliegen können.

2 In dem Text sind alle Wörter kleingeschrieben. Übertrage den Text in der richtigen Schreibung in dein Heft. Arbeite dabei mit der Lernbox.

3 Suche für die verschiedenen Begleiter von Nomen jeweils zwei Beispiele im Text. Unterstreiche die verschiedenen Nomenbegleiter in deinem Text.

Großschreibung von Nomen und Satzanfängen

Nomen werden immer großgeschrieben. Du kannst Nomen an folgenden Merkmalen erkennen:

- **Nomen** bezeichnen in der Regel Personen, Pflanzen oder Gegenstände sowie Gefühle oder Vorstellungen (z. B. die Freiheit, die Liebe).
- Vor ein Nomen kannst du immer einen Begleiter setzen.
  Begleiter von Nomen sind:
  - **Artikel** (z. B.: das Flugzeug, ein Flugplatz),
  - **Präpositionen mit verstecktem Artikel** (z. B.: im Flugzeug),
  - **Adjektive** (z. B.: große Flugzeuge),
  - **Pronomen** (z. B.: dieses Flugzeug),
  - **Mengenangaben/Zahlwörter** (z. B.: viele Flugzeuge).

Alle anderen Wortarten werden in der Regel kleingeschrieben.
Am **Satzanfang** werden sie aber immer **großgeschrieben**.

Wenn Verben und Adjektive zu Nomen werden – Nominalisierungen richtig schreiben

Richard ist zum ersten Mal auf einem Flughafen. Ihm fallen sofort die vielen Hinweis- und Warnschilder auf.

Beim Ankommen am Flughafen bitte die Sicherheitsbestimmungen beachten!

Das Anschnallen ist beim Abflug des Flugzeuges Pflicht!

Bitte nach dem Landen das Abholen des Gepäcks nicht vergessen!

In unseren Flughafenshops finden Sie immer etwas Besonderes.

Alles Wichtige zum Flugbetrieb finden Sie auf der Anzeigetafel.

Das Betreten des Abflugbereichs ist nur mit gültigem Flugschein möglich.

1 Auf den Hinweis- und Warnschildern werden einige Wörter großgeschrieben, die eigentlich keine Nomen sind. Sucht diese Wörter heraus.

2 Bestimmt, ob die Wörter, die auf den Hinweis- und Warnschildern als Nomen verwendet werden, in ihrer Grundform Verben oder Adjektive sind.

Beispiele: *das Fliegen* = Verb „fliegen“; *das Rote* = Adjektiv „rot“.

Das musst du lernen und wissen

Nominalisierungen erkennen und großschreiben

- **Wörter anderer Wortarten** (z. B. Verben und Adjektive) werden großgeschrieben, wenn sie im Satz **als Nomen verwendet** werden.
- Solche Wörter, die eigentlich zu einer anderen Wortart gehören, aber als Nomen verwendet werden, nennt man **Nominalisierungen**.
- Nominalisierungen kannst du häufig an den **Begleitern** erkennen (z. B. Artikel, Adjektive, Pronomen, Zahlwörter, Präpositionen mit verstecktem Artikel).
- Manchmal fehlen die Nomenbegleiter. Man kann sie dann jedoch einsetzen. Beispiel: *Fliegen finden viele Menschen aufregend.* → *Das Fliegen finden viele Menschen aufregend.*

TIPP: Das Adjektiv wird **kleingeschrieben**, wenn es im **Superlativ** (= Höchststufe) **mit dem versteckten Artikel „am“** steht.
Beispiele: *am liebsten, am besten.*

3 Wähle aus

Übe mithilfe der folgenden Aufgaben die Rechtschreibung von nominalisierten Verben. Arbeite dabei mit der Lernbox auf S. 299.

a) I Übernimm die Sätze in dein Heft und ergänze sie mit den Wörtern, die in Klammern stehen. Entscheide jeweils, ob das einzusetzende Verb klein- oder großgeschrieben werden muss.

- Vor dem ______ des Abflugbereichs muss man durch die Gepäckkontrolle gehen. Man kann den Abflugbereich nicht ohne gültigen Flugschein ______. (betreten/Betreten)
- Von der Besucherterrasse aus kann man den Flugzeugen beim ______ und beim ______ zusehen. Von der Besucherterrasse aus sieht man, wie die Flugzeuge ______ und ______. (starten/Starten, landen/Landen)
- Während des Fluges darf man im Flugzeug ______. Das ______ im Flugzeug ist während des Starts und während der Landung verboten. (herumlaufen/Herumlaufen)
- Das ______ im Flugzeug kann sehr unbequem sein. Oft ______ die Passagiere eng nebeneinander. (sitzen/Sitzen)

b) II Übernimm den folgenden Text in der richtigen Groß- und Kleinschreibung in dein Heft. Unterstreiche anschließend die Nominalisierungen.

Die Kondensstreifen

beim beobachten des himmels sieht man oft weiße streifen. bei genauem hinsehen erkennt man, dass es keine wolken sind. es sind sogenannte kondensstreifen. sie stammen von flugzeugen. beim fliegen in großen höhen sorgt das aufeinandertreffen von eiskalter luft und dem heißen strahl aus den flugzeugdüsen für die kondensstreifen.

c) III Entwickle fünf Satzpaare wie in Aufgabe 3 a). Tausche sie mit einem Lernpartner aus. Führt die Übung durch und vergleicht dann eure Lösungen. Besprecht anschließend, wie ihr eventuelle Fehler hättet vermeiden können.

4 Führt ein Partnerdiktat durch. Geht dabei so vor, wie es auf S. 266 beschrieben wird. Überprüft eure Rechtschreibung nach dem Diktat sofort gemeinsam. Unterstreicht anschließend die Nominalisierungen und ihre Begleiter in euren Diktattexten.

Die Flughafenfeuerwehr

An größeren Flughäfen gibt es/eine eigene Feuerwehr. Zu ihren Aufgaben/gehört nicht nur/das Löschen von Bränden./Auch beim Versorgen/von Kranken und Verletzten/hilft die Flughafenfeuerwehr. Das Vertreiben von Vögeln/ist eine weitere wichtige Aufgabe./ Wenn der Pilot/vor dem Starten/Vögel sieht,/ruft er die Feuerwehr./ Sie übernimmt dann/das Verscheuchen der Tiere.

5 Wähle aus

Übe mit den folgenden Aufgaben die Rechtschreibung von nominalisierten Adjektiven. Arbeite dabei mit der Lernbox auf S. 296.

a) Übernimm die folgenden Sätze in dein Heft und setze die passende Form der Adjektive ein. Entscheide dabei jeweils, ob du die Adjektive klein- oder großschreiben musst.

- **interessant**
  Mein erster Flug war ein ______ Erlebnis. Es passierte viel ______.
- **besonders**
  Pilot zu sein ist ein ______ Beruf. Es ist etwas ______, viele verschiedene Städte zu sehen.
- **langweilig**
  Ein Langstreckenflug kann eine ______ Sache sein.
  Das ______ an einem Langstreckenflug ist das lange Sitzen.

b) Bilde mit den Adjektiven aus dem Wortspeicher jeweils zwei Sätze. Verwende jedes Adjektiv dabei einmal in seiner ursprünglichen und einmal in seiner nominalisierten Form. Schreibe die Satzpaare in dein Heft und unterstreiche darin die Adjektive. Beispiel: Körperliche Fitness ist wichtig für Piloten. Der Pilot prüft vor dem Start alles Wichtige.

wichtig • schnell • gefährlich • heiß • kalt • groß • hell • nützlich • gestreift

c) Bilde zu zehn Adjektiven Satzpaare, wie es in Aufgabe 4 b) beschrieben wird. Wähle dafür zehn andere Adjektive als die in dem Wortspeicher oben.

6 Durchstarten

a) Sucht aus dem Text „Die Flughafenfeuerwehr“ auf S. 297 alle nominalisierten Verben heraus.

b) Übernehmt den folgenden Text in der richtigen Schreibung in euer Heft. Kontrolliert eure Rechtschreibung mit einem Lernpartner. Achtet besonders auf die Groß- und Kleinschreibung. Unterstreicht anschließend die nominalisierten Adjektive und Verben.

mit der Sonne von new york nach köln?

das belasten der umwelt und das verstärken des klimawandels sind der preis für das fliegen. das schädigen der umwelt kann so nicht weitergehen. umweltfreundliche flugzeuge sind deshalb etwas dringendes. das betreiben der flugzeuge mit sonnenenergie wäre etwas traumhaftes. das erfreuliche ist, dass das forschen nach solchen lösungen schon begonnen hat. im jahr 2016 gelang das umrunden der weltkugel mit einem unbemannten solarflugzeug. im selben jahr landete auch das erste von new york gestartete solarflugzeug nach dem überqueren des atlantiks in spanien. das befördern von passagieren mit solarflugzeugen wäre etwas atemberaubendes. Es ist aber leider noch nicht möglich.

Die Solar Impulse 2 überquerte 2016 den Atlantik.

Alles klar? – Teste dich selbst!

1 Vervollständige die Lücken der Sätze in dem Kasten.

> Verben und Adjektive, die in einem Satz als ___ gebraucht werden, bezeichnet man als ___.
> ___ Verben und Adjektive schreibt man ___.

2 Übernimm die Sätze in richtiger Schreibweise in dein Heft.
Achte dabei besonders auf die Schreibung der Adjektive und Verben.
Lies bei Bedarf in der Lernbox auf S. 296 nach.

- DAS FLIEGEN BESCHÄFTIGT DIE MENSCHEN SCHON SEIT LANGER ZEIT.
- SCHON IM ALTERTUM ERZÄHLTE MAN SPANNENDE SAGEN VON FLIEGENDEN MENSCHEN.
- IN DIESEN GESCHICHTEN WAR DAS FLIEGEN ETWAS GEFÄHRLICHES.
- BEIM BEOBACHTEN DER VÖGEL TRÄUMTEN VIELE MENSCHEN VOM FLIEGEN.
- ERST VIELE JAHRE SPÄTER GELANG ES EINEM MENSCHEN, WIRKLICH ZU FLIEGEN.
- DAS WICHTIGSTE WAR, DASS DAS FLUGZEUG VOM BODEN ABHOB.
- DER ERSTE MOTORFLUG DAUERTE NUR WENIGE SEKUNDEN.
- DOCH DAS WAR DAMALS ETWAS GANZ BESONDERES.

3 Ergänze die Lücken jeweils mit den Buchstaben in Klammern.
Entscheide dabei, ob die Wörter groß- oder kleingeschrieben werden.

Die Pilotin Amelia Earhart (1897–1939)

Die ___merikanerin (a/A) Amelia Earhart ist eine ___erühmte (b/B) Flugpionierin.
Es war etwas ___esonderes (b/B) für sie, als sie das ___rste (e/E) Mal in einem ___lugzeug (f/F) mitfliegen durfte.
Das ___liegen (f/F) begeisterte sie sofort. Sie arbeitete ___art (h/H) und machte vieles ___erschiedenes (v/V), um Geld zu verdienen.
Das harte ___rbeiten (a/A) lohnte sich.
Von dem ___eld (g/G) nahm sie Flugstunden.
Für Amelia Earhart gab es nichts ___chöneres (s/S).
1928 ___berquerte (ü/Ü) sie als erste Frau den Atlantik, allerdings nur als Passagierin.
Und schon 1932 gelang ihr das ___berqueren (ü/Ü) des Atlantiks als Pilotin und im Alleinflug.
Dadurch war sie die ___rößte (g/G)!
Leider geschah fünf Jahre später etwas ___rauriges (t/T).
Sie verschwand ___purlos (s/S) bei einem Flug über den Pazifik.
Bis heute hat man keine ___ichere (s/S) ___pur (s/S) von ihr gefunden.
So lässt sich nichts ___estimmtes (b/B) über ihr Schicksal sagen.

Amelia Earhart nach einem 19-stündigen Flug quer durch die USA (1932)

Die Lösungen und die zu erreichenden Punkte findest du auf S. 339.

Mehr zum Thema:
Groß- und Kleinschreibung
AH: S. 88–91

Tierwelten – Zeichensetzung bei Aufzählungen und bei wörtlicher Rede

Das lernst du in diesem Kapitel

Stelle dir vor, in einem Jugendbuch wäre die wörtliche Rede nicht mithilfe von Satzzeichen gekennzeichnet. Dann hättest du bestimmt große Mühe zu verstehen, wer etwas sagt. Oft helfen Satzzeichen wie Kommas auch, Sätze übersichtlicher und verständlicher zu machen, z. B. wenn in einem Sachtext mehrere Tierarten oder verschiedene Eigenschaften aufgezählt werden.

In diesem Kapitel lernst du, ...

- welche Regeln es für die Kommasetzung bei Aufzählungen gibt und
- wie Anführungszeichen, Doppelpunkte und Kommas zur Kennzeichnung der wörtlichen Rede verwendet werden.

Haustiere sind in der Bevölkerung sehr beliebt es gibt Schätzungen dass die Menschen in Deutschland im Jahr 2017 34 Millionen Haustiere hielten den ersten Platz in der Übersicht erreichten die Katzen gefolgt von den Hunden auf Platz 2 aber auch Kaninchen Hamster Vögel Fische Reptilien und Mäuse waren gern gesehene Mitbewohner und standen auf den Plätzen 3 bis 9 Platz 10 erreichte eine Tierart die viele lieber in der freien Natur als im eigenen Zimmer sehen – Spinnen

Viele Menschen halten Tiere.

Die 10 beliebtesten Haustierarten in Deutschland.

Katzen überholten Hunde.

1 Wählt die Überschrift aus, die am besten zu dem Text passt. Begründet eure Meinung.

2 Der Text ist nicht leicht zu lesen. Erklärt, woran das liegt.

3 Erklärt mithilfe des Textes, welche wichtige Aufgabe Satzzeichen in Texten erfüllen.

Tierisch gut! – Das Komma bei Aufzählungen richtig setzen

1 Einige Tiere haben ungewöhnliche Eigenschaften, die viele Menschen nicht kennen. Kennt ihr Tiere, die ungewöhnliche Eigenschaften haben? Erzählt von ihnen.

Der **Mauersegler** ist ein Zugvogel. Er kann ohne Unterbrechung 500 000 Kilometer fliegen, bis zu 10 Monate in der Luft bleiben, im Flug Nahrung aufnehmen und in der Luft schlafen.

Der **Fleckenskunk** hat eine sehr wirkungsvolle Verteidigungsmethode entwickelt. Er versprüht eine besondere Flüssigkeit. Sie stinkt extrem, kann kurzzeitig blind machen, löst starken Brechreiz aus und ist selbst in zweieinhalb Kilometer Entfernung noch wahrzunehmen.

Die **Erdkröte** ist sehr widerstandsfähig, in der ganzen Welt verbreitet, unternehmungslustig und anpassungsfähig. Bergsteiger fanden ein Exemplar auf 8000 Meter Höhe im Himalaja. Bergleute entdeckten die Kröte auch schon in 340 Meter Tiefe in einer Kohlenmine.

2 Gebt an, welches der drei vorgestellten Tiere ihr am interessantesten findet. Begründet eure Wahl.

3 Sucht die Aufzählungen der ungewöhnlichen Tiereigenschaften aus den Texten heraus.

- Schreibt sie auf und kreist die Kommas ein.
- Formuliert anschließend eine Regel für die Zeichensetzung bei Aufzählungen.

Katzen sind Überlebenskünstler

Eine Katze mit dem Namen „Ginger“ wollte nicht allein zu Hause bleiben. Sie sprang unbemerkt zu den Hosen Röcken Blusen Pullovern und Schuhen ihrer Besitzerin in einen Koffer. So flog sie nach Kanada fuhr im Auto zu den Niagarafällen und sprang im Hotel ihrer überraschten Besitzerin in die Arme.

4 In den Aufzählungen des Textes fehlen die Kommas.

- Schreibt den Text in euer Heft und unterstreicht die Aufzählungen.
- Fügt die fehlenden Kommas ein. Eine **Hilfekarte** findet ihr auf Seite 328. S. 328
- Beachtet die Hinweise in der Lernbox auf Seite 302.

5 Wähle aus

Übe die Kommasetzung bei Aufzählungen.

a) I Schreibe selbst drei Sätze mit Aufzählungen zum Thema „Tiere“.

- Notiere die Satzanfänge aus dem Wortspeicher.
- Ergänze Aufzählungen mit den Angaben in den Klammern.
- Setze die Kommas richtig.

Kaninchen fressen gern ... (Möhren – Salat – Klee)
Zur Pferdepflege werden ... (Mähnenkämme – Striegel – Hufauskratzer) benutzt.
Affen ... (klettern – turnen – hangeln – schaukeln) gern.

Kastanien • das Haus bewachen • toben • schlafen • Nüsse • Schafe hüten • Bucheckern • spielen • Verschüttete aufspüren • schmusen • Eicheln • Drogen finden

b) II Vervollständige die folgenden drei Satzanfänge mit Aufzählungen.

- Suche im Wortspeicher passende Angaben dazu.
- Die Zahlen hinter den Sätzen sagen dir, wie viele Wörter bzw. Wortgruppen jeweils zu den Aufzählungen gehören.
- Vergiss nicht, die Kommas zu setzen.

Eichhörnchen sammeln im Herbst ... (4)
Junge Hunde ... gern. (4)
Hunde helfen den Menschen, indem sie ... (4)

c) III Schreibe Sätze mit Aufzählungen zum Thema „Katzen“.

- Beantworte dazu folgende Fragen und benutze dabei möglichst viele Aufzählungen.
- Beachte die Hinweise in der Lernbox.

– Was fressen Katzen gern?
– Womit spielen sie?
– Was mögen Katzen besonders gern?
– Was mögen sie gar nicht?
– Was benötigen sie zu ihrer Pflege?

Das musst du lernen und wissen

Das Komma bei Aufzählungen von Wörtern und Wortgruppen

- Wörter oder Wortgruppen in einer **Aufzählung** werden durch ein Komma voneinander getrennt.
- Vor den Wörtern **und**, **oder** und **sowie** steht bei Aufzählungen von Wörtern und Wortgruppen kein Komma.

Beispiele: *Zu den schnellsten Tieren der Welt gehören Geparden, Delfine, Strauße und Wanderfalken.*

Viele Kinder besitzen einen Hund, eine Katze, ein Meerschweinchen, einen Vogel oder einen Hamster.

Alles klar? – Teste dich selbst!

1 Ergänze die folgende Regel in deinem Heft.

Aufzählungen von Wörtern oder Wortgruppen werden durch ein ______ voneinander getrennt. Vor den Wörtern ______, ______ und ______ steht bei Aufzählungen kein Komma.

2 Schreibe die folgenden Sätze in dein Heft. Ergänze die fehlenden Kommas. Die Anzahl der Kommas ist in Klammern hinter den Sätzen angegeben.

Einige Tausendfüßler sind Pflanzenfresser nur 2–3 cm lang und besitzen 750 winzige Beinchen. (1) Zum Glück brauchen sie keine Hose Strümpfe oder Schuhe! (1)

In Sümpfen Wäldern Wiesen und an Tümpeln lebt der Sibirische Winkelzahnmolch. (2) Bei großer Kälte lässt er sich einfrieren übersteht so Temperaturen von –56 Grad taut im Frühling wieder auf und lebt einfach weiter. (2)

Der Kasuar ist ein gefährlicher Laufvogel lebt in Neuseeland kann bis zu 1,80 m groß werden wiegt über 40 kg hat lange dolchartige Klauen und einen harten Auswuchs auf dem blauen Kopf. (3)

3 Schreibe den Text „Tierrätsel" von Hans Manz in dein Heft. Ergänze die fehlenden Kommas bei den Aufzählungen. Du musst fünf Kommas setzen. Schreibe auch die Lösung des Tierrätsels auf.

Hans Manz

Tierrätsel

Der Wolf die Ameise der Luchs und die Drossel: Nimm von jedem den ersten Laut, dann weißt du, wo der Erste die Höhle die Zweite die Burg der Dritte den Unterschlupf die Vierte das Nest baut.

4 Ergänze den folgenden Satzanfang mit vier passenden Verben aus dem Wortspeicher. Beachte dabei die Kommasetzung.

laufen • tauchen • schlängeln • buddeln • picken • knabbern • fliegen • wühlen

Hamster sind in der Nacht aktiv und wollen dann ...

Die Lösungen und die zu erreichenden Punkte findest du auf S. 340.

Mehr zum Thema:
Komma bei Aufzählungen
AH: S. 94

Calvin und Hobbes – die Zeichensetzung bei der wörtlichen Rede kennenlernen

Aussagen, Fragen, Aufforderungen – Satzarten unterscheiden

Die Hauptfiguren der Comic-Serie „Calvin und Hobbes" sind ein sechsjähriger Junge mit dem Namen Calvin und sein (Stoff-)Tiger Hobbes. Für Calvin ist Hobbes lebendig, für andere Menschen ist er ein Stofftier.

1 Erklärt, woran ihr in der Comicszene erkennt, dass der Stofftiger für Calvin ein lebendiges Tier ist.

2 Schreibt die Sätze aus dem Comic untereinander in euer Heft und markiert das Satzschlusszeichen. Lest die Lernbox unten auf dieser Seite und ordnet jedem Comicsatz eine Satzart zu.

Hobbes, schnell! — Aufforderungssatz/Ausruf

Das musst du lernen und wissen

Satzarten kennen

Man unterscheidet folgende Satzarten:

- **Aussagesätze** enthalten Informationen, Behauptungen, Aussagen oder Feststellungen. Sie werden durch einen **Punkt** abgeschlossen. *(Die Stunde ist in fünf Minuten zu Ende.)*
- **Fragesätze** werden durch ein **Fragezeichen** abgeschlossen. Mit ihnen fragt man jemanden etwas oder man bringt zum Ausdruck, dass man etwas wissen will. *(Wann ist die Stunde zu Ende?)*
- **Aufforderungssätze** sind Aufforderungen, Befehle oder Anweisungen. Sie werden mit einem **Ausrufezeichen** abgeschlossen. *(Lass das! oder Komm mit!)*
- Neben diesen drei Satzarten gibt es auch noch **Ausrufe**. Oft setzt man hier auch ein Ausrufezeichen. Meistens drücken sie Gefühle und Empfindungen wie z. B. Überraschung *(Oh! oder Nein!)*, Schmerz *(Aua!)* oder Bedauern *(Ach! oder Oje!)* aus.

Hobbes sagt: „Pass auf!“ – Die Zeichensetzung bei der wörtlichen Rede anwenden

Die Klasse 5b schreibt im Deutschunterricht zu dem Comic von Calvin und Hobbes eine kleine Geschichte. Das ist aber nicht so einfach, weil die beiden Figuren auch miteinander sprechen.

1 Gebt an, wie in einem Comic die wörtliche Rede deutlich gemacht wird.

Calvin:

Hobbes:

2 In einem Erzähltext benötigt man allerdings besondere Zeichen, um die wörtliche Rede deutlich zu machen. Klara hat Calvins Aufforderung und Frage sowie Hobbes Antwort so aufgeschrieben:

Hobbes steht an einer steilen Straße und schaut überrascht nach oben. Calvin ist nicht zu sehen. Er ruft: „Hobbes, schnell! Wie bremse ich?“ Kurz darauf fährt Calvin auf Rollschuhen mit hoher Geschwindigkeit an Hobbes vorbei. „Bieg in einen Kiesweg ein und lass dich fallen!“, fordert Hobbes Calvin auf.

- Erklärt, mit welchen Zeichen Klara die wörtliche Rede deutlich macht.

3 Klaras Text geht so weiter:

Da hört Hobbes auch schon: „Knirsch!“. Kieselsteine fliegen durch die Luft und der Tiger muss sich schützend die Arme über den Kopf legen. Dann sieht er Calvin, der völlig verdreckt und zerkratzt auf dem Boden sitzt und Hobbes böse anguckt. „War ja nur ein Vorschlag“, meint Hobbes entschuldigend.

Oft ist die wörtliche Rede mit einem Redebegleitsatz verbunden wie z. B.
Er ruft: „...“

- Übernehmt beide Texte von Klara in euer Heft.
- Unterstreicht den Redebegleitsatz und die wörtliche Rede in verschiedenen Farben.

Du kannst Klaras Text unter dem **Webcode** WES-127515-078 auch ausdrucken und die Markierungen dort vornehmen.

Arbeitsblatt
WES-127515-078

4 Versucht mithilfe von Klaras Text herauszufinden, welche Regeln bei der Zeichensetzung bei wörtlicher Rede gelten.

- Achtet auch auf die Position des Redebegleitsatzes und auf die Satzart (Aussage-, Frage-, Aufforderungssatz).
- Lest anschließend in der Lernbox auf Seite 307 nach.

5 Erklärt, was man unter einem „Fossil“ versteht.
Ihr könnt auch in einem Lexikon oder im Internet nachschauen.

6 **Wähle aus**

Übe die Zeichensetzung bei der wörtlichen Rede.

a) Schreibe den Text in dein Heft.

- Ergänze die fehlenden Zeichen bei der wörtlichen Rede.
- Unterstreiche die Redebegleitsätze und die wörtliche Rede in verschiedenen Farben. Arbeite dabei mit der Lernbox auf Seite 307.

Calvin zeigt auf die Straße und fordert Hobbes auf□ □ Sieh mal, was da im Schlamm liegt□ □ Seine Erklärung ist□ □ Das muss ein Fossil sein□ □
Dann fragt er□ □ Was war das wohl für ein merkwürdiges Tier□ □
Er schaut sich das Fundstück an und sagt□ □ Aber es ist kein Knochen□ □ Calvin vermutet□ □ Es muss eine primitive Jagdwaffe oder ein Essgerät der Höhlenmenschen sein□ □
Er überlegt□ □ Vielleicht hatte es eine religiöse Bedeutung□ □ Hobbes schaut auf den Kleiderbügel, den Calvin gefunden hat, und sagt□ □ Das erklärt, warum deine Kleider auf dem Fußboden rumliegen□ □

b) Schreibe den Text in dein Heft.

- Ergänze die wörtliche Rede mit den entsprechenden Zeichen. Achtung: An einer Stelle steht der Redebegleitsatz nach der wörtlichen Rede. Was du in diesem Fall beachten musst, erfährst du in der Lernbox auf S. 307.
- Unterstreiche die Redebegleitsätze und die wörtliche Rede in verschiedenen Farben.

Calvin zeigt Hobbes einen Gegenstand auf der Straße und fordert Hobbes auf□ □ ... □ □
Dann erklärt er noch□ □ ... □ □
Calvin schaut sich den Gegenstand an und fragt□ □ ... □ □ Danach stellt er fest□ □ ... □ □
□ ... □ □ vermutet Calvin.
Schließlich überlegt er□ □ ... □ □ Doch Hobbes meint nur□ □ ... □ □

c) III Schreibe den Lückentext in dein Heft.

- Ergänze die Redebegleitsätze und die Zeichen bei der wörtlichen Rede. Achtung: An einer Stelle steht der Redebegleitsatz hinter der wörtlichen Rede. An einer anderen Stelle unterbricht der Redebegleitsatz die wörtliche Rede. Was du dabei beachten musst, erfährst du unten der Lernbox .
- Unterstreiche die Redebegleitsätze und die wörtliche Rede in verschiedenen Farben.

Sieh mal, was da im Schlamm liegt _ __________ _
__________ _ _Das muss ein Fossil sein!_
__________ _ _Was war das wohl für ein merkwürdiges Tier_ _
Aber es ist kein Knochen _ __________ _ _Es muss eine primitive Jagdwaffe oder ein Essgerät der Höhlenmenschen sein_ _
__________ _ _Vielleicht hatte es eine religiöse Bedeutung_ _
__________ _ _Das erklärt, warum deine Kleider auf dem Fußboden rumliegen_ _

Die Zeichensetzung bei der wörtlichen Rede

- Die wörtliche Rede wird in Anführungszeichen gesetzt. Am Anfang der wörtlichen Rede setzt du sie unten, am Ende setzt du sie oben.
  Beispiel: *„Ich finde, du solltest fleißiger üben."*
- Wenn ein **Redebegleitsatz vor der wörtlichen Rede** steht, wird nach dem Redebegleitsatz ein Doppelpunkt gesetzt.
  Calvin antwortet: „Jetzt fang du nicht auch noch an."
- Wenn der **Redebegleitsatz hinter der wörtlichen Rede** steht, trennst du den Redebegleitsatz durch ein Komma von der wörtlichen Rede.
  - Wenn die wörtliche Rede aus einem **Aussagesatz** besteht, entfällt der Punkt am Ende der wörtlichen Rede.
    Beispiel: *„Heute war ein schöner Tag", freut sich Calvin.*
  - Wenn die wörtliche Rede aus einem **Fragesatz**, einem **Aufforderungssatz** oder einem **Ausruf** besteht, setzt du die Anführungszeichen erst nach dem Frage- oder Ausrufezeichen am Schluss.
    Beispiel: *„Wie ist dein Mathetest ausgefallen?", fragt Hobbes.*
    „Ich habe alle Aufgaben richtig!", jubelt Calvin.
- Die **wörtliche Rede** kann auch **durch den Redebegleitsatz unterbrochen** werden. Dazu setzt du vor und nach dem Redebegleitsatz ein Komma.
  Beispiel: *„Das Schlimmste ist", jammert Calvin, „dass es heute regnet."*

Unter dem **Webcode** WES-127515-079 kannst du dir auch ein Erklärvideo über die Zeichensetzung bei der wörtlichen Rede ansehen.

Video
WES-127515-079

Nicht immer „sagen“ sagen – Redebegleitsätze gestalten

1 In den Redebegleitsätzen wird auch ausgedrückt, wie jemand etwas sagt.

- Sucht die Verben für das Wort „sagen“ in den Kästen zu Aufgabe 6 a) und b) auf Seite 306 heraus.
- Erklärt, was diese Ausdrücke für „sagen“ jeweils bedeuten.

2 Erklärt nun, was die Verben in der Sprachbox bedeuten. Erläutert dazu, in welchen Situationen jemand auf diese Art und Weise etwas sagt.

Sprachbox

Ausdrücke für das Wort „sagen“

antworten • befehlen • feststellen • jammern • ermahnen • nachfragen • erwidern • zustimmen • flüstern • brüllen • schimpfen • beruhigen • jubeln • auffordern • bitten • zustimmen • entgegnen

3 Ergänzt die Sprachbox um zehn weitere Ausdrücke. Ihr könnt dazu im Internet recherchieren.

4 In dem folgenden Text über Calvin wird das Wort „sagen“ in den Redebegleitsätzen oft wiederholt.

- Sucht zunächst die Redebegleitsätze und die wörtliche Rede heraus. Überlegt dann passende Ausdrücke, die ihr für das Wort „sagen“ verwenden könnt.
- Übernehmt den Text in euer Heft. Ergänzt die fehlenden Satzzeichen und ersetzt das Wort „sagen“ durch passendere Ausdrücke.

Heute fährt Calvin mit seiner Mutter im Auto. Calvin **sagt** Mami, darf ich auf dem Heimweg fahren Die Mutter **sagt** Natürlich nicht, Calvin Darf ich dann wenigstens lenken **sagt** Calvin. Er **sagt** Ich bau auch bestimmt keinen Unfall Die Mutter **sagt** Nein Calvin Calvin sagt Darf ich das Gas und die Bremse treten und du steuerst Nein Calvin **sagt** die Mutter. Calvin **sagt** Mist, nie darf ich etwas

Alles klar? – Teste dich selbst!

1 Suche aus dem Kasten jeweils 3 Aussagesätze, Fragesätze, Aufforderungssätze und Ausrufe heraus. Füge die passenden Satzschlusszeichen hinzu.

Lass das, Hobbes___ • Warum darf ich Hobbes nicht mit ins Planschbecken nehmen___ • Hobbes ist mein bester Freund___ • Wann fängt der Film an___ • Pfui___ • Hobbes, komm mal her___ • Der Plüschtiger ist sehr groß___ • Autsch___ • Meine Rollschuhe stehen in der Garage___ • Hatschi___ • Gebt mir endlich mein Taschengeld___ • Was soll das denn sein___

2 Schreibe die Lückensätze a)–d) in dein Heft und ergänze sie mit passenden Redebegleitsätzen. Sie beziehen sich auf den abgebildeten Comic.

a) ___ „Eine Biene hat sich auf deinen Rücken gesetzt!“

b) „Eine Biene?!“ ___.

c) ___: „Äcckk! Mach sie weg!“

d) „Beweg dich nicht, sonst sticht sie dich“, ___.

3 Schreibe die Sätze aus den Bildern 3 und 4 in dein Heft und ergänze die fehlenden Zeichen bei der wörtlichen Rede.

Hobbes ruft mit großen Augen___ ___ Steh ganz still und versuch nicht daran zu denken, dass sie dir ins Hemd oder in die Hose krabbeln könnte___ ___

Calvin springt voller Angst in die Luft und schreit___ ___ Jauul___ ___

___Er hat daran gedacht___ ___ murmelt Hobbes___

Die Lösungen und die zu erreichenden Punkte findest du auf S. 341.

Mehr zum Thema:
Zeichensetzung bei der wörtlichen Rede
AH: S. 92–93

Hilfekarten

Seite 18, Aufgabe 5 d)

Folgende Fragen könnt ihr noch beantworten, um mehr über eure neue Schule zu erfahren:

- Wo befinden sich die Büros der Schulleitung?
- Wo ist das Lehrerzimmer / das Sekretariat?
- Wie heißen die Mitglieder der Schulleitung?
- Welche Lehrerinnen und Lehrer mit Sonderaufgaben (z. B. Verbindungslehrer/ -innen) gibt es?
- Welche Personen arbeiten außer den Lehrerinnen und Lehrern an der Schule?
- An wen kann ich mich wenden, wenn ich Probleme habe?
- Wie lange dauern die Pausen am Vormittag?
- Wann ist die Mittagspause und wie lange dauert sie?
- Wie viele Jahrgänge, Klassen und Schülerinnen und Schüler gibt es an der Schule?
- Welche neuen Fächer gibt es für die Fünftklässler?
- Welche AGs gibt es?
- Wie funktioniert die Vergabe der Schließfächer?
- Was kann ich tun, wenn ich den Bus verpasse?

Seite 19, Aufgabe 1

- Ordnet den Zahlen im Busfahrplan die passenden Angaben zu.

A Namen der Abfahrts- und Zielhaltestellen	**C** Nummer der Buslinie
B Besonderer Hinweis: Zu diesen Zeiten fährt die Buslinie nur an Schultagen (S) oder in den Ferien (F)	**D** Haltestelle, die die Buslinie anfährt **E** Fahrtzeiten der Buslinie für alle Wochentage (Mo–Fr / Sa / Sonn-und Feiertage)

- Erklärt mit eigenen Worten, welche Informationen ihr auf dem Fahrplan bekommt.

Seite 35, Aufgabe 2 b)

Übernimm die folgende Tabelle in dein Heft und vervollständige sie.

Abschnitt/Zeilen	Überschrift	Inhalt
Zeilen 1–8	Ausgangssituation des Mädchens	Mädchen hat keine Eltern Mädchen ist arm ...
Zeilen 9 –12	Treffen mit dem armen Mann	armer Mann ist hungrig ...
Zeilen 13–...	Treffen mit dem ersten Kind	...
Zeilen ...	Treffen mit ...	frierendes Kind bittet um ein Leibchen
Zeilen ...	Treffen mit ...	...
Zeilen ...	Treffen mit dem vierten Kind	Kind bittet um ein Hemd
Zeilen 25–29	Schluss	Mädchen ...

Seite 38, Aufgabe 1

Welche Zeichnung gehört zu welchem Märchen? Notiert jeweils den Buchstaben.

Titel	Buchstabe
Bremer Stadtmusikanten	
Der Froschkönig	
Aschenputtel	
Rapunzel	

Titel	Buchstabe
Hänsel und Gretel	
Rotkäppchen	
Rumpelstilzchen	
Dornröschen	

Seite 39, Aufgabe 3

Mit der folgenden Übersicht könnt ihr eure Lösungen überprüfen und ergänzen.

Merkmale von Märchen

- Notsituation der Figuren am Anfang
- Gegensätzliche Charaktereigenschaften der Märchenfiguren (z. B. gut – böse, mutig – feige, ehrlich – unehrlich, schön – hässlich, reich – arm, klug – dumm)
- besondere Wesen (z. B. Hexen, Zauberer, sprechende Tiere, Prinzessinnen, Könige, Zwerge, Riesen)
- besondere Zahlen (z. B. drei, sieben)
- Zauberformeln/besondere Sprüche (z. B. „Töpfchen, koche“, „Spieglein, Spieglein an der Wand …“, „Knusper, knusper Knäuschen …“)
- das Gute siegt über das Böse, Märchenheld bekommt eine Belohnung
- formelhafter Anfang (z. B.: „Es war einmal …“/„In einer Zeit, in der …“)
- formelhaftes Ende (z. B.: „Und sie lebten glücklich, bis zum Ende ihrer Tage.“)

Seite 40, Aufgabe 2

Hier findet ihr die Bedeutungen der kursiv gedruckten Wörter und Ausdrücke aus dem Märchen „Die Wassernixe“. Die Reihenfolge ist durcheinander. Ordnet die Bedeutungen den passenden Wörtern und Ausdrücken zu.

- sehr hart, hart wie Steine
- fielen (*Infinitiv*: fallen)
- mit großen Schritten, sehr schnell
- zerstören, kaputt machen
- Frau mit einem Fischschwanz, die im Wasser lebt
- voller Löcher
- geflüchtet/verschwunden
- aus Flachs oder Wolle Fäden herstellen
- scharfe Zacken, z.B. von einem Kamm
- nicht scharf, schlecht
- konnte
- fleißig
- durcheinander geratenes, widerständiges Material, aus dem man Stofffäden herstellen kann
- zurückziehen, zurückkehren

Hilfekarten

Seite 41, Aufgabe 3 a)

Ordnet folgende Beispiele passend in die Tabelle ein. Ergänzt dabei auch die Zeilenangaben.

- Bürste, (Z. ...), Kamm (Z. ...), Spiegel (Z. ...)
- **drei** Zaubergegenstände/**drei** Berge (Z. ...)
- Nixe nimmt die Kinder gefangen (Z. ...)
- Kinder entkommen, Rückkehr der Nixe in den Brunnen (Z. ...)
- unschuldige Geschwister – böse Wassernixe (Z. ...)

Seite 43, Aufgabe 1

Hier findet ihr Überschriften für die einzelnen Textabschnitte.

- Lest die Überschriften und vergleicht sie mit dem Text des Märchens.
- Erklärt, warum die Überschriften zu den jeweiligen Abschnitten des Märchens passen.

Abschnitt/Zeile	Überschrift für den Abschnitt des Märchens „Das goldene und das silberne Kind“
Abschnitt 1 (Z. 1–Z. 3)	Ausgangsituation: Der mächtige Hexenmeister will heiraten
Abschnitt 2 (Z. 4–Z. 15)	Niame fragt die vier schönsten Frauen des Landes
Abschnitt 3 (Z. 16–Z. 18)	Acoco wird Dienerin der Braut
Abschnitt 4 (Z. 19–Z. 22)	Geburt der Zwillinge
Abschnitt 5 (Z. 23–Z. 26)	Acoco entführt die Zwillinge
Abschnitt 6 (Z. 27–Z. 30)	Acoco behauptet, die Frösche sind die Zwillinge
Abschnitt 7 (Z. 31–Z. 40)	Rettung und Aufwachsen der Kinder
Abschnitt 8 (Z. 41–Z. 53)	Niame erhält seine Kinder zurück und bestraft Acoco
Abschnitt 9 (Z. 54–Z. 57)	Die Söhne bringen bis heute den Menschen Gold und Silber.

Seite 46, Aufgabe 1

Hier findest du die Bedeutungen der ***kursiv*** gedruckten Wörter im Text. Ordne sie passend zu.

- türkisches Gericht: Weinblätter, die mit Reis und Hackfleisch gefüllt sind
- Frau des Fürsten/Herrschers
- Dienerin
- schnell, direkt
- Markt
- schimpfte
- Frau, die vor Kurzem (vor wenigen Wochen) ein Kind geboren hat
- Fürst/Herrscher
- stark, sehr
- plötzlich einschlafen
- Geld, das man zum Leben braucht, z. B. für Essen, Kleidung, Miete

Seite 46, Aufgabe 2 a)

Ordnet die folgenden Überschriften den vier Abschnitten A, B, C und D zu. Begründet eure Zuordnung.

(1) Die Mutter schimpft mit dem Mädchen und wirft den Topf weg.
(2) Der Topf kehrt mit Essen zum Mädchen zurück.
(3) Das Mädchen kauft einen Topf statt Brot.
(4) Der Topf kehrt mit Schmuck zum Mädchen zurück.

Seite 46, Aufgabe 2 b)

Beantwortet zu zweit die folgenden Fragen zu den einzelnen Abschnitten:

Fragen zum Abschnitt A:
- In welcher Ausgangssituation befinden sich Mutter und Tochter zu Beginn des Märchens?
- Was soll die Tochter auf dem Basar tun?
- Was kauft das Mädchen statt des Brotes?

Fragen zum Abschnitt B:
- Was hält das Mädchen in der Hand, als es nach Hause kommt?
- Was macht die Mutter mit dem Mädchen und warum?
- Was macht die Mutter mit dem Topf?

Fragen zum Abschnitt C:
- Was macht die Hebamme mit dem Topf?
- Warum bleibt das Essen im Topf?
- Was passiert, nachdem die Hebamme das Haus verlassen hat?

Fragen zum Abschnitt D:
- Wer findet den Topf als Nächstes?
- Was wird in den Topf getan?
- Was macht das Mädchen mit dem Topf?

Seite 47, Aufgabe 4

Im Original endet das türkische Märchen „Das Töpfchen“ folgendermaßen:

Am nächsten Tag ging der Prinz ins Bad. Er sah den Topf auf der Straße und sagte: „Lala, nimm diesen Topf, was ist das für ein schöner Topf!“

Der Lala nahm den Topf. Sie gingen in das Bad, der Prinz badete sich dort, reinigte sich und ließ sich rasieren. Der Topf nahm den Prinzen – hopp – in sich auf und brachte ihn schnurstracks zum Haus des Mädchens. Als er an die Tür klopfte, fragte das Mädchen: „Wer ist da?“ Er antwortete: „Das Töpfchen.“

Sie fragte: „Was ist darin?“ Er antwortete: „Ein kleiner Bräutigam.“

Als das Mädchen den Deckel des Topfes aufhob, stieg ein Prinz heraus, schön wie der Vollmond. Der Prinz aber musterte das Mädchen von oben bis unten: Sie war ein Mädchen, auch so schön wie der Vollmond. Sie trug Diamanten und Juwelen. Der Prinz fragte: „Mädchen, heiratest du mich?“

Das Mädchen war einverstanden. Sie machten vierzig Tage und vierzig Nächte lang Hochzeit, und das Mädchen warf den Topf nicht mehr auf die Straße.

Sie haben das Ziel ihrer Wünsche erreicht, wir wollen auch unser Ziel erreichen.

Hilfekarten

Seite 49, Aufgabe 3

Lasst den Wolf folgende Fragen beantworten:

- Warum waren Sie überhaupt bei dem Haus der sieben Geißlein?
- Wie haben Sie sich Zutritt zu dem Haus der sieben Geißlein verschafft? Wie sind Sie hineingekommen?
- Was ist passiert, nachdem Sie das Haus betreten haben?
- Welche Rolle spielt das jüngste der sieben Geißlein bei der ganzen Geschichte?
- Was geschah danach am Brunnen?
- Wie sehen Sie die ganze Sache aus heutiger Sicht?
- Möchten Sie abschließend noch etwas sagen?

Seite 49, Aufgabe 4 a)

Lass die Mutter der sieben Geißlein folgende Fragen beantworten:

- Warum haben Sie Ihre Kinder, die sieben Geißlein, allein zu Hause gelassen?
- Was haben Sie ihren Kindern gesagt, bevor Sie das Haus verlassen haben?
- Was ist passiert, als Sie wieder nach Hause gekommen sind?
- Was hat Ihnen ihr jüngstes Kind berichtet?
- Was haben Sie dann unternommen?
- Wie ist die ganze Geschichte ausgegangen?
- Würden Sie heute etwas anders machen?
- Möchten Sie abschließend noch etwas sagen?

Seite 65, Aufgabe 5 a)

Ordnet die folgenden Bedeutungen den auf Seite 65 genannten Personifikationen zu. Begründet eure Zuordnungen.

- Er verbraucht viel Strom.
- Es ist strahlendes Sommerwetter.
- Es herrscht ein Unwetter.
- Der Frühling beginnt.

Seite 66, Aufgabe 3

Strophe	**sprachliches Bild im Gedicht**	**Erklärung**
Strophe 1	Die Katze läuft über Dächer, durch Gassen und durch Wiesen und Wälder.	Die Sonne scheint auf die Dächer, Gassen, Wiesen und Wälder.
Strophe 2	Die Katze ist hungrig und schleckt Schnee.	Die Sonne ___ und der Schnee schmilzt.
Strophe 3	Er *(der Schnee)* schwindet dahin wie Milch in einer Katzenschüssel.	Die Sonne ist so warm, dass der Schnee ___.
Strophe 4	Die Zwiebelchen unter dem Gras spüren die Wärme ihrer Pfoten.	Die Blumen ___.
Strophe 5	Die zufriedene Katze strahlt.	Die ___ scheint. Die Sonne hat sich gegen ___ durchgesetzt.

Seite 73, Aufgabe 2

Beschreibe mithilfe der folgenden Stichpunkte, wie Jana vorgegangen ist:

- Screenshot 1: Einfügen → Form auswählen + mit linker Maustaste anklicken → Cursor auf das Dokument zurückführen → ausgewählte Form mit Linksklick auf der Maus einfügen.
- Screenshot 2: Einfügen → Piktogramme → Suchwort *Bienenkorb* im Suchfeld des sich neu geöffnete Fensters eingeben / Entertaste → Grafik aus den Suchergebnissen anklicken → (Mausklick auf das Feld: Einfügen unten im Fenster mit den Suchergebnissen).

Seite 77, Aufgabe 3

Ergänzt bei den folgenden Angaben über Finn jeweils die Zeilenangaben in der Klammer.

- Finn lebt bei seinem Vater in „Neustrelitz", die Mutter lebt in „Berlin"(**Z. ...**).
- Er hat in „drei Wochen und zehn Tagen" (**Z. ...**) Geburtstag und wird „zehn" (**Z. ...**) Jahre alt.
- Die Eltern streiten sich oft bzw. „gleich wieder" (**Z. ...**), sobald sie miteinander sprechen.
- Finn wird sonst „immer" (**Z. ...**) von seinem Vater zu seiner Mutter nach Berlin gebracht.
- Heute muss Finn allein mit dem Zug nach Berlin zu seiner Mutter fahren, da der Vater einen „wichtigen Auftrag" (**Z. ...**) bekommen hat, mit dem er „viel Geld" (**Z. ...**) verdienen kann.
- Sein Vater hat Finn zum „Bahnhof" (**Z. ...**) gebracht. Dort hat er Finn in den „Regionalexpress"(**Z. ...**) nach Berlin gesetzt, seinen Sohn zum Abschied „umarmt" (**Z. ...**).
- Finn ist „ein bisschen aufgeregt" (**Z. ...**), da er das „erste Mal [...] ganz allein mit dem Zug" (**Z. ...**) zu seiner Mutter fahren muss.

Seite 84, Aufgabe 1

Erklärt, inwieweit die folgenden Überschriften zu dem Textauszug von Seite 81–84 passen. Wählt dann eine dieser Überschriften für den Textauszug aus. Begründet eure Entscheidung.

(1) Ein wirklich ungewöhnliches Mädchen
(2) Ein Unfall mit Folgen
(3) Jola und Finn auf der Flucht
(4) Die sind wir los
(5) Finn bekommt Angst und lässt sich auf ein Abenteuer ein
(6) Der Anfang einer verrückten Freundschaft

Seite 90, Aufgabe 2

Überprüft euer Textverständnis, indem ihr folgende Fragen zu dem Textauszug beantwortet.

- Was sieht Rico auf den Pflastersteinen am Boden liegen?
- Welche Farbe hat Oskars Sturzhelm?
- Welcher Junge bezeichnet sich als „tiefbegabt" und welcher als „hochbegabt"?
- Was war der Vater von Rico?
- Warum will Rico zu Hause sein, bevor es dunkel wird?
- Was sucht Rico, als er Oskar begegnet?
- Was sagt Oskar, dass Rico sauer wird und sich sehr aufregt?
- Welches Wort kennt Rico nicht, das Oskar benutzt?
- Was hat Rico noch niemandem erzählt?
- Wie sieht Oskar für Rico aus, als er Oskar nachsieht?

Hilfekarten

Seite 93, Aufgabe 3

Hier findet ihr typische Eigenschaften und Verhaltensweisen von Rico und Oskar.

- Vervollständigt damit die Tabelle auf S. 93. Entscheidet jeweils, ob die Eigenschaften und Verhaltensweisen auf Rico oder Oskar zutreffen.
- Versucht, noch weitere typische Eigenschaften und Verhaltensweisen der beiden zu finden.

- hat fast immer gute Laune
- ist übertrieben vorsichtig
- findet sich nicht leicht zurecht
- ist hochbegabt und sehr intelligent
- weint, wenn er sich aufgeregt
- hat oft schlechte Laune
- ist offen und neugierig
- hat Angst davor, sich zu verlaufen
- entschuldigt sich, wenn er etwas falsch macht
- ist sehr direkt
- will die Freundschaft des anderen testen
- hat Angst, sich zu verirren
- ist tiefbegabt, aber nicht dumm
- zweifelt daran, dass jemand sein Freund sein möchte
- drückt sich sehr gewählt aus
- wirkt auf andere sehr sonderbar
- weiß viel

Seite 108, Aufgabe 6 a)

Du kannst die Suchmaschinen mit folgenden Fragen vergleichen:

- Wie viele Suchergebnisse werden angezeigt?
- Ist die Seite übersichtlich?
- Auf welche Seiten wird man weitergeleitet?
- Ist die Sprache der Seite oder der Ergebnisse leicht zu verstehen?
- Was erfährst du noch über die Ergebnisse?

Seite 109, Aufgabe 3

Bildnummer	Gerät	Zeit
5	Postkutsche	um 1870
1	Radio	um 1920
3	Fernseher	um 1960/70
4	Telefon mit Wählscheibe	um 1970
5	früher Computer	um 1990

Seite 111, Aufgabe 4

Ordnet die folgenden Überschriften den passenden Textabschnitten A–E zu.
- Die ersten Computer und der Beginn des Internets
- Telefone als Luxusgegenstand
- Bis ins 20. Jahrhundert: Briefe und Telegramme
- Eine bahnbrechende Erfindung: das Radio
- Am Anfang noch Schwarz-Weiß und schwer: das Fernsehen

Seite 119, Aufgabe 5

Die folgenden Überschriften sind noch nicht sortiert. Ordnet sie den Textabschnitten des Sachtextes auf S. 117 zu. Ergänzt auch die fehlenden Zeilenangaben in den Klammern.

1. Größe der Milchstraße (Z. ... – ...)
2. Das heutige Wissen über das Weltall (Z. ... – ...)
3. Trick zum Aufsagen der Planeten (Z. ... – ...)
4. Kopernikus (Z. ... – ...)
5. Unsere Sonne (Z. ... – ...)

Seite 121, Aufgabe 3 a)

Du hast den Sachtext auf S. 117 gründlich gelesen und bearbeitet. Deshalb kannst du sicher die folgenden 10 Fragen dazu beantworten. Lies in dem Sachtext nach, wenn du unsicher bist, wie die richtige Antwort lautet.

(1) Welche Frage hat Menschen schon früher beschäftigt?
(2) Was hatten die Menschen vor Tausenden von Jahren nicht für die Erforschung des Weltraums zur Verfügung?
(3) Wie wurden die Sterne früher zusammengefasst?
(4) Wovon gingen die ersten Naturforscher in der griechischen Antike aus?
(5) Worin besteht der Fortschritt bei der Beschreibung des Sonnensystems von Nikolaus Kopernikus?
(6) Wie nennt man die Ansammlung von Sonnen im Universum?
(7) Wie heißt die Heimat unserer Sonne?
(8) Wie groß ist die Milchstraße?
(9) Welche Planeten umkreisen unsere Sonne?
(10) Mit welchem Spruch kann man sich die Planetennamen unseres Sonnensystems merken?

Hilfekarten

Seite 123, Aufgabe 4

Übernimm die Tabelle in dein Heft und ergänze zu den Überschriften für die Textabschnitte die passenden Zeilenangaben.

Textabschnitt	Überschrift
Z. 1–...	Cape Canaveral 1969
Z. ...–...	Start der Saturnrakete
Z. ...–...	Flug zur Mondumlaufbahn
Z. ...–...	Landung mit der Mondfähre auf dem Mond
Z. ...–...	Liveübertragung der ersten Mondlandung
Z. ...–...	bemannte Raumfahrt zum Mond seit 1969

Seite 127, Aufgabe 6

Hier findest du die Überschriften aus dem Orginaltext. Ordne sie den Textabschnitten zu.

- Forschungsexpedition zum Mars
- nur Bakterien
- Hoffnungen auf den Mars
- keine Beweise für außerirdisches Leben
- Suche nach Planeten mit Wasser
- Erforschung des Weltraums mit Teleskopen

Seite 134, Aufgabe 5

Wenn ihr die Spannung in einer Erzählung untersucht, könnt ihr auf Folgendes achten:

- Beschreibungen von Gefühlen (z. B. „Mir wurde vor Angst schwarz vor Augen.“, „Mein Herz hämmerte wild, als ich ...“)
- Gedanken und Gefühle in der wörtlichen Rede (z. B. „Oh Gott“, schrie ich auf.)
- anschauliche Wörter wie Verben und Adjektive (z. B. huschte, knarrte, starr, dunkel ...)
- Zeitwörter (z. B. da, plötzlich, auf einmal ...)

Sucht zu jedem der Punkte zunächst ein Beispiel in der Erzählung heraus. Versucht dann, noch weitere Beispiele zu finden.

Seite 136, Aufgabe 1

Beantwortet folgende Fragen zu den einzelnen Bildern:

Bild	Fragen
1	Wie ist es dazu gekommen, dass das Fenster kaputt ist? Warum läuft der Sohn vor dem Vater davon?
2	Was hat der Vater nach dem Streit mit seinem Sohn gemacht? Wie spät ist es und warum schaut der Vater auf die Uhr?
3	Wie spät ist es jetzt? Weshalb läuft der Vater vor dem Sofa auf und ab?
4	Warum befindet sich der Vater draußen? Was ruft er?
5	Weshalb ist der Vater wieder vor seinem Haus? Was passiert, als er dort eintrifft?
6	Was macht der Vater, als der Sohn aus der Tür kommt? Wie verhält sich der Vater bei der Zerstörung der zweiten Scheibe und warum reagiert er so ganz anders?

Seite 143, Aufgabe 3

Die folgenden Formulierungen könnt ihr zur Ausgestaltung des Höhepunktes benutzen. Ihr könnt sie zum Erzählen des Höhepunktes ergänzen, verändern oder übernehmen.

Ich war völlig fertig. Verzweifelt rief ich … Immer wieder schrie ich … Die Angst, dass …, brachte mich um den Verstand. Nirgends sah ich … Ich litt Todesängste und konnte nur noch denken: „…“	Immer panischer lief ich … Der Wind peitschte mir ins Gesicht … Von Angst getrieben, lief ich immer schneller … „Es wird gleich dunkel“, dachte ich, „…“ „Hätte ich doch nicht …“, machte ich mir Vorwürfe.	Neben mir nur die sich gespenstisch im Wind wiegenden Bäume … „Ich gebe auf“, sagte ich laut. Erschöpft hörte ich auf zu rufen. Ich dachte: „…“ Niedergeschlagen beschloss ich, …

Hilfekarten

Seite 152, Aufgabe 2

Folgende Ausdrücke kannst du benutzen, um die Kinder auf den Fotos zu beschreiben:

Das Kind ...
... hat die Augen aufgerissen.
... hält die Hände an die Wange.
... hat einen starren Blick.
... hat einen roten Kopf.
... stützt den Kopf in die Hände.
... lacht offen.
... blickt böse.
... hat den Mund weit geöffnet.
... runzelt die Stirn.
... blickt gelangweilt.
... hat den Mund zusammengekniffenen.
... verschränkt die Arme vor der Brust.
... hat entspannte Gesichtszüge.
... hat leuchtende Augen.

Seite 160, Aufgabe 5

Folgende Gründe sprechen dafür bzw. dagegen, dass die ETZ Karlas Wünsche erfüllt hat:

Dafür:
- Karla hat neue Eltern bekommen.
- Die neuen Eltern erlauben Karla das, was ihre richtigen Eltern ihr verboten haben.
- Die neuen Eltern lassen Karla machen, was sie will.

Dagegen:
- Die Eltern kümmern sich nicht um Karla. Das wollte Karla nicht.
- Die Eltern empfinden Karla als Last.
- Karla wollte, dass die neuen Eltern ihr mehr erlauben. Ansonsten sollten sie sich verhalten wie ihre eigenen.

Seite 173, Aufgabe 1

Suche dir einen Gegenstand auf S. 172 aus, den du beschreiben willst.

- Suche dann in den einzelnen Zeilen der Tabelle die Ausdrücke heraus, die sich auf deinen Gegenstand beziehen. Verwende diese Ausdrücke bei deiner Beschreibung.

Eigenschaften der Bastelei	**Ausdrücke zur Beschreibung**	
Funktion/ Zweck	• Spielzeug/Zimmerdekoration • Aufbewahren von Stiften • Ablageort für ein Handy	• Dekoration für die Zimmerdecke oder Traumfänger über dem Bett • Vogelhäuschen
Materialien	• gesäuberte Milchtüten • Toilettenpapierrollen, Pappe • Toilettenpapierrollen, buntes Papier, Kunststoffpins	• Eierkartons, farbige Pappe/ Tonpapier • Kunststoffring, Wolle/Fäden, Federn, Perlen
Formen	• rechteckig • eckig / runde Röhrchen	• eckig / runde Aufsätze • rund/länglich
Einzelteile	• verschiedene Öffnungen als Eingang / Stäbchen unter dem Eingang / aufrechter Quader • weiße, dreieckige Zähne / gelbe Ohren / rote Flügel / weißes Gesicht mit schwarzen Augen	• mit Wollfäden umwickelter Ring / Federn und Perlen an den Fäden • Pins als Füße / querliegende, mit buntem Papier beklebte Rolle • unterschiedlich hohe Röhrchen / viereckige Platte mit Rand
auffällige Besonderheiten	• Eisstäbchen als Dach / bunte Muster • viele Röhrchen für Stifte • Verzierungen mit geklebtem Geschenkpapier	• orangefarbenes Feuer aus dem Mund • Federn und Perlen an den Enden der Fäden

Seite 180, Aufgabe 7

Verwende bei den einzelnen Abschnitten von Ezgis Bastelanleitung folgende Angaben zur Beschreibung der zeitlichen Abfolge:

Abschnitt von Ezgis Bastelanleitung	**Ausdrücke zur Beschreibung der zeitlichen Abfolge**
A	zunächst, später, anschließend
B	dann, danach
C	jetzt, daraufhin
D	anschließend
E	jetzt
F	nun, jederzeit

Hilfekarten

Seite 183, Aufgabe 5 c)

Benutzt bei dem Verfassen der Bastelanleitung passende Ausdrücke aus dem Wortspeicher:

Fisch frisst Fisch
Pappkartonpapier, Wäscheklammer, Schere, Bastelkleber, Filzstifte
Zähne aus weißem Pappkarton, Körper und Heckflosse aus blauem Pappkarton, mit Filzstift aufgemalte Schuppen, Augen aus weißem Papier, ein kleiner Fisch aus orangefarbenem Pappkarton, mit schwarzem Filzstift aufgemaltes Augenlid

Blumen
Pappkartonpapier, Toilettenpapierrollen, Schere, Bastelkleber, Stifte/Filzstifte/Wasserfarben
Blätter aus grünem Pappkarton,
Stengel aus grün bemalten Toilettenpapierrollen, Blütenblätter aus buntem Pappkarton (z. B. lila, grün, hellblau, ...),
Blütenstempel aus buntem Pappkarton (z. B. lila, grün, hellblau, ...)
ausschneiden, aufkleben, anmalen, einzeichnen, ankleben, aufstecken

Seite 190, Aufgabe 3 a)

Übernimm die folgende Methodenbox in dein Heft. Ergänze die Lücken mithilfe der Ausdrücke aus dem Wortspeicher.

Beantworte die folgenden Fragen, wenn du dich auf den nächsten Schultag vorbereitest:
Habe ich alle ______ eingesteckt, die ich in der Schule abgeben soll?
Habe ich alle ______ für die Fächer, die ich am nächsten Tag habe, erledigt?
Habe ich alle ______ eingepackt? (wie z. B. ______, ______, ______)
Ist mein ______ vollständig und sind alle ______ in Ordnung?

Stifte, Elternbriefe, Materialien, Hefte, Sportsachen, Schreibblock, Hausaufgaben, Etui/Federmappe

Seite 202, Aufgabe 2

Die Nomen/Substantive auf den drei Seiten des Zauberwürfels bezeichnen **Gegenstände, Lebewesen** und **Empfindungen/Vorstellungen**. Ordne zu:
Auf der roten Seite des Zauberwürfels stehen ______.
Die gelbe Seite des Zauberwürfels zeigt ______.
Auf der weißen Seite des Zauberwürfels sind ______ zu sehen.
Alle Nomen/Substantive werden am Wortanfang großgeschrieben.

Seite 207, Aufgabe 2

In den folgenden Sätzen musst du dich zwischen dem bestimmten und dem unbestimmten Artikel entscheiden. Was passt besser? Streiche den unpassenden Artikel durch.

„Frieda, mein Zeichenblock ist leer. Gibst du mir **das/ein** Blatt ab?", bittet Karim seine Mitschülerin. Frieda arbeitet gerade an **der/einer** Aufgabe „Wundervogel". Sie ist fast fertig. **Der/Ein** Vogel hat viele Federn. Diese will sie noch mit unterschiedlichen Farben ausmalen. Für Karim reißt sie **das/ein** Blatt ab, das sich direkt unter ihrer Zeichnung befindet. Sie schiebt es Karim über **den/einen** Tisch.

Der schaut auf **das/ein** Blatt und grinst. Dann sagt er: „Schau mal her, ich kann zaubern." Mit **dem/einem** Buntstift fährt er über **das/ein** leere Blatt. Plötzlich erscheinen weiße Linien. Am Ende ist **der/ein** großer Vogel mit vielen Federn zu erkennen. „Das ist ja mein Vogel!", ruft Frieda überrascht.

Seite 207, Aufgabe 3

In den folgenden Sätzen sollst du entweder den bestimmten oder den unbestimmten Artikel einsetzen. Wähle den passenden Artikel aus.

- „Hast du **den/einen** weißen Wachsmalstift?", fragt sie Karim.
- Er zieht **den/einen** weißen Wachsmalstift hervor.
- Frieda nimmt ihn und zeichnet **den/einen** Baum auf **das/ein** Zeichenblatt. „Ich sehe nichts", beschwert sich Karim.
- „Warte es ab!", meint Frieda und trägt grüne Wasserfarbe mit **dem/einem** dicken Pinsel auf das/ein Papier auf.
- Nun kann auch Karim **den/einen** Baum erkennen und hat auch gleich **die/eine** passende Erklärung dafür:
- „**Der/Ein** Wachsmalstift ist wasserabweisend, nur **das/ein** Papier, das nicht bemalt wurde, kann Farbe annehmen.
- Das ist wirklich **das/ein** Zauberbild."

Seite 210, Aufgabe 5 a)

In der folgenden Liste findest du mögliche Beispielwörter im Singular:

- der Löffel
- das Haus
- das Restaurant
- das Bild
- das Bett
- der Junge
- das Spiel
- der Löwe
- das Ohr
- das Lied
- das Video
- der Mann
- das Messer
- der Berg
- die Lösung
- das Licht
- das Auto
- der Wald
- der Schüler
- der Tag
- das Auge
- der Geist
- das Kino
- der Garten
- der Reifen
- das Heft
- der Name
- die Frau
- das Kind
- das Hotel
- das Dorf
- das Zimmer
- der Beruf
- der Kunde
- die Antwort

Bilde die Pluralformen und ordne sie den passenden Endungen in der Tabelle zu.

Hilfekarten

Seite 210, Aufgabe 5 b)

In der folgenden Liste findest du mögliche Gegenstände:

- die Karte
- das Tuch
- das Pulver
- die Tinte
- die Flöte
- die Lampe
- der Umhang
- der Hut
- das Buch
- die Schale
- der Kelch
- der Stab
- der Ring
- der Spiegel
- die Kugel
- der Besen
- der Würfel
- das Papier
- die Schachtel
- die Münze
- das Glas
- der Tisch

Schreibt die Nomen zusammen mit ihrer Pluralform auf. Unterstreicht in der Pluralform die Veränderung gegenüber dem Singular.

Seite 211, Aufgabe 1 a)

Lest euch die Sätze gegenseitig laut vor. Wählt gemeinsam den jeweils passenden Artikel aus.

2. **Der/Die/Das** erste Butterkeks wird auf das Brettchen gelegt.
3. Streiche nun etwas Zuckercreme auf die Mitte **des/der** Butterkekses.
5. Gib **dem/den** unteren Butterkeks nun ein Dach.
6. Bestreiche dazu **dem/den** zweiten und **dem/den** dritten Butterkeks an den längeren Seiten mit Puderzuckercreme.
7. Setze **der/die** Kekse vorsichtig links und rechts auf **dem/den** unteren Butterkeks und führe sie oben zusammen, sodass ein Dach entsteht.

Seite 216, Aufgabe 2

Die unterstrichenen Verben stehen im Infinitiv (= Grundform). Schreibt die Sätze ab und ersetzt die Infinitive durch die passende Personalform („kommt", „folgt", „vollendet").

Zaubertrank
Ein Spinnenbein kommen in den Topf hinein!
Krötenschleim folgen dann dem Spinnenbein!
Drachensabber vollenden guten Zauberwein!

Seite 219, Aufgabe 3

In diesem Text sind die Verben unterstrichen. Die fett gedruckte Zeitangabe hilft dir, die richtige Zeitform zu erkennen.

Zauberer – früher, heute und künftig

In früheren Zeiten glaubten viele Menschen an Zauberer. Angeblich besaßen diese übernatürliche Kräfte. Merlin hieß einer von ihnen. Der Sage nach trieb er ein Schwert durch einen Stein. Es ließ sich nicht daraus entfernen. Nur dem wahren König des Landes, Artus, gelang das Kunststück. Er zog das Schwert aus dem Stein heraus.
Heute kennen wir Zauberer als Unterhaltungskünstler. Sie arbeiten im Zirkus oder im Varieté und zeigen verblüffende Tricks. Dabei beweisen sie Schnelligkeit und Geschicklichkeit. Der Zauberer lenkt sein Publikum ab und spielt mit Licht- und Schatteneffekten. Mit übernatürlichen Kräften haben diese Tricks nichts zu tun.
In der Zukunft werden die meisten Menschen auch nicht mehr an Zauberer mit magischen Kräften glauben. Wissenschaftliche Erkenntnisse werden nach wie vor im Mittelpunkt ihres Interesses stehen. In Computerspielen und Fantasiefilmen werden Magier aber nach wie vor eine Rolle spielen.

Ordne die unterstrichenen Verbformen des Textes in die richtige Spalte ein.

Präsens (= Gegenwart)	**Präteritum (= Vergangenheit**	**Zukunft (= Futur)**
kennen	glaubten	werden glauben
a ______	b ______	w ______

Seite 223, Aufgabe 3

Die Zaubernuss

Es ist ein fantastischer Anblick – mitten im Winter blüht schon ein Strauch im kahlen Garten. In gelben oder roten Farben zeigen sich sternförmige Blüten an der Zaubernuss. Die Blüten haben einen feinen Duft. Später erst entwickeln sich zackige Blätter. Im Herbst verfärben sie sich.

Schreibt auf, welche Eigenschaften die Blüten und Blätter der Zaubernuss besitzen. Beginnt eure Sätze mit „ Die Blüten sind …“ oder „Die Blätter sind …“ und ergänzt sie mit den unterstrichenen Wörtern in dem Text.
Hinweis: Alle in dem Text unterstrichenen Wörter gehören zur Wortart Adjektiv.

Hilfekarten

Seite 224, Aufgabe 3

Haselnüsse mit Zauberkraft spielen in dem Film eine wichtige Rolle. Der Prinz trainiert am liebsten seine Schießkünste im Wald. Aus Versehen trifft er die kleinen Nüsse, die an einem Baum hängen. Sie fallen einem treuen Diener Aschenbrödels in den Schoß. Er wollte Aschenbrödel eigentlich ein schöneres Geschenk mitbringen, überreicht ihr dann aber doch die feinen Nüsse. In der ersten Haselnuss steckt ein neues Jagdgewand. Die zweite Nuss verhilft Aschenbrödel zu einem noch wertvolleren Kleidungsstück, einem Ballkleid. Das Kleid aus der dritten Nuss ist am kostbarsten. Es ist aus Silber und hat eine lange Schleppe. Mit diesem Kleid ist Aschenbrödel am glücklichsten.

Übernehmt die Tabelle in euer Heft und tragt die unterstrichenen Adjektive aus dem Text in die entsprechenden Spalten ein. Ergänzt jeweils die beiden anderen Stufen.

Tipp: Bei dem doppelt unterstrichenen Adjektiv müsst ihr aufpassen.

Positiv (= Grundstufe)	**Komparativ** (= Vergleichsstufe)	**Superlativ** (= Höchststufe)
wichtig	wichtiger	am wichtigsten
		am liebsten
klein		

Seite 227, Aufgabe 4

Überarbeite die letzten drei Abschnitte aus dem Text.

- Ersetze die unterstrichenen Nomen durch passende Personalpronomen.
- Schreibe die Sätze in dein Heft.

Die Zauberflöte

„Die Zauberflöte" von Wolfgang Amadeus Mozart ist eine der bekanntesten Opern überhaupt. Sie wird auch heute noch sehr häufig aufgeführt.

Die Zauberflöte spielt in der Oper folgende Rolle: Die Zauberflöte ist ein Geschenk der Königin der Nacht an den Prinzen Tamino.

Die Zauberflöte soll Prinz Tamino bei verschiedenen Prüfungen helfen und beschützen. Die Zauberflöte besitzt nämlich übernatürliche Kräfte.

Die Zauberflöte sorgt dafür, dass Tamino alle Prüfungen besteht. Mithilfe der Zauberflöte befreit Prinz Tamino die schöne Pamina. Am Ende werden Prinz Tamino und Prinzessin Pamina ein Paar.

Seite 258, Aufgabe 3

Kontrolliert eure Partnerdiktate mit dem folgenden Text:

Übung macht den Meister

Viele Experten und Tiertrainer raten, eine Übung sehr oft mit dem Hund zu wiederholen. Bis sie eine Übung können, brauchen Hunde manchmal bis zu 200 Wiederholungen.

Man sollte deshalb täglich mit seinem Hund trainieren. Das Training sollte aber nicht zu lange dauern. Die Übungen sollten nur so lange wiederholt werden, wie der Hund daran Freude hat.

Seite 264, Aufgabe 1

Das Alphabet solltest du so gut kennen, dass du es schnell auswendig aufsagen kannst. Lerne dazu zunächst die erste Buchstabengruppe (A B C D E) auswendig. Wenn du sie beherrschst, sage die erste und zweite Buchstabengruppe (A B C D E F G H I J) so oft schnell auf, bis du beide gut kannst. Gehe dann weiter so vor, bis du das ganze Alphabet beherrschst.

A B C D E / F G H I J / K L M N O / P Q R S T / U V W X Y Z

Seite 268, Aufgabe 2

- **wenige:** Das Wort „wenige“ in Z. 2 bezieht sich auf Dinosaurier: „nur ganz wenige [Dinosaurier] ernährten sich von Fleisch“. Deshalb muss es kleingeschrieben werden. Das Programm schreibt es groß, weil es den Bezug zu Dinosaurier nicht erkennt. Es erkennt nicht, dass der Begleiter „ganz“ zu dem Nomen Dinosaurier gehört.
- **sie:** Das Wort „sie“ steht am Satzanfang; am Satzanfang schreibt man alle Wortarten groß.
- **Großen:** Im letzten Satz bezieht sich „großen“ auf Dinosaurier und muss deshalb kleingeschrieben werden. Das Programm erkennt diesen Bezug nicht. Es schreibt das Wort groß, da davor der Begleiter des Nomen „Dinosauriern“ steht.

Seite 269, Aufgabe 4 b)

Z. 1: ~~Überresten~~ → **Überreste**
Z. 2: Die ~~Harten~~ Bestandteile → Die **harten** Bestandteile
Z. 3: wie Schalen, ~~Kochen~~ und Zähne → wie Schalen, **Knochen** und Zähne
Z. 3: auf dem Grund der ~~mehre~~ → auf dem Grund der **Meere**
Z. 4: ~~Dorf~~ wurden sie → **Dort** wurden sie
Z. 5: lösten sich diese ~~über Reste~~ auf → lösten sich diese **Überreste** auf

Hilfekarten

Seite 278, Aufgabe 2

Ordnet die folgenden Wörter in die Tabelle ein:
Huhn, See, Welle, Gras, Rasen, Wiese, Reh, Tier, Blumen, Garten, Vogel, Sonne, Wolke, Ufer, Frosch, Kröte, grün, Himmel, Meer, Hase, Ohren, Blüten, Strand, Sommer

Seite 280, Aufgabe 5

Sprecht die fett gedruckten Wörter in dem Text so aus, dass ihr den langen Vokal deutlich hört.

Junge Füchse

Im **Laufe** des **Jahres** kann man in der **Natur viele** junge Füchse beobachten. Schon mit 3-4 Wochen **toben** die Jungen mit den Eltern und Geschwistern und **üben** das, was sie **später** können müssen. **Die** jungen Füchse be**nötig**en in der **Regel** keine Hilfe, wenn die Mutter gerade nicht **da** ist. Nur selten sind die Welpen wirklich in **Not**. Deshalb sollte man die Füchse nicht **stören** und vor allem nicht anfassen.
Nach etwa **vier** Wochen verlassen die jungen Füchse zum ersten **Mal** den **Bau**. Nach acht Wochen werden ihre Aus**flüge größer**. Ihre Mutter **bleibt** aber immer bei **ihnen**. Sie **kehren** aber immer **wieder** zu **ihrem Bau** zurück. Erst nach 6-7 **Monaten ziehen** die Jungen endgültig aus.

Seite 281, Aufgabe 3

Wenn der Vokal im Wortstamm lang gesprochen und das Wort mit einem Dehnungs-h geschrieben wird, werden auch alle anderen Wortformen und -verwandten mit einem Dehnungs-h geschrieben. Das Dehnungs-h bleibt in allen Wortstämmen der Wortfamilie erhalten.

Seite 284, Aufgabe 1

Hier findet ihr Wörter zu den Abbildungen. Ergänzt jeweils den passenden verdoppelten Vokal **ee**, **aa** oder **oo**:
(1) Schn__mann, (2) S___räuber, (3) F___, (4) P___ , (5) B__ren, (6) B__t, (7) B__t, (8) Kl__, (9)___l, (10) H___re, (11) M__r (12) M___s (13) Z__ (14) T____ (15) Kaff___ (16) W___ge

Seite 301, Aufgabe 4

Tipp:
Im zweiten Satz musst du 3 Kommas einsetzen.
Im dritten Satz musst du 1 Komma einsetzen.

Wortarten kennen – das Nomen

S. 215

Aufgabe 1
3 Punkte

Nomen/Substantive bezeichnen **Lebewesen**, **Gegenstände** und **Vorstellungen/ Empfindungen**.
(1 Punkt für jedes fett gedruckte Wort bzw. Wortpaar)

Aufgabe 2 und 3
12 Punkte

der/ein	die/eine	das/ein
Garten	Werkstatt	Märchen
Drache	Tinte	Land
Berg	Schnur	Schloss

(1 Punkt für jeden bestimmten/unbestimmten Artikel und jedes richtig eingeordnete Nomen)

Aufgabe 4
9 Punkte

die Gärten	die Werkstätten	die Märchen
die Drachen	die Tinten	die Länder
die Berge	die Schnüre	die Schlösser

(1 Punkt für jede richtig gebildete Pluralform)

Aufgabe 5
22 Punkte

Ein ganz kurzes Märchen

Der König dachte an die Klugheit des Drachens, der den Weg zum Zaubergarten wusste.
Der Herrscher gab dem Drachen den Befehl, dorthin zu fliegen, um die Prinzessin zu befreien.
Der Drache erhob sich und rauschte in der Dunkelheit davon. Doch ein böser Zauberer fing den Drachen ein, als er im Garten landete.
Zum Glück flog die Eule vorbei. Sie berichtete dem König von der Gefangennahme des Drachens.
Der König beauftragte den guten Zauberer, den Drachen zu befreien. Der gute Zauberer zog los, besiegte den bösen Zauberer und befreite den Drachen.
Ach ja, die Prinzessin retteten der gute Zauberer und der Drache dann auch noch.

Nominativ Genitiv Dativ Akkusativ
(1 Punkt für jedes richtig bestimmte Nomen/Substantiv und die richtige Rechtschreibung je Fachwort)

Punktespiegel

46 bis 36 Punkte	35 bis 20 Punkte	19 bis 0 Punkte
Prima! Das hast du gut gemacht.	Schon nicht schlecht! Lies dir die Lernboxen auf den Seiten 202–213 noch einmal durch.	Du musst noch etwas üben. Wiederhole noch einmal die Übungen auf den S. 202–214.

Alles Klar? – Lösungen

S. 222 **Wortarten kennen – das Verb**

Aufgabe 1
6 Punkte

Zauberformel: Zaubertrank
Läuseblut schmeckt gut!
Fingerhut kommt fix zur Glut!
Essigsud macht Schwachen Mut!
(1 Punkt für jede richtige Personalform und jede Unterstreichung)

Aufgabe 2
12 Punkte

ich	du	er, sie, es	wir	ihr	sie
rühre	rührst	rührt	rühren	rührt	rühren
streue	streust	streut	streuen	streut	streuen
schütte	schüttest	schüttet	schütten	schüttet	schütten

(1 Punkt für jede richtig ergänzte Endung bei den Verben „rühren" und „streuen" und jede richtig ergänzte Personalform des Verbes „schütten")

Aufgabe 3
6 Punkte

- Die Hexe flog auf ihrem Besen zum Blocksberg.
- Das Zauberbuch liegt auf dem Schrank.
- Die Zauberformel wird in einer Stunde wirken.
- Der Zauberer vergisst seinen Zauberhut im Wald.
- Er wird ihn am nächsten Morgen vermissen.
- Der Zaubertrank erhielt eine merkwürdige Farbe.

(2 Punkte für zwei zutreffende Tempusformen, die in derselben Farbe unterstrichen werden)

Aufgabe 4
24 Punkte

Die Hexe fliegt auf ihrem Besen zum Blocksberg. (Präsens)
Die Hexe wird auf ihrem Besen zum Blocksberg fliegen. (Futur)

Das Zauberbuch lag auf dem Schrank. (Präteritum)
Das Zauberbuch wird auf dem Schrank liegen. (Futur)

Die Zauberformel wirkt in einer Stunde. (Präsens)
Die Zauberformel wirkte in einer Stunde. (Präteritum)

Der Zauberer vergaß seinen Zauberhut im Wald. (Präteritum)
Der Zauberer wird seinen Zauberhut im Wald vergessen. (Futur)

Er vermisst ihn am nächsten Morgen. (Präsens)
Er vermisste ihn am nächsten Morgen. (Präteritum)

Der Zaubertrank erhält eine merkwürdige Farbe. (Präsens)
Der Zaubertrank wird eine merkwürdige Farbe erhalten. (Futur)
(1 Punkt für jede richtig gebildete Zeitform und jede richte Angabe der Zeitform und die entsprechende farbige Markierung)

Punktespiegel

48 bis 37 Punkte	36 bis 21 Punkte	20 bis 0 Punkte
Prima! Das hast du gut gemacht.	Schon nicht schlecht! Lies dir die Lernboxen auf den Seiten 216–220 noch einmal durch.	Du musst noch etwas üben. Wiederhole noch einmal die Übungen auf den S. 216–221.

Wortarten kennen – Adjektiv und Pronomen

S. 231

Aufgabe 1
14 Punkte

braune Früchte
feinen Haselnüsse
süßes Gebäck
speziellen Waffeleisen
luftiger Puderzucker
kahlen Sträuchern
lustigen Märchen
zauberhaften Namen
knusprige Nusshälften
wundervollen Plätzchen
schönen Namen
hübschen Aschenbrödel
leckere Backwerk
köstlicher Karamellcreme

(1 Punkt für jedes richtig herausgesuchte Adjektiv mit seinem Bezugsnomen)

Aufgabe 2
6 Punkte

fein: feiner, am feinsten
knusprig: knuspriger, am knusprigsten
köstlich: köstlicher, am köstlichsten

(1 Punkt für jede richtige Steigerungsform)

Aufgabe 3
3 Punkte

a) Papageno und Prinz Tamino bestehen die Prüfungen.
Sie erfordern Standfestigkeit, Klugheit und Mut.
b) Der Prinz setzt die Zauberflöte dabei ein.
Sie besitzt magische Kräfte.
c) Der Vogelfänger Papageno besitzt auch ein magisches Instrument.
Es ist ein Glockenspiel.

(1 Punkt für jedes richtig eingesetzte Personalpronomen)

Aufgabe 4
8 Punkte

a) Tim: Gestern habe ich eine Zaubertafel gekauft. Hat jemand **meine** Zaubertafel gesehen?
b) Jan: Du hast sie ins Regal gelegt. Was zeichnest du denn auf **deiner** Zaubertafel?
c) Lea: Er benötigt zum Zeichnen einen speziellen Stift. **Sein** Stift liegt neben der Zaubertafel.
d) Amelie: Sie ist noch ganz neu. **Ihre** Folie ist noch ganz glänzend.
e) Luisa: Es ist eine Art Zeichenbrett. Man kann **seine** Oberfläche beschreiben und alles wieder löschen.
f) Tim und Jan: Wir besitzen auch Zaubertafeln. Leider sind **unsere** Zaubertafeln schon ganz abgenutzt.
g) Lea und Amelie: Ihr zeichnet ganz tolle Sachen. **Eure** Bilder würde ich nicht löschen.
h) Amelie und Luisa: Sie sind die besten Zeichner im Kunstunterricht.
Die Lehrerin hängt **ihre** Zeichnungen immer auf.

(1 Punkt für jedes richtig eingesetzte Personalpronomen)

Punktespiegel

31 bis 24 Punkte	23 bis 14 Punkte	13 bis 0 Punkte
Prima! Das hast du gut gemacht.	Schon nicht schlecht! Lies dir die Lernboxen auf den Seiten 226–230 noch einmal durch.	Du musst noch etwas üben. Wiederhole noch einmal die Übungen auf den S. 223–230.

Alles Klar? – Lösungen

S. 241 **Satzglieder erkennen | Subjekt und Prädikat bestimmen**

Aufgabe 1
6 Punkte

Originalsatz:

| Am Anfang des Jahres | bekam | der Berliner Zoo | ein neues Erdmännchen-Gehege |.

Zwei Umstellungen:

| Ein neues Erdmännchen-Gehege | bekam | der Berliner Zoo | am Anfang des Jahres |.

| Der Berliner Zoo | bekam | am Anfang des Jahres | ein neues Erdmännchen-Gehege |.

(2 Punkte für richtig eingekreiste Satzglieder im Ausgangssatz und für jede richtige Umstellung)

Aufgabe 2
mögliche Lösungen
2 Punkte

- Die Zoobesucher/Schüler der Klasse 5a/Tierfreunde beobachten die Erdmännchen besonders gern.
- Die Gäste besuchen/betrachten die Erdmännchen dort besonders gern.
- Die Gäste beobachten die Erdmännchen in ihrem Gehege/im Zoo besonders gern.
- Die Gäste beobachten die putzigen Tierchen dort besonders gern.
- Die Gäste beobachten die Erdmännchen dort mit großer Begeisterung/Freude.

(2 Punkte für jedes sinnvoll ersetzte Satzglied)

Aufgabe 3
3 Punkte

- Das Subjekt antwortet auf die Frage: *Wer oder was?* (1 Punkt)
- Das Prädikat erfragt man mit der Frage: *Was geschieht?* (1 Punkt) oder *Was macht jemand?* (1 Punkt)

Aufgabe 4
10 Punkte

einteilige Prädikate	zweiteilige Prädikate
wohnen	hat ... begrüßt
kamen	wurden ... geboren
haben	treffen ... auf
zogen	haben ... verlassen
leben	kann ... starten
wünschen	teilte ... mit

(1 Punkt für jedes richtig erkannte und zugeordnete Prädikat)

Aufgabe 5
12 Punkte

(1) Der Kölner Zoo
(2) „Lizzy“, „Pebbles“ und „Bebetje“
(3) Die drei Weibchen
(4) Sie
(5) sie
(6) drei in Köln geborene Weibchen
(7) sechs männliche Erdmännchen
(8) Sie
(9) elf der beliebten Kleinsäuger
(10) Wir
(11) Die neu zusammengestellte Gruppe
(12) der Zoo

(1 Punkt für jedes richtig erkannte Subjekt)

Punktespiegel

33 bis 26	25 bis 15	14 bis 0 Punkte
Prima! Das hast du schon gut gemacht.	Schon nicht schlecht! Lies dir die Lernboxen auf den Seiten 234–240 noch einmal durch.	Du musst noch etwas üben. Wiederhole noch einmal die Übungen auf den Seiten 232–240.

Objekte bestimmen

S. 246

Aufgabe 1
12 Punkte

Lena besucht ihren Onkel in den Ferien.
Frage: Wen oder was besucht Lena in den Ferien? – **ihren Onkel**
Sie schauen sich ein Fotoalbum an.
Frage: Wen oder was schauen sie sich an? – **ein Fotoalbum**
Als Schüler hatte Lenas Onkel einen Nebenjob im Zoo.
Frage: Wen oder was hatte Lenas Onkel als Student? – **einen Nebenjob im Zoo**
Die Arbeit mit den Tieren genoss Lenas Onkel sehr.
Frage: Wen oder was genoss Lenas Onkel sehr? – **die Arbeit mit den Tieren**
Er liebte die frische Luft und die Bewegung.
Frage: Wen oder was liebte er? – **die frische Luft und die Bewegung**
Auch heute noch kennt er jedes Tier dort.
Frage: Wen oder was kennt er auch heute noch? – **jedes Tier dort**
(2 Punkte für jedes richtig bestimmte Akkusativobjekt)

Aufgabe 2
10 Punkte

Lena hilft **ihrem Onkel** im Garten.
Frage: Wem hilft Lena im Garten?
Der Onkel zeigt **dem Besuch** seine Haustiere.
Frage: Wem zeigt der Onkel seine Haustiere?
Der Hund Asterix gehorcht **seinem Besitzer** sehr gut.
Frage: Wem gehorcht der Hund Asterix sehr gut?
Das Katzenfutter schmeckt **der Katze** aber nicht.
Frage: Wem schmeckt das Katzenfutter nicht?
Ein Leben mit Haustieren gefällt **vielen Kindern**.
Frage: Wem gefällt ein Leben mit Haustieren?
(2 Punkte für jedes richtig ergänzte Dativobjekt)

Aufgabe 3
11 Punkte

Akkusativobjekte	Dativobjekte
(1) der Zoodirektor	(1) neuen Herausforderungen
(2) Termine	(5) dem Personal
(3) E-Mails	(5) den Tierpflegern
(3) Sponsoren	
(4) den Tierschutz und die Artenvielfalt	
(6) jedes Tier	
(7) die Zukunft des Zoos	
(8) Diese ganze Arbeit	

(1 Punkt für jedes richtig erkannte und eingeordnete Akkusativ- und Dativobjekt)

Punktespiegel

33 bis 26 Punkte	25 bis 15 Punkte	14 bis 0 Punkte
Prima! Das hast du gut gemacht.	Schon nicht schlecht! Lies dir die Lernboxen auf den Seiten 242–245 noch einmal durch.	Du musst noch etwas üben. Wiederhole noch einmal die Übungen auf den Seiten 242–245.

Alles Klar? – Lösungen

S. 249 **Adverbiale Bestimmungen erkennen und bestimmen**

Aufgabe 1
12 Punkte

Adverbiale Bestimmung des Ortes	Adverbiale Bestimmung der Zeit	Adverbiale Bestimmung der Art und Weise	Adverbiale Bestimmung des Grundes
• Im Zoo Hannover • in der Wurfhöhle • im Wasser • draußen	• vor ein paar Monaten • Am 10. März • das erste Mal • Eine Woche später	• mit großer Anstrengung • neugierig • besonders gut	• Wegen des guten Wetters

(1 Punkt für jede richtig zugeordnete Adverbiale Bestimmung)

Aufgabe 2
12 Punkte

a) **In einem Tierpark** sind drei Muffelschaf-Lämmer geboren worden. (adverbiale Bestimmung des Ortes)
b) **Aufgrund ihres Kopfes** haben Kuhnasenrochen diesen besonderen Namen. (adverbiale Bestimmung des Grundes)
c) Schwein Gerda präsentiert **mit Stolz** ihre zehn Ferkel. (adverbiale Bestimmung der Art und Weise)
d) Ein Wildesel-Fohlen ist **letzte Woche** geboren worden. (adverbiale Bestimmung der Zeit)
e) **Aus Angst** traut sich der kleine Pinguin nicht ins Wasser. (adverbiale Bestimmung des Grundes)
f) Im Tiergarten Schönbrunn gibt es **ganz unerwartet** ein Affenbaby. (adverbiale Bestimmung der Art und Weise)

(1 Punkt für jeden richtig ersetzten Ausdruck und für die richtige Benennung)

Punktespiegel

24 bis 19 Punkte	18 bis 12 Punkte	11 bis 0 Punkte
Prima! Das hast du gut gemacht.	Schon nicht schlecht! Lies dir die Lernbox auf Seite 247 noch einmal durch.	Du musst noch etwas üben. Wiederhole noch einmal die Übungen auf den S. 247–248.

Rechtschreibstrategien anwenden

S. 257

Aufgabe 1
6 Punkte

- A bra ka da bra
- Sim sa la bim
- Win gar di um Le vi o sa (Harry Potter)
- Ex pe lli ar mus (Harry Potter)
- Gim pu li Gam pu li, Hotz en plotz (Petrosilius Zwackelmann)
- Ee ne, me ne mei, flieg' los, Kar tof fel brei (Bibi Blocksberg)

(1 Punkt für jedes richtig mit seinen Silbenbögen aufgeschriebenes Wort)

Aufgabe 2
6 Punkte

der Zauberstab – die Zauberstäbe
er fliegt – sie fliegen
sie glaubt – wir glauben
die Verwandlung – die Verwandlungen
mächtig – mächtiger
der Band – die Bände

(1 Punkt für jede Verlängerung, bei der die Schreibweise des Wortes hörbar wird)

Aufgabe 3
3 Punkte

Verlängere das Wort, und du **hörst** es **sofort**!
(1 Punkt für jede richtige Ergänzung)

Aufgabe 4
13 Punkte

ungläubig →	Wört verlängern: *ungläubige* Wort ableiten: *Glaube*	*2 Punkte*
verdächtigen →	Wort ableiten: *Verdacht*	*1 Punkt*
Schuld →	Wort verlängern/verwandte Wortformen: *der Schuldige* in Silben sprechen: *Schuld*	*2 Punkte*
Ausfällen →	Wort ableiten: *ausfallen* in Silben sprechen: *ausfallen*	*2 Punkte*
Ereignisse →	in Silben sprechen: *Ereignisse*	*1 Punkt*
Zauberkräfte →	Wort ableiten: *die Kraft* in Silben sprechen: *Zauberkräfte*	*2 Punkte*
Bekämpfung →	Wort ableiten: *der Kampf* in Silben sprechen: *Bekämpfung*	*2 Punkte*
Rolle →	in Silben sprechen: *Rolle*	*1 Punkt*

(1Punkt für jede zutreffend angegebene Rechtschreibstrategie, mit der die Schreibweise des Wortes erschlossen werden kann)

Punktespiegel

28 bis 22 Punkte	21 bis 12 Punkte	11 bis 0 Punkte
Prima! Das hast du gut gemacht.	Schon nicht schlecht! Lies dir die Lernboxen auf den Seiten 251–256 noch einmal durch.	Du musst noch etwas üben. Wiederhole noch einmal die Übungen auf den S. 251–256.

Alles Klar? – Lösungen

S. 261 Rechtschreibregeln anwenden | Die Ersatzprobe anwenden

Aufgabe 1
21 Punkte

Der Eisvogel
Der Eisvogel lebt in Europa, Asien und Nordafrika.
Da er am liebsten Fische mag, aber nicht schwimmen kann, muss er sich bei seiner Beutejagd kopfüber von einem Ast ins Wasser stürzen.
Dann taucht er schnell mit seiner Beute wieder auf und verlässt das Wasser.
Eisvögel kann man an Weihern mit bewachsenen Ufern oder an klaren Wasserläufen beobachten.
Man kann sie an ihrem rot und eisblau schimmernden Gefieder gut erkennen.

(1 Punkt für jedes richtig großgeschriebene und unterstrichene Nomen sowie für jeden richtig großgeschriebenen Satzanfang. Jedes nicht richtig groß- oder kleingeschriebene Wort gibt 1 Punkt Abzug.)

Aufgabe 2
5 Punkte

- **Dieses/jenes** Programm, **welches** die Deutschlehrerin für die Projektwoche vorstellt, gefällt allen Schülern.
- Timo wundert sich, **dass** die ganze Klasse sich einig ist.
- Auch **jenes/dieses** Essen, **welches** es in der Woche geben soll, hört sich nicht so schlecht an

(1 Punkt für jedes zutreffende Ersatzwort für die Schreibung von „dass“ im zweiten Satz)

Aufgabe 3
24 Punkte

a) dass b) dass/das c) das
d) dass e) dass/dass/das f) dass/Das g) Das/dass

(2 Punkte für jede richtige Ergänzung mit „das“ oder „dass“)

Punktespiegel

50 bis 39 Punkte	38 bis 23 Punkte	22 bis 0 Punkte
Prima! Das hast du gut gemacht.	Schon nicht schlecht! Lies dir die Lernbox auf Seite 260 noch einmal durch.	Du musst noch etwas üben. Wiederhole noch einmal die Übungen auf den S. 259–261.

S. 277 Wörter mit kurzem Vokal richtig schreiben

Aufgabe 1
14 Punkte

lahm – das Lamm
der Wahn – die Wanne
fühlen – füllen
der Schal – der Schall
der Sohn – die Sonne
das Beet – das Bett
er kam – die Kammer

(2 Punkte für jedes richtige Wortpaar)

Aufgabe 2
4 Punkte

a) Elefa**nt** b) Fel**s**en c) Win**t**er d) Hü**rd**e

(1 Punkt für jede richtige Lösung)

Aufgabe 3
13 Punkte

Radba**ll** (1)	spezie**ll**e (2)	i**mm**er (3)	Ma**nn**schaften (4)
Ha**ll**e (5)	sta**tt**(6)	Gewo**nn**en (7)	Ma**nn**schaft (8)
Gra**mm** (9)	Ba**ll** (10)	he**ll**en (11)	Sto**ff** (12)
Ba**ll**es (13)			

(1 Punkt für jeden richtig ergänzten Doppelkonsonanten)

Aufgabe 4
6 Punkte

Hörst du vor einem k-Laut oder **z-Laut** noch einen anderen Konsonanten, schreibst du ihn mit einfachem **k** oder **z**.

(2 Punkte für jede richtige Ergänzung)

Aufgabe 5
13 Punkte

Wörter mit k	Wörter mit ck	Wörter mit z	Wörter mit tz
(tanken)	(trocken)	(tanzen)	(trotzen)
Enkel	schlucken	Pelz	schützen
flink	spucken	Sturz	(blitzen)
denken	backen	Pflanze	Witz
	(blicken)	kurz	Kratzen
	drücken	Lanze	schmatzen
	Frühstück	ganz	
		neunzig	
		Stolz	
		Holz	
		Arzt	
		Stürzen	

(0,5 Punkte für jede richtige Ergänzung und Einordnung; bei den Wörtern in Klammern sind verschiedene Ergänzungen und Eindordnungen möglich.)

Punktespiegel

50 bis 39 Punkte	38 bis 23 Punkte	22 bis 0 Punkte
Prima! Das hast du gut gemacht.	Schon nicht schlecht! Lies dir die Lernboxen auf den Seiten 270–275 noch einmal durch.	Du musst noch etwas üben. Wiederhole noch einmal die Übungen auf den S. 270–276.

Wörter mit langem Vokal richtig schreiben

S. 285

Aufgabe 1
25 Punkte

ohne Längenzeichen	mit h als Längenzeichen	mit verdoppeltem Vokal
Soße	Zahnarzt	Seeräuber
nämlich	Bahn	Boot
baden	Kahn	Aal
Meter	Rahm	Speer
tragen	Sahne	paar
Kragen	sehr	Moor
mögen	Mohn	Himbeere
Kram	Uhr	Armee
		Staat

(1 Punkt für jedes richtig eingeordnete Wort.)

Alles Klar? – Lösungen

Aufgabe 2
11 Punkte

a) N**as**hörner wurden in der Vergangenheit häufig gej**a**gt.
b) Sie geh**ö**ren zu einer gef**äh**rdeten T**ie**rart.
c) Wir alle müssen uns f**ü**r den Schutz d**ie**ser T**ie**re einsetzen.
d) Sonst wird es s**ie** bald nur noch im Z**oo** g**e**ben.

(1 Punkt für jede richtig ergänzte Schreibweise)

Aufgabe 3
14 Punkte

V**ie**r (1), tri**e**b (2), T**ie**rpark (3), Spaz**ie**rgänger (4), **ih**n (5), r**ie**f (6), Pol**i**zei (7), d**ie**ses (8), lie**ß** (9), w**ie** (10), verr**ie**t (11), **ih**n (12), v**ie**l (13), T**i**ger (14)

(1 Punkt für jede richtig ergänzte Schreibweise)

Punktespiegel

50 bis 39 Punkte	38 bis 23 Punkte	22 bis 0 Punkte
Prima! Das hast du gut gemacht.	Schon nicht schlecht! Lies dir die Lernboxen auf den Seiten 278–283 noch einmal durch.	Du musst noch etwas üben. Wiederhole noch einmal die Übungen auf den S. 278–284.

S. 293

DIe s-Laute richtig schreiben

Aufgabe 1
8 Punkte

Die folgenden Begriffe musst du der Reihe nach Ergänzen:
(1) stimmlosen/gezischten (2) (dem Buchstaben) ß
(3) (dem Buchstaben) s (4) verlängern

(2 Punkte für jede richtige Ergänzung)

Aufgabe 2
20 Punkte

gesummter s-Laut		gezischter s-Laut	
die Wiese	die Ameise	sie beißen	besser
die Sonne	die Amsel	wir wissen	groß
die Meise	die Gläser	der Genuss	sie müssen
der Seehund		das Gras	deshalb
		er weiß	der Hass
		das Haus	die Flöße
		die Drossel	

(1 Punkt für jedes richtig erkannte Wort mit einem gesummten oder gezischten s-Laut)

Aufgabe 3
6 Punkte

(1) der Genu**ss** – die Genü**ss**e
→ Man hört einen gezischten s-Laut nach kurzem Vokal, deshalb schreibt man das Wort mit ss.
(2) das Gra**s** – die Grä**s**er
→ Man hört einen gesummten s-Laut, deshalb schreibt man das Wort mit s.
(3) wei**ß** – wei**ß**er.
→ Man hört einen langen Vokal/Doppelvokal, deshalb schreibt man das Wort mit ß.
(4) das Hau**s** – die Häu**s**er
→ Man hört einen gesummten s-Laut, deshalb schreibt man das Wort mit s.

(5) gro**ß** – grö**ß**er
→ Man hört einen langen Vokal/Doppelvokal, deshalb schreibt man das Wort mit ß.
(6) er ha**ss**t – sie ha**ss**en
→ Man hört einen gezischten s-Laut nach kurzem Vokal, deshalb schreibt man das Wort mit ss.

(1 Punkt für jede Verlängerung, die die Schreibweise des s-Lautes verdeutlicht)

Aufgabe 4
18 Punkte

nass, Füße, heiß, fressen, Floß, groß, Wasser, wissen, bloß, Soße, Hass, heißen, Kasse, beißen, essen, genießen, zerreißen, Sessel

(1 Punkt für jede richtig ergänzte Schreibweise für den s-Laut)

Aufgabe 5
16 Punkte

(1) **s**ind (2) Hau**s**tiere (3) **s**ehr (4) regelmä**ß**ig (5) **s**ich (6) **s**ollten (7) gro**ß**e (8) Die**s**e (9) **S**ägespäne (10) be**ss**er (11) **Haus** (12) **s**ich (13) **s**ind (14) Begrü**ß**ung (15) großer (16) fre**ss**en

(1 Punkt für jede richtig ergänzte Schreibweise für den s-Laut)

Punktespiegel

68 bis 52 Punkte	51 bis 31 Punkte	30 bis 0 Punkte
Prima! Das hast du gut gemacht.	Schon nicht schlecht! Lies dir die Lernboxen auf den Seiten 289–291 noch einmal durch.	Du musst noch etwas üben. Wiederhole noch einmal die Übungen auf den S. 286–292.

Nominalisierungen richtig schreiben

S. 299

Aufgabe 1
4 Punkte

Folgende Begriffe müssen in den Lücken ergänzt werden:
(1) Nomen
(2) Nominalisierungen/nominalisierte Verben und Adjektive
(3) Nominalisierte
(4) groß

(1 Punkt für jede richtige Ergänzung)

Aufgabe 2
12 Punkte

- Das Fliegen beschäftigt die Menschen schon seit langer Zeit.
- Schon im Altertum erzählte man spannende Sagen von fliegenden Menschen.
- In diesen Geschichten war das Fliegen etwas Gefährliches.
- Beim Beobachten der Vögel träumten viele Menschen vom Fliegen.
- Erst viele Jahre später gelang es einem Menschen, wirklich zu fliegen.
- Das Wichtigste war, dass das Flugzeug vom Boden abhob.
- Der erste Motorflug dauerte nur wenige Sekunden.
- Doch das war damals etwas ganz Besonderes.

(je 2 Punkte für die ersten 4 Sätze, je 1 Punkt für die letzten 4)

Alles Klar? – Lösungen

Aufgabe 2
19 Punkte

(1) **A**merikanerin/**b**erühmte (2 Punkte)
(2) **B**esonderes/**e**rste/**F**lugzeug (3 Punkte)
(3) **F**liegen/**h**art/**V**erschiedenes (3 Punkte)
(4) **A**rbeiten (1 Punkt)
(5) **G**eld (1 Punkt)
(6) **S**chöneres (1 Punkt)
(7) **ü**berquerte (1 Punkt)
(8) **Ü**berqueren (1 Punkt)
(9) **G**rößte (1 Punkt)
(10) **T**rauriges (1 Punkt)
(11) **s**purlos (1 Punkt)
(12) **s**ichere **S**pur (2 Punkte)
(13) **B**estimmtes (1 Punkt)

Punktespiegel

35 bis 28 Punkte	27 bis 16 Punkte	15 bis 0 Punkte
Prima! Das hast du gut gemacht.	Schon nicht schlecht! Lies dir die Lernboxen auf den Seiten 294–296 noch einmal durch.	Du musst noch etwas üben. Wiederhole noch einmal die Übungen auf den S. 294–298.

S. 303

Das Komma bei Aufzählungen richtig setzen

Aufgabe 1
4 Punkte

Aufzählungen von Wörtern oder Wortgruppen werden durch ein **Komma** voneinander getrennt. Vor den Wörtern **und**, **oder** und **sowie** steht bei Aufzählungen kein Komma.
(1 Punkt für jedes richtig ergänzte Wort)

Aufgabe 2
10 Punkte

Einige Tausendfüßler sind Pflanzenfresser, nur 2–3 cm lang und besitzen 750 winzige Beinchen. Zum Glück brauchen sie keine Hose, Strümpfe oder Schuhe! In Sümpfen, Wäldern, Wiesen und an Tümpeln lebt der Sibirische Winkelzahnmolch. Bei großer Kälte lässt er sich einfrieren, übersteht so Temperaturen von –56 Grad, taut im Frühling wieder auf und lebt einfach weiter.
Der Kasuar ist ein gefährlicher Laufvogel, lebt in Neuseeland, kann bis zu 1,80 cm groß werden, wiegt über 40 kg, hat lange dolchartige Klauen und einen harten Auswuchs auf dem blauen Kopf.
(1 Punkt für jedes richtig gesetzte Komma)

Aufgabe 3
5 Punkte

Hans Manz
Tierrätsel

Der Wolf, die Ameise, der Luchs und die Drossel: Nimm von jedem den ersten Laut, dann weißt du, wo der Erste die Höhle, die Zweite die Burg, der Dritte den Unterschlupf, die Vierte das Nest baut.
(1 Punkt für jedes richtig gesetzte Komma)

Hamster sind in der Nacht aktiv und wollen dann **laufen, buddeln, knabbern und wühlen.**

(1 Punkt für jedes richtig gesetzte Komma)

Aufgabe 4
3 Punkte

Punktespiegel

22–18	17–10	9–0
Prima! Das hast du gut gemacht.	Schon nicht schlecht! Lies dir die Lernbox auf der S. 302 noch einmal durch.	Du musst noch etwas üben. Wiederhole noch einmal die Übungen auf den Seiten 300–302.

Die Zeichensetzung bei der wörtlichen Rede

S. 309

Aufgabe 1
9 Punkte

Aussagesätze: Hobbes ist mein bester Freund.
Der Plüschtiger ist sehr groß.
Meine Rollschuhe stehen in der Garage.

Fragesätze: Warum darf ich Hobbes nicht mit ins Planschbecken nehmen?
Wann fängt der Film an?
Was soll das denn sein?

Aufforderungssätze: Lass das, Hobbes!
Hobbes, komm mal her!
Gebt mir endlich mein Taschengeld!

Ausrufe: Pfui! – Autsch! – Hatschi!

(1 Punkt für jeden richtig zugeordneten Satz mit korrektem Satzzeichen)

Aufgabe 2
mögliche Lösung
8 Punkte

a) **Hobbes zeigt auf Calvins Rücken und ruft:** „Eine Biene hat sich auf deinen Rücken gesetzt!"
b) „Eine Biene?!", **fragt Calvin ängstlich**.
c) **Dann kreischt er:** „Äcckk! Mach sie weg!"
d) „Beweg dich nicht, sonst sticht sie dich", **rät Hobbes erschrocken**.

(2 Punkte für jeden richtig ergänzten Redebegleitsatz)

Aufgabe 3
12 Punkte

Hobbes ruft mit großen Augen: „Steh ganz still und versuch nicht daran zu denken, dass sie dir ohne Weiteres in die Hose krabbeln könnte!"
Calvin springt voller Angst in die Luft und schreit: „Jauul!"
„Er hat daran gedacht", murmelt Hobbes.

(1 Punkt für jedes richtig gesetzte Satzzeichen)

Punktespiegel

29–23	22–13	12–0
Prima! Das hast du gut gemacht.	Schon nicht schlecht! Lies dir die Lernbox auf der S. 307 noch einmal durch.	Du musst noch etwas üben. Wiederhole noch einmal die Übungen auf den Seiten 304–308.

Verzeichnis der Lern-, Methoden- und Sprachboxen

Das musst du lernen und wissen

Lernboxen

Methodenboxen

So gehst du vor

Sprachbox

Sprachboxen

Verzeichnis der Textarten

Tabellen – Schaubilder – Plakate

Zeitungsmeldung

Stichwortverzeichnis

Textquellenverzeichnis

Auer, Martin: Unnützes Gedicht. **55**
Aus: Hans-Joachim Gelberg (Hg.): Großer Ozean. Gedichte für alle. Weinheim und Basel: Beltz & Gelberg 2015. S. 199.

Außerirdisches Leben **126–127**
Aus: neun1/2, Deine Reporter, 19.01.2016, Köln: Westdeutscher Rundfunk Köln (WDR). Online unter: https://kinder.wdr.de/tv/neuneinhalb/mehrwissen/lexikon/a/lexikon-ausserirdisches-leben-100.html [07.10.2020]

Bächler, Wolfgang: Der Nebel **67**
Joachim Fuhrmann (Hg.): Gedichte für Anfänger. Reinbek bei Hamburg: Rowohlt 1980. S. 75.

Baum, Veronika/Dommel, Olga-Louise/König, Nicole: Die erste Mondlandung: Ein großer Schritt für die Menschheit. **122–123**
Nach: https://www.br.de/kinder/mondlandung-ein-grosser-schritt-fuer-die-menschheit-kinder-lexikon-100.html [07.10.2020]

Brand, Heinz: Acht Regenwürmer. **55**
Aus: Hans-Joachim Gelberg (Hg.): Der bunte Hund 57. Weinheim und Basel: Beltz & Gelberg 2000. S. 62.

Brüder Grimm: Der süße Brei. **50**
Aus: Ders.: Kinder- und Hausmärchen. Gesammelt durch die Brüder Grimm. Vollständige Ausgabe. Hg. von Heinz Rölleke. Frankfurt am Main: Insel Verlag 2007.

Brüder Grimm: Die Wassernixe. **40**
Aus: Ders.: Kinder- und Hausmärchen. Gesammelt durch die Brüder Grimm. Vollständige Ausgabe. Hg. von Heinz Rölleke. Frankfurt am Main: Insel Verlag 2007.

Brüder Grimm: Sterntaler. **34**
Aus: Ders.: Kinder- und Hausmärchen. Gesammelt durch die Brüder Grimm. Vollständige Ausgabe. Hg. von Heinz Rölleke. Frankfurt am Main: Insel Verlag 2007.

Busta, Christine: Die Frühlingssonne. **66**
Aus: Ders.: Die Scheune der Vögel. Salzburg: Otto Müller Verlag 1958.

Busta, Christine: Der Sommer. **70**
Aus: Rita Harenski (Hg.): Zauberwort. Die schönsten Gedichte für Kinder aus vier Jahrhunderten. Würzburg: Arena 2008. S. 75.

Das goldene und das silberne Kind. **42–43**
Nach: https://hekaya.de/maerchen/das-goldene-und-das-silberne-kind--afrika_14.html [07.10.2020]

Das Töpfchen. **45–46**
Nach: Pertev Naili Boratav (Hg.): Türkische Volksmärchen. Berlin: Akademie Verlag 1968.

Der Weltraum und unser Sonnensystem. **117**
Nach: https://www.demokratiewebstatt.at/thema/thema-wem-gehoert-der-weltraum/der-weltraum-was-ist-das-das-universum-begreifen [07.10.2020]

Erdmännchen begrüßen drei neue Weibchen. **241**
Nach: https://ga.de/region/koeln-und-rheinland/erdmaennchen-begruessen-drei-neue-weibchen_aid-44035327 [07.10.2020]

Erhardt, Heinz: Das Finkennest. **63**
Nach: Ders.: Gesammelte Werke. Oldenburg: Lappan Verlag 2004.

Falke, Gustav: Wäsche im Wind. **69**
Aus: Ders.: Gesammelte Dichtungen von Gustav Falke. Dritter Band. Hamburg und Berlin: Alfred Janssen 1912. S. 28.

Fischer, Annette: Ben wird ein Einzelkind. (Die Elterntauschzentrale) **162–163**
Nach: Ders.: Texte für junge Spieler 233. Weinheim: Deutscher Theater Verlag 2014, S. 3–5.

Fischer, Annette: Ich habe es doch nur gut gemeint. (Die Elterntauschzentrale) **165**
Aus: Ders.: Texte für junge Spieler 233. Weinheim: Deutscher Theater Verlag 2014, S. 7.

Fischer, Annette: Karla bekommt ihre Wunscheltern. (Die Elterntauschzentrale) **158–159**
Aus: Ders.: Texte für junge Spieler 233. Weinheim: Deutscher Theater Verlag 2014. S. 2–3.

Fischer, Annette: Neue Eltern für Janina. (Die Elterntauschzentrale) **166**
Nach: Ders.: Texte für junge Spieler 233. Weinheim: Deutscher Theater Verlag 2014, S. 5–6.

Gernhardt, Robert: Seit Wochen suchen wir ein Haus. **61**
Aus: Remmers, Ursula/Warmbold, Ursula: Von der Erde bis zum Mond. Gedichte für Kinder. Stuttgart: Reclam 2013. S. 33.

Gutschhahn, Uwe-Michael: Krähen. **157**
Aus: https://www.dasgedichtblog.de/gedichte-fuer-kinder-folge-19-sechs-unveroeffentlichte-kindergedichte-von-uwe-michael-gutzschhahn/2016/09/10/ [07.10.2020]

Hoffmann von Fallersleben, Heinrich: Der Reiher. **62**
Aus: Remmers, Ursula/Warmbold, Ursula: Von der Erde bis zum Mond. Gedichte für Kinder. Stuttgart: Reclam 2013. S. 25.

Hoffmann von Fallersleben, Heinrich: Maler Frühling. **64**
Aus: Ders: Gedichte und Lieder. Hg. von Ulrich Völker. Wiesbaden: Weimarer Verlagsgesellschaft 2014. S. 137.

Jatzek, Gerald: Wutsprüche. **56**
Aus: Hans-Joachim Gelberg (Hg.): Großer Ozean. Gedichte für alle. Weinheim und Basel: Beltz & Gelberg 2015. S. 81.

Kahlert, Elke: Jetzt rede ich. Endlich die Wahrheit über den Wolf und die sieben Geißlein. **49**
Aus: Ders.: Witzekiste. Reinbek bei Hamburg: Rowohlt Verlag 1980. S. 183.

Kassing, Reinhild: Der Wolf und die sieben Geißlein. (Comic, Originalbeitrag) **48**

Krüss, James: Frühlinter. **57**
Aus: Ders.: Der wohltemperierte Leierkasten. Gütersloh: S. Mohn 1961.

Krüss, James: Das Wasser. **55**
Aus: Ders.: Der wohltemperierte Leierkasten. Neuveröffentlichung. 1. Auflage. München: cbj 2013. S. 34.

Krüss, James: Wenn die Möpse Schnäpse trinken. **63**
Nach: Halbey, Hans Adolf (Hg.): Schmurgelstein so herzbetrunken. Verse und Gedichte für Nonsense-Freunde von 9 – 99. München: Deutscher Taschenbuch-Verlag 2001.

Medien: Wie lief Kommunikation früher? 109–111
Nach: https://www.kindersache.de/bereiche/wissen/medien/wie-lief-kommunikation-frueher [07.10.2020]

Morgenstern, Christian: Drei Spatzen. **55**
Nach: Ders.: Sämtliche Dichtungen. Band 16: Klein Irmchen: Kindergedichte. Klaus Burrmann, der Tierweltphotograph. Basel: Zbinden 1978, S. 56.

Moser, Erwin: Gewitter. **60**
Aus: Remmers, Ursula/Warmbold, Ursula: Von der Erde bis zum Mond. Gedichte für Kinder. Stuttgart: Reclam 2013. S. 50.

Muser, Martin: Der Beginn einer Freundschaft. (Kannawoniwasein, 3. Kapitel) **81–84**
Aus: Ders.: Kannawoniwasein! Manchmal muss man einfach verduften. Hamburg: Carlsen Verlag 2018. S. 28–38.

Muser, Martin: Finn. (Kannawoniwasein, 1. Kapitel) **77**
Aus: Ders.: Kannawoniwasein! Manchmal muss man einfach verduften. Hamburg: Carlsen Verlag 2018. S. 7–8.

Muser, Martin: Hackmack. (Kannawoniwasein, 1. Kapitel) **78–79**
Aus: Ders.: Kannawoniwasein! Manchmal muss man einfach verduften. Hamburg: Carlsen Verlag 2018. S. 8–13.

Ringelnatz, Joachim: Bumerang. **68**
Aus: Ders.: Sämtliche Gedichte. Zürich: Diogenes 2005. S. 154.

Ringelnatz, Joachim: Reklame. **63**
Aus: Ders.: Sämtliche Gedichte. Zürich: Diogenes 2005. S. 350.

Steinhöfel, Andreas: Die Fundnudel. **88–90**
Aus: Ders.: Rico, Oskar und die Tieferschatten. Hamburg: Carlsen Verlag 2008. S. 31–38.

Steinhöfel, Andreas: Oskar kommt zu Besuch. **92**
Aus: Ders.: Rico, Oskar und die Tieferschatten. Hamburg: Carlsen Verlag 2008. S. 89–90.

Weltraumschrott. **125**
Nach: http://www.esa.int/kids/de/Neues/ESA_gibt_gruenes_Licht_fuer_erste_Aufraeumaktion_im_All [07.10.2020]

Bildquellenverzeichnis

|akg-images GmbH, Berlin: 294.2. |Alamy Stock Photo, Abingdon/Oxfordshire: Arco Images GmbH 223.1; Lieblingsfilm GmbH / © 2014 Twentieth Century Fox Film Corporation, © 2014 Twentieth Century Fox Home Entertainment LLC: Szene aus dem Film "Rico, Oskar und die Tierferschatten" 96.4; Volodymyr Goinyk 213.1. |Alamy Stock Photo (RMB), Abingdon/Oxfordshire: Image Source 264.1; Zoonar GmbH 192.1. |Annette Betz in der Ueberreuter Verlag GmbH, Berlin: (c) 2014 47.4. |Anthony, Michaela: © Viktor Burgardt 15.1. |Art Explosion, Calabasas, CA: 281.1, 281.2, 281.3, 281.4, 281.5, 281.6, 281.7, 281.8, 281.9, 281.10, 281.11. |Asaro, Cesare, Wien: 287.1. |Astrofoto, Sörth: 114.3; NASA 122.3, 127.1, 127.2, 127.4; Shigemi Numazawa 117.1; van Ravenswaay 127.3. |Aufbau Verlag GmbH & Co. KG, Berlin: Japanische Märchen. Zusammengestellt von Christian Döring. © AB - Die Andere Bibliothek GmbH & Co. KG, Berlin 2019. Einbandgestaltung: Manja Hellpap, Berlin 47.1. |Bahlsen GmbH & Co.KG, Hannover: 212.1. |balloonas.com, Mannheim: 169.1. |Berghahn, Matthias, Bielefeld: 32.1, 34.1, 38.1, 40.1, 40.2, 40.3, 40.4, 42.1, 43.1, 45.1, 45.2, 45.3, 49.1, 50.1, 131.1, 148.1, 149.1, 174.1, 176.1, 200.2, 204.1, 211.1, 225.1, 225.3, 225.4, 225.5, 232.2, 234.2, 236.1, 238.1, 239.1, 240.1, 242.1, 242.2, 242.3, 242.4, 242.5, 242.6, 242.7, 245.1, 245.2, 245.3, 245.4, 245.5, 245.6, 248.1, 272.1, 278.2, 279.2, 279.3, 282.2, 282.3, 282.4, 284.1, 284.2, 284.3, 284.4. |Blinde Kuh e.V. / www.blinde-kuh.de, Hamburg: 107.1, 107.2. |Bonin, Katharina, Braunschweig: 14.1, 14.2, 100.1, 100.2, 100.3, 100.4, 101.1, 101.2, 101.3, 101.4. |Bulls Pressedienst GmbH, Frankfurt am Main: © Watterson/Distr. Andrews McMeel/Distr. Bulls 308.2; © Watterson/Distr. Universal Uclick/Distr. Bulls 304.1, 305.1, 305.2, 306.1, 309.1. |Carlsen Verlag GmbH, München: Martin Muser: Kannawoniwasein 76.1; Victor Caspak, Yves Lanois, Die Kurzhosengang, mit Illustrationen von Ole Könnecke © Carlsen Verlag GmbH, Hamburg 2004 74.3. |dieKLEINERT.de / Mario Kessler, München: 292.1. |Dölling, Andrea, Berlin: 225.2. |Drescher, Heinrich, Münster: 97.1, 97.2, 97.3, 97.4, 97.5. |Dressler Verlag GmbH, Hamburg: 75.3. |Driesch-Roth, Beatrice, Wachtberg: 98.1. |Edel Kids Books, Hamburg: 75.4. |Erich Ohser - e.o.plauen: Vater und Sohn, Der tapfere Schneemann 147.1; Vater und Sohn, Der verlorene Sohn 136.1, 136.2, 136.3, 136.4, 136.5, 136.6, 140.1, 141.1, 141.2, 143.1, 144.1, 144.2. |Eyferth, Konrad, Berlin: 225.8. |Fabian, Michael, Hannover: 161.1. |Flughafen München, München: 297.1. |fotolia.com, New York: 115.1; achimdiver 286.4; Alexander Raths 152.2; bigemrg 289.1; dieter76 303.2; Erni 286.2; Firma V 189.2; FM2 19.3; Focus Pocus LTD 189.7; Fontanis 52.1; highwaystarz 102.4; karelnoppe 102.2; Larsson, Henrik 286.9; Osterland 293.1; pete pahham 152.3; Picture-Factory 102.3, 152.1; rolafoto 19.8; Syda Productions 30.1; vektorisiert 19.4, 19.5, 19.6; © Syda Productions 193.1. |Fotostudio Henke, Paderborn: 28.1, 141.3, 266.1, 266.2, 276.1; Hagelglanz, Tim/Rosenhauer, Diana 36.2; Rosenhauer, Diana 130.1. |Fredrich, Volker, Hamburg: 66.1. |Frommelt-Beyer, R., Lahstedt: 161.2. |Gall, Eike, Enkirch: 295.1. |Google Inc., Hamburg: 106.1. |Hammersen-Schiffner, Bettina, Braunschweig: 104.1. |Herrenbrück, Tanja: 230.1. |Hörbuch Hamburg HHV GmbH, Hamburg: Martin Muser: Kannawoniwasein! Manchmal muss man einfach verduften. Das Hörspiel 80.1. |Imago, Berlin: Eibner 270.4; GEPA pictures/ Walter Luger 271.1; Sportfoto Zink / Oliver Gold 270.6, 273.1, 274.1, 277.1. |iStockphoto.com, Calgary: Titel, Titel, 267.2; andresr 10.4; Antagain 11.2; Antonio Gravante 252.1; bearbeitet von LIO-Design 151.1, 151.6; Braun, Svetlana 108.1; CasarsaGuru 151.2; designer491 267.1; dolgachov 189.4; Ekaterina Morozova 169.3; esseffe 11.1; FatCamera 16.2, 129.3; funstock 189.5; gallinago_media 301.1; GlobalP 301.2; Howe, Andrew 261.1; Imgorthand 129.1, 190.1; Iva Vagnerova 168.3; Lobro78 168.2; LSOphoto 128.4; martin-dm 10.2; mille19 286.8; Özgür Donmaz 151.3; PhotoAttractive 129.2; Ridofranz 128.2; serezniy 168.4; syolacan 151.5; TraceyAPhotos 169.2; vgajic 150.2, 150.3; Vitalii Hulai 301.3; Voren1 300.2. |juniors@wildlife Bildagentur GmbH, Hamburg: Dörr, C. 286.5. |Junker, Stefan, Preetz: 12.1. |Kaiser, Doro, Nürnberg: 207.1. |Kalch, Franziska, Gornau: 281.12. |Kartographie Michael Hermes, Hardegsen Hevensen: 17.1, 19.1. |Kassing, Reinhild, Kassel: 29.1, 30.2, 30.3, 30.4, 30.5, 39.1, 48.1, 62.3, 62.4, 62.5, 68.2, 68.3, 68.4, 153.1, 155.1, 157.1, 159.1, 162.1, 163.1, 166.1, 196.2, 196.3, 198.1, 199.1, 209.1, 214.1, 217.1, 219.1, 220.2, 222.1, 227.1, 228.1. |kreativraum24.de, Bergen an der Dumme: 184.1, 184.2, 184.3, 184.4, 184.5. |Kurt, Beate, grundschuleundbasteln.de, Einbeck: 53.1. |laif, Köln: Polaris/Revillard, Jean 298.1. |Lehnhof, Ingo, Braunschweig: Foto Andreas Steinhöfel: Intro, Berlin / Martin Lengemann. Illustrationen und Cover: Carlsen Verlag, München. (c) 2008. Aus: Andreas Steinhöfel. Rico, Oskar und die Tieferschatten. Mit Illustrationen von Peter Schössow 88.1. |Lieblingsfilm GmbH, München: © 2014 Twentieth Century Fox Film Corporation, © 2014 Twentieth Century Fox Home Entertainment LLC: Filmplakat "Rico, Oskar und die Tierferschatten" 96.1; © 2014 Twentieth Century Fox Film Corporation, © 2014 Twentieth Century Fox Home Entertainment LLC: Szene aus dem Film "Rico, Oskar und die Tierferschatten" 96.2, 96.3, 96.5, 96.6. |LIO Design GmbH, Braunschweig: 13.1, 17.2, 24.1, 31.1, 32.2, 36.1, 39.2, 61.2, 62.2, 65.1, 85.1, 86.2, 102.1, 116.1, 135.1, 150.1, 153.2, 154.1, 154.2, 171.1, 182.1, 200.1, 202.1, 204.2, 208.1, 210.1, 213.2, 216.2, 217.2, 220.1, 226.1, 228.2, 230.2, 234.1, 234.3, 237.1, 240.2, 243.1, 245.7, 247.2, 270.1, 274.2, 275.1, 283.2, 289.2, 291.2, 294.1, 295.2, 296.1, 302.1, 304.2, 307.1, 308.1, 342.1, 344.1, 354.2, 355.1. |Lutz Mauder Verlag GmbH & Co KG, Roetgen: 206.1. |Marckwort, Ulf, Kassel: 191.1. |mauritius images GmbH, Mittenwald: Alamy / Images by Itani 105.1; Borchert, Oliver 62.1; imageBROKER/Hütter, Christian 253.1; Nigel Dennis 235.1. |Mediterium, Sofia: 172.2. |Microsoft Deutschland GmbH, München: 71.1, 71.3, 71.4, 71.5, 71.6, 72.1, 72.2, 72.3, 72.5, 72.5, 72.6, 72.7, 72.8, 145.1, 268.1, 269.1, 269.2, 269.3. |Museum für Kommunikation Frankfurt, Frankfurt/M.: 109.3; Milen Cindric 109.5; Moritz Jäger / MSPT 109.2; Thomas Hoenicke 109.4; Thomas Jabs 109.1. |Naumann, Andrea, Aachen:

216.1, 250.2, 251.1, 251.2, 258.1, 259.1, 260.1, 260.2, 260.3. |Oetinger Taschenbuch GmbH, Hamburg: 47.2. |OKAPIA KG - Michael Grzimek & Co., Frankfurt/M.: Manfred Danegger 280.1; Michael Weber/imagebroker 152.4; Reinhard 218.1. |Picture-Alliance GmbH, Frankfurt/M.: 114.5; Angelika Warmuth 270.3; AP Photo/Lovetsky, Dmitri 115.5; dpa 151.4; dpa/Bernd Wüstneck 19.2; dpa/Rumpenhorst, Frank 270.2; dpa/W. Kastl 189.6; imageBROKER/Wothe, K. 303.1; picture alliance / GEORG HOCHMUTH / APA / picturedesk.com 294.3; Picture Press/NASA/VRS 114.2; Sunbird Images 286.7; WILDLIFE/M. Carwardine 286.6; ZB/Büttner, Jens 270.5; ZB/Pleul, Patrick 282.1. |Privitzer, Wolfgang, Wien: 283.1. |Salewski, Andrea, Itzehoe: 183.2. |Schäfer, Anke, Laubach: 54.2, 54.3, 54.4, 54.5, 56.1, 57.1, 60.1, 60.2, 60.3, 60.4, 61.1, 64.1, 64.2, 64.3, 68.1, 69.1, 77.1, 79.1, 81.1, 82.1, 82.2, 83.1, 83.2, 84.1, 86.1, 87.1. |Schäfer, Jutta, Euskirchen: 156.1. |Schössow, Peter, Hamburg: aus: Andreas Steinhöfel: Rico, Oskar und das Herzgebreche, Carlsen Verlag GmbH, Hamburg 2009 94.4; aus: Andreas Steinhöfel: Rico, Oskar und das Mistverständnis, Carlsen Verlag GmbH, Hamburg 2020 94.3; aus: Andreas Steinhöfel: Rico, Oskar und das Vomhimmelhoch, Carlsen Verlag, Hamburg 2017 94.5; aus: Andreas Steinhöfel: Rico, Oskar und der Diebstahlstein, Carlsen Verlag, Hamburg 2011 94.1; aus: Andreas Steinhöfel: Rico, Oskar und die Tieferschatten, Carlsen Verlag GmbH, Hamburg 2016 88.2, 89.1, 92.1, 93.1, 94.2. |Schwarzstein, Yaroslav, Hannover: 181.1, 181.2, 181.3, 181.4, 181.5, 181.6, 181.7, 181.8. |Shutterstock.com, New York: Broek, Anita van den 247.1; Castleski 122.2; EmBaSy 103.1; Goodluz 267.5; Iakov Filimonov 10.3; juefraphoto 291.1; Life_imageS 267.3; Monkey Business Images 102.5; Pressmaster 139.1; Rainer Fuhrmann 290.1; Sadovski, Vadim 115.4; Triff 115.3; Tyler Olson 112.1; wavebreakmedia 279.1. |stock.adobe.com, Dublin: 19.7, 215.1, 215.2, 215.3, 215.4, 215.5, 215.6; Andrey Armyagov 115.2; AnnaNenasheva 224.1; atoss 224.2; Brocreative 128.3; dianamower 223.2; euthymia 71.2; Georghiou, Christos 117.2; Gudellaphoto 267.4; Kzenon - 23.1; Leander 255.1; Markus Eisenlohr 285.1; Nichizhenova Elena 188.2; ohnmerlin 294.4; pictworks 189.3; pressmaster 194.1, 196.1; Schmutzler-Schaub 303.3; Schwier, Christian 24.2; Syda Productions 95.1, 116.2, 118.1; vaclav 286.3; Viviani, Matteo 114.4; WavebreakmediaMicro 16.1; Woodapple 189.1. |StockFood, München: Friedrichs, Emma 231.1. |Süddeutsche Zeitung - Photo, München: Scherl 299.1. |Thienemann in der Thienemann-Esslinger Verlag GmbH, Stuttgart: Gennadij Spirin: Die schönsten Märchen aus Russland. Illustriert von Sybil Gräfin Schönfeldt © 2011 47.3. |Thies, Tobias, Hamburg: 225.6. |Tiemer, Sabine, Teltow: 225.7. |ullstein bild, Berlin: AP 122.1; du Vintage 123.1. |Verlag Friedrich Oetinger GmbH, Hamburg: Astrid Lindgren: Ronja Räubertochter, Hamburg 1982 (ISBN 978-3-7891-2940-7) 75.2. |Verlagsgruppe Beltz, Weinheim: Cover zu Stefanie Höfler: Mein Sommer mit Mucks 74.2. |Visum Foto GmbH, München: Bjoern Göttlicher 16.3. |Wefringhaus, Klaus, Braunschweig: 12.2, 16.4, 16.5, 52.2, 170.1, 172.1, 172.3, 172.4, 172.5, 178.1, 178.2, 183.1, 186.1. |Zindler, Lisa Anna: 192.2. |© dtv Verlagsgesellschaft mbH & Co. KG, München: Joachim Masannek: Die Wilden Fußballkerle. Felix der Wirbelwind © 2003 dtv Verlagsgesellschaft mbH & Co. KG, München. Mit Illustrationen von Jan Birck, Umschlagkonzept: Balk & Brumshagen, Umschlaggestaltung nach einer Idee von Jutta Hohl 75.1.

Wir arbeiten sehr sorgfältig daran, für alle verwendeten Abbildungen die Rechteinhaberinnen und Rechteinhaber zu ermitteln. Sollte uns dies im Einzelfall nicht vollständig gelungen sein, werden berechtigte Ansprüche selbstverständlich im Rahmen der üblichen Vereinbarungen abgegolten.